高等学校土建类专业"十三五"规划教材

工程项目管理

张立新　姜吉坤　主编

GONGCHENG
XIANGMU
GUANLI

化学工业出版社

·北京·

本书为高等学校土建类专业"十三五"规划教材。

本教材在内容组织上以适用、够用为原则，综合设计了绪论、工程项目组织及管理、工程项目策划、工程项目资源管理、工程项目进度管理、工程项目成本管理、工程项目质量控制、工程项目合同管理、工程项目信息管理等内容，反映了我国当前工程项目管理方面的最新要求，以满足土木工程、工程管理等土建类本科层次应用型人才培养要求，也可以作为工程技术人员学习项目管理的参考资料。

图书在版编目（CIP）数据

工程项目管理/张立新，姜吉坤主编．—北京：化学工业出版社，2017.1（2020.9重印）
高等学校土建类专业"十三五"规划教材
ISBN 978-7-122-28771-7

Ⅰ.①工… Ⅱ.①张… ②姜… Ⅲ.①工程项目管理-高等学校-教材 Ⅳ.①F284

中国版本图书馆 CIP 数据核字（2016）第 319363 号

责任编辑：陶艳玲　　　　　　　　　　文字编辑：云　雷
责任校对：宋　玮　　　　　　　　　　装帧设计：张　辉

出版发行：化学工业出版社（北京市东城区青年湖南街13号　邮政编码100011）
印　　装：北京盛通商印快线网络科技有限公司
787mm×1092mm　1/16　印张17½　字数435千字　2020年9月北京第1版第2次印刷

购书咨询：010-64518888　　　　　　　售后服务：010-64518899
网　　址：http://www.cip.com.cn
凡购买本书，如有缺损质量问题，本社销售中心负责调换。

定　　价：39.00元　　　　　　　　　　　　　　　　　　　　　版权所有　违者必究

前　言

工程项目管理是一门系统理论学科，是管理科学、工程技术、工程经济、建设法规、工程管理信息化等众多学科理论和知识的集成，具有系统性和综合性的特点；同时，工程项目管理又是一门实践性很强的学科，既有系统的理论观点，又有明显的实践特征，既要遵循工程活动规律，又要满足相关法律、法规的规范化要求，还要满足具体工程项目管理的特殊要求。

本书以工程项目质量、成本、进度三大目标为对象，以国家现行的建设法规、规范、条例等为依据，阐述工程项目管理的基本理论、方法和应用。主要内容包括工程项目策划、工程项目组织、工程项目资源管理、工程项目进度管理、工程项目成本管理、工程项目质量管理、工程项目合同管理、工程项目信息管理等。本书内容丰富、结构严谨、简明实用，主要特点如下。

（1）突出应用型人才培养要求，内容适用、够用。工程项目管理异常复杂。从管理主体角度有业主方的工程项目管理、承包商的工程项目管理、监理方的工程项目管理，而各方管理的侧重点、层次、范围、内容不尽相同。本教材意图从满足工程项目成功的角度探讨管理的内容，侧重工程项目全过程进行内容组织，使教材具有实用性和可操作性。每章增加案例的阅读与思考，便于学员对该章节内容有一个综合应用和效果的认识。

（2）为了使课程学习与相关职业资格考试结合起来，教材参考了一些建造师、监理工程师、咨询工程师（投资）等执业资格考试内容。

（3）由于大部分土建类工程管理专业开设了《工程管理概论》课程，为避免内容重复，本书重点围绕工程项目的三大管理目标进行组织，并适当编写了工程项目策划、合同管理、信息管理等内容，以满足工程项目管理全面性的要求。

本书共分九章。第1章是绪论，要求理解相关基本概念；第2章是工程项目组织及管理，围绕工程项目的任务分解和组织形式，并引进项目管理体制和项目经理部的内容；第3章是工程项目策划，主要讲述工程项目的策划与决策；第4章是工程项目资源管理，讨论工程项目的材料、机械、劳动力等资源，是工程项目管理的对象，也是项目成功的重要保证；第5章是工程项目进度管理，讲述了工程项目的工期计划和优化方法，讨论了进度的控制；第6章是工程项目成本管理，讲述成本计划方法、成本模型，以及成本控制的方法；第7章是工程项目质量控制，分析各阶段的质量控制的内容和重点，并讨论相关质量问题和质量事故处理；第8章是工程项目合同管理，对应第2章不同的项目管理体制所采用的不同合同形式，并讨论了招投标、变更、索赔等相关合同管理内容；第9章是工程项目信息管理，分析了工程管理文档、信息化的重要性，并分析了BIM的必要性和发展趋势。总之，本书在内容组织上以适用、够用为原则，体现了系统性、综合性的特点。

本书由青岛理工大学张立新和姜吉坤主编。参加编写人员具体分工如下：张立新负责编写第1章、第2章、第4章，并负责最终统稿；姜吉坤负责编写第3章、第9章，王友国负责编写第 5 章，李伟丽、温晓霞负责编写第 6 章、第 7 章、第 8 章；另外，硕士研究生韩珍珠、武文洋、达宇轩、刘莎莎、马举、何保辉做了许多资料查询、绘图和校对工作，在此表示感谢。

本书在编写过程中，参阅了大量相关学者的研究成果，特在此表示衷心的感谢。由于编者水平有限，不足之处在所难免，敬请读者批评指正。

编 者
2016 年 8 月

目 录

- 第1章 绪论 …………………………………… 1
  - 1.1 项目和工程项目 ……………………… 1
    - 1.1.1 项目 ………………………………… 1
    - 1.1.2 工程项目 …………………………… 2
  - 1.2 项目管理和工程项目管理 …………… 3
    - 1.2.1 项目管理 …………………………… 3
    - 1.2.2 工程项目管理 ……………………… 5
  - 1.3 工程项目生命周期 …………………… 9
    - 1.3.1 工程项目生命周期的概念 ………… 9
    - 1.3.2 工程项目生命周期的划分 ……… 10
  - 1.4 工程项目干系人 ……………………… 11
    - 1.4.1 项目干系人的概念 ……………… 11
    - 1.4.2 工程项目的干系人各方 ………… 12
  - 1.5 工程项目管理的历史及发展趋势 …… 14
    - 1.5.1 工程项目管理的历史 …………… 14
    - 1.5.2 工程项目管理的发展趋势 ……… 14
  - 复习思考题 ………………………………… 16
  - 案例 ………………………………………… 16
- 第2章 工程项目组织及管理 ……………… 18
  - 2.1 组织概述 ……………………………… 18
    - 2.1.1 组织的概念 ……………………… 18
    - 2.1.2 项目参与方之间的关系 ………… 18
  - 2.2 组织结构模式 ………………………… 20
    - 2.2.1 组织结构设计的原则 …………… 20
    - 2.2.2 组织结构的模式 ………………… 21
  - 2.3 工程项目的结构 ……………………… 25
    - 2.3.1 建设项目的项目结构分解 ……… 25
    - 2.3.2 建设项目项目结构的编码 ……… 25
  - 2.4 工程项目的组织形式 ………………… 27
    - 2.4.1 为完成项目对象所必需的专业性工作任务 ……………………… 27
    - 2.4.2 管理工作 ………………………… 27
  - 2.5 工程项目管理体制 …………………… 31
    - 2.5.1 工程项目管理体制概述 ………… 31
    - 2.5.2 工程项目的承发包体制 ………… 33
    - 2.5.3 工程项目的政府监督 …………… 36
    - 2.5.4 对项目的监督管理 ……………… 37
    - 2.5.5 建设工程监理制 ………………… 41
    - 2.5.6 代建制 …………………………… 42
  - 2.6 项目经理部 …………………………… 47
    - 2.6.1 项目经理部 ……………………… 47
    - 2.6.2 施工项目经理的地位 …………… 48
    - 2.6.3 建造师 …………………………… 50
    - 2.6.4 建造师与项目经理的关系 ……… 52
  - 复习思考题 ………………………………… 54
  - 案例 ………………………………………… 55
- 第3章 工程项目策划 ……………………… 57
  - 3.1 工程项目的策划工作 ………………… 57
    - 3.1.1 建设项目策划的概念 …………… 57
    - 3.1.2 工程项目策划的作用 …………… 57
    - 3.1.3 工程项目策划的分类 …………… 58
    - 3.1.4 工程项目策划的内容 …………… 58
  - 3.2 工程项目环境调查与分析 …………… 59
    - 3.2.1 环境调查的目的 ………………… 59
    - 3.2.2 环境调查的工作内容 …………… 60
    - 3.2.3 环境调查的工作方法 …………… 60
    - 3.2.4 环境调查的工作成果分析 ……… 63
  - 3.3 工程项目决策策划 …………………… 63
    - 3.3.1 项目决策策划的工作内容 ……… 63
    - 3.3.2 项目功能分析 …………………… 64
    - 3.3.3 项目经济策划 …………………… 65
    - 3.3.4 项目设计要求文件 ……………… 66
  - 3.4 工程项目实施策划 …………………… 66
    - 3.4.1 项目实施策划的工作内容 ……… 66
    - 3.4.2 项目实施的目标分析 …………… 67
    - 3.4.3 项目实施的组织策划 …………… 67
    - 3.4.4 项目实施目标控制策划 ………… 70
  - 复习思考题 ………………………………… 71
  - 案例 ………………………………………… 72
- 第4章 工程项目资源管理 ………………… 82
  - 4.1 工程项目资源管理概述 ……………… 82
    - 4.1.1 工程项目资源管理的任务与内容 … 82
    - 4.1.2 工程项目资源需要量计划 ……… 83
  - 4.2 工程项目材料管理 …………………… 84
    - 4.2.1 工程项目材料的分类管理 ……… 84
    - 4.2.2 材料的计划与供应管理 ………… 85

4.2.3	材料的验收和使用保管 ……………	85
4.2.4	材料的统计与核算 ……………………	86
4.2.5	材料采购管理 …………………………	86
4.2.6	材料（含构配件）的质量控制 ……	88
4.3	工程项目机械设备管理 ………………………	90
4.3.1	施工项目机械设备的获取 …………	90
4.3.2	项目经理部机械设备管理的主要工作 ………………………………	92
4.3.3	机械设备的优化配置 ………………	92
4.3.4	机械设备的安全管理 ………………	93
4.3.5	机械设备的成本核算 ………………	93
4.3.6	工程项目周转料具管理办法 ……	93
4.3.7	施工机械设备选用的质量控制 ……	94
4.4	劳动力资源管理 ……………………………	94
4.4.1	项目劳动力资源管理的相关概念及理论 ………………………	94
4.4.2	项目的核心劳动力管理概念和发展现状 ……………………	98
4.4.3	项目团队的定义、特点及组建类型 …………………………	99
4.4.4	项目团队管理 ………………………	102
复习思考题	…………………………………………	104
案例	…………………………………………………	104

第5章　工程项目进度管理 ……………… 107

5.1	概述 ……………………………………………	107
5.1.1	基本概念 ……………………………	107
5.1.2	工程项目进度管理的过程 …………	110
5.1.3	工程项目进度计划的编制 …………	110
5.2	横道图 …………………………………………	110
5.2.1	横道图 ………………………………	110
5.2.2	线形图 ………………………………	112
5.3	网络计划方法 ………………………………	113
5.3.1	概述 …………………………………	113
5.3.2	网络计划的类型 ……………………	114
5.3.3	双代号、单代号网络计划的编制与计算 ………………………	117
5.4	工程项目进度的检查与调整 ………………	134
5.4.1	跟踪检查工程的实际进度 …………	134
5.4.2	整理、统计跟踪检查的数据 ……	137
5.4.3	进度检查结果的调整处理 …………	138
5.5	工程项目进度控制 …………………………	139
5.5.1	工程项目进度控制的含义和目的 ……	139
5.5.2	工程项目进度控制的方法 …………	140
复习思考题	…………………………………………	141
案例	…………………………………………………	142

第6章　工程项目成本管理 ……………… 144

6.1	概述 ……………………………………………	144
6.1.1	工程项目成本 ………………………	144
6.1.2	影响工程项目成本的因素 …………	148
6.1.3	工程项目成本管理 …………………	149
6.2	工程项目成本计划 …………………………	150
6.2.1	成本计划的过程 ……………………	150
6.2.2	成本计划的内容和表达方式 ……	154
6.3	工程项目成本模型 …………………………	155
6.3.1	概述 …………………………………	155
6.3.2	绘制方法 ……………………………	156
6.4	工程项目成本控制 …………………………	158
6.4.1	概述 …………………………………	158
6.4.2	工程项目成本控制方法 ……………	160
复习思考题	…………………………………………	164
案例	…………………………………………………	164

第7章　工程项目质量控制 ……………… 167

7.1	工程项目质量控制概述 ……………………	167
7.1.1	工程项目质量控制的基本概念 ……	167
7.1.2	工程项目质量形成的影响因素 ……	168
7.1.3	工程项目质量控制的基本原理 ……	171
7.2	质量管理体系标准 …………………………	174
7.2.1	质量管理体系标准（GB/T 19000-ISO 9000：2000 标准）简介 ……	174
7.2.2	质量管理的八项原则 ………………	177
7.2.3	质量管理体系的建立 ………………	178
7.2.4	质量管理体系的运行 ………………	180
7.2.5	质量管理体系的认证与监督 ……	182
7.3	工程项目质量控制系统的建立和运行 ……	183
7.3.1	工程项目质量控制系统概述 ……	183
7.3.2	工程项目质量控制系统的构成 ……	184
7.3.3	工程项目质量控制系统的建立 ……	185
7.3.4	工程项目质量控制系统的运行 ……	185
7.4	工程项目施工阶段质量控制 ………………	186
7.4.1	项目施工质量控制概述 ……………	186
7.4.2	施工质量计划的编制 ………………	188
7.4.3	生产要素的质量控制 ………………	189
7.4.4	施工全过程的质量控制 ……………	191
7.4.5	施工成品的质量维护 ………………	193
7.5	工程项目施工质量验收 ……………………	194
7.5.1	施工质量验收概述 …………………	194
7.5.2	施工质量验收的程序 ………………	199
7.5.3	施工质量的评定验收 ………………	199

7.6 工程项目质量问题和质量事故处理 …… 200
　7.6.1 工程项目质量问题与质量事故
　　　　概述 …………………………… 200
　7.6.2 工程项目质量问题处理 ………… 202
　7.6.3 工程项目质量事故处理 ………… 203
　复习思考题 …………………………… 204
　案例 …………………………………… 205

第8章　工程项目合同管理 …………… 209
8.1 概述 ………………………………… 209
　8.1.1 合同在工程项目中的作用 ……… 209
　8.1.2 工程项目中的主要合同关系 …… 210
　8.1.3 工程项目合同管理工作过程 …… 212
8.2 合同总体策划 ……………………… 213
　8.2.1 合同总体策划的内容 …………… 213
　8.2.2 工程各相关合同的协调 ………… 219
8.3 工程项目招标投标 ………………… 221
　8.3.1 招投标的基本原则 ……………… 221
　8.3.2 招标 ……………………………… 222
　8.3.3 投标 ……………………………… 228
8.4 工程项目变更管理 ………………… 231
　8.4.1 工程项目变更的分类 …………… 231
　8.4.2 工程项目变更与签证 …………… 234
8.5 工程项目索赔管理 ………………… 237
　8.5.1 工程项目的索赔分类 …………… 237
　8.5.2 索赔与变更的区别联系 ………… 238

　8.5.3 工程项目索赔的程序和内容 …… 239
　复习思考题 …………………………… 243
　案例 …………………………………… 243

第9章　工程项目信息管理 …………… 246
9.1 概述 ………………………………… 246
　9.1.1 信息的含义和类别 ……………… 246
　9.1.2 信息管理的原则 ………………… 249
9.2 信息管理的过程和内容 …………… 250
　9.2.1 项目信息的收集 ………………… 250
　9.2.2 项目信息的整理和传递 ………… 251
9.3 工程项目文档资料管理 …………… 252
　9.3.1 文档资料概念与特征 …………… 252
　9.3.2 项目文档资料的分类 …………… 253
9.4 工程项目管理信息化 ……………… 255
　9.4.1 信息化的内涵 …………………… 255
　9.4.2 工程项目管理信息化的内涵 …… 256
　9.4.3 工程项目管理信息化的实施 …… 258
9.5 BIM 和网络技术在工程项目管理中的
　　应用 ……………………………… 260
　9.5.1 BIM 在工程项目管理中的应用 … 260
　9.5.2 网络平台上的工程项目管理 …… 263
　复习思考题 …………………………… 265
　案例 …………………………………… 265

参考文献 ……………………………… 272

第 1 章 绪 论

本书用的术语"工程项目"即建设项目,或称建设工程项目,或称投资建设项目;"工程项目管理"即建设工程项目管理,或称投资建设项目管理。本章主要阐述项目和工程项目的概念,工程项目管理历史和发展趋势、工程项目生命周期,以及与工程项目管理相关的工程项目干系人等概念。近年来,三峡工程、南水北调工程等都大量应用项目管理知识,并取得了良好效果。项目管理作为一门新兴学科,在世界范围已得到了认可和推崇,在提高收益、缩短工期、降低成本、保证质量和发挥综合收益等方面项目管理模式都显示了极大的优越性。在未来的社会管理和企业管理中,项目管理必将扮演更加重要的角色。

1.1 项目和工程项目

1.1.1 项目

(1) 项目的概念和特征

在当前社会中,项目被广泛应用于各方面,并且历史悠久,其中,中国的万里长城和故宫、埃及的金字塔等都是早期的成功项目典范。但对"项目"究竟如何进行定义,却有多种解释,典型的有以下几种。

① 《项目管理质量指南》(ISO 10006) 定义项目:具有独特的过程,有开始和结束日期,由一系列相互协调和受控的活动组成。过程的实施是为了达到规定的目标,包括满足时间、费用和资源的约束性条件。

② 比较传统的是 1964 年 Martino 对项目的定义:项目为一个具有规定开始和结束时间的任务,它需要使用一种或多种资源,具有许多个为完成该任务所必须完成的相互独立、相互联系和相互依赖的活动。

③ 德国国家标准 DIN69901 对项目的定义:项目是指在总体上符合如下条件的具有唯一性的任务。其具有预定的目标;具有时间、财务、人力和其他限制条件;具有专门的组织。

从最广泛的含义来讲,项目是一个特殊的将被完成的有限任务,是在一定时间内,满足一系列特定目标的多项相关工作的总称。

(2) 项目的特征

项目通常都具有以下特征。

① 单件性 无论是什么样的项目,其本身的内涵和特点都与众不同,如一个研究项目、一条公路、一栋建筑等。即使两个相同的建筑,由同一个施工单位施工,其进度、质量和成本结果也不一样。

② 一次性 项目的实施过程不同于其他工业品的生产过程,项目的实施过程只能一次成功。因为项目不可能像其他工业品一样,可以进行批量生产。这也就决定了项目管理也是一次性的,完全不同于企业管理。

③ 具有一定的约束条件　对于任何项目的实施，都具有一定的限制、约束条件，包括时间的限制、费用的限制、质量和功能的要求以及地区、资源和环境的约束等。因此，如何协调和处理这些约束条件是项目管理的重要内容。

④ 具有生命周期　正如项目的概念中所说："项目为一个具有规定开始和结束时间的任务"。同生命物质一样，项目有其产生、发展、衰退和消亡的生命周期，而不同的项目，生命周期也不一样。因此对于不同的项目，根据其特点必须采用不同的项目管理，以确保项目的圆满完成。

1.1.2　工程项目

(1) 工程项目的概念

工程项目是一项固定资产投资，它是最为常见的也是最为典型的项目类型。工程项目是指需要一定量的投资，经过项目构思、前期策划、实施等一系列程序，在一定的资源约束条件下，以形成固定资产为确定目标的一次性事业。

工程项目包含如下多项内容。

① 工程项目由许多独立组成部分（或要素）构成，主要包括人、技术、资源、时间、空间和信息等。从参与者角度来看，工程项目由项目发起人、甲乙双方的项目经理、客户、执行组织及有利害关系的组织或个人（银行、投资公司、供货商、咨询者等）组成。上述所指的项目参与者又称项目当事人，是指积极参与项目，其利益在执行中或项目成功后将受到积极或消极影响的个人或组织。

② 工程项目的各个要素在结构和功能上是有序的，彼此相关，并且保持合理的秩序。工程项目各要素之间的基本关系是合同关系，此外，还有行政的、经济的、技术的、社会的、信息的关系。上述各种关系的优化组合，形成工程项目的合理运营机制和功能，使工程项目与环境的协调及总体目标得以实现。

③ 工程项目具有约束条件。工程项目主要是在限定资源条件下，在一定的空间、时间范围内进行的项目，工程项目的资源主要是人、财、物，而关键的是财，即资金。工程项目与其他项目不同，必须有明确的空间、时间要求。

④ 任何工程项目都有特定的目标，即投资、工期、质量。这些目标对于不同的项目，其重要度有所不同，应尽量节约投资，按预定工期和质量要求完成项目的目标。

⑤ 工程项目作为完成某项事业的过程是一次性的，即完成项目任务的单件性。它不同于批量生产的产品，世界上没有完全相同的工程项目，每个项目都有自己的特殊性，其管理模式也没有特定的标准。

(2) 工程项目的基本特征

工程项目具有项目的基本特征，具体表现在以下几方面。

① 工程项目的一次性　任何工程项目作为总体来说是一次性的、不重复的。它经历前期策划、批准、设计和计划、实施、运行和应用的全过程，最后结束。即使在形式上极为相似的项目，比如两个生产相同产品、采用相同工艺的生产流水线车间，两栋建筑造型和结构形式完全相同的房屋，也必然存在着差异和区别：实施的时间不同、环境不同、项目组织不同、风险不同，因此它们之间无法等同，无法替代。

② 工程项目的约束性　任何工程项目总是在一定的时间、资金、资源的约束条件下进行的。

从对时间的约束来看，工程项目的投资者总是希望尽快地实现项目的目标，发挥投资效益。例如，房地产开发商总是希望所开发项目早日建成，以便及时销售以获得投资效益。一个新建的工厂早一天投产就会早一天赢利，从而可能缩短项目的投资回收期。时间约束即是对工程项目开始和结束时间的限制，形成工程项目的工期目标。

从对资金的约束来看，任何工程项目必然有对财力的限制。投资者对资金事先预算的投入则形成了工程项目的费用目标。我国在计划经济时期，在工程建设领域，由国家投资并无偿使用，超计划投资现象十分严重，给国家带来很大损失。随着我国投资体制的改革，工程项目的资金来源渠道增多，投资呈多元化，这样对项目资金的使用越来越严格，经济性要求也越来越高。

工程项目的约束条件一方面是指在一定的时间、地点，资源的供应会有限；另一方面是资源的均衡使用的问题。

③ 工程项目的目标性　任何工程项目都具有一个特定的目标，如要建设一所学校或一幢房屋，或建一条高速公路等。值得注意的是，这些目标只是一种对最终结果的简单描述，在实际过程中，特定的目标总是在工程项目的初期详细设计出来，并在以后的项目活动中一步一步地实现。

④ 工程项目的寿命周期性　任何工程项目遵循着项目的寿命周期性这一规律，经历着从提出建议、策划、实施、监督控制、使用到终止使用（报废）等过程。

人们往往会对一个工程项目的寿命周期提出不同的看法，即工程项目的终结点在哪里，有人提出应在项目实施完成，成果交付使用时，而有人则认为其寿命周期应延续到使用直到报废为止。之所以产生不同的看法，其主要的原因在于多年来无论是学术界还是工程界始终未将"工程项目"这一术语进行明确的定义。例如，对修建一幢办公楼这样一个项目，其业主所指的工程项目和承包商所指的工程项目是有区别的，而且即使对于承包商，如果采用的承包模式不同，对该工程项目的寿命期也是有不同理解的。在后面介绍工程项目的类型时，将对这一问题进行详细描述。

⑤ 工程项目活动的多样性　工程项目的这一特征显而易见。一个工程项目从开始到终结，不仅包含着各个阶段，而且每一阶段又包含着大量的不同活动。工程项目过程就是不同专业的人员，如建筑师、结构工程师、咨询工程师等在不同的时间、不同的空间完成不同的活动（任务），这些活动（任务）的完成共同构成对该工程项目的完成。

1.2　项目管理和工程项目管理

1.2.1　项目管理

（1）项目管理的概念

成功的工程项目是通过项目管理工作实现的。项目管理的运作适用一般的管理学原理和方法、系统工程的理论和方法以及组织学理论和方法等。项目管理的定义很多，人们可以从许多角度对它进行描述。

① 将管理学中对"管理"的定义进行拓展，则"项目管理"就是以项目作为对象的管理，即通过计划、组织、人事、领导和控制等职能，设计和保持一种良好的环境，使项目参加者在项目组织中高效率地完成既定的项目任务。

② 按照一般管理工作的过程，项目管理可分为对项目的预测、决策、计划、组织、控制、反馈等工作。

③ 按照系统工程方法，项目管理可分为确定项目目标、制定方案、实施方案、跟踪检查与评价等工作。

④ 项目管理就是以项目为对象的系统管理方法，通过一个临时性的、专门的柔性组织，对项目进行全过程的计划、组织、监督和控制，以保证项目目标的实现。

⑤ ISO 10006《项目管理质量指南》定义："项目管理包括在项目连续过程中对项目的各方面进行策划、组织、监测和控制等活动，以达到项目目标。"

⑥ 美国的《项目管理手册》定义项目管理，是在项目活动中运用知识、技能、工具和技术，以满足或超过项目相关者对项目的需求和期望。

⑦ 美国项目管理学会（PMI）标准《项目管理知识体系指南》定义："项目管理是把项目管理知识、技能、工具和技术应用于项目活动中，以达到项目目标。"

基于以上观点，项目管理定义如下。

项目管理就是以项目为对象的系统管理方法，通过一个临时性的专门的柔性组织，对项目进行高效率的计划、组织、指导和控制，以实现项目全过程的动态管理和项目目标的综合协调与优化。

(2) 项目管理的对象、目的

项目管理的对象是项目，即一系列的临时任务。"一系列"在此有着独特的含义，它强调项目管理的对象——项目是由一系列任务组成的整体系统，而不是这个整体的一个部分或几个部分，其目的是通过运用科学的项目管理技术，更好地实现项目目标。

另外，也不能把项目管理的对象与企业管理的对象混为一谈，项目只是企业庞大系统的一部分；也不能把企业管理的目的当成项目管理的目的，企业管理的目的是多方面的，而项目管理的主要目的是实现项目的预定目标。

(3) 项目管理的任务、职能

项目管理的职能与其他管理的职能是完全一致的，就是对所组织的资源进行计划、组织、协调、控制。资源是指项目所需要且所在的组织中可以获得控制的人员、资金、技术、设备等。在项目管理中，还有一种特殊的资源，即时间。项目管理的任务是对项目及其资源的计划、组织、协调、控制。另外值得注意的是不能将项目管理的任务与项目本身的任务混淆。

(4) 项目管理运用系统的理论与思想

项目在实施过程中，实现项目目标的责任和权力往往被集中到一个人（项目经理）或一个小组身上。由于项目任务是分别由不同的人执行的，所以项目管理要求把这些任务和人员集中到一起，把它们当成一个整体对待，最终实现整体目标，因此，需要以系统的观点来管理项目。

(5) 项目管理的职能主要由项目经理执行

在一般规模的项目中，项目管理由项目经理带领少量专职项目管理人员完成，项目组织中的其他人员，包括技术与非技术人员负责完成项目任务，并接受管理。如果项目规模很小，那么项目组织内可以只有一个专职管理人员，即项目经理。对于大项目，项目管理的基本权力和责任仍属于项目经理，只是更多的具体工作会分给其他管理人员，项目组织内的专职管理队伍也会更大，甚至组成一个与完成项目任务的人员相对分离的项目管理机构。

1.2.2 工程项目管理

1.2.2.1 工程项目管理的概念

项目管理者为了取得项目的成功，对工程项目运用系统的观念、理论和方法，自项目开始至项目完成，进行有序、全面、科学、目标明确的管理，使得项目的费用目标、进度目标和质量目标得以实现。

一个项目往往由不同的参与主体（业主方、设计方、施工方、供货方等）承担不同的建设任务，由于各个参与单位的工作性质、工作任务和最终利益不同，就形成了不同的项目管理者，形成了不同类型的项目管理。

参与建设工程项目的各方都围绕着同一个工程对象进行"项目管理"，所采用的基本管理理论和方法都是相同的，所遵循的程序和原则又是相近的。例如，业主要进行项目前期策划、设计及计划、采购和供应、实施控制、运行管理等；承包商也要有项目构思（得到招标信息后）、确定目标，也要做可行性研究、环境调查，设计和计划，也要分包、材料采购，做实施控制等。所以，对工程项目管理的认识不要拘泥于某一方参与者，应着眼于整个工程项目，从项目开始到项目结束的全过程的，涉及各个方面的"工程项目管理"。

1.2.2.2 工程项目管理的特点

工程项目管理的基本特征是面向工程，以实现工程项目目标为目的，运用系统管理的观点、理论和方法，对工程项目实施的全过程进行高效率、全方位的管理。

（1）工程项目管理是一种一次性管理

工程项目是最为典型的项目类型，一般投资巨大，建设周期长，具有一次性和不可逆性。在项目管理过程中一旦出现失误，很难纠正，损失严重，项目管理的一次性是成功的关键。所以，对项目建设中的每个环节都应进行严格管理，认真选择项目经理，配备项目人员和设置项目机构。

（2）工程项目管理是一种全过程的综合性管理

工程项目各阶段既有明显界限，又相互有机衔接，不可间断，这就决定了项目管理是对项目全过程的管理，如对项目可行性研究、勘察设计、招标投标、施工等各阶段全过程的管理。在每个阶段中又包含有进度、质量、成本、安全的管理。因此，项目管理是全过程的综合性管理。

（3）工程项目管理是一种约束性强的控制管理

工程项目管理的一次性特征，其明确的目标（成本低、进度快、质量好）、限定的时间和资源消耗、既定的功能要求和质量标准，决定了约束条件的约束强度比其他管理更高。因此，工程项目管理是强约束管理。这些约束条件是项目管理的条件，也是不可逾越的限制条件。项目管理的重要特点，在于项目管理者如何在一定时间内，在不超过这些条件的前提下，充分利用这些条件，去完成既定任务，达到预期目标。

1.2.2.3 工程项目管理的职能

（1）策划职能

工程项目策划是把建设意图转换成定义明确、系统清晰、目标具体、活动科学、过程有效的，富有战略性和策略性思路的、高智能的系统活动，是工程项目概念阶段的主要工作。策划的结果是其他各阶段活动的总纲。

（2）决策职能

决策是工程项目管理者在工程项目策划的基础上，通过调查研究、比较分析、论证评估等活动,得出的结论性意见,付诸实施的过程。一个工程项目,其中的每个阶段、每个过程,均需要启动,只有在做出正确决策以后的启动才有可能是成功的,否则就是盲目的、指导思想不明确的,也可能是失败的。

(3) 计划职能

计划就是根据决策设计控制目标、做出实施安排和实现目标措施的活动。计划职能决定项目的实施步骤、搭接关系、起止时间、持续时间、中间目标、最终目标及措施。它是目标控制的依据和方向。

(4) 组织职能

组织职能是组织者和管理者个人把资源合理利用起来,把各种作业(管理)活动协调起来,使作业(管理)需要和资源应用结合起来的机能和行为,是管理者对计划进行目标控制的一种依托和手段。工程项目管理需要组织机构的成功建立和有效运行,从而起到组织职能的作用。

(5) 控制职能

控制职能的作用在于按计划运行,随时收集信息并与计划进行比较,找出偏差并及时纠正,从而保证计划及其确定的目标的实现。控制职能是管理活动最活跃的职能,所以,工程项目管理中把目标控制作为最主要的内容,并对控制的理论、方法、措施、信息等做出了大量的研究,在理论和实践上均有丰富的建树,成为项目管理学中的精髓。

(6) 协调职能

协调职能就是在控制的过程中疏通关系,解决矛盾,排除障碍,使控制职能充分发挥作用。所以,它是控制的动力和保证。控制是动态的,协调可以使动态控制平衡、有力、有效。

(7) 指挥职能

指挥是管理的重要职能。计划、组织、控制、协调等都需要强有力的指挥。工程项目管理依靠团队,团队要有负责人(项目经理),负责人就是指挥。他把分散的信息集中起来,变成指挥意图;他用集中的意图统一管理者的步调,指导管理者的行动,集合管理力量,形成合力。所以,指挥职能是管理的动力和灵魂,是其他职能所无法替代的。

(8) 监督职能

监督是督促、帮助,也是管理职能。工程项目与管理需要监督职能,以保证法规、制度、标准和宏观调控措施的实施。监督的方式有:自我监督、相互监督、领导监督、权力部门监督、业主监督、司法监督、公众监督等。

总之,工程项目管理有众多职能。这些职能既是独立的,又是相互密切相关的,不能孤立地去看待它们。各种职能的相互协调,才是管理有力的体现。

1.2.2.4 工程项目管理的类型

每个项目建设都有其特定的建设意图和使用功能要求。中型建设项目往往包括诸多形体独特、功能关联、共同作用的单体工程,形成建筑群体。就单体工程而言,一般都是由基础、主体结构、装修和设备系统安装共同构成一个有机的整体。

每个建设项目都需要投入巨大的人力、物力和财力等社会资源,并经历着项目的策划、决策、立项、场址选择、勘察设计、建设准备和施工安装活动等环节,最后才能提供生产或使用,也就是说它有自身的产生、形成和发展过程。这个构成的各个环节相互联系、相互制约,并受到建设条件的影响。

每个建设项目都处在社会经济系统中,它和外部环境发生着各种各样的联系,项目的建设过程渗透着社会经济、政治、技术、文化、道德和伦理观念的影响和作用,是在一定的经济体制下运行的,国家对项目建设的活动有一系列的法规、政策、方针。

(1) 按管理层次划分

按管理层次可分为宏观项目管理和微观项目管理。宏观项目管理是指政府(中央政府和地方政府)作为主体对项目活动进行的管理。一般不以某一具体的项目为对象,而是以某一类或某一地区的项目为对象;其目标也不是项目的微观效益,而是国家或地区的整体综合效益。项目宏观管理的手段是行政、法律、经济手段并存,主要包括:项目相关产业法规政策的制定,项目相关的财、税、金融法规政策,项目资源要素市场的调控,项目程序及规范的实施,项目过程的监督检查等。

微观项目管理是指项目业主或其他参与主体对项目活动的管理。项目的参与主体,一般主要包括:业主,作为项目的发起人、投资人和风险责任人;项目任务的承接主体,指通过承包或其他责任形式承接项目全部或部分任务的主体;项目物资供应主体,指为项目提供各种资源(如资金、材料设备、劳务等)的主体。

微观项目管理,是项目参与者为了各自的利益而以某一具体项目为对象进行的管理,其手段主要是各种微观的经济法律机制和项目管理技术。一般意义上的项目管理,即指微观项目管理。

(2) 按管理范围和内涵不同划分

按工程项目管理范围和内涵不同分为广义项目管理和狭义项目管理。

广义项目管理包括从项目投资意向、项目建议书、可行性研究、建设准备、设计、施工到竣工验收、项目后评估全过程的管理。

狭义项目管理指从项目正式立项开始,即从项目可行性研究报告批准后到项目竣工验收、项目后评估全过程的管理。

(3) 按管理主体不同划分

一项工程的建设,涉及不同的管理主体,如项目业主、项目使用者、科研单位、设计单位、施工单位、生产厂商、监理单位等。从管理主体看,各实施单位在各阶段的任务、目的、内容不同,也就构成了项目管理的不同类型,概括起来大致有以下几种项目管理。

① 业主方项目管理。业主方项目管理是指由项目业主或委托人对项目建设全过程的监督与管理。按项目法人责任制的规定,新上项目的项目建议书被批准后,由投资方派代表,组建项目法人筹备组,具体负责项目法人的筹建工作,待项目可行性研究报告批准后,正式成立项目法人,由项目法人对项目的策划、资金筹措、建设实施、生产经营、债务偿还、资产的增值保值等实行全过程负责,依照国家有关规定对建设项目的建设资金、建设工期、工程质量、生产安全等进行严格管理。

项目投资方可能是政府、企业、城乡个体或外商;可以是独资也可能是合资。项目业主是由投资方派代表组成的,从项目筹建到生产经营并承担投资风险的项目管理班子。

业主以工程项目所有者的身份,作为项目管理的主体,居于项目组织最高层。业主对工程项目的管理深度和范围由项目的承发包方式和管理模式决定。

在现代工程项目中,业主项目管理的内容主要有:

a. 项目管理模式、工程承发包方式的选择;

b. 选择工程项目的实施者(承包商、设计单位、项目管理单位、供应单位),委托项目任务，并以项目所有者的身份与他们签订合同；

  c. 工程项目重大技术和实施方案的选择与批准；

  d. 工程项目设计和计划的批准，以及对设计和计划的重大修改的批准；

  e. 在项目实施过程中重大问题的决策；

  f. 按照合同规定对项目实施者支付工程款和接收已完工程等。

  项目法人可聘任项目总经理或其他高级管理人员，代替项目法人履行项目管理职权。因此，项目法人和项目经理构成了对项目建设活动的项目管理，由项目总经理组织编制项目初步设计文件，组织设计、施工、材料设备采购的招标工作，组织工程建设实施，负责控制工程投资、工期和质量，对项目建设各参与单位的业务进行监督和管理。项目总经理可由项目董事会成员兼任或由董事会聘任。

  ② 监理方的项目管理。建设工程监理，是指具有相应资质的工程监理企业，接受建设单位的委托，承担其项目管理工作，并代表建设单位对承建单位的建设行为进行监控的专业化服务活动。

  建设工程监理只能由具有相应资质的监理企业承担，建设工程监理的行为主体是工程监理企业，这是我国建设工程监理制度的一项重要规定。建设单位与其委托的监理企业应当订立书面建设工程委托监理合同。建设工程监理的实施需要建设单位的委托和授权，监理企业根据委托监理合同和有关建设工程合同的规定实施监理。

  建设工程监理的主要内容是控制工程建设的投资、建设工期和工程质量，进行工程建设安全管理、合同管理、信息管理，协调有关单位间的工作关系。一般简称为"三控三管一协调"。

  在施工阶段，建设工程监理的工作任务主要有：

  a. 确定项目监理机构人员的分工和岗位职责；

  b. 编写项目监理规划、项目监理实施细则，并管理项目监理机构的日常工作；

  c. 审查分包单位的资质，并提出审查意见；

  d. 检查和监督监理人员的工作，根据工程项目的进展情况可进行人员调配，对不称职的人员应调换其工作；

  e. 召开监理工作会议，签发项目监理机构的文件和指令；

  f. 审定承包单位提交的开工报告、施工组织设计、技术方案、进度计划；

  g. 审核签署承包单位的申请、支付证书和竣工结算；

  h. 审查和处理工程变更；

  i. 主持或参与工程质量事故的调查；

  j. 调解建设单位与承包单位的合同争议、处理索赔、审批工程延期；

  k. 组织编写并签发监理月报、监理工作阶段报告、专题报告和项目监理工作总结；

  l. 审核签认分部工程和单位工程的质量检验评定资料，审查承包单位的竣工申请，组织监理人员对待验收的工程项目进行质量检查，参与工程项目的竣工验收；

  m. 整理工程项目的监理资料。

  ③ 承包方项目管理。作为承包方，采用的承包方式不同，项目管理的含义也不同。

  a. 工程总承包方的项目管理业主在项目决策之后，通过招标择优选定总承包单位全面负责工程项目的实施过程，直到最终交付使用功能和质量标准符合合同文件规定的工程项目。因此，总承包方的项目管理是贯穿于项目实施全过程的全面管理，既包括设计阶段，也包括施工安装阶段。其性质和目的是全面履行工程总承包合同，以实现其企业承建工程的经营方针和目标，取得预期经营效益为动力而进行的工程项目自主管理。显然，总承包单位必须在合同条件的约束下，依靠自身的技术和管理优势或实力，通过优化设计及施工方案，在规定的时间内，按质按量地全面完成工程项目的承建任务。从交易的角度看，项目业主是买方，总承包单位是卖方，因此，两者的地位和利益追求是不同的。

b. 设计方项目管理设计单位受业主委托承担工程项目的设计任务，以设计合同所界定的工作目标及其责任义务作为该项工程设计管理的对象、内容和条件，通常简称为设计项目管理。设计项目管理也就是设计单位对履行工程设计合同和实现设计单位经营方针目标而进行的设计管理，尽管其地位、作用和利益追求与项目业主不同，但它也是建设工程设计阶段项目管理的重要方面。只有通过设计合同，依靠设计方的自主项目管理才能贯彻业主的建设意图和实施设计阶段的投资、质量及进度控制。

c. 施工方项目管理。施工单位通过工程施工投标取得工程施工承包合同，并以施工合同所界定的工程范围，组织项目管理，简称为施工项目管理。从完整的意义上说，这种施工项目应该指施工总承包的完整工程项目，包括其中的土建工程施工和建设设备工程施工安装，最终成果能形成独立使用功能的建筑产品。然而从工程项目系统分析的角度看，分项工程、分部工程也是构成工程项目的子系统。按子系统定义项目，既有其特定的约束条件和目标要求，也是一次性的任务。因此，工程项目按专业、按部位分解发包的情况，承包方仍然可以按承包合同界定的局部施工任务作为其项目管理的对象，这就是广义的施工企业的项目管理。

d. 我国建筑施工企业实行施工项目管理的基本概念是指：施工企业为履行工程承包合同和落实企业生产经营方针目标，在项目经理负责制的条件下，依靠企业技术和管理的综合实力，对工程施工全过程进行计划、组织、指挥、协调和监督控制的系统管理活动。项目经理的责任目标体系包括工程施工质量（Quality）、成本（Cost）、工期（Delivery）、安全和现场标准化（Safety），简称 QCDS 目标体系。显然这一目标体系，既和工程项目的总目标相联系，又带有很强的施工企业项目管理的自主性特征。

1.3 工程项目生命周期

1.3.1 工程项目生命周期的概念

项目经理或项目的组织可以把任一个项目划分成若干个阶段，以便有效地进行管理控制，并与执行组织的日常运作联系起来。这些项目阶段合在一起称为项目生命周期。有许多组织设计出一套具体的项目生命周期供其所拥有的项目使用。

工程项目是一次性任务，因而它是有起点和终点的。工程项目生命周期是指一个项目从开始到结束所经历的全部时间或过程，工程项目的生命周期以建设项目的生命周期为代表。例如，当一个组织准备识别某一可能的项目机会时，通常会进行项目的可行性研究，以决定是否应当进行这个项目。

项目生命期确定了将项目的开始和结束连接起来的阶段。例如，当某个组织发现一个可以考虑和利用的机会时，它通常会责成有关人员进行可行性研究，以决定该项目是否值得立项。项目生命期的定义有助于项目经理弄清是否应将该项可行性研究视为项目的第一个阶段，或者将该项可行性研究当做一个单独的项目。当这种初步努力的结果无法识别清楚时，最好将它当做单独的项目进行处理。

大多数项目生命期具有若干共同点。

① 项目阶段一般按顺序首位衔接，通常根据某种形式的技术信息传递或技术部件交接来确定。

② 项目费用和人力投入水平是开始时低，随之增高，在项目接近收尾时迅速降低，这种模式如图1.1所示。

③ 项目开始时，成功地完成项目的可能性最低，因此风险和不确定性最高；随着项目持续执行，成功地完成项目的可能性通常逐渐上升。

④ 项目开始时，项目利害关系者对项目产品最后特点和项目最后费用的影响力最强，而随着项目的进展，这种影响逐步减弱，如图1.2所示；造成这种现象的主要原因是随着项目的进展，变更计划和纠正错误的代价通常与日俱增。

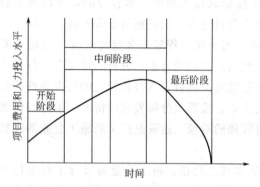

图1.1　项目费用和人力投入水平与项目生命的关系　　图1.2　项目利害关系者影响程度与项目时间的关系

从项目生命周期的一个阶段转到另一个阶段一般会涉及某种形式的技术交接，这种阶段转移通常也由这种技术交接确定。前一阶段产生的可交付成果通常要确认是否通过已经完成的审查，在验收之后才能开始下一阶段的工作。当然，如果想要后一阶段在前一阶段可交付成果通过验收之前开始，就需对其所涉及的风险进行评估，并认为是可行的，方能转移。这种把正常情况下按照先后顺序完成的阶段进行重叠的做法，是应用"快速跟进"进度压缩技术的一个例子。目前对项目生命期的确定没有唯一的方法。某些项目组织的既定方针是用一个项目生命期作为标准的方式处理所有的项目，而另外一些项目组织则允许项目管理团队为其管理的项目选择最适合的项目生命期。另外，行业的通用做法经常造成本行业内部使用某种约定俗成的项目生命期，如建设项目生命周期就是既成约定。

项目生命周期的定义还将确定项目开始到结束时的哪些过渡行动应包括在项目范围之内，哪些则不应包括在内。这样，就可以用项目生命期的定义把项目和项目执行组织持续的日常运作联系在一起。

对项目生命周期进行定义时，通常要考虑的内容是项目的各个阶段应当从事何种技术工作；项目各阶段可交付成果应何时生成，以及如何审查、核实和确认；项目各阶段有哪些人员参与；如何控制和批准项目各个阶段。

1.3.2　工程项目生命周期的划分

从项目生命周期的角度看，可行性研究是项目的第一个阶段。一旦项目通过了可行性研究并得到批准，那么，项目就进入实施阶段，签订合同、设计、施工等。最后，项目要进行竣工验收，并交付使用。所以，一般的工程项目生命周期可分为四个阶段，如图 1.3 所示。

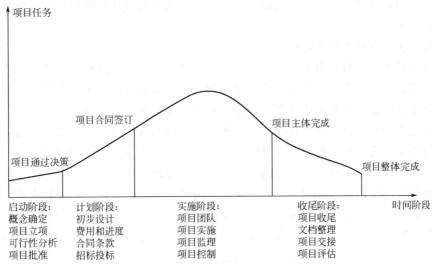

图 1.3 工程项目的生命周期

尽管各类项目的生命期阶段的划分有所不同，但总体来看，可以分为概念阶段（Conceive，即启动阶段）、开发阶段（Develop，即计划阶段）、执行阶段（Execute，即实施阶段）和结束阶段（Finish，即收尾阶段）共四个阶段（简称为 C、D、E、F 阶段）。

(1) 项目启动阶段

项目启动阶段包括项目构思、需求识别、项目团队或组织，根据客户需求提出需求建议书、方案策略、项目立项、可行性分析、项目评估等。

(2) 项目计划阶段

这个阶段是建立解决需求或问题的方案，包括项目背景描述、目标确定、范围计划定义、工作分解排序、进度安排、资源计划、费用估计与预算、质量保证体系、招投标。

(3) 项目实施阶段

项目实施阶段是具体实施解决方案，以保证项目目标的最终实现。包括采购计划，招标采购，合同管理、履行与收尾，实施计划，安全计划，进度控制，费用控制，质量控制，安全控制，范围变更控制，现场管理与环境管理。

(4) 项目收尾阶段

项目收尾阶段包括范围确认，质量验收，费用决算与审计，项目资料与验收，项目交接与清算，项目审计，项目评估。

1.4 工程项目干系人

1.4.1 项目干系人的概念

(1) 项目相关者概念

项目相关者，又叫项目的干系人，或项目利益相关者。他们是在项目的参与过程中与项目有某种利害关系的人或组织，他们还会对项目的目标和可交付结果施加影响。ISO 006 定义项目相关者可能包括"顾客，项目产品的接受者；消费者，如项目产品的使用者；所有者，如启动项目的组织；合作伙伴，如在合资项目中；资金提供者，如金融机构；分承包方，为项目组织提供产品或服务的组织；社会，如司法机构或法定机构和广大公众；内部人员，如项目组织的成员。"

（2）项目相关者对工程项目的影响

项目相关者参与项目，为项目提供资金、材料和设备、劳务或服务，承包工程，或使用项目的产品或服务。他们对项目的立项、实施和运行都有各自的作用，作出应有的贡献，项目是他们合作的结果。项目的成功必须经过所有项目相关各方的共同努力。

项目相关者参与项目，有着自己的目标和期望。他们对项目支持程度、认可程度和他们在项目中的组织行为，是由他们对项目的满意程度、目标和期望的实现程度决定的。因此，项目的总目标应该包容项目相关各方的目标和利益，体现各方面利益的平衡，使各相关者满意。这样有利于团结协作、互相信任，确保项目的整体利益，有利于项目的成功。

在国际上，人们曾研究过许多工程项目的案例，将项目成功的因素分为 4 个方面，67 个相关因素。其中参与者各方的努力程度、积极性、组织行为和对项目支持等是一个主要方面。而这一切是由他们对项目的满意程度决定的。

过去人们过于强调工程项目的投资者或业主的利益，而忽视项目其他相关者的利益。实践证明，在这种情况下，没有各方面的满意，会出现抵抗情绪和行为，不可能有成功的项目。近十几年来，现代国际工程项目越来越显示出如下趋向。

① 人们强调项目相关者之间的合作，讲究诚实信用，强调利益的一致性，而不强调利益冲突、斗争、利己。业主与承包商、供应商是伙伴关系，应争取实现"多赢"。

② 更理性地认识到项目相关者各方面的权利和责任的平衡，公平地对待各方，公平合理地分配风险和解决项目中的冲突。

③ 在项目中人们加强组织协调，重视合同管理和项目的组织行为的研究，强调项目的组织文化和团队精神。在项目相关者之间形成共有的价值观念、行为准则、项目精神和道德习惯，以增强各方的合作，减少矛盾和冲突。

1.4.2　工程项目的干系人各方

由于工程项目的特殊性，工程项目相关者（图 1.4）范围非常广泛，超出传统的工程项目组织的范围。从总体上，主要包括以下几方面。

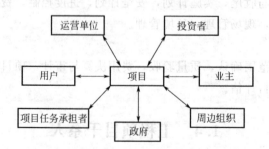

图 1.4　工程项目主要相关者

① 工程项目产品的用户（顾客），即直接购买或使用或接受工程运行的最终产品或服务的人或单位。例如，房地产开发项目最终产品的使用者是房屋的购买者或用户；城市地铁建设项目最终产品的使用者是乘客。有时工程项目产品的用户就是项目的投资者。

用户购买项目的产品或服务，决定项目的市场需求和存在价值。项目的产品和服务要有市场，就必须使"用户满意"，通常用户对工程项目的要求有：产品或服务的价格合理；在功能上符合要求，同时讲究舒适、健康、安全性、可用性；有周到、完备、人性服务；"以人为本"，符合人们的文化、价值观、审美要求等。

在工程项目产品或服务的市场定位、功能设计，产品销售量和价格的确定必须从产品使用者的角度出发。在所有项目相关者中，用户是最重要的，因为他们是所有项目参加者最终的"用户"。当用户和其他相关者的需求发生矛盾时，应首先考虑用户的需求。

② 项目的所有者。它包括两个层次：项目的投资者和业主（或以业主身份进行项目决策和控制的单位）。一般在小型工程项目中，业主和项目的投资者（或项目所属企业）的身份是一致的；但在大型工程项目中他们的身份常常是不一致的，这体现工程项目所有者和建设管理者的分离，这样更有利于工程项目的成功。

a. 项目投资者是为项目提供现金或财务资源的个人或集体。如项目的直接投资单位、参与项目融资的金融单位，或项目所属的企业。在现代社会，工程项目的融资渠道和方式很多，资本结构是多元化的，可能有政府、企业、金融机构、私人投资，可能是本国资本或外国资本等。例如：某城市地铁工程建设项目的投资者为该市政府；某企业独资新建一条生产流水线，则投资者是该企业；某企业与一外商合资建设一个新的工厂，则该企业和外商都是该建设项目的投资者；某发电厂工程是通过 BOT 融资的，参与 BOT 融资的有一个外资银行、一个国有企业和一个国外的设备供应商。他们都是该项目的投资者。

投资者为项目提供资金，承担投资风险，行使与风险相对应的管理权力，如参与项目重大问题的决策，在工程建设和运行过程中的宏观管理、对项目收益的分配等。

投资者的目标和期望可能有：以一定量的投资完成工程项目；通过工程的运行取得预定的投资回报，达到预定的投资回报率；承担较低的投资风险等。

b. 业主。"业主"一词主要应用在工程的建设过程中，相对于设计单位、承包商、供应商、项目管理单位（咨询、监理）而言，业主以项目所有者的身份出现。实施一个工程项目，投资者或项目所属企业必须成立专门的组织或委派专门人员以业主的身份负责整个工程项目的管理工作，如许多单位的基建部门。

业主的目标是实现工程全寿命期整体的综合效益，他不仅代表和反映投资者的利益和期望，而且要反映项目任务承担者的利益，更应注重项目相关者各方面利益的平衡。

③ 项目任务的承担者，如承包商、供应商、勘察和设计单位、咨询单位（包括项目管理公司、监理单位）、技术服务单位等。他们接受业主的委托完成项目或项目管理任务。

a. 委托给项目管理（咨询或监理）公司承担。他代表业主管理项目，协调承包商、设计单位和其他单位关系。所以他主要代表和反映业主的利益和期望，追求工程全寿命期的整体的综合效益。

b. 承包商、供应商、勘察和设计单位、技术服务单位等。他们通常接受业主的委托在规定工期内完成合同规定的专业性工作任务，包括设计、施工、提供材料和设备。他们希望通过项目的实施取得合理的工程价款和利润、赢得信誉和良好的企业形象。

④ 工程项目运营单位，例如对城市地铁建设项目，指地铁的运营公司和相关生产者（包括运行操作人员和维护管理人员）。

运营单位在工程建成后接受运行管理任务，直接使用工程生产产品，或提供服务。它的任务是使工程达到预定的产品生产能力或服务能力，以及质量要求等。运营单位（或员工）

希望有安全、舒适、人性化的工作环境,且工程运行维护方便、成本低廉。

⑤ 工程所在地的政府、司法、执法机构,以及为项目提服务的政府部门、基础设施的供应和服务单位。他们为项目做出各种审批(如城市规划审批)、提供服务(如发放项目需要的各种许可)、实施监督和管理(如对招标投标过程监督和对工程质量监督)。

政府注重工程项目的社会效益、环境效益,希望通过工程项目促进地区经济的繁荣和社会的可持续发展,解决当地的就业和其他社会问题,增加地方财力,改善地方形象,使政府政绩显赫。

⑥ 项目所在地的周边组织,如项目所在地的原居民、周边的社区组织、居民、媒体、环境保护组织、其他社会大众等。项目周边组织要求保护环境,保护景观和文物,要求就业、拆迁安置或赔偿,有时还包括对项目的特殊的使用要求。

从上面的分析可见,项目相关者的目标往往彼此相距甚远,甚至互相冲突。在项目管理中对项目相关者的界定,对他们的目标、期望、组织行为的研究和确定是十分重要的。项目管理者必须在项目的全过程中解决项目总目标和项目相关者需求间的矛盾,并一直关注项目相关者需求的变化,以确保项目的成功。

1.5 工程项目管理的历史及发展趋势

1.5.1 工程项目管理的历史

20世纪随着经济的发展和人民需求的日益增长,建设事业得到了迅猛发展,进行了数量多、规模大、成就辉煌的建设工程项目管理实践活动。如第一个五年计划的156项重点工程项目管理实践,第二个五年计划十大国庆工程项目管理的实践,大庆油田建设的实践,还有南京长江大桥工程等。但在计划经济体制下,许多做法违背项目管理规律,而导致管理效率低下。

自20世纪80年代以来,随着改革开放和市场经济的发展,许多大型项目开工建设,如长江葛洲坝水电站工程、宝钢工程等,作为在市场经济下产生与发展的工程项目管理理论,根据我国建设领域改革的需要从国外引进,是十分自然和合乎情理的事。1982年,工程项目管理理论首先从原联邦德国传入我国。之后,其他发达国家,特别是美国、日本和世界银行的项目管理理论及实践经验,随着文化交流和项目建设,陆续传入我国。1987年,由世界银行投资的鲁布革引水隧洞工程进行工程项目管理和工程监理取得成功后,迅速在我国形成了鲁布革冲击波。1988~1993年,在建设部的领导下,对工程项目管理和工程监理进行了5年试点,于1994年在全国全面推行,取得了巨大的经济效益、社会效益、环境效益和文化效益。2001年和2002年,分别实施了《建设工程监理规范》(GB 50319—2000)和《建设工程项目管理规范》(GB/T50326—2001),使工程项目管理实现了规范化。2004年,建设部组织有关专家对规范进行了修编,并在网上公布了征求意见稿,广泛听取各方面的意见。2006年6月21日,新《建设工程项目管理规范》(GB/T 50326—2006)颁布,并于2006年12月1日实施。《建设工程项目管理规范》(GB/T 50326—2006)的颁布与实施,必将进一步深化和规范建设工程项目管理的基本做法,促进工程项目管理科学化、规范化和法制化,不断提高建设工程项目的管理水平。

1.5.2 工程项目管理的发展趋势

(1) 项目管理的现状

项目管理作为一门学科和一种特定的管理方法最早出现于美国,它是伴随着实施和管理大型项目的需要而产生的。当时，大型的工程项目、复杂的科研项目、军事项目和航天项目的出现，使人们认识到，由于项目的一次性和约束条件的不确定性，要取得成功，就必须加强项目管理，引进科学的管理思想、理论和方法。于是，项目管理作为一门学科而出现。

工程项目管理的产生也是由于工程项目生产过程的特殊性、复杂性所致。尽管工程项目管理与项目管理具有紧密的联系，但由于被管理对象——工程项目的一系列特征，如工程项目的规模大、投资高、工期长、产品固定、生产流动、受外界影响大、参与方多等特点，使得相应的项目管理有其特定的内容。

我国进行工程项目管理的实践活动源远流长，至今已有两千多年的历史。我国许多伟大的工程，如都江堰水利工程、宋朝丁渭修复皇宫工程、北京故宫工程等，都是有名的工程项目管理做得好的项目，其中许多方面应用了科学的思想和组织方法，反映了我国古代工程项目管理的思想。

新中国成立以来，随着我国经济发展的需要，建设事业得到迅猛发展，许多大规模的工程项目管理实践活动都取得了成功，如大庆油田建设、南京长江大桥、三峡工程等。

然而，我国长期以来的工程项目管理实践活动并没有系统地上升为工程项目管理理论和科学，相反，在计划经济管理体制的影响下，项目管理的重要性被忽视，许多做法违背了经济规律和科学原理，如违背项目建设程序、行政长官意志严重、不按合同进行管理、忽视项目协调的重要性、项目管理专业业务水平低下等。因此，长期以来，我国在工程项目管理理论方面缺乏系统性，按照工程项目管理模式进行建设的实践更是少有。

20 世纪 80 年代初，我国开始接触工程项目管理方法。1984 年前后，工程项目管理理论首先从前西德和日本分别引进我国。之后，其他发达国家，特别是美国和世界银行的项目管理理论和实践经验随着文化交流和项目建设，陆续传入我国。近年来，我国在工程项目管理的理论方面展开了较深入的研究和实践，并不断地发展和完善其理论。在我国，项目管理学科专业化的进程正在加快，住房和城乡建设部正在推进面向建设单位的全过程工程项目管理咨询服务和设计施工一体化的总承包管理模式；国家发展与改革委员会正在试行和倡导工程项目代建制，提出代理建设单位管理工程建设的"交钥匙"型项目管理。教育部高等教育工程管理本科项目管理专业方向和国务院学位办设置项目管理专业工程硕士学位，加强了项目管理人才的培养。国家一级建造师、监理工程师等注册资格考试，美国项目管理协会（Project Management Institute，PMI）在中国的 PMP 认证考试，国家投资工程项目管理师的认证考试等以项目管理的知识与能力作为重要的考核内容，推进了对项目管理知识体系的认识与运用。《建设工程项目管理规范》由 GB/T 50326—2001 版适用于新建、扩建、改建等建设工程的施工项目管理，拓展为 GB/T 50326—2006 版适用于新建、扩建、改建等建设工程的有关各方（建设、设计、监理、施工、工程咨询、招标代理、总承包等建设行为主体单位）的项目管理，表明了我国的项目管理在理论和运用上的成熟。

（2）工程项目管理的应用及前景

20 世纪 80 年代，随着项目管理知识体系的逐步推广、确立和完善，理论化程度越来越高，项目管理逐步开始向民营企业转移推广，应用范围逐步扩大，在社会上越来越受重视。进入 90 年代后，随着现代科学技术的飞速发展，管理科学领域内部革新与知识结构的重组，项目管理以清新的面目脱颖而出，成为现代企业、政府部门和各类组织的最新管理科学，在社会上也得到越来越多的青睐，并被各行各业广泛应用。

项目管理开始真正热门起来是由于工程项目管理是全方位的，有其重要性和特殊性，要求施工项目的质量控制、进度控制、成本控制等都要纳入正规化、标准化管理,这样才能使施工项目各项工作有条不紊、顺利地进行。施工项目的成功管理不仅使项目、企业有良好的经济效益,对国家也会产生良好的社会效益。

经过几十年的实践,工程项目管理在工程建设中的重要地位和作用在国内已得到了广泛的共识。工程项目管理作为一门科学,将随着社会、经济的发展而不断完善和发展;作为一种管理组织模式,它在工程项目中将会得到更加广泛的应用和推广。中国和欧盟在中欧智力援助协议中明确要求欧盟派专家指导,加速中国政府和企业的项目化管理进程,表明我国政府非常重视项目管理。《时代》周刊认为,项目管理是21世纪最具前景的"黄金职业"。

复习思考题

1. 什么是项目、工程项目?项目、工程项目的特征有哪些?
2. 什么是项目管理、工程项目管理?
3. 工程项目管理的基本目标是什么?其相互关系如何?
4. 工程项目管理的任务有哪些?
5. 参与建设的各方,其生命周期如何?
6. 什么是工程项目干系人?它包括哪些内容?
7. 工程项目生命周期如何划分?
8. 工程项目管理未来的发展趋势是什么?

案例

中信-中铁建阿国东西公路建设项目利益相关者管理

阿尔及利亚公司高速公路项目全长1216km,其中待建部分全长927km,分成东、中、西3个标段招标,该工程设计为双向6车道,设计时速分别为80km/h、100km/h、120km/h。沿路附属设施包括休息区、服务区、道路更新、养护和汽车专用公路开发中心等。

2006年5月,中信集团牵头与中国铁道建筑总公司组成的联合体,经过与64家顶级国际承包商组成的7家联合体的激烈角逐,一举中标阿尔及利亚高速公路项目中、西两个标段,这两个标段全称包括257座桥梁、2条隧道、933条涵洞,土石方挖填方总量1.2亿立方米;全线按欧洲规范设计、施工,框架合同额为62.5亿美元,工期40个月。

按照项目业务流程对项目利益相关者进行分类管理和重点服务是进行项目利益相关者管理的有效途径。

国际工程承包商在各阶段的工作重点不同,因此需要协调的利益相关者及协调方式也有所不同。以国华公司为例,在项目开发阶段,分析潜在业主并根据业主需要提供切实有效的前期服务(主要包括金融服务、公共关系服务和科研服务等)是最主要的利益相关者及其服务方式。

在投标议标阶段,涉及的主要利益相关者仍是业主,只是对业主的服务方式有所转变,从"前期服务"转向务实的"据理力争",但依据的"理"仍然是"坚持从业主利益出发思考",同时在执行层面尽可能维护自身长远发展利益。

在实施准备和项目执行阶段,作为一家总承包商,除了上述两个环节总承包商既需要完成的资金整合、联合投标的相关关系的整合外，还需要与政府、主要设计方、材料供应商、大型分包商、监理或顾问公司，甚至律师事务所、物流方等进行关系整合。总承包商为项目建设各方所提供的服务可以统称为总承包商的社会关系管理。

这些社会关系中的每一个利益相关者都应该严肃认真对待，制订详细的合作方案与沟通联络计划，为项目的顺利进行保驾护航。国华的经验是："业主利益至高无上，核心职能紧握不放，关键资源协同共享，责权明晰使命感强"。业主利益这一条是根本出发点，因为工程项目受命于业主，服务于业主，只有满足业主要求，符合业主标准，实现业主期望的功能才能够实现项目的完全成功，如同项目管理理论中指出，项目管理的最终目标是"拥有满意的客户"。

后续服务和深度开发阶段，既是一个项目的结束，也是新项目的开始，有助于业务流程环节的形成，达到良性发展。如国华公司在阿尔及利亚东西高速公路完工之前捐建的工程学校等都是国华独创业的后续服务模式，而这种服务成效在一定视角看甚至比项目本身更加引人瞩目，取得了良好功效，为该区域市场的深度开发提供了良好基础，实现了公司业务在各地区的良性滚动发展。

【案例思考题】

（1）在激烈的竞争中，很多国际工程承包商都会认真对待利益相关者关系管理，但中信国华在这一方面通过创新有所突破，并卓有成效，你觉得其最主要的创新是什么？

（2）在建立总承包商和业主之间的信任的过程中，都有哪些经验可以借鉴？

（3）利益相关者管理既是一种项目管理技术，也是一种思维方式，你对此如何理解？

第 2 章　工程项目组织及管理

项目管理以其目标的明确性、组织的灵活性和环境的适应性等优势备受青睐，而项目管理的组织结构又处在其核心位置，选择什么样的组织结构并不能一概而论，而要依据组织自身的特点和组织文化，选择能平衡项目与母体组织需要的组织结构，有时又要根据项目特点选择"混合式"的组织结构。

2.1　组织概述

2.1.1　组织的概念

"组织"一词，其内涵比较宽泛，人们通常所用的"组织"一词一般有两层含义：

① 对一个过程的组织，对行为的策划、安排、协调、控制和检查，如组织一次会议，组织一次活动；

② 人们（单位、部门、个人）为某种目的，按照某些规则形成的职务结构或职位结构，如项目组织、企业组织等。

在组织结构学中，表示结构性组织，即为了使系统达到特定目标而使全体参与者经分工协作及设置不同层次的权力和责任制度构成的一种组合体，如项目组织、企业组织等。可以看出，组织包含三个方面的意思：

① 目标是组织存在的前提；

② 组织以分工协作为特点；

③ 组织具有一定层次的权力和责任制度。

"工程项目组织"是指为完成特定的工程项目任务而建立起来的，从事工程项目具体工作的组织。该组织是在工程项目生命周期内临时组建的，是暂时的，只是为完成特定的目的而成立的。工程项目是由目标产生工作任务，由工作任务决定承担者，由承担者形成组织。

2.1.2　项目参与方之间的关系

由于工程项目按参与方不同可分为工程建设项目、工程设计项目、工程承包项目等，因此工程项目管理可分为工程（建设）项目管理、工程设计项目管理、工程承包项目管理等。它们对应的管理者分别是业主、设计单位和承包单位等相应主体单位。

（1）业主的工程建设项目管理

工程项目管理是站在投资主体的立场上对工程项目建设进行的综合性管理，以实现投资者的目标。工程项目管理的主体为业主，而管理的客体是项目从提出设想到项目竣工、交付使用全过程所涉及的全部工作，而管理的目标是采用一定的组织形式，采取各种措施和方法，对工程项目所涉及的所有工作进行计划、组织、协调、控制，以达到工程项目的质量要求以及工期和费用要求，尽量提高投资效益。

（2）设计单位的工程设计项目管理

工程设计项目管理是由设计单位对自身参与的工程项目设计阶段的工作进行管理。因此，工程设计项目管理的主体是设计单位，管理的客体是工程设计项目的范围。大多数情况下是在项目的设计阶段。但业主根据自身的需要可以将工程设计项目的范围往前、后延伸，如延伸到前期的可行性研究阶段或后期的施工阶段，甚至竣工、交付使用阶段。一般地，工程设计项目管理包括以下工作：设计投标、签订设计合同、开展设计工作、施工阶段的设计协调工作等。工程设计项目的管理同样要进行质量控制、进度控制和费用控制，按合同的要求完成设计任务，并获得相应的报酬。

虽然设计单位和承包单位都是按照业主的要求完成相应的设计或承包工作，都要对所承担的工作进行项目管理，但它们的显著区别是设计单位向业主提供的是一种咨询，获得的是相应的咨询费用；而承包单位则不同，它向业主提供的是承建工作，获得的是承包费。在一个工程项目中，根据业主的要求，还会有不同的专业人员向业主提供咨询，如专职的项目管理人员、财务人员、会计人员、法律咨询人员等。为了实现预定的目标，他们也都进行着相应的咨询项目的管理。只是这些咨询项目有大小的不同，大的可以由专职的项目管理人员全权代表业主的利益对从项目的设想、决策立项到项目终结的全过程进行管理；小的可以是对工程项目的某一阶段的某一个方面，如融资方面提供的咨询。显然，咨询项目管理的主体是咨询人员，客体是咨询项目从起始到结束所涉及的咨询工作。其管理的目标就是通过行使管理的计划、组织、协调、控制等职能实现合同所约定的咨询项目的目标。咨询单位通过向业主提供咨询而获得相应的咨询费（报酬）。随着我国向市场化的不断迈进，工程项目中的咨询会越来越多。

（3）承包单位的工程承包项目管理

工程承包项目管理是站在承包单位的立场上对其工程承包项目进行管理，其项目的主体是承包单位，项目的客体是所承包工程项目的范围，其范围与业主要求有关，取决于业主选择的发包方式，并在承包合同中加以明确。在大多数情况下，工程承包项目的范围包括工程投标，签订工程承包项目合同，施工与竣工，交付使用等过程。工程承包项目管理的目的就是要通过有效的计划、组织、协调和控制，使所承包的项目在满足合同所规定的时间、费用和质量要求的条件下，实现预期的工程承包利润。

（4）政府对工程项目的管理

工程项目是在一定的地域空间上展开的物质生产活动。在建设过程中，其对现有的公共环境、公共交通、公共卫生、公共安全都有着不同程度的影响，需要正确处理与协调工程建设活动与外部环境的关系，即使工程项目能顺利进行，还要使其对现有环境的不利影响和干扰降至最低。也就是说，为了维护社会公共利益，需要对工程项目的建设实施强制性的监督管理，这是政府的职能。此时，管理的主体是政府有关职能部门，管理的客体是工程项目，而管理的目标则是维护社会的公共利益。

因此，一个工程项目涉及不同的参与方就有不同的内容，它是业主的投资行为，设计（咨询）单位的咨询服务行为，承包单位的生产经营行为和政府的监督管理行为多方面的集合。业主、设计（咨询）单位、承包单位和政府各方从各自的立场出发，对同一工程项目的不同客体（不同的项目对象）从不同的利益角度进行管理，即形成业主的项目管理、设计（咨询）单位的项目管理、承包单位的项目管理和政府的项目管理四个范畴，如图 2.1 所示。

将上面描述的各参与方项目管理的主要特征进行归纳，见表 2.1。

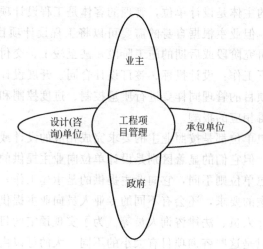

图 2.1 工程项目管理的四个范畴

表 2.1 代表不同利益的各参与方项目管理的比较

管理主体	管理客体	管理主体在项目管理中的地位	管理目标
业主	工程建设项目	项目的投资主体，是项目的所有者	实现项目目标，追求最佳的投资经济效益，能尽早收回投资
设计（咨询）单位	工程设计（咨询）项目	提供设计（咨询）服务以满足业主的要求，是项目的咨询者	实现合同约定的设计（咨询）项目目标，并获得预期的咨询报酬
承包单位	工程承包项目	开展项目的生产活动以满足业主的要求，是建筑产品的生产者	实现合同约定的工程承包项目目标，追求最大的工程利润
政府	工程建设项目	实行工程建设项目的强制性监督和管理，是社会的执法者	维护社会公共利益

2.2 组织结构模式

2.2.1 组织结构设计的原则

组织结构是指在组织内部构成和各部分间所确定的较为稳定的相互关系和联系方式。简单地说，就是指对工作如何进行分工、分组和协调合作。组织结构设计是对组织活动和组织结构的设计过程，目的是提高组织活动的效能。组织结构设计是管理者在建立系统有效关系中的一种科学的、有意识的过程，既要考虑外部因素，又要考虑内部因素。组织结构设计通常要考虑下列 6 项基本原则。

（1）工作专业化与协作统一

强调工作专业化的实质就是要求每个人专门从事工作活动的一部分，而不是全部。通过重复性的工作使员工的技能得到提高，从而提高组织的运行效率；在组织机构中还要强调协作统一，即明确组织机构内部各部门之间和各部门内部的协调关系和配合方法。

(2) 才职相称

通过考察个人的学历与经历或其他途径了解其知识、才能、气质和经验，进行比较，使每个人具有的和可能具有的才能与其职务上的要求相适应，做到才职相称，才得其用。

(3) 命令链

命令链是指存在于从组织的最高层到最基层的一种不间断的权力路线。每个管理职位对应着一定的人，在命令链中都有自己的位置；同时，每个管理者为完成自己的职责任务，都要被授予一定的权力。

(4) 管理跨度与管理层次相统一

在组织结构设计的过程中，管理跨度和管理层次成反比。在组织机构中当人数一定时，如果跨度大，层次则可适当减少；反之，如果跨度小，则层次可适当增多。所以，在组织结构设计的过程中，一定要通盘考虑各种影响因素，科学确定管理跨度和管理层次。

(5) 集权与分权统一

在任何组织中，都不存在绝对的集权和分权。从本质上说，这是一个决策权应该放在哪一级的问题。高度的集权造成盲目和武断；过分的分权则会导致失控、不协调。所以，在组织结构设计中，相应的管理层次如何采取集权或分权的形式要根据实际情况来确定。

(6) 正规化

正规化是指组织中的工作实行标准化的程度，应该通过提高标准化的程度来提高组织的运行效率。

2.2.2 组织结构的模式

组织结构模式可用组织结构图来描述，组织结构图（图 2.2）也是一个重要的组织工具，反映一个组织系统中各组成部门（组成元素）之间的组织关系（指令关系）。在组织结构图中，矩形框表示工作部门，上级工作部门对其直接下属工作部门的指令关系用单向箭线表示。

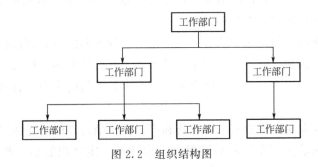

图 2.2 组织结构图

组织论的三个重要的组织工具，项目结构图、组织结构图和合同结构图（图 2.3）的区别如表 2.2 所示。

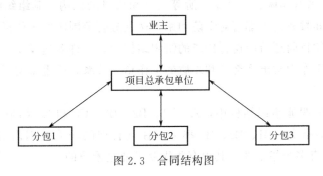

图 2.3 合同结构图

表 2.2 项目结构图、组织结构图和合同结构图的区别

结构图	表达的含义	图中矩形框的含义	矩形框连接的表达
项目结构图	对一个项目的结构进行逐层分解，以反映组成该项目的所有工作任务（该项目的组成部分）	一个项目的组成部分	直线
组织结构图	反映一个组织系统中各组成部门（组成元素）之间的组织关系（指令关系）	一个组织系统中的组成部分（工作部门）	单向箭线
合同结构图	反映一个建设项目参与单位之间的合同关系	一个建设项目的参与单位	双向箭线

常用的组织结构模式包括职能组织结构（图 2.4）、线性组织结构（图 2.5）和矩阵组织结构（图 2.6）等。这几种常用的组织结构模式既可以在企业管理中运用，也可在建设项目管理中运用。

组织结构模式反映了一个组织系统中各子系统之间或各元素（各工作部门）之间的指令关系。组织分工反映了一个组织系统中各子系统或各元素的工作任务分工和管理职能分工。组织结构模式和组织分工都是一种相对静态的组织关系。而工作流程组织则反映一个组织系统中各项工作之间的逻辑关系，是一种动态关系。在一个建设工程项目实施过程中，其管理工作的流程、信息处理的流程，以及设计工作、物资采购和施工的流程的组织都属于工作流程组织的范畴。

(1) 职能组织结构的特点及其应用

在人类历史发展过程中，当手工业作坊发展到一定的规模时，一个企业内需要设置对人、财、物和产、供、销管理的职能部门，这样就逐步形成了初级的职能组织结构。因此，职能组织结构是一种传统的组织结构模式。

在职能组织结构中，每一个职能部门可根据它的管理职能对其直接和非直接的下属工作部门下达工作指令。因此，每一个工作部门可能得到其直接和非直接的上级工作部门下达的工作指令，这样就会形成多个矛盾的指令源。一个工作部门的多个矛盾的指令源会影响企业管理机制的运行。

在一般的工业企业中，设有人、财、物和产、供、销管理的职能部门，另有生产车间和后勤保障机构等。虽然生产车间和后勤保障机构并不一定是职能部门的直接下属部门，但是，职能管理部门可以在其管理的职能范围内对生产车间和后勤保障机构下达工作指令，这是典型的职能组织结构。在高等院校中，设有人事、财务、教学、科研和基本建设等管理的职能部门（处室），另有学院、系和研究所等教学和科研的机构，其组织结构模式也是职能组织结构，人事处和教务处等都可对学院和系下达其分管范围内的工作指令。我国多数的企业、学校、事业单位目前还沿用这种传统的组织结构模式。许多建设项目也还用这种传统的组织结构模式，在工作中常出现交叉和矛盾的工作指令关系，严重影响了项目管理机制的运行和项目目标的实现。

在图 2.4 所示的职能组织结构中，A、B1、B2、B3、C5 和 C6 都是工作部门，A 可以对 B1、B2、B3 下达指令；B1、B2、B3 都可以在其管理的职能范围内对 C5 和 C6 下达指令；因此 C5 和 C6 有多个指令源，其中有些指令可能是矛盾的。

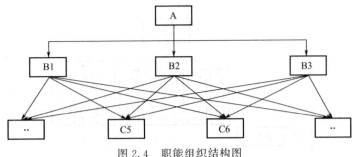

图 2.4 职能组织结构图

(2) 线性组织结构的特点及其应用

在军事组织系统中,组织纪律非常严谨,军、师、旅、团、营、连、排和班的组织关系是指令逐级下达,一级指挥一级和一级对一级负责。线性组织结构就是来自于这种十分严谨的军事组织系统。在线性组织结构中,每一个工作部门只能对其直接的下属部门下达工作指令,每一个工作部门也只有一个直接的上级部门,因此,每一个工作部门只有惟一一个指令源,避免了由于矛盾的指令而影响组织系统的运行。

在国际上,线性组织结构模式是建设项目管理组织系统的一种常用模式,因为一个建设项目的参与单位很多,少则数十,多则数百,大型项目的参与单位将数以千计,在项目实施过程中矛盾的指令会给工程项目目标的实现造成很大的影响,而线性组织结构模式可确保工作指令的惟一性。

但在一个较大的组织系统中,由于线性组织结构模式的指令路径过长,有可能会造成组织系统在一定程度上运行的困难。

在图 2.5 所示的线性组织结构中:

① A 可以对其直接的下属部门 B1、B2、B3 下达指令;

② B2 可以对其直接的下属部门 C21、C22、C23 下达指令;

③ 虽然 B1 和 B3 比 C21、C22、C23 高一个组织层次,但是,B1 和 B3 并不是 C21、C22、C23 的直接上级部门,不允许它们对 C21、C22、C23 下达指令。在该组织结构中,每一个工作部门的指令源是惟一的。

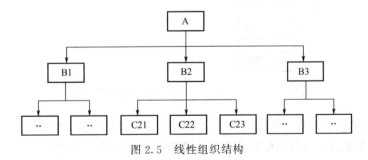

图 2.5 线性组织结构

(3) 矩阵组织结构的特点及其应用

矩阵组织结构是一种较新型的组织结构模式。在矩阵组织结构最高指挥者(部门)(图 2.8 中的 A)下设纵向(图 2.8 的 X_i)和横向(图 2.8 的 Y_i)两种不同类型的工作部门。纵向工作部门如人、财、物、产、供、销的职能管理部门,横向工作部门如生产车间等。一个施工企业,如采用矩阵组织结构模式,则纵向工作部门可以是计划管理、技术管理、合同管理、财务管理和人事管理部门等,而横向工作部门可以是项目部(图 2.6)

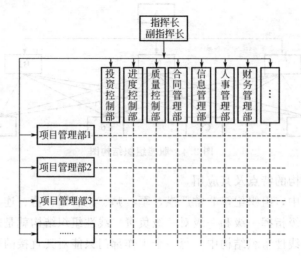

图 2.6　一个大型建设项目采用矩阵组织结构模式的示例

一个大型建设项目如采用矩阵组织结构模式，则纵向工作部门可以是投资控制、进度控制、质量控制、合同管理、信息管理、人事管理、财务管理和物资管理等部门，而横向工作部门可以是各子项目的项目管理部（图 2.7）。矩阵组织结构适宜用于大的组织系统，在上海地铁和广州地铁一号线建设时都曾采用了矩阵组织结构模式。

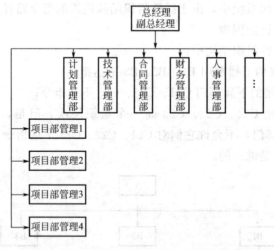

图 2.7　上海地铁一号线矩阵组织结构模式图

在矩阵组织结构中，每一项纵向和横向交汇的工作（如图 2.7 中的项目管理部 1 涉及的投资问题），指令来自于纵向和横向两个工作部门，因此其指令源为两个。当纵向和横向工作部门的指令发生矛盾时，由该组织系统的最高指挥者部门，即图 2.8（a）的 A 进行协调或决策。

在矩阵组织结构中为避免纵向和横向工作部门指令矛盾对工作的影响，可以采用以纵向工作部门指令为主，如图 2.8（b），或以横向工作部门指令为主，如图 2.8（c）的矩阵组织结构模式，这样也可减轻该组织系统的最高指挥者（部门），即图 2.8（b）和图 2.8（c）中 A 的协调工作量。

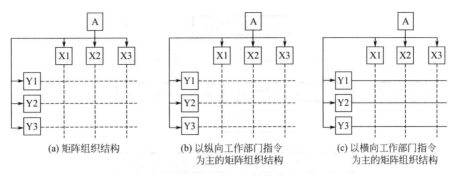

(a) 矩阵组织结构　　(b) 以纵向工作部门指令为主的矩阵组织结构　　(c) 以横向工作部门指令为主的矩阵组织结构

图 2.8　矩阵组织结构模式

业主方和项目各参与方，如工程管理咨询单位、设计单位、施工单位和供货单位等都有各自的项目管理的任务，上述各方都应视需要编制各自的项目管理任务分工表和管理职能分工表。

2.3　工程项目的结构

2.3.1　建设项目的项目结构分解

项目结构图（Project Diagram，或称 WBS-work breakdown structure）是一个重要的组织工具，它通过树状图的方式对一个项目的结构进行逐层分解，见图 2.9，以反映组成该项目的所有工作任务（该项目的组成部分）。

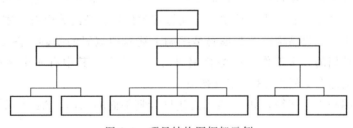

图 2.9　项目结构图框架示例

某市大型国际机场方案竞赛刚结束，需要结合所选定的方案进行总进度目标论证。为进行总进度目标论证应首先进行项目结构分解（图 2.10），然后根据项目结构分解的结果，编制总进度纲要。该机场总投资约 200 亿元，是一个超大型的公共建筑，总进度纲要不可能用一个进度计划表示，而它是一个进度计划系统，它由若干个相互有关联的进度计划组成。

2.3.2　建设项目项目结构的编码

编码由一系列符号（如文字）和数字组成，编码工作是信息处理的一项重要的基础工作。

一个建设工程项目有不同类型和不同用途的信息，为了有组织地存储信息、方便信息的检索和信息的加工整理，必须对项目的信息进行编码，如：

□项目的结构编码；

□项目管理组织结构编码；

□项目的政府主管部门和各参与单位编码（组织编码）；

□项目实施的工作项编码（项目实施的工作过程的编码）；

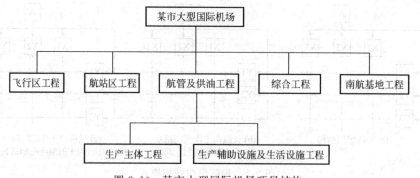

图 2.10 某市大型国际机场项目结构

□项目的投资项编码（业主方）/成本项编码（施工方）；
□项目的进度项（进度计划的工作项）编码；
□项目进展报告和各类报表编码；
□合同编码；
□函件编码；
□工程档案编码等。

以上这些编码是因不同的用途而编制的，如：
□投资项编码（业主方）/成本项编码（施工方）服务于投资控制工作/成本控制工作；
□进度项编码服务于进度控制工作。

项目的结构编码依据项目结构图，对项目结构的每一层的每一个组成部分进行编码。它和用于投资控制、进度控制、质量控制、合同管理和信息管理的编码有紧密的有机联系，但它们之间又有区别。项目结构图及其编码是编制上述其他编码的基础。图 2.11 所示的某国际会展中心进度计划的一个工作项的综合编码有 5 个部分，其中有 4 个字符是项目结构编码。一个工作项的综合编码由 13 个字符构成：

□计划平面编码 1 个字符，如 A 表示总进度计划平面的工作，A2 表示第 2 进度计划平面的工作等；
□工作类别编码 1 个字符，如 B1 表示设计工作、B2 表示施工工作等；
□项目结构编码 4 个字符；
□工作项编码 4 个字符；

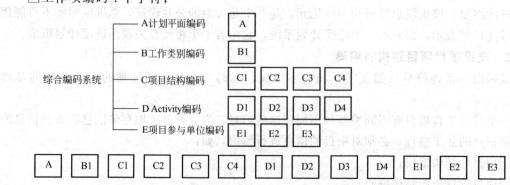

图 2.11 某国际会展中心进度计划的工作项编码
（其中 Activity 编码即工作向编码）

□项目参与单位编码3个字符,如001表示甲设计单位,002表示乙设计单位,009表示施工单位等。

2.4 工程项目的组织形式

工程项目是由目标产生工作任务,由工作任务决定承担者,由承担者形成组织。按照工程项目的范围管理和系统结构分解,在工程项目中有两种性质的工作任务。

2.4.1 为完成项目对象所必需的专业性工作任务

项目的专业性工作任务包括工程设计、建筑施工、安装、设备和材料的供应、技术鉴定等。这些工作一般由设计单位、工程承包公司、供应商、技术咨询和服务单位等承担,他们构成项目的实施层,其主要任务和责任是按合同规定的工期、质量完成自己承担的项目任务(如工程设计、供应、服务、施工和保修责任)。

2.4.2 管理工作

在工程项目全过程中,相关的管理工作可分为以下4个层次。

(1) 战略决策层

该层是项目的投资者(或发起者),包括项目所属企业的领导、投资项目的财团、参与项目融资的单位。它居于项目组织的最高层,在项目的前期策划和实施过程中开展战略决策和宏观控制工作。它的组成由项目的资本结构决定,但由于它通常不参与项目的具体实施和管理工作,所以一般不出现在项目组织中。

(2) 战略管理层

投资者通常委托一个项目主持人或建设的负责人作为业主,以项目所有者的身份进行项目全过程总体的管理工作,包括:

① 工程项目重大的技术和实施方案的选择和批准;

② 批准项目的设计文件、实施计划和它们的重大修改;

③ 确定项目组织策略,选择承发包模式、管理模式,委托项目任务,并以项目所有者的身份与项目管理单位和项目实施着(承包商、设计单位、供应单位)签订合同;

④ 审定和选择工程项目所用材料、设备和工艺流程等,提供项目实施的物质条件,负责与环境的协调,取得官方的批准;

⑤ 给项目管理单位以持续的支持;

⑥ 按照合同规定向项目实施者支付工程款和接受已完工程等。

(3) 项目管理层

通常由业主委托项目管理公司或咨询公司在项目实施过程中承担计划、协调、监督、控制等一系列具体的项目管理工作,在项目组织中是一个由项目经理领导的项目经理部(或小组),为业主提供有效的独立的项目管理服务,主要责任是实现业主的投资目的,保护业主利益,保证项目整体目标的实现。

(4) 实施层

工程的设计、施工、供应等单位,为完成各自的项目任务,分别开展相关的项目管理工作,如质量管理、安全管理、成本管理、进度管理、信息管理等。这些管理工作由他们各自的项目经理部承担。

因此,工程项目组织的基本形式如图2.12所示。

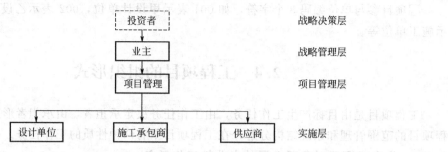

图 2.12 工程项目组织的基本形式

2.4.2.1 直线式项目组织

直线式是早期采用的一种项目管理形式,来自于军事组织系统,其特点是权力系统自上而下形成直线控制,权责分明,如图 2.13 所示。

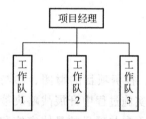

图 2.13 直线式项目组织形式

通常独立的项目和单个中小型工程项目都采用直线式组织形式,这种组织结构形式与项目的结构分解图有较好的对应性,多被一般中小型的建设工程项目组织采用。

(1) 优点

① 保证单头领导,每个组织单元仅向一个上级负责,一个上级对下级直接行使管理和监督的权力,即直线职权,一般不能越级下达指令。项目参加者的工作任务、责任、权力明确,指令唯一,这样可以减少扯皮和纠纷,协调方便。

② 具有独立项目组织的优点,特别是项目经理能直接控制资源,向客户负责。

③ 信息流通快,决策迅速,项目容易控制。

④ 项目任务分配明确,责权利关系清楚。

(2) 缺点

① 当项目比较多、比较大时,每个项目对应一个组织,使企业资源不能达到合理使用。

② 项目经理责任较大,一切决策信息都集中于此,这要求其能力强、知识全面、经验丰富,否则决策较难、较慢,容易出错。

③ 不能保证项目参与单位之间信息流通的速度和质量,由于权力争执会使单位之间合作困难。

④ 企业的各项目间缺乏信息交流,项目之间的协调、企业的计划和控制比较困难。

⑤ 在直线式组织中,如果专业化分工太细,会造成多级分包,进而造成组织层次的增加。

2.4.2.2 职能式项目组织

职能式是在泰勒的管理思想的基础上发展起来的一种项目组织形式,是一种传统的组织结构模式,特别强调职能的专业分工,因此组织系统是以职能为划分部门的基础,把管理的职能授权给不同的管理部门,如图 2.14 所示。

在职能式的组织结构中,项目的任务分配给相应的职能部门,职能部门经理对分配到部门的项目任务负责。职能式的组织结构适用于任务相对比较稳定、明确的项目工作,但是,不同的部门经理对项目在各个职能部门的优先级有不同的观点,所以项目在某些部门的工作可能由于缺乏其他部门的协作而被迫推迟。

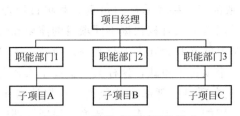

图 2.14　职能式项目组织形式

(1) 优点

① 由于部门是按职能来划分的，因此各职能部门的工作具有很强的针对性，可以最大限度地发挥人员的专业才能。

② 如果各职能部门能做好互相协作的工作，对整个项目的完成会起到事半功倍的效果。

(2) 缺点

① 项目信息传递途径不畅。

② 工作部门可能会接到来自不同职能部门的互相矛盾的指令。

③ 不同职能部门之间有意见分歧、难以统一时，互相协调存在一定的困难。

④ 职能部门直接对工作部门下达工作指令，项目经理对工程项目的控制能力在一定程度上被弱化。

2.4.2.3　矩阵式项目组织

矩阵式是现代大型工程管理中广泛采用的一种组织形式，它把职能原则和项目对象原则结合起来建立工程项目管理组织机构，使其既发挥职能部门的纵向优势，又发挥项目组织横向优势，如图 2.15 所示。

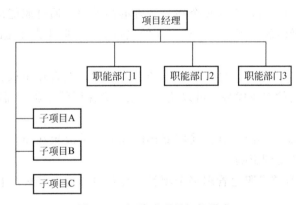

图 2.15　矩阵式项目组织形式

(1) 特征

① 项目组织机构与职能部门的结合部，同职能部门数相同。多个项目与职能部门的结合部呈矩阵状。

② 把职能原则和对象原则结合起来，既发挥职能部门的纵向优势，又发挥项目组织的横向优势。

③ 专业职能部门是永久性的，项目组织是临时性的。职能部门负责人对参与项目组织的人员进行组织调配、业务指导和管理考察。项目经理将参与项目组织的职能人员在横向上有效地组织在一起，为实现项目目标协同工作。

④ 矩阵中的每个成员或部门，接受原部门负责人和项目经理的双重领导。但部门的控制力大于项目的控制力。部门负责人有权根据不同项目的需要和忙闲程度，在项目之间调配本部门人员。一个专业人员可能同时为几个项目服务，特殊人才可充分发挥作用，以免人才在一个项目中闲置但在另一个项目中短缺，这样大大提高了人才利用率。

⑤ 项目经理对"借"到本项目经理部来的成员，有权控制和使用。当感到人力不足或某些成员不得力时，可以向职能部门求援或要求调换，退回原部门。

⑥ 项目经理部的工作有多个职能部门支持，项目经理没有人员包袱，但要求在水平方向和垂直方向上有良好的信息沟通及良好的协调配合，对整个企业组织和项目组织的管理水平和组织渠道畅通提出了较高的要求。

(2) 适用范围

① 矩阵式项目组织适用于同时承担多个需要进行项目管理工程的企业。在这种情况下，各项目对专业技术人才和管理人员都有需求，加在一起数量较大。采用矩阵式组织可以充分利用有限的人才对多个项目进行管理，特别有利于发挥稀有人才的作用。

② 矩阵式项目组织适用于大型、复杂的施工项目。因大型、复杂的施工项目要求多部门、多技术、多工种配合实施，在不同阶段、对不同人员，有不同数量和搭配各异的需求。显然，部门控制式机构难以满足这种项目要求；混合工作队式组织又因人员固定而难以调配，人员使用固化，不能满足多个项目管理的人才需求。

(3) 优点

① 兼有部门控制式和工作队式两种组织的优点，即解决了传统模式中企业组织和项目组织相互矛盾的状况，把职能原则与对象原则融为一体，求得了企业长期例行性管理和项目一次性管理的一致性。

② 能以尽可能少的人力，实现多个项目管理的高效率。通过职能部门的协调，一些项目上的闲置人才可以及时转移到需要这些人才的项目上去，防止人才短缺，项目组织因此具有弹性和应变力。

③ 有利于人才的全面培养。可以使不同知识背景的人在合作中取长补短，在实践中拓宽知识面；发挥了纵向的专业优势，可以使人才成长有深厚的专业培训基础。

(4) 缺点

① 由于人员来自职能部门，且仍受职能部门控制，故凝聚在项目上的力量减弱，往往使项目组织的作用发挥受到影响。

② 管理人员如果身兼多职地管理多个项目，往往难以确定管理项目的优先顺序，有时难免顾此失彼。

③ 双重领导。项目组织中的成员既要接受项目经理的领导，又要接受企业中原职能部门的领导。在这种情况下，如果领导双方意见和目标不一致，乃至有矛盾时，当事人便无所适从。要防止产生这一问题，必须加强项目经理和部门负责人之间的沟通，还要有严格的规章制度和详细的计划，使工作人员尽可能明确在不同时间内应当干什么工作。

④ 矩阵式组织对企业管理水平、项目管理水平、领导者的素质、组织机构的办事效率、信息沟通渠道的畅通均有较高要求，因此要精于组织、分层授权、疏通渠道、理顺关系。矩阵式组织具有复杂性且结合部多，造成信息沟通量膨胀和沟通渠道复杂化，致使信息梗阻和失真。因此，在协调组织内部的关系时必须有强有力的组织措施和协调办法以排除难题。为此，层次、权限要明确划分。有意见分歧难以统一时，企业领导要及时出面协调。

2.5 工程项目管理体制

2.5.1 工程项目管理体制概述

我国现行的工程项目管理体制是在政府有关部门（主要是建设主管部门）的监督管理之下，由项目业主、承包商、监理单位直接参加的"三方"管理体制，其组织结构如图 2.16。

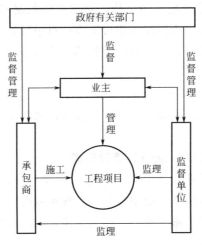

图 2.16 工程项目管理体制组织结构

这种管理体制的建立是建设行业改革的结果。使我国工程项目管理体制与国际惯例更加接近。

工程项目管理模式是指业主所采用的项目管理任务的分配与委托方式，以及相应的项目管理组织形式。项目管理模式的选择必须依据业主的项目实施策略和项目的特殊性，常常与项目的承发包模式连带考虑。

2.5.1.1 业主自行管理

投资者（项目所有者）委派业主代表，成立以他为首的项目经理部，以业主的身份开展项目的整个管理工作，直接管理承包商、供应商和设计单位。过去我国许多单位的基建处就采用这种模式。

2.5.1.2 业主按职能委托

业主将项目管理工作按照职能分别委托给其他专门单位，如将招标工作、工程估价工作、施工监理工作分别委托给招标代理单位、造价咨询单位和施工监理单位。

在我国，建设工程项目推行法定监理制度。

2.5.1.3 业主以合同形式委托

业主可以将整个工程项目的管理工作以合同形式委托出去，由一个项目管理公司（咨询公司）派出项目经理作为业主的代理人，管理设计单位、施工单位等，承担工程项目的计划、招标、实施准备和施工控制等工作，管理工程的质量、成本、进度、合同、信息等。业主主要负责项目的宏观控制和高层决策工作，一般与承包商不直接接触。

目前，在我国非经营性的政府投资项目中逐步推行的"代建制"实质上也属于这种形式。在国发（2004）20 号文《国务院关于投资体制改革的决定》中定义"代建制"是："通过招标等方式，选择专业化的项目管理单位负责建设实施，严格控制项目投资、质量和工期，竣工验收后移交使用单位。"

2.5.1.4 混合式的管理模式

业主委派业主代表与监理工程师共同工作。如在我国的施工合同文本中定义"工程师"的角色可能有两种人：

① 业主派驻工地履行合同的代表；

② 监理单位委派的总监理工程师。

业主可以同时委派他们在现场共同工作。通常投资控制和合同管理工作由业主代表负责，或双方共同负责。这在我国近阶段的建设工程项目中特别常见，一方面，我国许多业主具有一定的项目管理能力和队伍，可以自己承担部分项目管理工作；另一方面，又可以保证业主对项目的有效控制。

在英国，按照 NEC 合同确定的项目管理模式也属于该类型（图 2.17）。其中，监理工程师仅仅负责工程的质量检查与监督，提供质量报告。而业主代表则以项目经理的身份负责整个工程的项目管理工作。

2.5.1.5 代理型 CM（CM/Agency）管理模式

CM 单位接受业主的委托进行整个工程的施工管理，协调设计单位与施工承包商的关系，保证工程中设计和施工的协调。业主直接与工程承包商和供应商签订合同，CM 单位主要从事管理工作，与设计单位、施工单位、供应单位之间没有合同关系（图 2.18）。这种形式在性质上属于管理工作承包。

图 2.17 NEC 合同确定的管理模式　　　　图 2.18 代理型 CM 管理模式

（1）由项目参加者的某牵头专业部门或单位负责项目管理

① 由设计单位承担项目管理，即"设计—管理"模式，以前，在国外有很长时间由建筑师承担项目管理工作，就属于这种模式。

② 施工承包商牵头，即"施工管理"总承包。在我国的许多工程中采用该模式。

③ 由供应商牵头，即采用"供应管理"承包模式。

④ 在有些企业内，选择工程项目主导专业的人员或部门牵头做项目管理。

选择该模式的优点是：牵头部门一般为项目的主导专业单位，在项目实施中任务最大、最重要，而且工作任务的持续时间最长，能起到主导和总协调的作用。

选择该模式的缺点表现为：

a. 牵头部门（单位）一般较多地考虑自己利益，从自己角度观察项目，进行项目管理，它的公正性、客观性经常受到质疑。

b. 通常牵头部门（单位）负责的任务也仅在项目的某阶段，而非全过程，有时不同阶段需要不同的牵头部门，这样会造成在整个项目过程中管理工作没有连续性，协调困难。

（2）项目指挥部的形式

由项目的各个参加部门（单位）派出代表组成委员会，领导项目实施，各委员单位负责完成各自的项目任务，通过定期会议协调整个项目实施。在合资项目或几个承包商联营承包的项目内多采用这种管理组织形式。

采用指挥部模式的优点是组织协调比较容易，能照顾到各方利益。但它也有明显的缺点：

① 缺少一个居于全面领导地位的项目管理者。

② 各参加者首先考虑自己的利益和工作范围，较少甚至不顾项目整体利益。

③ 日常协调的重点多为眼前出现的问题，而对将来、对全局性问题协调较少。

④ 容易造成项目组织的散漫和指挥失调。

克服以上这些缺点比较妥当的办法是由当地政府或上级主管部门，或企业最高领导作为项目总经理或总指挥。因为他的权威较大，具有很强的影响力，组织协调方便，容易获得项目的成功。在我国，许多政府投资项目都采用这种形式，常常以副市长、副部长或副省长等作为项目总指挥。

2.5.2 工程项目的承发包体制

2.5.2.1 概述

通过项目系统分析，得到了项目工作分解结构图，这些工程活动都是由具体的组织（单位或人员）完成的，业主必须将它们委托出去。对业主来说是发包，对承包商来说是承包。承发包模式就是决定将整个项目任务分为多少个合同包（或标段），以及如何划分这些合同包。项目承发包模式是项目实施的战略问题，对整个项目实施有重大影响。

① 它必须反映项目战略和企业战略，反映业主的经营指导方针和根本利益。

② 承发包模式决定了与业主签约的承包商的数量，决定着项目的组织结构的基本形式及管理模式，从根本上决定了工程项目的组织关系。

③ 工程承发包是实施项目的手段。业主通过发包和合同委托项目任务，形成工程的合同体系结构，并通过合同实现对项目目标的控制。只有正确的承发包和合同策划才能摆正工程过程中各方面的重大关系，才能保证圆满地履行各个合同，减少组织矛盾和争执，顺利地实现工程项目的整体目标。

④ 承发包模式又属于工程承包的市场方式，它需要承包市场的培育和逐步完善。

2.5.2.2 工程项目中主要的承包模式

在现代工程中，工程承包模式多种多样，各有优点、缺点和适用条件。分阶段分专业工程平行承包，即业主将设计、设备供应和土建、电器安装、机械安装、装饰等工程施工任务分别委托给不同的承包商。各承包商分别与业主签订合同，对业主负责（图2.19），各承包商之间没有合同关系。

（1）分阶段分专业工程平行承包方式的特点

① 业主有大量的管理工作，管理太细，有许多次招标，项目的计划和设计必须周全、准确、细致，项目控制严格，因此在项目前期需要比较充裕的时间进行准备。

② 业主必须负责各承包商之间的协调，确定他们的工作范围和责任界限，对各承包商之间互相干扰造成的问题承担责任，在整个项目的责任体系中会存在着责任"盲区"。

③ 业主可以分阶段进行招标，通过协调和组织管理加强对工程的干预。同时承包商之间存在着一定的制衡，如各专业设计、设备供应、专业工程施工之间存在制约关系。

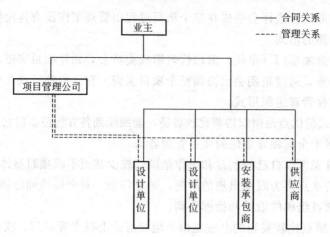

图 2.19 平行承发包合同关系

④ 设计和施工分离,设计不管施工,缺乏对施工的指导和咨询,而施工单位对设计没有发言权。设计单位和施工承包商对项目优化的积极性都不高。

⑤ 在大型工程项目中,采用这种方式业主将面对很多承包商(包括设计单位、供应单位、施工单位),直接管理承包商的数量太多,管理跨度太大,容易造成项目协调的困难,造成项目中的混乱和失控现象,最终导致总投资的增加和工期的延长。

因此,业主必须具备较强的项目管理能力,当然他可以委托项目管理公司进行工程管理。长期以来,我国的工程项目大都采用这种承发包方式。

(2)"设计采购施工"——EPC 总承包(全包,或一揽子承包)

即由一个承包商承担工程项目的全部工作,包括设计、设备采购、各专业工程的施工以及项目管理工作,甚至包括项目前期筹划、方案选择和可行性研究等。承包商向业主承担全部工程责任。

业主常常需要委托一个咨询公司代表业主承担项目的宏观管理工作,如审查承包商的设计、审批工程实施方案和计划、发布指令、验收工程等。

当然,总承包商可以将工程范围内的部分工程或工作分包出去(图 2.20)。

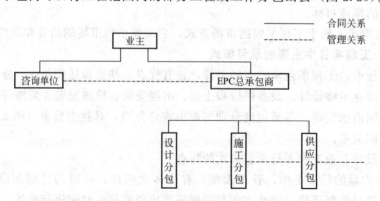

图 2.20 EPC 总承发包合同关系

EPC 总承包方式的特点如下。

① 通过全包可以减少业主面对承包商的数量,这给业主带来很大的方便。业主事务性管理工作较少,例如仅需要一次招标。在工程建设中,业主主要提出工程的总体要求如工程

的功能要求、设计标准和材料标准，进行宏观控制和成果验收，一般不干涉承包商的工程实施过程和项目管理工作。

② 这使得承包商能将整个项目的实施和管理形成一个统一的系统，避免多头领导，方便协调和控制，减少大量的重复性的管理工作，降低管理费用；使得信息沟通方便、快捷、不失真；有利于施工现场的管理，减少中间检查、交接环节和手续，避免由此引起的工程拖延，大大缩短工期（招标投标和建设期）。

③ 项目责任体系是完备的。无论是设计、施工和供应之间的互相干扰，还是不同专业之间的干扰，都由总承包商负责，业主不承担任何责任，所以争执较少，索赔也少。

④ 在全包工程中，业主仅提出工程的总体要求（在 FIDIC 合同中被称为"业主要求"），这样能够最大限度地调动承包商对项目的规划、设计、施工技术和过程的优化和控制的积极性和创造性。所以采用 EPC 总承包对双方都有利，工程整体效益高。

⑤ 由于总承包对承包商的要求很高，对业主来说，承包商资信风险很大，必须加强对承包商的宏观控制，选择资信好、实力强、适应全方位工作的承包商。承包商不仅需要具备各专业工程施工力量，而且需要很强的设计能力、管理能力和供应能力，甚至需要很强的项目策划和融资能力。

目前这种承包方式在国际上受到普遍欢迎。国际上有人建议，对大型工业建设项目，业主应尽量减少他所面对的现场承包商的数目（当然，最少是一个，即采用全包方式）。据统计，国际上最大的承包商所承接的工程项目大多数都是采用总承包形式。

（3）采用介于上述两者之间的中间形式

即将工程委托给几个主要承包商，如设计总承包商、施工总承包商、供应总承包商等。这种方式在工程中是极为常见的。

在现代工程项目中，还有许多其他形式的总承包，例如：

①"设计—施工"总承包；

②"设计—管理"总承包。业主签订一份设计加管理合同，由一个单位负责工程设计和项目管理。其施工合同有以下两种方式。

a. 施工承包商、供应商直接和业主签订合同［图 2.21（a）］。这种"设计—管理"合同属于咨询合同；

b. 施工承包商、供应商直接和"设计—管理"承包商签订合同［图 2.21（b）］。这种合同属于工程承包合同。

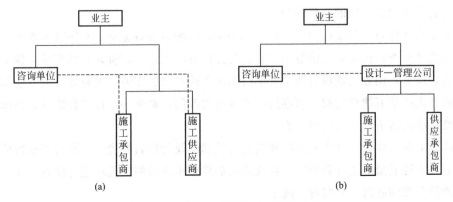

图 2.21 "设计—管理"总承发包合同

CM（Construction Management）两种形式，其中非代理型的模式见图2.22。CM承包商直接与业主签订合同，接受整个工程施工的委托，再与分包商、供应商签订合同。可以认为它是一种工程承包方式。

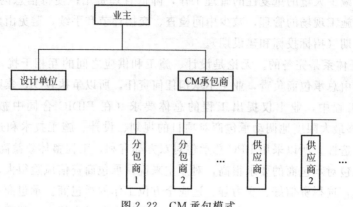

图2.22 CM承包模式

(4) 风险型"项目管理总承包"

它与非代理型的CM承包相似，项目管理公司直接与业主签订合同，接受整个工程项目管理的委托，再与分包商、供应商签订合同项目管理公司承担工程承包的风险，也可以认为它是一种工程承包方式。

2.5.3 工程项目的政府监督

2.5.3.1 政府监督

国务院建设行政主管部门对全国的建设工程实施统一监督管理。政府建设主管部门不直接参与工程项目的建设过程，而是通过法律和行政手段对项目的实施过程和相关活动实施监督管理。由于建筑产品所具有的特殊性，政府机构对工程项目的实施过程的控制和管理比对其他行业的产品生产都严格，它贯穿项目实施的各个阶段。政府对工程项目的监督管理主要在工程项目和建设市场两个方面。

国务院铁路、交通、水利等有关部门按国务院规定的职责分工，负责对全国有关专业建设工程进行监督管理。县级以上地方人民政府建设行政主管部门对本行政区域内的建设工程实施监督管理。县级以上地方人民政府交通、水利等有关部门在各自职责范围内，负责本行政区域内的专业建设工程的监督管理。

国务院发展计划部门按照国务院规定的职责，组织稽查特派员，对国家出资的重大建设项目实施监督检查；国务院经济贸易主管部门按国务院规定的职责，对国家重大技术改造项目实施监督检查。国务院建设行政主管部门和国务院铁路、交通、水利等有关专业部门、县级以上地方人民政府建设行政主管部门和其他有关部门，对有关建设工程质量的法律、法规和强制性标准执行情况加强监督检查。

县级以上政府建设行政主管部门和其他有关部门履行检查职责时，有权要求被检查的单位提供有关工程质量的文件和资料，有权进入被检查单位的施工现场进行检查，在检查中发现工程质量存在问题时，有权责令改正。

政府的工程监督管理具有权威性、强制性和综合性的特点。

2.5.3.2 管理职能

(1) 建立和完善工程质量管理法规

工程质量管理法规包括行政性法规和工程技术规范标准，前者如《建筑法》、《招标投标法》、《建筑工程质量管理条例》等，后者如工程设计规范、建筑工程施工质量验收统一标准、工程施工质量验收规范等。

(2) 建立和落实工程质量责任制

工程质量责任制包括工程质量行政领导的责任、项目法定代表人的责任、参建单位法定代表人的责任和工程质量终身负责制等。

(3) 建立和落实工程安全责任制

工程安全责任制包括工程安全行政领导的责任、项目法定代表人的责任、参建单位法定代表人的责任和工程参建各方人员的负责制等。

(4) 建设活动主体资格的管理

国家对从事建设活动的单位实行严格的从业许可制度，对从事建设活动的专业技术人员实行严格的执业资格制度。建设行政主管部门及有关专业部门各自分工，负责各类资质标准的审查、从业单位资质等级的最后认定、专业技术人员资格等级的核查和注册，并对资质等级和从业范围等实施动态管理。

(5) 工程承发包市场管理

工程承发包市场管理包括规定工程招投标承发包的范围、类型、条件，对招投标承发包活动的依法监督和工程合同管理。

(6) 控制工程建设程序

工程建设程序包括工程报建、施工图设计文件以（下简称施工图）审查、工程施工许可、工程材料和设备准用、工程质量监督以及施工验收备案等管理。

2.5.4 对项目的监督管理

我国政府对项目的监督管理包括对项目的决策阶段和项目的实施阶段的监督管理。按照我国政府机关行政分工的格局，项目的决策阶段大体上是由计划、规划、土地管理、环保和公安（消防）等部门负责；项目实施阶段主要由建设主管部门负责。它们代表国家行使或委托专门机构行使政府职能，依照法律法规、标准等依据，运用审查、许可、检查、监督和强制执行等手段，实现监督管理目标。

2.5.4.1 建立工程项目建设程序

工程项目建设程序是指一项工程项目从设想、提出到决策，经过设计、施工直至投产使用的整个过程中应当遵循的内在规律和组织制度。工程项目是一次性任务，项目之间千差万别，但实施过程有共同的规律。只有遵守这个客观规律，按照科学的建设程序办事，项目建设才能取得预定的成效和综合的社会效益。

随着我国经济体制改革的深入，市场经济的因素逐渐渗透到工程项目建设程序中，使建设程序更加合理、科学。现行的工程项目建设程序与计划体制下的建设程序相比，最大的变化是以下几点。首先是在项目决策阶段增加了咨询评估制度，也就是在决策阶段增加了项目建议书、可行性研究和评估等系列性工作。其次是实行了工程建设监理制。工程建设项目监理制的实行，使我国形成了在政府有关部门的监督管理下，由业主、承包商、监理单位直接参加的"三方"管理体制。监理作为一种协调和约束机制的出现，对我国工程项目管理体制产生了深刻的影响。最后是实行工程项目招投标制。工程招投标是在市场经济条件下进行工程建设项目的发包与承包所采用的一种交易方式。它的出现,把市场竞争机制引入项目建设中,使工程项目建设活动更具有活力。

2.5.4.2 工程项目决策阶段监督管理

政府对项目决策阶段的监督管理包括宏观管理和微观管理,在宏观上是确定固定资产投资规模、方向、结构、速度和效果;在微观上则是对工程项目的审定,包括项目建议书和可行性研究报告的审批等工作。

(1) 工程项目建议书的审批

根据我国现行规定,项目的性质不同其建议书的审批程序也不同。如对基本建设项目的建议书的审批规定是大中型项目由国家发展计划部门审批;投资在2亿元以上的重大项目,由国家发展计划部门审核后报国务院审批;小型项目按隶属关系,由主管部门或省、自治区、直辖市的发展计划部门审批;由地方投资安排建设的院校、医院及其他文教卫生事业的大中型基本建设项目,其项目建议书均不报国家发展计划部门审批,由省、自治区、直辖市和计划单列市发展计划部门审批,同时抄报国家发展计划部门和有关部门备案。

(2) 可行性研究报告的审批

可行性研究报告编制完成后,由投资部门正式报批。根据规定,大中型项目的可行性研究报告由各主管部、市、自治区或各全国性专业公司负责预审,报国家发展计划部门审批或由国家发展计划部门委托有关单位审批;重大或特殊项目的可行性研究报告,由国家发展计划部门会同有关部门预审,报国务院审批;小型项目的可行性研究报告按隶属关系由各主管部、省、市、自治区或全国性专业公司审批。

2.5.4.3 工程项目实施过程的监督管理

政府对项目实施过程的监督管理涉及工程项目实施的各个阶段、各个方面,主要有以下几个方面。

施工图设计文件审查是政府主管部门对工程勘察设计质量监督管理的重要环节。施工图审查是指国务院建设行政主管部门和省、自治区、直辖市人民政府建设行政主管部门委托依法认定的设计审查机构,根据国家法律、法规、技术标准与规范,对施工图进行结构安全和强制性标准、规范执行情况等进行的独立审查。

(1) 施工图审查的范围

建筑工程设计等级分级标准中的各类新建、改建、扩建的建筑工程项目均属审查范围。省、自治区、直辖市人民政府建设行政主管部门,可结合本地的实际,确定具体的审查范围。

建设单位应当将施工图报送建设行政主管部门,由建设行政主管部门委托有关审查机构,进行结构安全和强制性标准、规范执行情况等内容的审查。建设单位将施工图报请审查时,应同时提供下列资料:批准的立项文件或初步设计批准文件;主要的初步设计文件;工程勘察成果报告;结构计算书及计算软件名称等。

(2) 施工图审查的主要内容

① 建筑物的稳定性、安全性审查,包括地基基础和主体结构是否安全、可靠。
② 是否符合消防、节能、环保、抗震、卫生和人防等有关强制性标准、规范。
③ 施工图是否达到规定的深度要求。
④ 是否损害公众利益。

(3）施工图审查程序

施工图审查的各环节可按以下步骤办理。

① 建设单位向建设行政主管部门报送施工图，并作书面登录。

② 建设行政主管部门委托审查机构进行审查，同时发出委托审查通知书。

③ 审查机构完成审查，向建设行政主管部门提交技术性审查报告。

④ 审查结束，建设行政主管部门向建设单位发出施工图审查批准书。

⑤ 报审施工图和有关资料应存档备查。

2.5.4.4 施工图审查管理

审查机构应当在收到审查材料后 20 个工作日内完成审查工作，并提出审查报告；特级和一级项目应当在 30 个工作日内完成审查工作，并提出审查报告，其中重大及技术复杂项目的审查时间可适当延长。对审查不合格的项目，提出书面意见后，由审查机构将施工图退回建设单位，并由原设计单位修改，重新送审。施工图一经审查批准，不得擅自进行修改。如遇特殊情况需要进行涉及审查主要内容的修改时，必须重新报请原审批部门，由原审批部门委托审查机构审查后再批准实施。

（1）建筑许可

建筑工程在开工前，业主应当按照国家有关规定向工程所在地县级以上人民政府建设行政主管部门申请领取施工许可证。对国务院建设行政主管部门确定的限额以下的小型工程和按照国务院规定的权限和程序批准开工报告的建筑工程不需领取施工许可证。业主应当在领取施工许可证之日起三个月内开工。因故不能开工的，应当向发证机关申请延期；延期以两次为限，每次不超过三个月。在建工程因故中止施工的，业主应当自中止施工起一个月内，向发证机关报告，恢复施工时也应当向发证机关报告；中止施工满一年的工程恢复施工时，业主应当报发证机关检验施工许可证。

（2）工程质量监督

国家实行建设工程质量监督管理制度。工程质量监督管理的主体是各级政府建设行政主管部门和其他有关部门。但由于工程建设周期长、环节多、点多面广，工程质量监督工作是一项专业技术性强且很繁杂的工作，政府部门不可能亲自进行日常检查工作。因此，工程质量监督管理由建设行政主管部门或其他有关部门委托的工程质量监督机构具体实施。工程质量监督机构是经省级以上建设行政主管部门或有关专业部门考核认定，具有独立法人资格的单位。它受县级以上地方人民政府建设行政主管部门或有关专业部门的委托，依法对工程质量进行强制性监督，并对委托部门负责。

工程质量监督机构的主要任务包括以下几方面。

① 根据政府主管部门的委托，受理建设工程项目的质量监督。

② 制定质量监督工作方案。确定负责该项工程的质量监督工程师和助理质量监督师。根据有关法律、法规和工程建设强制性标准，针对工程特点，明确监督的具体内容和监督方式。在方案中对地基基础、主体结构和其他涉及结构安全的重要部位和关键过程，作出实施监督的详细计划安排，并将质量监督工作方案通知建设、勘察、设计、施工和监理单位。

③ 检查施工现场工程建设各方主体的质量行为。检查施工现场工程建设各方主体及有关人员的资质或资格；检查勘察、设计、施工、监理单位的质量管理体系和质量责任制落实情况；检查有关质量文件、技术资料是否齐全并符合规定。

④ 检查建设工程实体质量。按照质量监督工作方案，对建设工程地基基础、主体结构

和其他涉及安全的关键部位进行现场实地抽查,对用于工程的主要建筑材料、构配件的质量进行抽查。对地基基础分部、主体结构分部和其他涉及安全的分部工程的质量验收进行监督。

⑤ 监督工程质量验收。监督建设单位组织的工程竣工验收的组织形式、验收程序以及在验收过程中提供的有关资料和形成的质量评定文件是否符合有关规定,实体质量是否存在严重缺陷,工程质量验收是否符合国家标准。

⑥ 向委托部门报送工程质量监督报告。报告的内容应包括对地基基础和主体结构质量检查的结论,工程施工验收的程序、内容和质量检验评定是否符合有关规定及历次抽查该工程的质量问题和处理情况等。

⑦ 对预制建筑构件和商品混凝土的质量进行监督。

⑧ 受委托部门委托按规定收取工程质量监督费。

⑨ 政府主管部门委托的工程质量监督管理的其他工作。

工程质量监督的基本程序是业主在领取施工许可证或者开工报告前,按照国家的有关规定办理工程质量监督手续,提交勘察设计资料等有关文件;监督部门在接到文件后确定该工程的监督员,提出监督计划,并通知业主、勘察、设计施工单位,按照监督计划依法实施监督检查。

(3) 工程质量检测制度

工程质量检测工作是对工程质量进行监督管理的重要手段之一。工程质量检测机构是对建设工程、建筑构件、制品及现场所用的有关建筑材料、设备质量进行检测的法定单位。在建设行政主管部门领导和标准化管理部门指导下开展检测工作,其出具的检测报告具有法定效力。法定的国家级检测机构出具的检测报告,在国内为最终裁定,在国外具有代表国家的性质。

(4) 竣工验收管理

业主在接到建设工程竣工报告后,应当组织设计、施工和监理等单位进行竣工验收,验收合格后才可交工使用。业主在竣工验收合格之日起15日内,将建设工程竣工报告和规划、公安消防以及环保等部门出具的认可或者许可使用文件报建设行政主管部门或者其他有关部门备案。

(5) 工程质量保修制度

建设工程质量保修制度是指建设工程在办理交工验收手续后,在规定的保修期限内,因勘察、设计、施工和材料等原因造成的质量问题,要由施工单位负责维修、更换,由责任单位负责赔偿损失。质量问题是指工程不符合国家工程建设强制性标准、设计文件以及合同中对质量的要求。

建设工程承包单位在向建设单位提交工程竣工验收报告时,应向建设单位出具工程质量保修书,质量保修书中应明确建设工程保修范围、保修期限和保修责任等。

在正常使用条件下,建设工程的最低保修期限如下。

① 基础设施工程、房屋建筑工程的地基基础和主体结构工程,为设计文件规定的该工程的合理使用年限。

② 屋面防水工程、有防水要求的卫生间、房间和外墙面的防渗漏,为5年。

③ 供热与供冷系统,为2个采暖期、供冷期。

④ 电气管线、给排水管道、设备安装和装修工程,为2年。

其他项目的保修期由发包方与承包方约定。保修期自竣工验收合格之日起计算。

建设工程在保修范围和保修期限内发生质量问题的施工单位应当履行保修义务。

(6) 安全与环保监督管理

安全与环保是工程项目建设的两个重要内容，是关系到人民的生活质量和生命财产的大事。政府各部门对安全与环保的监督管理贯穿于项目建设的全过程。

2.5.5 建设工程监理制

1988年7月建设部颁发了《关于开展建设监理工作的通知》，标志着我国建设工程监理制开始试点。1998年3月施行的《建筑法》第三十条规定"国家推行建筑工程监理制度"，建设工程监理制度从此在我国全面推行。

建设工程监理制度的实行是我国工程建设领域管理体制的重大改革，目的在于提高建设工程的投资效益和社会效益。监理制逐步取代了我国传统的建设工程管理模式，即建设单位自行管理和工程建设指挥部管理，使得建设单位的工程项目管理走上了专业化、社会化的道路。随着我国加入世界贸易组织（World Trade Organization，简称WTO），建设工程监理必将在制度化、规范化和科学化方面迈上新的台阶，并向国际监理水准迈进。

2.5.5.1 建设工程监理的定义

建设工程监理是指针对建设工程项目，具有相应资质的工程监理企业接受建设单位的委托和授权，依据国家批准的工程建设文件、有关的法律、法规、规章和标准、规范、建设工程委托监理合同以及有关的建设工程合同所进行的工程项目管理活动。

建设工程监理不同于建设行政主管部门的监督管理，也不同于总承包单位对分包单位的监督管理，其行为主体是具有相应资质的工程监理企业。

根据2000年1月国务院发布的《建设工程质量管理条例》和2001年1月建设部发布的《建设工程监理范围和规模标准规定》，以下建设工程必须实行监理：

① 国家重点建设工程；

② 总投资额在3000万元以上的大中型公用事业工程；

③ 建筑面积在5万平方米以上的、成片开发建设的住宅小区工程；

④ 高层住宅及地基、结构复杂的多层住宅；

⑤ 利用外国政府或者国际组织贷款、援助资金的工程；

⑥ 总投资额在3000万元以上关系社会公共利益、公众安全的基础设施项目；

⑦ 学校、影剧院和体育场馆项目。

建设工程监理适用于工程建设投资决策阶段和实施阶段，其工作的主要内容包括协助建设单位进行工程项目可行性研究，优选设计方案、设计单位和施工单位，审查设计文件，控制工程质量、投资和工期，监督、管理建设工程合同的履行以及协助建设单位与工程建设有关各方的工作关系等。

由于建设工程监理工作具有技术管理、经济管理、合同管理、组织管理和工作协调等多项业务职能，因此对其工作内容、方式、方法、范围和深度均有特殊要求。鉴于目前监理工作在建设工程投资决策阶段和设计阶段尚未形成系统、成熟的经验，需要通过实践进一步研究探索，所以，现阶段建设工程监理主要发生在建设工程施工阶段。

2.5.5.2 建设工程监理的性质

(1) 服务性

在工程项目建设过程中，工程监理企业利用监理人员的知识、技能和经验、信息以及必要的试验、检测手段，为建设单位提供专业化管理服务，以满足建设单位对工程项目管理的需要。因此，其直接服务对象是客户，是委托方，即项目建设单位。

（2）科学性

建设工程监理是为建设单位提供一种高智能的技术服务，是以协助建设单位实现其投资目的，力求在预定的投资、进度、质量目标内实现工程项目为己任，这就要求工程监理企业从事监理活动应当遵循科学的准则。

（3）独立性

《建筑法》第三十四条规定"工程监理单位与被监理工程的承包单位以及建筑材料、建筑构配件和设备供应单位不得有隶属关系或者其他利害关系"。2001年5月施行的《建设工程监理规范》中规定"监理单位应公正、独立、自主地开展监理工作，维护建设单位和承包单位的合法权益"。

工程监理单位在履行监理合同义务和开展监理活动的过程中，要建立自己的组织，要确定自己的工作准则，要运用自己掌握的方法和手段，根据自己的判断，独立地开展工作。要严格遵守有关的法律、法规、规章和标准、规范、建设工程委托监理合同以及有关的建设工程合同的规定。工程监理单位既要竭诚为建设单位服务．协助实现工程项目的预定目标，也要按照公正、独立、自主的原则开展监理工作。

（4）公正性

《建筑法》第三十四条规定"工程监理单位应当根据建设单位的委托，客观、公正地执行监理任务"。公正是指工程监理企业在监理活动中既要维护建设单位的利益，又不能损害承包单位的合法利益，并依据合同公平、合理地处理双方之间的争议、索赔。

公正性是监理工程师应严格遵守的职业道德之一，是工程监理企业得以长期生存、发展的必然要求，也是监理活动正常和顺利开展的基本条件。工程监理单位和监理工程师应当排除各种干扰，以公正的态度对待委托方和被监理方，特别是当业主和被监理方发生利益冲突或矛盾时，应以事实为依据，以有关法律、法规和双方所签订的工程建设合同为准绳，站在第三方立场上公正地加以解决和处理，做到"公正地证明、决定或行使自己的处理权"。

2.5.6 代建制

2.5.6.1 代建制的产生背景

政府投资项目（在国外称为Government Investment Project或Public Investment Project）一般是指为了适应和推动国民经济或区域经济的发展，为了满足社会的文化、生活需要以及出于政治、国防等因素的考虑，由政府通过财政投资，发行国债或地方财政债券，向证券市场或资本市场融资，利用外国政府赠款、国家财政担保的国内外金融组织贷款以及行政事业性收入等方式独资或合资兴建的固定资产投资项目。政府投资项目按照建设项目的性质分为经营性项目和非经营性项目。

长期以来，我国政府投资项目基本上都是由使用单位通过组建临时基建班子（如基建办、工程建设指挥部等）进行建设管理。这样，政府投资建设项目的投资主体是政府，而基建办或工程建设指挥部一类的非法人机构根本不需承担筹措和运作资金的责任，即只管花钱不管偿债，再者，由于在整个建设实施过程中，没有一个相应的部门或机构代表政府来履行管理和监督责任，因此政府投资项目传统管理模式的弊端是很突出的。

① 缺乏强有力的投资风险约束机制，项目"三超"（即超投资、超规模、超工期）现象非常突出。

② 项目管理缺乏完善的组织形式，项目建设管理资源配置不合理。
③ 工程目标难以实现，工期质量难以保证。
④ 招投标不规范。
⑤ 工程项目监督不力，违法乱纪现象时有发生。

从1993年开始，厦门市在深化工程建设管理体制改革的过程中，就通过采用招标或直接委托等方式，将一些基础设施和社会公益性的政府投资项目委托给一些有实力的专业公司，由这些公司代替业主对项目实施建设。1999年初，上海浦东咨询公司受原上海市计委委托，全过程代理建设上海市收教收治综合基地项目，开始了上海市财政投资项目以"代建制"形式委托中介机构进行建设的试点。2002年以后，北京、宁波、深圳、重庆等地开始了"代建制"的试点工作。

借鉴国外对政府投资项目的先进管理经验，对经营性政府投资项目采用项目法人责任制，对非经营性政府投资项目采取项目专业化管理就成为一种必然趋势。《国务院关于投资体制改革的决定》（国发[2004]20号）明确提出："对非经营性政府投资项目加快推行代建制，即通过招标等方式，选择专业化的项目管理单位负责建设实施，严格控制项目投资、质量和工期，竣工验收后移交给使用单位。"

2.5.6.2 代建制的主要特点

代建制较现行的工程总承包、项目融资建设等模式有所不同，具有自身的特点。
① 非经营性政府投资项目实施代建制。
② 非经营性政府投资项目利益相关主体三分开。非经营性政府投资项目利益方主要是投资人、代建单位和使用人，代建制模式将三方分开，促使政府投资工程"投资、建设、管理、使用"的职能分离，通过专业化项目管理最终达到控制投资、提高投资效益和管理水平的目的。
③ 代建单位一般通过招标方式产生。政府投资代建项目的代建单位一般应通过招标确定，而不应指定。
④ 代建单位的收益来自代建管理费和工程项目投资节余奖励。代建制采取经济合同监督制，代建单位的收益体现在两方面：一是在招投标中确定的代建单位的管理费，目前，关于代建服务的取费标准国家尚无统一规定；二是项目建成竣工验收，并经竣工财务决算审核批准后，如决算投资比合同约定投资有节余，代建单位可享受分成奖励。
⑤ 代建制具有较为严谨的风险控制模式。主要体现在对代建单位责任赔偿的规定和履约保函的要求。有的地方规定，代建单位需提供项目投资额10%~50%的履约保函，并对责任赔偿约定：如果代建单位在建设过程中擅自变更建设内容、扩大建设规模、提高建设标准，致使工程延长，投资增加或工程质量不合格，所造成的损失或投资增加额一律从代建单位的银行履约保函中补偿；履约保函金额不足的，相应扣减项目代建管理费；项目代建管理费不足的，由建设实施单位用自有资金支付，同时，该代建单位在一定时期内不得参与当地政府投资建设项目代建单位投标。

2.5.6.3 代建制的实施方式

从工程项目的建设程序来分，代建制的实施方式分为全过程代建和两阶段代建。
（1）全过程代建
全过程代建即委托人根据批准的项目建议书，面向社会招标代建单位，由代建单位根据批准的项目建议书，从项目的可研报告开始介入，负责可研报告初步设计、建设实施乃至竣工验收。

全过程代建的优点主要是比较简化投资者、使用单位和代建单位三方的协调关系，有利于其前后期的衔接，缺点如下。

① 签代建合同时，不利于确定投资控制目标。

② 容易造成代建单位人为地在项目前期阶段扩大项目总投资。

③ 如果项目本身还有征地、拆迁等因素，易把此类因素造成的项目进展缓慢的风险集中到政府投资部门上来。

（2）两阶段代建

两阶段代建即将建设项目分为项目前期工作阶段代建和项目建设实施阶段代建。项目前期工作阶段代建是从编制项目建议书开始至项目施工总包、监理通过招标方式确定为止，此阶段项目使用单位是主体，是法人，有决策权；项目建设实施阶段代建一般从申领项目开工证开始至项目施工保质期结束，此阶段代建单位拥有决策权。

两阶段代建的优点如下。

① 便于调动项目使用单位积极性，加快项目的前期工作。

② 可操作性强，且专业化管理的程度较高。

其缺点主要表现在以下两方面：

a. 投资人需要协调的内容较多，前后期代建之间的衔接易出问题。

b. 不利于项目工期、质量、投资的总体控制。

2.5.6.4 代建制的运行模式

目前，代建制在国内的具体运行模式比较有代表性的主要有"上海模式"、"深圳模式"、"北京模式"等。

（1）"上海模式"

"上海模式"即政府指定代建公司模式，上海、广州、海南等地实行。"上海模式"的运行如图 2.23 所示，即由政府组建或指定若干具备较强经济和技术实力的国有建设公司、投资公司或项目管理公司，对政府投资项目实行代理建设，按企业经营管理。

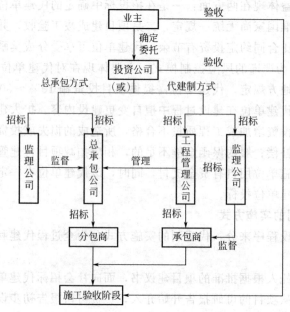

图 2.23 "上海模式"运行

该模式的主要优点如下。

① 通过选择代建单位,可以实现防止公共工程招标中的腐败行为,实现对公共工程建设的专业化管理的政策目的。

② 政府意愿可以较好地通过项目代建单位实现。

③ 通过市场化运作,代建单位积极性高。

④ 有利于代建单位严格控制资金使用。

主要缺点如下。

① 具有垄断性,易于出现政府把关不严,代建单位与使用单位的串通,造成概算不科学,不利于市场竞争。

② 合同约束力不强。

③ 使用单位不是合同当事人,难以发挥使用单位的积极性,甚至使用单位不予协助、配合,增加工程建设中的困难。

(2)"深圳模式"

"深圳模式"即政府专业管理机构模式,深圳、安徽、珠海等地实行。"深圳模式"的运行如图2.24所示,即由政府成立具有较强经济、技术实力的代建管理机构(如工务局),按事业单位管理,对所有政府投资项目实行代理建设。

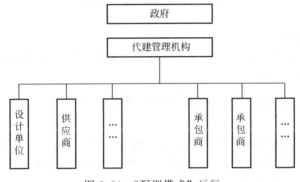

图 2.24 "深圳模式"运行

该模式的主要优点如下。

① 以政府部门机构的身份出现,方便协调建设中的各种问题。

② 方便政府监督与管理政府的机构,一些合理的变更易于实现。

③ 代建管理费可以相对较低。

其主要缺点如下。

① 没有完全解决政府角色混淆问题。工务局集政府投资项目的业主和政府管理职能于一体,容易产生"建、管"不分带来的传统问题。

② 政府人员队伍随着所管的政府投资工程的逐渐增多,压力大、责任重、人手少、办公经费短缺的状况随之出现。

③ 激励约束机制不明。由于工务局是一个事业单位,对职员缺乏激励效应,缺少对投资控制的内在约束机制,抗风险能力不足,缺乏超概预算行为的责任追究经济承担能力。

④ 工程项目较多时,容易造成代建单位内部管理效益的降低,管理水平降低。

(3)"北京模式"

"北京模式"即代建公司竞争模式,北京、重庆等地实行。"北京模式"的运行如

图2.25所示,即由政府设立准入条件,按市场竞争原则,批准若干具有较强经济和技术实力,有良好建设管理业绩并可承担投资风险的代建公司参与项目代建的竞争,通过公开招标选择代建单位。

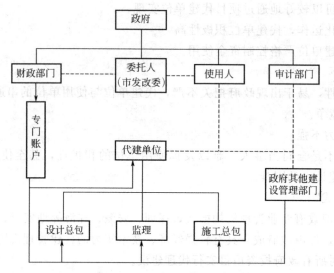

图2.25 "北京模式"运行

该模式的主要优点如下。
① 可以引入竞争机制,提高项目管理公司的专业化水平,与国际接轨。
② 可以降低投资,节约资金。
③ 不需要增设新的政府机构,避免了机构、职能重叠。
其主要缺点如下。
① 政府在监管上强度较大,并要求有较强的专业技术能力,才可以与专业代建单位进行代建谈判,避免代建公司的索赔和追加费用,政府部门工作量较大。
② 一些使用单位合理的变更通过行政审批手段较难实现。
③ 此种模式有赖于成熟的市场机制,同时对原有制度的冲击较大,实行起来有较大的难度。

2.5.6.5 代建制的发展趋势

代建制在非经营性政府投资项目建设管理中的运用已经取得了明显成效,主要表现在如下几方面。
① 实行代建制,将工程项目建设管理任务交由专业化、常设性的代建单位,有利于提高投资项目管理的专业化水平。
② 充分发挥市场竞争作用,通过建立市场化的委托代理关系,将建设单位和代建单位的责任明确,从机制上避免"三超"现象的发生。
③ 代建制的实施有效地将政府行政权力与市场行为分离,有助于政府职能转变,遏制寻租行为。

但是也应该看到,目前的代建制在具体运行上还存在若干问题,代建制未来的健康、持续发展应注意解决以下几个突出问题:
①"建设"和"使用"必须真正分离。实行代建制的目标之一就是要解决"建设、监

管、使用"多位一体的矛盾,但在代建制的实施过程中,一些建设单位出于一己之利,对一些本属于代建单位的工作内容进行干预。这在一定程度上影响了代建单位对工程项目的管理,也影响了代建单位的积极性和主动性,进而影响到工程项目的顺利实施。

② 明确对代建制的政府监管机构。在许多地方,由于对代建工作实施监管的具体主管部门不明确,因此就无法对代建单位的招投标、签订代建合同等工作实施必要的监控。而且,如果在项目具体实施的过程中出现问题,也无法及时发现和纠正,为将来工程项目的顺利实施埋下了隐患。

③ 急需明确代建制取费标准。目前,绝大多数地方在实施代建制的相关文件中没有明确设置代建费取费下限和严格的标准,导致各代建单位在投标中出现无序竞争的现象,使代建费一降再降,同时由于没有担保、保险等相应的配套措施,很可能会将代建单位的低价竞争风险转嫁到对工程项目的管理水平上。

④ 代建单位的工程项目管理水平还需进一步提高。一方面表现在代建单位在工程项目管理上的人员配备不足。另一方面表现在部分项目管理人员素质和能力不够,特别是对于建筑功能的专业性要求较强的代建项目(如学校、医院等),代建单位缺乏专业人才的现象尤为突出。

2.6 项目经理部

2.6.1 项目经理部

在工程项目组织中,业主建立或委托的项目经理部居于中心位置,在项目实施过程中起决定性作用。项目经理部以项目经理为核心,一般按项目管理职能设置职位(部门),按照项目管理规程工作。工程项目能否顺利实施,能否取得预期的效果,实现目标,直接依赖项目经理部,特别是项目经理的管理水平、工作效率、能力和责任心。

(1) 项目经理部的结构

项目经理部的组成或人员设置与所承担的项目管理任务相关。

① 对中小型的工程项目通常设项目管理小组,有项目经理、专业工程师(土建、安装、工艺等专业)、合同管理人员、成本管理人员、信息管理员、秘书等,有时还有负责采购、库存管理、安全管理和计划等方面的人员。

一般项目管理小组职能不能分得太细,否则不仅信息多,管理程序复杂,组织成员能动性小,而且容易造成组织摩擦。

② 对大型工程项目,常常必须设置一个管理集团(如项目经理部或项目公司),项目经理下设各个部门,如计划部、技术部、合同部、财务部、供应部、办公室等。由于在项目实施过程中,项目管理的任务不是恒定的,所以项目经理部的组织结构和人数经常会随着项目的进展而发生变化。

③ 工程总承包项目部可以设立项目经理、设计(或技术)经理、采购经理、施工经理、试运行经理、财务经理、进度计划工程师、质量工程师、合同管理工程师、估算师、费用控制工程师、材料控制工程师、安全工程师、信息管理员和项目秘书等岗位。

(2) 项目经理部的作用

项目经理部是施工项目管理的工作班子,置于项目经理的领导之下。为了充分发挥项目经理部在项目管理中的主体作用,必须设计好、组建好、运转好项目经理部,从而发挥其应有职能作用。项目经理部的作用如下：

① 负责施工项目从开工到竣工的全过程施工生产经营的管理，对作业层负有管理与服务的双重职能。

② 为项目经理决策提供信息依据，执行项目经理的决策意图，向项目经理全面负责。

③ 项目经理部作为项目团队，应具有团队精神，完成企业所赋予的基本任务——项目管理；凝聚管理人员的力量，调动其积极性，促进管理人员的合作，建立为事业献身的精神；协调部门之间、管理人员之间的关系，发挥每个人的岗位作用，为共同目标进行工作；影响和改变管理人员的观念和行为，使个人的思想、行为变为组织文化的积极因素；实行岗位责任制，搞好管理；沟通部门之间、项目经理部与作业队之间、与公司之间、与环境之间的关系。

④ 项目经理部是代表企业履行工程承包合同的主体，对项目产品和建设单位负责。

(3) 建立施工项目经理部的基本原则

① 要根据所设计的项目组织形式设置项目经理部。项目组织形式与企业对施工项目的管理方式有关，与企业对项目经理部的授权有关。不同的组织形式对项目经理部的管理力量和管理职责提出了不同要求，同时也提供了不同的管理环境。

② 要根据施工项目的规模、复杂程度和专业特点设置项目经理部。例如大型项目经理部可以设职能部、处；中型项目经理部可以设处、科；小型项目经理部一般只需配备职能人员即可。如果项目的专业性强，便可设置专业性强的职能部门，如水电处、安装处、打桩处等。

③ 项目经理部是一个具有弹性的一次性管理组织，随着工程项目的开工而组建，随着工程项目的竣工而解体，不应搞成一级固定性组织。项目经理部不应有固定的作业队伍，而应根据施工的需要，在企业的组织下，从劳务分包公司吸收人员并进行动态管理。

④ 项目经理部的人员配置应面向现场，满足现场的计划与调度、技术与质量、成本与核算、劳务与物资、安全与文明施工的需要。而不应设置专管经营与咨询、研究与发展、政工与人事等与项目施工关系较少的非生产性管理部门。

⑤ 应建立有益于项目经理部运转的工作制度。

2.6.2 施工项目经理的地位

2.6.2.1 施工项目经理的地位

一个施工项目是一项一次性的整体任务，在完成这个任务过程中，现场必须有一个组织者，这就是施工项目经理。

施工项目经理是承包人的法定代表人在施工项目上的委托授权代理人，是对工程项目管理实施阶段全面负责的管理者，在项目管理中处于核心地位。确立施工项目经理的地位是搞好施工项目管理的关键。

① 施工项目经理是施工企业法定代表人在施工项目上负责管理和合同履行的委托授权代理人，是项目实施阶段的第一责任人。从企业内部看，施工项目经理是施工项目实施过程所有工作的总负责人，是项目动态管理的体现者，是项目生产要素合理投入和优化组合的组织者。从对外方面看，企业法定代表人不直接对每个建设单位负责，而是由施工项目经理在授权范围内对建设单位直接负责。由此可见，施工项目经理是项目目标的全面实现者，既要对建设单位的成果性目标负责，又要对企业效益性目标负责。

② 施工项目经理是协调各方面关系，使之相互紧密协作、配合的桥梁和纽带。他对项

目承担合同责任,履行合同义务,执行合同条款,处理合同纠纷。

③ 施工项目经理对项目实施进行控制,是各种信息的集散中心。自上、自下、自外而来的信息,通过各种渠道汇集到项目经理;项目经理又通过报告和计划等形式对上反馈信息,对下发布信息。通过信息的集散达到控制的目的,使项目管理取得成功。

④ 施工项目经理是施工责、权、利的主体。这是因为,施工项目经理是项目中人、财、物、技术、信息和管理等所有生产要素的组织管理人。他不同于技术、财务等专业的总负责人,项目经理必须把组织管理职责放在首位。项目经理首先必须是项目实施阶段的责任主体,是实现项目目标的最高责任者,而且目标的实现还应该不超出限定的资源条件。责任是实现项目经理责任制的核心,它构成了项目经理工作的压力,是确定项目经理权力和利益的依据。对项目经理的上级管理部门来说,最重要的工作之一就是把项目经理的这种压力转化为动力。其次,项目经理必须是项目的权力主体。权力是确保项目经理能够承担起责任的条件与手段,所以权力的范围必须视项目经理责任的要求而定。如果没有必要的权力,项目经理就无法对工作负责。项目经理还必须是项目的利益主体。利益是项目经理工作的动力,是因项目经理负有相应的责任而得到的报酬,所以利益的形式及利益的多少也应该视项目经理的责任而定。项目经理必须处理好与项目经理部、企业和职工之间的利益关系。

2.6.2.2 施工项目经理的职责、权限和利益

(1) 项目经理的职责

① 项目管理目标责任书规定的职责。

② 主持编制项目管理实施规划,并对项目目标进行系统管理。

③ 对资源进行动态管理。

④ 建立各种专业管理体系并组织实施。

⑤ 进行授权范围内的利益分配。

⑥ 收集工程资料,准备结算资料,参与工程竣工验收。

⑦ 接受审计,处理项目经理部解体的善后工作。

⑧ 协助组织进行项目的检查、鉴定和评奖申报工作。

(2) 项目经理的权限

① 参与项目招标与投标和合同签订。

② 参与组建项目经理部。

③ 主持项目经理部工作。

④ 决定授权范围内的项目资金的投入和使用。

⑤ 制定内部计酬办法。

⑥ 参与选择和使用具有相应资质的分包人。

⑦ 参与选择物质供应单位。

⑧ 在授权范围内协调和处理与项目管理有关的内、外部关系。

⑨ 法定代表人授予的其他权力。

(3) 项目经理的利益与奖罚

① 获得工资和奖励。

② 项目完成后,按照项目管理目标责任书中规定,经审计后给予奖励或处罚。

③ 获得评优表彰、记功等奖励或行政处罚。

2.6.3 建造师

目前，在建筑领域专业技术人员实行执业资格制度是世界大部分国家的通行做法。我国自 1988 年开始实行注册监理工程师执业资格制度以来，在工程建设的各个领域已经实行了多个执业资格制度，如注册结构工程师、注册建筑师、注册造价师等。为了加强建设工程项目总承包与施工管理，保证工程质量和施工安全，2002 年 12 月 5 日，人事部和建设部以"人发[2002]111 号"发布《建造师执业资格制度暂行规定》，启动了我国建造师制度的建设，对我国工程项目管理实行项目经理责任制产生了重大影响。下文是这项制度的主要内容。

(1) 总则

① 制定本规定的目的是，加强建设工程项目管理，提高工程项目总承包及施工管理专业技术人员素质，规范施工管理行为，保证工程质量和施工安全，根据《中华人民共和国建筑法》、《建设工程质量管理条例》和国家有关职业资格证书制度的规定。

② 本规定适用于从事建设工程项目总承包、施工管理的专业技术人员。

③ 国家对建设工程项目总承包和施工管理关键岗位的专业技术人员实行执业资格制度，纳入全国专业技术人员执业资格制度统一规划。

④ 建造师分为一级建造师和二级建造师。英文分别译为 Constructor 和 Associate Constructor。

⑤ 人事部、建设部共同负责国家建造师执业资格制度的实施工作。

(2) 考试

① 一级建造师执业资格实行统一大纲、统一命题、统一组织的考试制度，由人事部、建设部共同组织实施，原则上每年举行一次考试。

② 建设部负责编制一级建造师执业资格考试大纲和组织命题工作，统一规划建造师执业资格的培训等有关工作。

③ 培训工作按照培训与考试分开、自愿参加的原则进行。

④ 人事部负责审定一级建造师执业资格考试科目、考试大纲和考试试题，组织实施考务工作；会同建设部对考试考务工作进行检查、监督、指导和确定合格标准。

⑤ 一级建造师执业资格考试，分综合知识与能力和专业知识与能力两个部分。其中，专业知识与能力部分的考试，按照建设工程的专业要求进行，具体专业划分由建设部另行规定。

⑥ 凡遵守国家法律、法规，具备下列条件之一者，可以申请参加一级建造师执业资格考试：

a. 取得工程类或工程经济类大学专科学历，工作满 6 年，其中从事建设工程项目施工管理工作满 4 年。

b. 取得工程类或工程经济类大学本科学历，工作满 4 年，其中从事建设工程项目施工管理工作满 3 年。

c. 取得工程类或工程经济类双学士学位或研究生班毕业，工作满 3 年，其中从事建设工程项目施工管理工作满 2 年。

d. 取得工程类或工程经济类硕士学位，工作满 2 年，其中从事建设工程项目施工管理工作满 1 年。

e. 取得工程类或工程经济类博士学位，从事建设工程项目施工管理工作满 1 年。

⑦ 参加一级建造师执业资格考试合格，由各省、自治区、直辖市人事部门颁发人事部统一印制，人事部、建设部用印的《中华人民共和国一级建造师执业资格证书》。该证书在全国范围内有效。

⑧ 二级建造师执业资格实行全国统一大纲，各省、自治区、直辖市命题并组织考试的制度。

⑨ 建设部负责拟定二级建造师执业资格考试大纲，人事部负责审定考试大纲。

各省、自治区、直辖市人事厅（局），建设厅（委）按照国家确定的考试大纲和有关规定，在本地区组织实施二级建造师执业资格考试。

⑩ 凡遵纪守法并具备工程类或工程经济类中等专科以上学历并从事建设工程项目施工管理工作满2年，可报名参加二级建造师执业资格考试。

⑪ 二级建造师执业资格考试合格者，由省、自治区、直辖市人事部门颁发由人事部、建设部统一格式的《中华人民共和国二级建造师执业资格证书》。该证书在所在行政区域内有效。

(3) 注册

① 取得建造师执业资格证书的人员，必须经过注册登记，方可以建造师名义执业。

② 建设部或其授权的机构为一级建造师执业资格的注册管理机构。省、自治区、直辖市建设行政主管部门或其授权的机构为二级建造师执业资格的注册管理机构。

③ 申请注册的人员必须同时具备以下条件。

a. 取得建造师执业资格证书。

b. 无犯罪记录。

c. 身体健康，能坚持在建造师岗位上工作。

d. 经所在单位考核合格。

④ 一级建造师执业资格注册，由本人提出申请，由各省、自治区、直辖市建设行政主管部门或其授权的机构初审合格后，报建设部或其授权的机构注册。准予注册的申请人，由建设部或其授权的注册管理机构发放由建设部统一印制的《中华人民共和国一级建造师注册证》。

二级建造师执业资格的注册办法，由省、自治区、直辖市建设行政主管部门制定，颁发辖区内有效的《中华人民共和国二级建造师注册证》，并报建设部或其授权的注册管理机构备案。

⑤ 人事部和各级地方人事部门对建造师执业资格注册和使用情况有检查、监督的责任。

⑥ 建造师执业资格注册有效期一般为3年，有效期满前3个月，持证者应到原注册管理机构办理再次注册手续。在注册有效期内，变更执业单位者，应当及时办理变更手续。

再次注册者，除应符合上述注册规定外，还须提供接受继续教育的证明。

⑦ 经注册的建造师有下列情况之一的，由原注册管理机构注销注册：

a. 不具有完全民事行为能力的。

b. 受刑事处罚的。

c. 因过错发生工程建设重大质量安全事故或有建筑市场违法违规行为的。

d. 脱离建设工程施工管理及其相关工作岗位连续2年（含2年）以上的。

e. 同时在2个及以上建筑业企业执业的。

f. 严重违反职业道德的。

⑧ 建设部和省、自治区、直辖市建设行政主管部门应当定期公布建造师执业资格的注册和注销情况。

(4) 职责

① 建造师经注册后，有权以建造师名义担任建设工程项目施工的项目经理及从事其他施工活动的管理。

② 建造师在工作中，必须严格遵守法律、法规和行业管理的各项规定，恪守职业道德。

③ 建造师的执业范围：

a. 担任建设工程项目施工的项目经理。

b. 从事其他施工活动的管理工作。

c. 法律、行政法规或国务院建设行政主管部门规定的其他业务。

d. 一级建造师的执业技术能力：

i. 有一定的工程技术、工程管理理论和相关经济理论水平，并具有丰富的施工管理专业知识。

ii. 能够熟练掌握和运用与施工管理业务相关的法律、法规、工程建设强制性标准和行业管理的各项规定。

iii. 具有丰富的施工管理实践经验和资历，有较强的施工组织能力，能保证工程质量和安全生产。

iv. 有一定的外语水平。

(5) 二级建造师的执业技术能力：

① 了解工程建设的法律、法规、工程建设强制性标准及有关行业管理的规定。

② 具有一定的施工管理专业知识。

③ 具有一定的施工管理实践经验和资历，有一定的施工组织能力，能保证工程质量和安全生产。

(6) 按照建设部颁布的《建筑业企业资质等级标准》，一级建造师可以担任特级、一级建筑业企业资质的建设工程项目施工的项目经理；二级建造师可以担任二级及以下建筑业企业资质的建设工程项目施工的项目经理。

(7) 建造师必须接受继续教育，更新知识，不断提高业务水平。

2.6.4 建造师与项目经理的关系

建造师的执业范围很广，《建造师执业资格制度暂行规定》第二十六条规定，建造师的执业范围包括以下三个方面。

① 担任建设工程项目施工的项目经理。

② 从事其他施工活动的管理工作。

③ 法律、行政法规或国务院建设行政主管部门规定的其他业务。

按照原建设部颁布的《建筑业企业资质等级标准》，一级建造师可以担任特级、一级建筑业企业资质的建设工程项目施工的项目经理；二级建造师可以担任二级及以下建筑业企业资质的建设工程项目施工的项目经理。

原建设部在《关于建筑业企业项目经理资质管理制度向建造师执业资格制度过渡有关问题的通知》明确规定，建筑业企业项目经理资质管理制度向建造师执业资格制度过渡的时间定为五年，即从国发〔2003〕5号文印发之日（即2003年2月27日）起至2008年2月27

日止。在过渡期内，原项目经理资质证书继续有效。对于具有建筑业企业项目经理资质证书的人员，在取得建造师注册证书后，其项目经理资质证书应缴回原发证机关。过渡期满后，项目经理资质证书停止使用。过渡期内，大中型工程项目的项目经理的补充，由获取建造师执业资格的渠道实现；小型工程项目的项目经理的补充，可由企业依据原三级项目经理的资质条件考核合格后聘用。过渡期内，凡持有项目经理资质证书或者建造师注册证书的人员，经其所在企业聘用后均可担任工程项目施工的项目经理。过渡期满后，大、中型工程项目施工的项目经理必须由取得建造师注册证书的人员担任；但取得建造师注册证书的人员是否担任工程项目施工的项目经理，由企业自主决定。

2005年3月1日，中国建筑业协会发布《建设工程项目经理岗位职业资格管理导则》，其中规定，建设工程项目经理的岗位职业资格等级划分共分为A、B、C、D四个等级，A级为建设工程总承包项目经理；B级为大型建设工程项目经理；C级为中型建设工程项目的施工项目经理；D级为小型建设工程项目的施工项目经理。其标准及必须具备的条件分别如下。

(1) A级项目经理标准及必须具备的条件

① 具有大学本科以上文化程度、工程项目管理经历8年以上，或具有大专以上文化程度、工程项目管理经历10年以上。

② 具有国家一级注册建造师（或注册结构工程师、建筑师、监理工程师、造价工程师）执业资格，并参加过国际（工程）项目管理专业资质认证或工程总承包项目经理岗位职业标准的培训。

③ 具有大型工程项目管理经验，至少承担过两个投资在1亿元以上的建设工程项目的主要管理任务。

④ 根据工程项目特点，能够带领项目经理部中所有管理人员熟练运用项目管理方法，圆满地完成建设工程项目各项任务。

⑤ 具备一定的外语水平，能够阅读或识别外文图样和相关文件。

(2) B级项目经理标准及必须具备的条件

① 具有大学本科文化程度、工程项目管理经历6年以上，或具有大专以上文化程度、工程项目管理经历8年以上。

② 具有国家一级注册建造师（或注册结构工程师、建筑师、监理工程师、造价工程师）执业资格。

③ 具有大型工程项目管理经验，至少承担过一个投资在1亿元以上的工程项目的主要管理任务。

④ 具有一定的外语知识。

(3) C级项目经理标准及必须具备的条件

① 具有大专以上文化程度、施工管理经历4年以上，或具有中专以上文化程度、施工管理经历6年以上。

② 具有二级注册建造师及相应专业的执业资格。

③ 具有中型以上工程项目管理经验，至少承担过一个投资在3000万元以上工程项目的主要管理任务。

(4) D级项目经理标准及必须具备的条件

① 具有大专以上文化程度、施工管理经历2年以上，或中专及以上文化程度、施工管

理经历 3 年以上。

②经过项目经理岗位职业资格标准培训，并取得岗位职业资格证书。

③具有小型工程项目管理经验。

该导则特别强调对拟任项目经理的培训与考核，规定各级拟任项目经理由企业按照导则中的岗位职业等级标准和要求，向所在省、自治区、直辖市或有关行业建设协会指定的机构申请，各省、自治区、直辖市或有关行业建设协会指定的机构进行审核后，颁发《建设工程项目经理岗位职业资格证书》。企业依照项目经理岗位职业等级标准和工程项目的规模及实际情况，从取得《建设工程项目经理岗位职业资格证书》的人员中，选择聘任具有相应资格的项目经理。

建造师与项目经理定位不同，但所从事的都是建设工程的管理。建造师执业的覆盖面较大，可涉及工程建设项目管理的许多方面，担任项目经理只是建造师执业中的一项；项目经理则限于企业内某一特定工程的项目管理。建造师选择工作的权力相对自主，可在社会市场上有序流动，有较大的活动空间；项目经理岗位则是企业设定的，项目经理是企业法定代表人授权或聘用的、一次性的工程项目施工管理者。

项目经理责任制是我国施工管理体制上一个重大的改革，对加强工程项目管理，提高工程质量起到了很好的作用。建造师执业资格制度建立以后，项目经理责任制仍然要继续坚持，国发〔2003〕5 号文是取消项目经理资质的行政审批，而不是取消项目经理。项目经理仍然是施工企业某一具体工程项目施工的主要负责人，其职责是根据企业法定代表人的授权，对工程项目自开工准备至竣工验收，实施全面的组织管理。有变化的是，大中型工程项目的项目经理必须由取得建造师执业资格的建造师担任。注册建造师资格是担任大中型工程项目经理的一项必要性条件，是国家的强制性要求。但选聘哪位建造师担任项目经理，则由企业决定，那是企业行为。小型工程项目的项目经理可以由不是建造师的人员担任。所以，要充分发挥有关行业协会的作用，加强项目经理培训，不断提高项目经理队伍素质。

复习思考题

1. 什么是组织？组织的构成因素是什么？
2. 组织机构设置要遵循什么原则？
3. 常用的组织结构模式有哪些？各有何优点和缺点？
4. 试叙述常见的工程项目管理模式及其优缺点。
5. 请结合工程项目说明项目组织对项目的影响，组织的影响体现在哪些方面？
6. 试叙述工程项目组织结构的基本形式。
7. 分析不同的组织结构对项目的影响。
8. 项目团队建设应满足哪些要求？何为项目经理负责制？
9. 项目经理具有哪些责、权、利？
10. 什么是工程建设监理？
11. 代建制的模式有哪些？

案例

长江三峡枢纽工程项目管理

三峡工程是迄今为止世界上最大的水利枢纽，是开发与治理长江的关键性骨干工程。三峡工程由枢纽工程、移民工程与输变电工程三部分组成。三峡枢纽工程1993年开始前期施工准备，2003年初期蓄水，2008年基本建成全面投入使用，2009年开始正常蓄水位175m的试验性蓄水，2010年10月26日正常蓄水位达到175m，工程始终按设计规划顺利开展，进度、投资、质量、安全、环保等得到有效控制，枢纽开始发挥防洪、发电、航运、生态等巨大的综合效益。

1. 三峡建委三峡工程稽查办公室

为加强对三峡工程的监督，国务院于1999年成立了三峡建委三峡工程稽查办公室，负责对三峡枢纽工程、输变电工程和移民工程稽查的日常工作。稽查办公室与三峡建委办公室为一个机构，两块牌子。

2. 三峡枢纽工程稽查组

为加强对三峡工程监督，完善三峡工程项目法人责任制、企业领导人管理制度和强化约束机制，国务院三峡建委成立了三峡枢纽工程稽查组，代表国家行使对三峡工程的稽查、监督职责，重点对三峡枢纽工程的资金管理、建设进度和安全施工以及中国长江三峡工程开发总公司与其下属公司的关联交易等主要方面，从1999年开始通过基础材料报送、集中稽查、现场调查与核实等工作方式进行稽查，提出稽查报告，做出年度评价。

3. 三峡枢纽工程质量检查专家组

为进一步保证三峡工程建设的质量，国务院三峡建委成立了三峡枢纽工程质量检查专家组，对三峡枢纽工程质量保证体系和质量要求规程是否健全，参与工程建设的业主、施工、监理、设计是否严格执行工程质量保证体系和质量规程的要求，对工程质量（包括土建工程以及永久性金属结构和机电设备的安装质量）进行评议，对工程质量事故性质进行评议（包括事故处理是否安全可靠以及发生事故的原因），检查工程进度是否与预期目标相符等五方面，从1999年开始进行每年2次的工地检查，提出年度检查报告。质量检查专家组第一任组长由全国政协副主席钱正英任组长，两院院士张光斗任副组长；第二任组长由潘家铮院士担任；另有中科院及工程院院士7~8人任成员。专家组成立了厂坝、航建、机电等专项工作组，工作组在质量专家组检查时间之外每年再进行2次现场调查、旁站与跟踪复查。

4. 移民工作地方政府"双包干"负责制

1993年8月，国务院发布《长江三峡工程建设移民条例》，三峡工程坚持开发性移民方针，使移民的生活水平达到或超过原有水平，并为三峡库区长远的经济发展和移民生活水平的提高创造条件。坚持"中央统一领导、分省（市）负责、以县为基础"的移民管理体制和投资切块包干、移民任务包干的移民工作"双包干"责任制。三峡水库是一个峡谷型水库，175m蓄水位时水库回水末端在重庆市，全长650km，涉及湖北省、重庆市20个县市，水库面积1084km²，平均水面宽度仅1.1km。水库淹没陆地面积632km²，其中耕地35.69万亩，柑橘地7.44万亩；1984年调查统计淹没区人口84.41万人（其中农业人口36.15万人），规划动迁人口113万人，考虑人口自然增长和其他因素增长，预计最终迁移人口约130万人，坝区移民1.35万人。三峡工程水库淹没是一项十分艰巨复杂、关系重大的社会工程，它直接关系到三峡工程如期蓄水发挥效益，关系到三峡库区的经济发展和社会稳定。三峡工程的成败关键在于移民，三峡工程的难点也在于移民。三峡工程移民工作体制妥善处理好中央与地方、企业与移民之间的利益关系，做到权、责、利对等一致，充分调动中央与地方两个积极性。国家在三峡工程中坚持开发性移民政策，实行了农村移民安置政策和工矿企业迁建政策的"两个调整"。移民安置坚持了国家扶持、政策优惠、各方支援、自力更生、鼓励外迁、加大工矿企业结构调整力度的原则。三峡移民搬迁安置有序推进，进度比规划总体提前，移民工程建设管理不断规范，移民工程质量总体良好，库区交通、通信、电力等基础设施有较大改善，城镇面貌焕然一新。

截至2009年底，累计搬迁安置移民129.65万人，其中农村55.9万人、城镇73.74万人；累计搬迁建房人口124.55万人，其中农村55.06万人、城镇69.49万人，规划搬迁安置任务全部完成。建设各类房屋5054.76万平方米，其中住房3830.79万平方米，按分类计农村1478.62万平方米、城镇2787.47万平方米、工矿788.67万平方米；累计还建房屋面积4365.51万平方米，其中住房3027.03万平方米，规划还建任务全部完成，按分类计农村1540.35万平方米、城镇2078.95万平方米、工矿746.21万平方米。淹没涉及的12座县城，已完成整体搬迁，114座城镇已完成整体搬迁，搬迁工矿企业1632家，其中关闭破产工矿企业1102家，累计复建公路1295.69km，架设输电线路327.02万米，通信线路591.66万米，广播电视线路478.75万米。库区文物发掘保护项目1093处，其中湖北库区341处、重庆库区752处，地下729处、地面364处；文物保护项目如期完成，完成地下发掘面积172万平方米。全国对口支援三峡库区引入资金689.47亿元，其中社会公益类项目资金36.64亿元，经济建设类项目3202个，到位资金652.83亿元，对口支援项目安置移民29142人次，安排移民劳务93774人次，培训各类人才42055人次，干部交流865人次。移民任务在2008年底基本完成，比计划提前一年。

实践证明，三峡工程的建设给库区经济社会发展带来了千载难逢的发展机遇，促进了库区经济结构的调整和社会功能的再造。

三峡枢纽工程建设管理体系

三峡总公司在三峡建委的领导和国家计划指导下全面负责三峡工程的建设和经营管理。按照社会主义市场经济原则，实行业主负责制、建设监理制、招标承包制。按照国务院批准的三峡工程初步设计，以现代科学技术和现代化管理，科学、优质、高效、经济地实施三峡工程建设和经营，在批准的初步设计范围内决定工程技术问题。根据国务院对三峡总公司的上述要求，三峡工程建设管理体系形成了以"项目法人负责制、招标投标制、工程监理制、合同管理制"为基础的，包括设计委托制与坝区封闭管理制的完整的枢纽工程管理体系。

【案例思考题】

从风险控制的理念出发，思考三峡枢纽工程建设项目管理的有效性。

第 3 章 工程项目策划

本章所讨论的工程项目策划是指建设工程项目策划。项目策划是项目管理的一个重要组成部分，是项目建设成功的前提。无数建设项目成功的经验证明，科学、严谨的前期策划将为项目建设的决策和实施增值。一个工程项目的周期始于人们对项目的构思，在构思过程中，人们对所提出的项目方案进行选择和策划。这一环节所做的策划将决定项目后续工作是否有可能取得成功，所以根据科学方法进行可行性研究和风险决策就是项目策划过程中所必不可少的工作。

3.1 工程项目的策划工作

3.1.1 建设项目策划的概念

建设项目策划是指在项目建设前期，通过调查研究和收集资料，在充分占有信息的基础上，针对项目的决策和实施，或决策和实施的某个问题，进行组织、管理、经济和技术等方面的科学分析和论证，这将使项目建设有正确的方向和明确的目的，也使建设项目设计工作有明确的方向并充分体现业主的建设目的。其根本目的是为项目建设的决策和实施增值。增值可以反映在人类生活和工作的环境保护、建筑环境美化、项目的使用功能和建设质量提高、建设成本和经营成本降低、社会效益和经济效益提高、建设周期缩短、建设过程的组织和协调强化等方面。

项目策划是项目管理的一个重要组成部分。国内外许多建设项目的成功经验或失败教训证明，建设项目前期的策划是项目成功的前提。在项目前期进行系统策划，就是要提前为项目建设形成良好的工作基础，创造完善的条件，使项目建设在技术上趋于合理，在资金和经济方面周密安排，在组织管理方面灵活计划并有一定的弹性，从而保证建设项目具有充分的可行性，能适应现代化的项目建设过程的要求。

3.1.2 工程项目策划的作用

项目立项之前称为项目决策阶段，立项之后为项目实施阶段。

良好的工程项目策划具有预先控制的作用。一方面，以项目建议书和可行性研究作为审批的依据存在不足。可行性研究虽然进行了经济分析和技术分析，但由于前期环境调查和分析不够，往往是为了立项和报批而做，因而可行性研究常常变成可批性研究，其真实性、可靠性和科学性值得怀疑，其分析的广度和深度不够，以可行性研究作为决策的依据，决策所需的信息不足。

另一方面，在项目实施阶段，设计任务书往往可有可无，缺乏组织、管理、经济和技术等方面对项目的准备和科学论证，未能对设计工作提出准确、详细的要求，设计工作依据不足，往往造成设计结果偏离目标的现象。

从实施角度来看，各阶段的良好策划是项目执行的重要依据。无论是在项目决策阶段进行策划，为项目决策提供依据；还是在项目实施阶段进行策划，为项目实施提供依据都是十分必要的。建设项目策划就是把建设意图转换成定义明确、要求清晰、目标明确且具有强烈可操作性的项目策划文件的活动过程,回答为什么要建、建什么以及怎么建项目的问题,从而为项目的决策和实施提供全面完整的、系统性的计划和依据。项目策划的意义在于其工作成果使项目的决策和实施有据可依。项目实施过程中任何一个阶段、任何一个方面的工作都经过各方面专业人员的分析和计划,既具体入微,又不失其系统性,不会有无谓的重复浪费,也不会有严重的疏漏缺失,使项目实施的目标、过程、组织、方法、手段等都更具系统性和可行性,避免随意性和盲目性。

目前,我国的大部分项目并没有进行严格、全面的项目策划,国家对项目策划的内容和工作程序没有明确的规定,项目策划的工作时间和内容与国家的基本建设程序不完全对应,大多是根据业主方的需要分项、分阶段对项目的某个方面进行策划,策划工作缺乏系统性。因此对项目策划的理论研究和实践总结是非常迫切的。

3.1.3 工程项目策划的分类

工程项目策划有多种不同的分类。项目策划根据其所针对的对象不同,分为成片土地开发项目策划、单体建筑项目策划等;根据策划的内容不同,也可以分为不同类型。最重要的是以下两类:项目决策的策划和项目实施的策划。

项目决策的策划在项目决策阶段完成,为项目决策服务。项目决策的策划要回答建设什么、为什么要建设的问题,又称为项目决策评估;项目实施策划在项目实施阶段的前期完成,为项目管理服务,主要确定怎么建,又称为项目实施评估;两者统称项目策划。

除此之外,有的项目还进行项目运营策划。项目运营策划在项目实施阶段完成,用于指导项目动用准备和项目运营,并在项目运营阶段进行调整和完善。

3.1.4 工程项目策划的内容

(1) 项目决策的策划任务

项目决策的策划最主要的任务是定义开发或者建设什么,及其效益和意义如何。具体包括明确项目的规模、内容、使用功能和质量标准,估算项目总投资和投资收益,以及项目的总进度规划等问题。

项目决策策划一般包括以下六项任务。根据具体项目的不同情况,策划文件的形式可能有所不同,有的形成一份完整的策划文件,有的可能形成一系列策划文件。

① 建设环境和条件的调查和分析;
② 项目建设目标论证与项目定义;
③ 项目功能分析与面积分配;
④ 与项目决策有关的组织、管理和经济方面的论证与策划;
⑤ 与项目决策有关的技术方面的论证与策划;
⑥ 项目决策的风险分析。

(2) 项目实施的策划任务

项目实施的策划最主要的任务是定义如何组织开发和建设该项目。由于策划所处的时期不同,项目实施策划任务的重点和工作重心以及策划的深入程度与项目决策阶段的策划任务有所不同。项目实施策划要详细分析实施中的组织、管理和协调等问题,包括如何组织设计、如何招标、如何组织施工、如何组织供货等问题。

项目实施策划的基本内容如下:

① 项目实施的环境和条件的调查与分析;

② 项目目标的分析和再论证;
③ 项目实施的组织策划;
④ 项目实施的管理策划;
⑤ 项目实施的合同策划;
⑥ 项目实施的经济策划;
⑦ 项目实施的技术策划;
⑧ 项目实施的风险分析与策划等。

项目决策和项目实施两阶段的策划任务可以归纳如表 3.1 所示。

表 3.1 项目决策和实施阶段的策划任务

策划任务	项目决策阶段	项目实施阶段
环境调查和分析	项目所处的建设环境,包括能源供给、基础设施等;项目所要求的建筑环境,其风格和主色调是否和周围环境相协调;项目当地的自然环境,包括天气状况、气候和风向等;项目的市场环境、政策环境以及宏观经济环境等	建设期的环境调查和分析,需要调查分析、建设政策环境、建筑市场环境、建设环境(能源、基础设施等)和建筑环境(风格、主色调等)
项目定义和论证	包括项目的开发或建设目的、宗旨及其指导思想;项目的规模、组成、其功能和标准;项目的总投资和建设开发周期等	需要进行建设目标的分析和再论证,包括投资目标分解和论证,编制项目投资总体规划;进行进度目标论证,编制项目建设总进度规划;确定项目质量目标,编制空间和房间手册等
组织策划	包括项目的组织结构分析、决策期的组织结构、任务分工以及管理职能分工、决策期的工作流程和项目的编码体系分析等	确定项目实施各阶段的项目管理工作内容,确定项目风险管理与工程保险方案
管理策划	制定建设期管理总体方案、运行期管理总体方案以及经营期管理总体方案等	包括投资控制、进度控制、质量控制、合同管理、信息管理和组织协调;确定业主筹建班子的组织结构、任务分工和管理职能分工,确定业主方项目管理班子的组织结构、任务分工和管理职能分工,确定项目管理工作流程,建立编码体系
合同策划	策划决策期的合同结构、决策期的合同内容和文本、建设期的合同结构总体方案等	确定方案设计竞赛的组织,确定项目管理委托的合同结构,确定设计合同结构方案、施工合同结构方案和物资采购合同结构方案,确定各种合同类型和文本的采用
经济策划	进行开发或建设成本分析、开发或建设效益分析;制定项目的融资方案和资金需求量计划	项目实施的经济策划包括编制资金需求量计划,进行投资估算以及融资方案的深化分析
技术策划	项目功能分析、建筑面积分配以及工艺对建筑的功能要求等	对技术方案和关键技术进行深化分析和论证,明确技术标准和规范的应用和制定
风险分析	对政治风险、政策风险、经济风险、技术风险、组织风险和管理风险等进行分析	进行实施期的政治风险、政策风险、经济风险、技术风险、组织风险和管理风险分析

3.2 工程项目环境调查与分析

3.2.1 环境调查的目的

策划是在充分占有信息和资料的前提下所进行的一种创造性劳动,因此充分占有信息是策划的先决条件,否则策划就成为了无本之木、无源之水。从这一基本思想出发,环境调查与分析是项目策划工作的第一步,也是最基础的一环。如果不进行充分的环境调查,所策划的结果可能与实际需求背道而驰,甚至得出错误的结论,并直接影响建设项目的实施,因此策划的第一步必须对影响项目策划工作的各方面环境进行调查，并进行认真分析，找出影响项目建设与发展的主要因素，为后续策划工作提供较好的基础。

比如某总部基地项目前期策划，在环境调查阶段要了解项目所在地自然、历史和文化环境，社会经济发展现状以及产业发展现状等，同时策划小组还重点关注了国内外总部园区建设和运营现状，并在此基础上归纳和分析什么是总部经济，总部经济形成的条件是什么和总部经济的载体是什么等问题，进而分析总部园区的主要功能及一般的配套要求，据此可以确定各类功能空间的建筑规模。在功能定位中要分析区内是否需要一定量的具有生活服务配套的功能空间，如餐饮、居住、休闲娱乐、酒店等，这就要求进行周边环境的调查，摸清周边的配套情况，防止功能的重叠。因此可以说，在策划前进行充分的环境调查与分析是项目策划的基础和前提。

3.2.2 环境调查的工作内容

(1) 环境调查的工作范围

环境调查的工作范围为项目本身所涉及的各个方面的环境因素和环境条件，以及项目实施过程中所可能涉及各种环境因素和环境条件。工作范围应力求全面、深入和系统，具体可以包括以下方面：

① 项目周边自然环境和条件；
② 项目开发时期的市场环境；
③ 宏观经济环境；
④ 项目所在地政策环境；
⑤ 建设条件环境（能源、基础设施等）；
⑥ 历史、文化环境（包括风土人情等）；
⑦ 建筑环境（风格、主色调等）；
⑧ 其他相关问题。

应该强调的是，因项目本身的特点、项目策划工作的侧重点等原因，环境调查也可侧重在上述工作范围中的一部分或几部分，并进行细化，或者进行重新分类与组合，为后续策划工作提供参考。

(2) 环境调查的重点

策划的对象决定了环境调查的内容，因此不同项目环境调查的内容可能差别很大，工作重点也有所不同。从总体上讲，环境调查应该以项目为基本出发点，将项目实施所可能涉及的所有环境因素进行系统性地思考，以其中对项目影响较大的核心因素为调查的重点，尤其应将项目策划和项目实施所需要依据和利用的关键因素和条件作为主要的考虑对象，进行全面深入的调查。

例如，在某医院项目策划的环境调查中除了现场环境调查以外，重点还包括对当地社会经济发展环境调查、当地医疗卫生设施建设的现状和规划调查（供应情况调查）、当地医疗服务市场需求情况调查（不同人群对医疗服务的不同需求、中外合资营利性医院政策调查、价格情况调查等）。

现场环境调查往往需要进行一到三次甚至是多次，而其他方面的调查则需要多次进行，有时候需要同时通过多种渠道随时查阅相关信息，因此环境调查是一项需要一定人力和时间来做的工作。

3.2.3 环境调查的工作方法

策划的过程就是知识管理与创新的过程，因此，无论是大型城市开发项目策划还是单体建筑策划,都需要进行多种信息的收集。在策划过程中,知识的积累至关重要,而知识的来源不仅包括自身的知识积累,也包括他人的经验总结,所以在策划过程中要充分吸收多方的经验或知识,营造开放的策划组织。

环境调查的渠道有多种。一般而言,包括以下几个方面。

(1) 现场实地考察

现场实地考察是环境调查的一个重要方法与途径,该种方法主要是通过调查增加项目的感性认识,并了解有关项目的具体细节,掌握项目环境的最新情况。一般而言,对于新建项目,实地调查需要了解以下内容:市政基础设施情况、项目基地现状、项目基地对外交通情况、周边建筑风格等,对于改造项目则更需要实地考察,尽可能地了解影响项目策划工作的每一个细节,因为文字资料上往往省略细节信息,或者在访问时,对方可能处于自己主观判断而遗漏重要信息,这些信息对策划可能产生很大影响。在实地调查时,可借助拍照、录像等手段辅助工作。

(2) 相关部门走访

相关部门是项目宏观、中观与微观背景资料的主要来源。从这些部门获取的资料具有相当的权威性和及时性,有时甚至是尚未正式发布的草案,对了解宏观背景的发展趋势具有极大的帮助作用。通过这种方式收集资料时应注意两点准备事项:一是要提前进行联系,告知对方调研的意图、目的、时程安排以及所需要的资料等,二是制定调查表格。

① 准备事项一　在进行相关部门走访时,大部分受访部门事先并不了解项目的背景以及调研的意图,因此往往不能在较短的时间内掌握访问人的真正目的,以及提供所需资料,因此需要提前通知受访部门,告知对方调研的意图、目的、日程安排以及所需要的资料等。一般通过电话、传真、电子邮件等联系方式。需要说明的是,因为大多数策划项目属于商业性项目,相关部门并没有义务接待访问或提供资料,因此需要通过灵活的渠道达到既定目的。对于政府投资项目的策划,可通过政府文件的方式了解。

② 准备事项二　除了事先联系外,环境调查还应做好充分的准备,其中最重要的是制定调查表格,表格的形式可以有多种,但内容基本包括调查的目的、内容、受访人、调查参与人、调查的问题、资料需求等,如表 3.2 为某项目的环境调查表格,其中调查的问题和资料应尽量明确,使受访人能清楚地理解并提供准确的信息,调查完毕后应由调查人完成调查报告,根据受访人的意见和建议分析对项目策划的影响。

表 3.2　某项目的环境调查表格

项目名称:××总部园区发展策划　　　　　　　　文件编号:

调查目的:编制××总部园区发展策划环境调查报告	调查部门:策划局
调查内容:了解××总部规划情况	被调查人:局长
调查的问题:	备注
1. 城市总体规划、总部园区有关的分区规划、专项规划、详细规划等文件以及基础设施与市政配套现状与规划情况(供电、供水、电信、雨污水和煤气等); 2. ××区城市空间发展战略; 3. ××区交通规划情况; 4. ××区建筑环境,如风格、主色调等。	
调查的资料编号及其名称:	备注
1. 区规划建设方案	
调查人:	调查日期:　年　月　日

对项目部门调研完毕后,应进行整理,策划小组开一次碰头会,分别介绍调研情况,最终由策划小组整理出若干个重要问题,并进行排序,形成调研报告以及对策划的影响分析,作为后续策划的基础以及参考性文件。

(3) 有关人员(群)访谈

另外一个较为重要的调研对象是对相关人员(群)的访谈,访谈的目的是了解项目相关人员(群)和项目的关系以及对项目的意见或建议。此类调研对象往往和相关部门的调研相结合。一般包括以下几类人员。

① 业主方相关人员 对业主方相关人员的访谈内容主要集中在项目的背景、进展状况、项目建设的目的、希望达到的目标、基本设想以及目前存在的困难等。访谈的形式可以有很多种,可以采用集中介绍的方式,也可以采用单独访谈的方式,可以是正式的形式,也可以是非正式的形式。

② 最终用户 项目策划的重要原则之一就是"最终用户需求导向"原则,因此应充分重视对最终用户的访谈或调查。对最终用户的访谈会影响到项目策划的具体内容,如功能的布局、标准的确定、建筑面积的确定、结构形式的选择等。在最终用户已经明确的情况下,可采用访谈形式,但如果最终用户尚不明确,如尚未招商的园区,则对可能的最终用户进行分析,以典型同类用户的需求为依据,总结概括出项目最终用户的需求。

③ 有关领导 对有关领导的访谈主要是掌握项目开发的宏观背景和总体指导思想,从宏观的专业研究和管理的角度了解他们个人的意见,整理成为宏观层次的系统性的思想,并以此作为确定项目发展的大方向的参考性依据。

④ 有关方面专家和专业人士 如前所述,策划是一个专业性极强的工作,需要各方面的专业知识,这就决定了策划组织必须是一个开放性的组织。另外一方面,对于某些专业性或知识性极强的内容,专家或专业人士拥有更多的知识和经验,因此对他们进行的访谈对项目策划大有裨益。他们的知识、建议或意见,可作为策划的重要参考依据。

⑤ 其他相关人员 一个建设项目涉及到很多方面,也影响到很多人群,如一个科技商务区的建设,会影响到普通从业人员、经营者、管理人员、普通消费者、潜在的从业及经营人员等,因此需要对他们进行访谈,了解其对项目的关注程度和相关建议,从社会和市场的需求、期望等角度了解具体的基础条件和制约因素,进而整理成为具体的、较为完整的环境描述。其他相关人员范围的确定依据项目的特征而定。

对相关人员的访问除了进行必要的准备以外,还应注意记录访谈要点,访谈结束后应进行回顾、总结与分析,除此之外,还应注意访谈技巧,包括赞同、重复、澄清、扩展、改变话题、解释与总结等。

(4) 文献调查与研究

策划是一种创造性的劳动,在这一过程中,汲取的知识越多,对策划就越有利,而文献是各种知识的凝聚与升华,因此要对文献作充分的收集和研究。目前,随着文献的数字化程度越来越高,文献的调查越来越方便。文献的主要来源包括:

① 充分利用网上资源;

② 档案馆、图书馆资料查询;

③ 书籍、杂志、论文查询等。

(5) 问卷调查

问卷对于有明确用户对象的项目策划有显著作用,如学校、商业街、住宅、办公楼以及某些建筑单体的策划等，对最终用户的问卷有助于策划成果的完善。此外，问卷也可以针对已经策划的某一部分，如项目定位、功能布局、面积分配等，征求相关人员的意见，进一步完善策划成果。问卷的问题有很多种类型，包括分支性问题、名词性问题、顺序性提问、间隔式提问、简短回答式提问以及不做最终结论的提问等。

问卷要注意逻辑次序安排，一般的主要次序包括：
① 提起答题者的兴趣；
② 明确答题者的类型；
③ 程序按照从一般到特殊进行；
④ 允许进行解释或者加以阐述；
⑤ 当答题完毕后，告诉答题者如何处理问卷。

环境调查有多种途径和方法，这些途径和方法在项目策划时一般都会用到，但考虑到资料的积累和重复利用问题，应注意知识管理的应用，使信息发挥更大的价值，并为后期的重复利用提供方便，因此资料管理是环境调查的一项重要工作。

3.2.4 环境调查的工作成果分析

环境调查的最终目的是为项目策划服务，因此环境调查的分析至关重要。分析是大量的资料与信息提炼的过程，没有经过整理与分析的资料不仅对策划没有帮助，反倒会成为大量的信息垃圾，大大降低信息的价值，因此应充分关注环境调查资料的整理与分析。环境调查的主要工作成果包括环境调查分析报告及其附件。

环境调查分析报告没有固定的格式，根据策划的需要进行设定，但一般包括资料的简要论述、对比、由此得出的结论以及对策划的启示，此外还包括主要参考资料清单以及资料来源目录，重要的参考文献也可分类装订成册，作为附件，以便查阅。

3.3 工程项目决策策划

项目决策的策划主要针对项目的决策阶段，通过对项目前期的环境调查与分析，进行项目建设基本目标的论证与分析，进行项目定义、功能分析和面积分配，在此基础上对与项目决策有关的组织、管理、经济与技术方面进行论证与策划，为项目的决策提供依据。

项目决策策划是在项目建设意图产生之后，项目建设立项之前，它是项目管理的一个重要组成部分，是项目实施策划的前提。

3.3.1 项目决策策划的工作内容

如前所述，项目决策的策划基本内容包括以下几个方面，如图3.1所示。

① 项目环境调查与分析包括对自然环境、宏观经济环境、政策环境、市场环境、建设环境（能源、基础设施等）等进行调查分析。该部分内容已在3.2中进行了详细讲述。

② 项目定义和目标论证，明确开发或建设目的、宗旨和指导思想，确定项目规模、组成、功能和标准，初步确定总投资和开发或建设周期等。

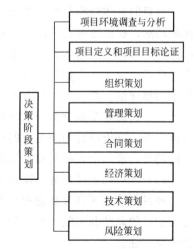

图 3.1 项目决策阶段策划的基本内容

③ 组织策划需要进行项目组织结构分析，明确决策期的组织结构、任务分工和管理职能分工，确定决策期的工作流程，并分析编码体系等。

④ 管理策划的任务是制订建设期管理总体方案、运行期设施管理总体方案和经营管理总体方案等。

⑤ 合同策划是指确定决策期的合同结构、决策期的合同内容和文本、建设期的合同结构总体方案等。

⑥ 经济策划需分析开发或建设成本和效益，制订融资方案和资金需求量计划等。

⑦ 技术策划要对技术方案和关键技术进行分析和论证，并明确技术标准和规范的应用和制定等。

⑧ 风险分析需要分析政治风险、经济风险、技术风险、组织风险和管理风险等。

总的来说，项目决策策划工作，从明确建设单位需求开始，在综合分析社会环境的基础上，进行项目定义，对项目进行总体构思和项目定位，进一步对项目进行功能策划、经济策划、组织管理策划，最终形成对设计的要求文件，并在其中运用多种方法和手段从技术、经济、财务、环境和社会影响、可持续发展等多个角度对项目进行可行性分析，其中有不断的反馈和调整的过程，直至项目能够最终通过审核，形成对设计的要求文件。

3.3.2 项目功能分析

项目定义还包括对项目功能进行策划，主要包括项目功能分析和面积分配。项目功能策划是项目定义的具体化，是项目定义中很重要的一部分。

所谓功能策划是在总体构思和项目总体定位的基础上，结合潜在最终用户的需求分析，对项目进行更深的研究，在不违背对项目性质、项目规模以及开发战略等定位的前提下，将项目功能进行细化，以满足建设者和使用者的要求，主要包括以下两个方面。

（1）项目功能分析

项目功能分析又分为项目总体功能定位和项目具体功能分析。

项目总体功能定位是指项目基于整个宏观经济、区域经济、地域总体规划，和其项目定义相一致的宏观功能定位，而不是指具体到项目某个局部、某幢建筑的具体功能的界定，是对项目具体功能定位具有指导意义的总体定位。项目的总体功能定位随着外界环境和项目内外条件的变化而变化。不同项目的总体功能定位有很大不同。

项目的具体功能分析，即为满足项目建成后运营使用活动的需要，项目应该具备哪些具体的功能，提供哪些具体的设施和服务。主要是确定项目的性质、项目的组成、规模和质量标准等，是对项目总体功能的进一步分析。项目的功能分析应进行详细的分析和讨论，在讨论时应邀请业主方自始至终参与，关键时刻还可邀请有关专家、专业人士参与，使项目各部分子功能详细、明确，并具有可操作性。

项目的具体功能分析应从项目建成后运营使用的活动主体——使用人群的需求和企业的需求出发，分析项目为满足他们的活动所应提供的各种设施和服务，从人群的功能需求和企业的功能需求两个方面对项目进行功能策划。

（2）项目功能区划分与面积分配

项目的功能区划分和面积分配建议是项目决策策划中很重要的一部分，它不仅是对项目功能定位的总结和实施，而且为项目的具体规划提供设计依据，使规划设计方案更具合理性和可操作性。

功能区划分的步骤一般如下：首先对项目的空间构成进行分析，按照功能需求的类型对其空间构成分类；在空间分类的基础上，对项目的功能分区进行设想；然后根据各功能区在项目中的重要程度及其所提供功能的范围，对各功能区进行详细的面积分配。

3.3.3 项目经济策划

项目经济策划是在项目定义与功能策划基础上，进行整个项目投资估算，并且进行融资方案的设计以及项目经济评价。

(1) 项目总投资估算

项目经济策划的首要工作是进行项目总投资估算。就建设项目而言，项目的总投资估算包括了项目的前期费用、公建配套费、建安工程费等。其中工程造价是项目总投资中最主要的组成部分。

项目总投资估算一般分以下五个步骤。

第一步是根据项目组成对工程总投资进行结构分解，即进行投资切块分析并进行编码，确定各项投资与费用的组成，其关键是不能有漏项。

第二步是根据项目规模分析各项投资分解项的工程数量，由于此时尚无设计图纸，因此要求估算师具有丰富的经验，并对工程内容作出许多假设。

第三步是根据项目标准估算各项投资分解项的单价，此时尚不能套用概预算定额，要求估算师拥有大量的经验数据及丰富的估算经验。

第四步是根据数量和单价计算投资合价。有了每一项投资分解分项的投资合价以后，即可进行逐层汇总。每一个父项投资合价都是子项各投资合价汇总之和，最终得出项目投资总估算，并形成估算汇总表和明细表。

第五步是对估算所作的各项假设和计算方法进行说明，编制投资估算说明书。

从以上分析可以看出，项目总投资估算要求估算师具有丰富的实践经验，了解大量同类或类似项目的经验数据，掌握投资估算的计算方法，因此投资估算是一项专业性较强的工作。

项目总投资估算主要是用来论证投资规划的可行性以及为项目财务分析和财务评价提供基础，进而论证项目建设的可行性。一旦项目实施，项目投资估算也是投资控制的重要依据。总投资估算在项目前期往往要进行多次的调整、优化，并进行论证，最终确定总投资规划文件。

(2) 融资方案

项目融资方案策划主要包括融资组织与融资方式的策划、项目开发融资模式的策划等。

① 融资组织与融资方式策划　融资组织与融资方式策划主要包括确定项目融资的主体以及融资的具体方式。不同项目的融资主体应有所不同，需要根据实际情况进行最佳组合和选择。如某园区整体融资方式主要有以下几种，如图 3.2 所示。

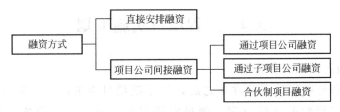

图 3.2　某园区整体融资模式图

② 项目开发融资模式策划　项目融资主体确定以后，需要对项目开发时具体的融资模式进行策划。如某总部园区单个项目的开发融资模式主要有以下几种，如图 3.3 所示。

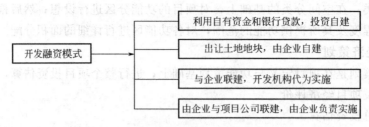

图 3.3 单个项目开发融资模式

(3) 项目经济评价

项目的经济可行性评价系统包括项目国民经济评价、财务评价和社会评价三个部分，它们分别从三个不同的角度对项目的经济可行性进行了分析。国民经济评价和社会评价从国家、社会宏观角度出发考察项目的可行性，而财务评价则是从项目本身出发，考察其在经济上的可行性。虽然这三个方面最终的目的都是判断项目是否可行，但是它们各有不同的侧重点，在实际进行项目可行性研究时，由于客观条件的限制，并不是所有的项目都进行国民经济评价和社会评价，只有那些对国家和社会影响重大的项目才在企业财务评价的基础上进行国民经济评价或者社会评价。

所谓财务评价是根据国家现行的财税制度和价格体系，分析、计算项目直接发生的财务效益和费用，编制财务报表，计算评价指标，考察项目的获利能力和清偿能力等，据以判断项目的可行性。财务评价主要包括以下内容：

① 财务评价基础数据与参数选取；
② 收支预测；
③ 投资盈利能力及主要财务指标分析；
④ 财务清偿能力分析；
⑤ 敏感性分析；
⑥ 最终得出财务评价结论及财务评价报告等。

3.3.4 项目设计要求文件

项目决策策划的最终成果是项目设计要求文件的编制。项目设计要求文件是对项目设计的具体要求，这种要求是在确定了项目总体目标、分析研究了项目开发条件和问题、进行了详细的项目定义和功能分析基础上提出的，因此更加有依据，也更加具体，便于设计者了解业主的功能要求，了解业主对建筑风格的喜好，能在一定程度上减少设计的返工。设计要求文件是项目设计的重要依据之一。

3.4 工程项目实施策划

3.4.1 项目实施策划的工作内容

项目实施策划是在建设项目立项之后，为了把项目决策付诸实施而形成的具有可行性、可操作性和指导性的实施方案。项目实施策划又可称为项目实施方案或项目实施规划（计划）。

建设项目实施策划涉及整个实施阶段的工作，它属于业主方项目管理的工作范畴。如果采用建设项目总承包的模式，建设项目总承包方也应编制项目实施规划，但它不能代替业主方的项目实施策划工作。建设项目的其他参与单位，如设计单位、施工单位和供货单位等，为进行其自身项目管理都需要编制项目管理规划，但它只涉及项目实施的一个方面，并体现一个方面的利益，如设计方项目管理规划、施工方项目管理规划和供货方项目管理规划等。

建设项目实施策划内容涉及的范围和深度，在理论上和工程实践中并没有统一的规定，应视项目的特点而定，一般包括如图3.4所示的内容。

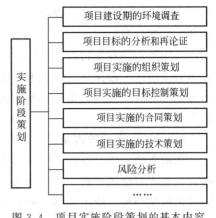

图3.4 项目实施阶段策划的基本内容

在图3.4所示的内容中有不少与组织有关、这些与组织有关的内容是建设项目组织设计的核心内容。一般宜先讨论和确定建设项目组织，待组织方面基本确定后，再着手编制建设项目管理规划。项目实施的组织策划是项目实施策划的核心。

3.4.2 项目实施的目标分析

与项目决策策划类似，项目实施策划的第一步是建设期的环境调查与分析，包括业主现有组织情况、建筑市场情况、当地材料设备供应情况、政策情况等。在对影响项目建设的内外部条件进行调查以后，经综合分析可以得出建设项目的建设调查报告。

根据项目实施调查报告的内容，应结合实际情况对建设项目的建设性质和建设目标进行调整和修订，分析该建设性质和目标与建设项目原来的项目定义相比较有哪些差别，为实现该建设目标的具体建设内容有哪些差别，哪些已经具备，哪些还没具备，哪些应该增加，哪些应该删减。在建设项目原来项目定义的基础上进行修改，对所建项目重新进行项目定义，然后再把该项目定义与建设项目的建设内容相比较，看其是否相匹配。如果不能完全满足建设项目的建设目标，应该再进行新一轮的比较，直至项目的项目定义完全符合项目建设的内外部条件的要求、满足项目自身的经济效益定位和社会效益定位为止。

项目目标的分析和再论证是项目实施策划的第一步。设计方、施工方或供货方的项目管理目标是项目周期中某个阶段的目标或是某个单体项目的目标，只有业主方项目管理的目标是针对整个项目、针对项目实施全过程的。所以在项目实施目标控制策划中，只有从业主方的角度，才能统筹全局，把握整个项目管理的目标和方向。

项目目标的分析和再论证包括编制三大目标规划：
① 投资目标规划，在项目决策策划中的总投资估算基础上编制；
② 进度目标规划，在项目决策策划中的总进度纲要基础上编制；
③ 质量目标规划，在项目决策策划中的项目定义、功能分析与面积分配等基础上编制。

3.4.3 项目实施的组织策划

项目的目标决定了项目的组织，组织是目标能否实现的决定性因素。国际和国内许多大型建设项目的经验和教训表明，只有在理顺项目参与各方之间、业主方和代表业主利益的工程管理咨询方之间、业主方自身工程管理班子各职能部门之间的组织结构、任务分工和管理职能分工的基础上，整个工程管理系统才能高效运转，项目目标才有可能被最优化实现。

项目实施的组织策划是指为确保项目目标的实现，在项目开始实施之前以及项目实施前期，针对项目的实施阶段，逐步建立一整套项目实施期的科学化、规范化的管理模式和方法，即对项目参与各方、业主方和代表业主利益的项目管理方在整个建设项目实施过程中的组织结构、任务分工和管理职能分工、工作流程等进行严格定义，为项目的实施服务，使之顺利实现项目目标。

组织策划是在项目决策策划中的项目组织与管理总体方案基础上编制的，是组织与管理总体方案的进一步深化。组织策划是项目实施策划的核心内容，项目实施的组织策划是项目实施的"立法"文件，是项目参与各方开展工作必须遵守的指导性文件。组织策划主要包括以下内容。

3.4.3.1 组织结构策划

如前所述，项目管理的组织结构可分为三种基本模式，即直线型组织模式、职能型组织模式和矩阵型组织模式。项目管理组织结构策划就是以这三种基本模式为基础，根据项目实际环境情况分析，应用其中一种基本组织形式或多种基本组织形式组合设计而成。

对于一般项目，确定组织结构的方法为：首先确定项目总体目标，然后将目标分解成实现该目标所需要完成的各项任务，再根据各项不同的任务，选定合适的组织结构形式。对于项目建设组织来说，应根据项目建设的规模和复杂程度等各种因素，在分析现有的组织结构形式的基础上，设置与具体项目相适应的组织层次。针对具体项目，项目实施组织结构的确定，与以下三个因素息息相关。

(1) 项目建设单位管理能力及管理方式

如果项目建设单位管理能力强，人员构成合理，可能以建设单位自身的项目管理为主，将少量的工作由专业项目管理公司完成，或完全由自身完成。此时，建设单位组织结构较为庞大。反之，由于建设单位自身管理能力较弱，将大量的工作由专业项目管理公司去完成，则建设单位组织结构较简单。

(2) 项目规模和项目组织结构内容

如果项目规模较小，项目组织结构也不复杂，那么，项目实施采用较为简单的直线型组织结构，即可达到目的。反之，如果规模较大，项目组织复杂，建设单位组织上也应采取相应的对策加以保证，如采用矩阵型组织结构。

(3) 项目实施进度规划

现实工作中，由于建设项目的特点，既可以同时进行、全面展开，也可以根据投资规划而确定分期建设的进度规划，因此项目建设单位组织结构也应与之相适应。如果项目同时实施，则需要组织结构强有力的保证，因而组织结构扩大。如果分歧开发，则相当于将大的建设项目划分为几个小的项目组团，逐个进行，因而组织结构可以减少。从以上的分析可以看出，项目建设组织结构的确定要根据主客观条件来综合考虑，不能一概而论。

3.4.3.2 任务分工策划

在组织结构策划完成后，应对各单位部门或个体的主要职责进行分工。项目管理任务分工就是对项目组织结构的说明和补充，将组织结构中各单位部门或个体的职责进行细化扩展，它也是项目管理组织策划的重要内容。项目管理任务分工体现组织结构中各单位部门或个体的职责任务范围，从而为各单位部门或个体指出工作的方向，将多方向的参与力量整合到同一个有利于项目开展的合力方向。

3.4.3.3 管理职能分工策划

管理职能分工与任务分工一样也是组织结构的补充和说明，体现对于一项工作任务，组织中各任务承担者管理职能上的分工，与任务分工一起统称为组织分工，是组织结构策划的又一项重要内容。

对于一般的管理过程，其管理工作即管理职能都可分为策划（Planning）、决策（Decision）、执行（Implement）、检查（Check）这四种基本职能。管理职能分工表就是记录对于一项工作任务，组织中各任务承担者之间这四种职能分配的形象工具。它以工作任务为中心，规定任务相关部门对于此任务承担何种管理职能。

组织结构图、任务分工表、管理职能分工表是组织结构策划的三个形象工具。其中组织结构图从总体上规定了组织结构框架，体现部门划分；任务分工表和管理职能分工表作为组织结构图的说明和补充，详细描绘了各部门成员的组织分工。这三个基本工具从三个不同角度规定了组织结构的策划内容。

3.4.3.4　工作流程策划

项目管理涉及众多工作，其中就必然产生数量庞大的工作流程，依据建设项目管理的任务，项目管理工作流程可分为投资控制、进度控制、质量控制、合同与招投标管理工作流程等，每一流程组又可随工程实际情况细化成众多子流程。

(1) 投资控制流程

① 投资控制整体流程；

② 投资计划、分析、控制流程；

③ 工程合同进度款付款流程；

④ 变更投资控制流程；

⑤ 建筑安装工程结算流程等。

(2) 进度控制工作流程

① 里程碑节点、总进度规划编制与审批流程；

② 项目实施计划编制与审批流程；

③ 月度计划编制与审批流程；

④ 周计划编制与审批流程；

⑤ 项目计划的实施、检查与分析控制流程；

⑥ 月度计划的实施、检查与分析控制流程；

⑦ 周计划的实施、检查与分析控制流程等。

(3) 质量控制工作流程

① 施工质量控制流程；

② 变更处理流程；

③ 施工工艺流程；

④ 竣工验收流程等。

(4) 合同与招投标管理工作流程

① 标段划分和审定流程；

② 招标公告的拟定、审批和发布流程；

③ 资格审查、考察及入围确定流程；

④ 招标书编制审定流程；

⑤ 招标答疑流程；

⑥ 评标流程；

⑦ 特殊条款谈判流程；

⑧ 合同签订流程等。

每一个节点又有一个独立的子流程，如此划分下去，活动可以一直细分下去，分到什么程度才停止？一般来说，如果流程模型中的活动没有让三个不同岗位感到很烦恼的话，就没有必要把它作为一个子流程，只需要把它作为一项活动就可以。比如支付管理子流程，其活动包括承包商提出申请、监理审核、业主审核并支付。但从工程实践来看，流程的划分和绘制往往由实际情况而定，流程的目的是方便项目管理人员落实任务，明白自己的位置和工作范围。建设项目的具体情况不同，其流程策划的细度也不同。

项目管理工作流程策划就是对这些项目管理的众多工作流程进行计划和规定，以此指导项目管理人员的行为，流程图是流程策划的主要工具。流程图通过箭头、方框等形象的表示，表现工作在部门人员间的流转，从而利于工作的贯彻执行。

3.4.4 项目实施目标控制策划

项目实施目标控制策划是项目实施策划的重要内容。它是依据项目目标规划，制订项目实施中的质量、投资、进度目标控制的方案与实施细则。

3.4.4.1 项目目标控制策划的依据

项目目标控制策划的依据主要有：
① 项目定义中项目分解结构、项目总体目标；
② 建设外部环境分析；
③ 建设组织策划；
④ 项目合同的有关数据和资料等。

3.4.4.2 项目目标控制策划应遵循的原则

项目目标控制策划应主要从以下四个方面把握。

（1）从系统的角度出发，全面把握控制目标

对于投资目标、进度目标、质量目标这三者而言，无法说哪一个最为重要。这三个目标是对立统一的关系，有矛盾的一面，也有统一的一面，三个目标处于一个系统之中，寓于一个统一体。

鉴于三大目标的系统性，项目实施阶段的目标控制策划也应坚持系统的观点，在矛盾中求得统一。既要注意到多方目标策划的均衡，又要充分保证各阶段目标策划的质量。

（2）明确项目目标控制体系的重心

项目目标体系的均衡并不排除其各个组成部分具有一定的优先次序，出现个别的或一定数量的"重点"目标，形成项目目标体系的重心。这往往是项目决策领导层的明确要求。澄清这种优先次序，尽可能地符合项目领导层的要求。但要注意，虽然项目目标体系重心的存在与项目目标体系整体的均衡之间并没有根本的冲突，然而，过分的强调会形成不合理的重心，破坏项目目标体系的均衡。

（3）采用灵活的控制手法、手段及措施

由于不同目标控制策划在项目建设不同时期的内容，应该有不同的控制方法、灵活的控制手段、多样化的控制措施与之相适应。不同的方法、手段和措施有着不同的作用和效果。

（4）主动控制与被动控制相结合

目标控制分为主动控制与被动控制。在项目目标控制策划中应考虑将主动控制和被动控制充分结合，即项目实施阶段的目标组合控制策划。

3.4.4.3 项目实施目标控制策划应采取的措施

项目实施目标控制策划应采取的措施主要有以下四个方面。

(1) 技术措施

技术措施是指在项目控制中从技术方面对有关的工作环节进行分析、论证，或者进行调整、变更，确保控制目标的完成。

采用技术措施需要投入的资源主要是专门的技术、专业技术人员以及相应的管理组织力量和费用支出。例如，聘请各方面的专家，组织进行技术方案的分析、评审，或者针对项目实施中出现的问题，向专业技术人员征求咨询意见，进行技术上的调整。

技术措施的作用大多直接表现为对质量、投资、进度等方面目标的影响，其效果可以用控制目标的各种指标变化直接表示出来。

(2) 经济措施

经济措施是指从项目资金安排和使用的角度对项目实施过程进行调节、控制、保证控制目标的完成。

经济措施的主要方法是在一定范围进行资金的调度、安排和管理。因而，在项目目标控制策划中，多考虑将经济措施和技术措施结合起来使用，利用两种措施对项目实施过程和项目实施组织的双重作用，进行组合控制。

(3) 合同措施

合同措施是指利用合同策划和合同管理所提供的各种控制条件对项目实施组织进行控制，从而实现对项目实施过程的控制，保证项目目标的完成。

合同措施主要是利用合同条款进行有关的控制工作，所需要的资源也主要是合同管理及法律方面的专业技术力量。例如，通过制定合同中费用支付条款来控制项目实施时，就需要熟悉有关的合同条件和法律知识的专业技术人员来完成这一工作。

合同措施直接对有关的项目实施组织产生作用，对项目实施过程或项目控制目标的作用则比较间接。它在最后会表现出强制性，可以作为项目控制的一个可靠保障。但在一般情况下，不宜将合同措施作为项目控制的惟一手段。进行过多强制性的控制，会对项目实施形成不利的干扰，影响项目实施过程的正常稳定性。

(4) 组织措施

组织措施通过对项目系统内有关组织的结构进行安排和调整，对不同组织的工作进行协调，改变项目实施组织的状态，从而实现对项目实施过程的调整和控制。

组织措施所需要的主要资源是与项目组织有关的技术力量和管理力量。例如，通过设置职能部门来加强某方面的目标控制，就需要调用有关的技术人员和管理人员。

组织措施对项目系统中的有关组织直接产生作用，但与合同措施相比，组织措施的影响范围比较大，消极作用与积极作用总是不可避免地同时出现，产生的连锁反应也比较明显。其影响效果在控制目标上表现出来要迟缓一些，具有一定程度的时滞性。

复习思考题

1. 项目策划的含义是什么？
2. 项目策划有哪些特点？
3. 项目策划可分为哪几种类型？
4. 环境调查有哪些工作内容？
5. 环境调查有哪些工作方法？
6. 项目决策策划和实施策划的含义是什么？

案例

北京 2008 奥运会项目集计划管理

随着社会和体育的迅猛发展，体育赛事的水平越来越高，规模不断扩大，需要投入大量的人力和物力资源，赛事筹办工作的复杂性大大增加。北京奥运会共设有 28 个比赛项目、302 个小项，18 个比赛日中预计比赛单元 623 个，200 余个国家和地区共计 10500 名运动员参加比赛。根据两个奥运"同时筹办，同样精彩"的指导原则，北京残奥会共有 20 个大项，471 个小项，共计 6000 多名运动员参加比赛。届时，世界各国将有 2 万多名注册媒体记者及大批非注册媒体进行奥运报道，还有众多的外国元首和数百万国内外宾客观看比赛，有超过 40 亿的观众通过电视观看和感受北京奥运会的盛况，了解中国和北京的发展、城市建设、人民生活等情况。

北京奥运会赛事举办使用 37 个比赛场馆和 76 个训练场馆，新建有国家会议中心、数字北京大厦、奥运村、媒体村和奥林匹克森林公园等一系列设施，奥运会筹办工作还涉及生态环境保护、城市景观、文化活动、食品安全、交通组织、能源保障等多个领域。

一、北京奥运会特点

北京奥运会是一个超大规模、涉及项目种类繁多、各项目间关联密切、项目利益相关方众多的项目集，其主要特点表现在以下 4 个方面。

首先，规模大。奥运会涉及的参与人员达到数十万以上，如 1 万多名全局性的工作人员，主要为运动员和技术官员，2 万多名媒体记者，1 万多名筹办工作者，10 万多名志愿者。

其次，项目多。奥运会将覆盖体育竞赛、国际联络、场馆建设、场馆管理、环境保护、市场开发、票务、技术系统、互联网、安保、交通、注册、餐饮、住宿、观众服务、医疗服务与兴奋剂控制、开闭幕式、火炬接力、主题文化活动、媒体运行、新闻宣传、教育、人事、财务、采购与物流、法律、保险与风险管理、服务保障等 40 多个领域。

再次，关联度高。几乎每一个项目都与其他项目有很密切的制约关系，注定奥运会是一个庞大的项目集，是一个复杂的组织，而组织之间存在互动关系。

最后，干系人多。除奥组委之外，国际方面包括国际奥委会、国际单项体育组织、各国和地区奥委会、国际媒体、国际合作伙伴和赞助商等；国内方面包括中央和国务院相关部委、主办城市政府、协办城市（香港、青岛、上海、沈阳、天津、秦皇岛）、国内合作伙伴和赞助商等。

二、北京奥运会项目集管理

项目集整合管理以计划为手段统筹安排工作，以计划为平台建立沟通关系，以计划为导向解决互动影响，计划管理强调多部门共同合作，因此，计划是整合的、系统的、协作的综合计划。为确保计划在不同阶段发挥统筹全局、预警监控、整合协调的作用，奥组委建立了完善的计划管理机制，一是有利于统一工作目标，强化计划管理，保证从赛前备战顺利转向赛时运行，形成协调一致、整体推进的局面；二是有利于充分调动各方资源，加强各领域、各任务间的协作配合；三是有利于实现职能领域的全面工作并转向场馆化运行，增强团队的凝聚力与实战能力。

在奥运会筹办初期，由于各职能部门缺少制订进度表的技术和资源，故采用自上而下的项目管理体系。到奥运会开始前4年的时候，筹办工作逐渐全面展开，为让职能部门更多地参与进度计划制订，转变为自下而上的项目管理体系。

奥运会筹办工作历时6年，每个阶段计划具有不同的管理目标、工作特点与重点，也注定每个计划阶段的目标各自不同，例如，2004年，奥组委仅有10多个职能部门，200多名工作人员，计划工作的目标是编制"战略计划"，进入2006年，职能部门的工作逐步向场馆化转换，计划管理的职能从职能计划转变为以场馆化为目标的统筹整合计划。即由"条状"工作方式向"块状"工作方式转换，每个职能部门都要为28个竞赛场馆、20个非竞赛场馆配备专业人员，场馆化工作改变了原有职能部门的工作模式，从各自为战转入"资源整合、进度整合"的项目化运作方式。统筹管理方法成为项目集的进度、人员、工作成果管理的必要手段，同时加强计划监控的力度，及时调整计划、调整资源，确保实现项目目标。

（一）通用计划阶段

国际奥委会为确保奥林匹克运动会组织工作总体的一致性，建立了一套有效的计划和监督程序，即通用计划阶段，包括以下6个阶段。

1. 2003年，总体组织计划

总体组织计划（global organization plan）是整个计划工作的初级阶段，从主办城市接受承办开始，包括奥组委的成立，在国际奥委会的指导下根据总体工作计划进行详细分解，它是各部门开展各项工作的主要依据，根据"远粗近细"的原则定期进行更新，以反映奥组委工作的进展，并作为奥组委计划监控的依据。

2. 2004年，战略计划

战略计划（functional strategic plan）以职能领域为基础，描述职能领域的主要目标，以及实现目标的战略举措，它是编制运行计划的依据。具体包括：描述各职能领域赛时目标、服务对象及服务水平、运行战略、重要资源计划的重要工作时间表。

3. 2005年，运行纲要

职能领域运行纲要（operational concept plans）是以职能领域为基础，以赛时运行为核心，对赛时的运行目标、运行任务、运行机制、运行保障、资源需求、应急措施以及奥组委内部各部门和外部单位的协作关系进行全面描述的计划文件。

4. 2006年，运行计划

根据战略计划制订各职能领域和各场馆两个系列的运行计划（operational plans），包括3个部分：

（1）职能领域运行计划，对运行纲要进一步细化，包括问题上报途径计划是对一组彼此相互和解决方法、场馆之间的资源协调、工作人员计划等；

（2）示范场馆运行计划，详细描述某个示范奥运场馆在奥运会期间无法得到的利益和控制的运行计划；

（3）特定场馆运行计划，是示范场馆运行计划在各竞赛场馆的具体应用。

5. 2007年，测试赛计划

测试赛计划（test event plans）是对奥运会的筹办工作进行测试，包括模拟演练、专项测试以及测试赛测试3种类型。

举例：测试赛整合计划编制过程。奥运会筹办工作将在43项单项体育测试赛中进行检验与完善，保证奥运筹办工作顺利进入运行就绪状态。测试赛将重点测试场馆硬件设施、竞赛直接相关的专业系统、竞赛组织流程与服务规范、场馆团队运行能力、场馆运行、外围保障和城市运行的无缝衔接。在测试赛组织过程中,构建扁平化测试赛场馆运行团队,可以减少组织结构层次、降低管理风险、提高沟通效率和加强决策力度。由于每个单项测试赛由多个不同类型的项目组成,对组成赛事的每个项目进行分散式管理,可能会导致测试赛组织凝聚力涣散、意见分散,责任界定不清楚,任务分配不明等管理矛盾。分散式管理对赛事的组织工作必然产生消极影响,一是不利于多项目团队的沟通;二是不利于整体统筹与优化内外部资源,因此无法保证单一项目与整体项目的战略目标保持一致。因此,将测试赛中所有项目视为一个整体进行管理,以解决资源冲突、协同配合作为管理目标,把关联度较高、工作性质相近的项目进行有机组合,如竞赛组织与体育展示、形象景观与标识、体育器材等进行有机组合,以进度计划为基础整合工作流程、平衡资源,形成从竞赛组织、场馆运行和服务保障全过程的综合计划,独创性地运用"可视化"整合管理技术,将赛事组织管理过程显性化,为赛事管理团队提供了充分的沟通平台。

6. 2008年,运行就绪

运行就绪(readiness)是将分散的筹备工作整合为完整的运行体系,从4个方面检验运行就绪的状态,一是程序与政策、运行计划、应急计划;二是人员配备与培训;三是硬件、办公与临时设施;四是演练与测试。

(二)组织结构演变

1. 北京市政府"奥运城市运行"结构组织结构

市政府为保证奥运场馆建设、城市运行等多项工作的顺利开展,成立08工程指挥部和08环境指挥部,市委其他委办局,如市建委、市交通委、市公安局、市规划委、市体育局、市政管委、市卫生局、市园林绿化局、市环保局、市教委、市旅游局、市信息办等也全面参与到奥运筹办工作,与奥组委各部门建立了密切的协作关系。

2. 北京奥组委职能部门结构

北京奥组委于2001年12月13日成立,2008年9月30日完成使命。由北京市政府、国家体育总局、中央和国家机关有关部门负责人、奥林匹克事务专家、优秀运动员代表、教育界、科技界、文化界人士,以及企业家和社会其他知名人士组成。

初期北京奥组委的组织结构是标准的职能结构,包括秘书行政部、总体策划部、国际联络部、体育部、工程部、环境活动部、运动会服务部、安保部、媒体运行部、新闻宣传部、文化活动部、市场开发部、医疗服务部、人事部、财务部、法律部、技术部、监察审计部、信息中心等19个部门,各部门负责本领域内的各项目工作。随着筹办工作的推进,相继增设了物流部、场馆管理部、交通部、志愿者部等部门。

3. 场馆团队结构

从2006年开始,奥运会筹办工作开始进入场馆化阶段,以职能部门项目部是以场馆为单位为核心的模式逐步向以场馆为单元的矩阵式组织结构转化,即各部门派出人员加入场馆团队,运行模式转向以场馆为主。场馆化组织模式是按照场馆设立赛事管理机构,综合管理场馆内的全部事务,场馆化根据总体工作计划的安排和实际筹办工作的需要,将奥运会筹办工作重心从以各职能部门运行管理为主,逐步转变为以各竞赛场馆运行管理为中心的组织运行演变过程,它是最近几届奥运会赛事组织工作的通行做法。

(三)战略计划

1. 8个重要职能

举办一次奥运会要涉及方方面面,奥运会筹办机构主要分为两个,一个是北京政府和国家机构，另一个是北京奥组委，它们分别承担不同的责任，因此奥运会的筹办不仅是北京奥组委一个机构的事。北京的环境与雅典、都灵和悉尼都不同，北京市政府和奥组委的关系是很密切的，也意味着北京奥组委和政府的一体化程度从最初的战略计划阶段就必须进行密切配合。

奥组委以奥运会的客户群为目标，分析每个客户群的服务需求，在计划阶段落实各个部门的职责。客户群包括6大类：运动员、专业媒体、奥林匹克大家庭（重要成员）、观众、奥运员工、公众。

在战略计划阶段所做的工作，将会是各职能部门在未来几年的场馆工作的基础。通过战略计划的制订，可以建立明确的工作目标，具体要素如下。

(1) 明确职责范围

了解每个领域、每项业务、每个人职责范围的起止点是很重要的。职责范围问题在战略计划阶段如果没有得到明确的定义，肯定会对将来的计划与运行带来负面影响，因为到那个时候要考虑的不是各自的职责，而是如何执行的运行问题。因此必须明确谁负责做什么？谁来出资？相互之间产生哪些影响？如何一起报告？等等，这些是明确项目范围的一个重要组成部分。

例如，北京市政府奥运会前倒排工期折子工程，在计划中明确了市政府承担的工作范围、内容、进度、责任部门及责任人。

(2) 创造沟通

在战略计划阶段，中心任务就是尽力提出问题，接着再去解决它们。不可能现在就知道所有的答案，但是必须要明白在这个阶段能解决的问题有哪些，以及要留待将来去解决的问题有哪些。例如，到2005年年底，餐饮部门要清楚它要提供多少顿饭菜以及面向的是怎样的代表队和顾客？准备这些饭菜需要哪些资源？市场限制是什么？餐饮部门要提供的饭菜是一个大问题，因此可能没有足够大的餐饮公司来满足需求。战略计划就是做力所能及的事，而且理智地去做好它们，达到一个基本的规划状态。

(3) 关注细节

在奥运会期间的某个阶段，必须要顾及每个细节，必须制定出精确到分秒的规则。例如，什么时候打开第一道门？什么时候放观众入场？什么时候完成清洁？什么时候提供餐饮？每一分钟都要做好充分安排。

(4) 辨明差异

重要的不是规划本身而是分析、规划、协同工作以及执行规划。北京奥组委与往届奥运会有着相同的职责，例如，城市合同、抵离技术手册等，但也有不同点，必须分析不同客户群对北京奥运会可能产生不同的预期，提前做好统筹规划，加强多方面协同配合，做好客户的赛时运行保障，满足客户群的需求。

(5) 分析需求

针对客户群不同特点，做好资源需求规划、规模估算、容量设计等。例如，奥运会期间抽调公共汽车司机问题，如果司机需求数量估算与实际需求差异太大，到赛时再从北京周边临时调用未经培训的司机，则无法保证交通服务水平，可能造成司机迷路，运动员不能按时到达训练场地和比赛场地。

(6) 确定资源分配

对于每个顾客确定资源分配原则，把需求进行量化，保证服务水准达成一致。战略计划的过程是明确最后的战略以及想要取得的结果,而确定时间安排、物资资源、预算、人力资源只是取得那些成果的过程的一部分。

(7) 保证时间连贯

总体计划涉及 40 多个领域、1200 多个里程碑计划,各职能部门的计划在战略计划阶段不必过于详细,但一定要保证各职能领域进度计划的一致性、连贯性,通过计划编制与相关领域建立协作关系,便于交叉检查工作,保障接口顺畅。

(8) 明确执行方向

总体计划是一个实现目标的路线图,说明 2001~2008 年的这 7 年中要完成的最重要任务。战略计划是为那个路线图提供一个框架与目标的全部过程,制定如何来完成任务的战略,确保在战略计划中不会忽略所有人,国际奥委会认为最重要的问题是,确保战略计划勾勒出一致而连贯的目标框架。

2. 编制原则

(1) 全局性原则。既考虑竞赛的需求,也考虑媒体的需求;既考虑奥林匹克大家庭成员、各国贵宾和赞助商的需求,也考虑广大观众的需求;既考虑奥组委的需求,也考虑委外相关部门的需求;既考虑运动会自身的需求,也考虑赛后利用的需求。

(2) 前瞻性原则。统筹考虑未来几年的工作,明确各阶段直至奥运会期间的各类需求和满足需求的条件。

(3) 系统性原则。各职能领域战略计划是有机联系的整体,制订战略计划时不但要考虑本领域的需求、条件和能力,还要对相关部门的需求、条件和能力加以考虑,统筹兼顾,相互协调,突出系统性。

(4) 稳定性与动态性原则。战略计划是未来几年工作的指导性文件,战略目标、战略措施等方面内容要有相对的稳定性,但如果内外环境发生重大变化,战略计划也需要进行动态调整。

(5) 奥运会和残奥会一并考虑的原则。在编制战略计划的各个方面充分考虑满足举办残奥会的需要。

3. 编制步骤

第 1 步,战略计划的程序定义。需要确定计划的成果和模板;需要确认时间表;需要开发和完善计划工具;需要将整个程序文件化,这个过程由总体策划部制定,用于从全局指导、监控与汇报。这中间可能会有冲突,需要适当妥协和让步。

第 2 步,充分的沟通和交流。需要描绘当前到赛时的组织机构演变,确保所有的职能都被涵盖;需要与高级管理层和职能部门建立适当的沟通渠道;需要让所有的人了解程序、总体时间表、各项目岗位的期限,以及奥组委和政府部门的角色。

第 3 步,客户义务的确认。需要按照基础筹办指导文件(包括《主办城市合同》、《奥林匹克宪章》、《申办报告》等),根据不同的客户确定各职能部门应尽的义务。

第 4 步,服务水准的确定。首先,奥组委以往届奥运会为标准,通过与各客户群讨论确定奥运会的服务水准。这方面,奥组委其实是客户的代言人,其职责是让客户明白奥运会的要求,《主办城市合同》意味着有义务为客户承担责任。其次,与政府讨论确定预期的服务水准,在政府部门以及其他机构之间进行很好的沟通。要让他们也参与进来,了解各自的计划。

第 5 步,确定管理结构。首先,要确定北京奥组委的内部批准程序,确认客户群义务和服务水平。其次,要求政府及国际奥委会相关机构确认需要投入的资源和服务的水准。确定了这些义务之后,通知政府部门定期与他们会面,监控对客户群承诺义务的实施情况。

第 6 步,将战略计划制成文件。经过协商和推测之后制订,每个职能部门需要按照统一的模板编制各自的战略计划。

第 7 步,不同职能部门职责的比较与整合。主要涉及通过分析互动矩阵,明确客户和供应商的关系。在这个过程中非常强调内部和外部的沟通渠道。比如,火炬传递计划和技术部的计划,这两者之间有什么关系?火炬传递当然少不了接力手,所以需要关于这些接力手资料的数据库,以确保他们在准确的时间出现在准确的地点,把火炬交给准确的人。

第 8 步,确定预算需求。需要算出哪些地方还有工作任务需要考虑?哪些地方还需要花钱?在这个过程中需要使用统一的预算模板并进行风险分析。

第 9 步,检查计划中有没有重复和遗漏的地方。如果有重复的地方,可能会增加开支,而遗漏的地方就没有足够的预算经费。通过召开研讨会,由各部门高层人士介绍各部门的计划,找出联系和相互依存的地方,了解自己和对方的需求,划清各自职责和交叉职责中的负责部门。例如,城市运行计划中不仅明确了市政府相关部门的工作范围,还明确了与组委会的接口任务与接口人,如"2007年城市运行重点任务"。

第 10 步,审核和完善。国际奥委会将向北京奥组委提供雅典奥运会观察员组织过程。对于观察员计划,雅典奥运会和北京奥运会的情况可能完全不同,但是了解雅典奥运会的做法可以激励思考,也可以了解不同客户需求的很好机会,如怎样和国际单项体育组织及一些重要的国家奥委会沟通等。

第 11 步,战略计划的批准。系统检查各职能领域的战略计划文件,交给高层管理人审核并获得修改意见直至批准执行。

第 12 步,按照最新的战略计划定义未来工作程序。在从国际奥委会学习一些政策与程序、从雅典学习经验后,奥组委重新考虑如何处理本地的具体事务,并召开一些研讨会,各部门讨论计划中可能遇到的问题。

4. 目标分解

根据奥运会项目集的规模与特点,设计 3 种分解原则:一是按职能进行分解;二是按阶段进行分解;三是按交付成果进行分解。目标分解过程分为 3 个层次。

首先,系统规划项目集架构。将项目集分解为若干个项目,以客户需求为出发点,对奥运会整体工作目标进行分解。分为以下十个大类,每个类别包括若干项目。

(1) 建设类,包括新建场馆、改建场馆。

(2) 活动类,包括城市文化活动、奥运文化活动、火炬接力、开闭幕式。

(3) 体育类,包括竞赛组织、竞赛器材、体育展示、颁奖仪式、形象景观。

(4) 客户群服务类,包括观众服务、语言服务、NOC 服务、贵宾服务、媒体记者服务。

(5) 通用服务类,包括注册、抵离、住宿、餐饮、医疗卫生、兴奋剂、公共卫生、市场开发、奥运村。

(6) 人员类,包括志愿者、受薪人员。

(7) 物流类,包括物资采购、资产管理、物资运输。

(8) 保障类,包括交通、安保、技术。

(9) 媒体类,包括媒体服务、电视转播、新闻宣传。

(10) 城市运行类,包括工程建设、环境建设、接待与服务、城市运行与保障。

其次,每个项目包含许多职能,此时则以职能为目标进行分解,如竞赛组织包括体育器材、竞赛日程、无障碍设施等职能,而每个职能又可以向下细分为许多职能,则继续以职能为目标向下进行分解,如无障碍设施包括场馆无障碍设施、城市无障碍设施,直到分解为具体的项目,如国家体育场无障碍设施。

最后,从项目分解到工作单元。根据项目特点选择"按阶段"或"按交付成果"的原则进行细分。在奥运会筹办工作初期,各职能部门需要制定许多政策与程序作为运行计划编制的依据,如体育部需要制定一系列程序,包括比赛推迟、延期、取消处理程序;体育(竞赛)团队工作人员通行权限;蓝区(FOP)的通行权;训练的开放或封闭政策;场馆广播及大屏显示内容的控制和审核;体育(竞赛)团队向体育指挥中心报告制度;体育指挥中心向主运行中心的报告制度;体育信息服务政策等。这些程序由职能业务口编写,经过部门领导、奥组委领导的审核,最后经国际奥委会审批或国际单项体育委员会的审批才能执行,因此,这类项目应以阶段(步骤)为目标进行分解。如"比赛推迟、延期、取消处理"程序是,编写初稿→上报领导→修改完善→上报单项体育委员会→修改完善→终稿批准;再如"奥运吉祥物"程序是,征集→初选→上报领导→修改→上报国际奥委会→修改→发布。

5. 总体计划

如何对项目集的进度进行管理?国际奥委会向北京奥组委提供了总体工作指导计划(Master Plan)模板,它是根据历届奥运会举办经验,结合奥运会举办城市和所在国家(地区)的实际情况所设立的一项奥运筹办工作推进计划。奥运筹办工作要以此为依据,按计划向前推进;同时,它也将随着奥运筹办工作的实践不断进行调整和修订,是一个动态发展的计划。

总体计划是筹办工作重要里程碑的进度总表,包括重要会议、重要活动、项目管理、体育竞赛、场馆建设、奥运村、文化与艺术、形象景观、城市运行等领域。它是奥运会筹办工作及主办城市、协办城市等机构参与筹办工作的规范性文件,是国际奥委会协调委员会监控奥运会和残奥会筹办工作的主要依据。

6. 编制工具与模板

(1) 组织结构表,清楚地说明奥运会期间组织结构,了解如何做出一些决定,处理一些突发事件。

(2) 客户义务矩阵,每个部门为不同客户应该提供的服务内容。

(3) 职能部门与内、外部的互动矩阵,理清跨职能领域的互动关系,以注册为例说明与其相关的业务关系。

7. 实例分析:奥运会餐饮职能领域战略计划编制过程

战略计划并不仅仅是时间表,它有3个组成部分:工作范围、预算和时间表,职能部门不仅要做好进度计划,明确工作范围,还要更详细地编制预算。

首先,战略计划要说明餐饮的范围,包括哪些工作内容又不包括哪些工作内容,比如它是否包括奥运村的餐饮运行,它会特别在餐饮顾客方面进行规划,即顾客的义务,提供给运动员、新闻工作者、电视转播人员的餐饮是什么。

其次,要说明与餐饮有关联的事情有哪些,如何进行储藏,采购战略是什么,市场推广合同的内容,它与清洁废物计划有何关联,对于奥运会来说了解环境是很重要的。餐饮部门如何利用清洁计划按照环境保护要求处理废弃包装物。

战略计划中要考虑并落实以下问题:在场馆里餐饮要做什么工作?餐饮部门在场馆里有

管理人员吗？他们会有一个团队吗？他们会在场馆里准备食物吗？还是在外面把食物准备好然后运进来？他们在场馆里如何运行？他们要向场馆里的谁了解情况？在场馆里谁来领导他们？餐饮在场馆的管理团队中有一席之地吗？是分块招标供应商战略，还是由一个承包人来为所有场馆提供餐饮服务？所需餐饮数量是多少？物流战略更广泛的意义是什么？有多少合同？这些合同什么时候实行？谁来管理合同以及是否以集中的方式进行管理以确保所有场馆提供的服务是一致的，谁来确保餐券已发给每一个人，让人们领到食物？

再次，当所有这些在战略计划中都已明确后，就要考虑需要哪些资源，如预算、工作人员数量、基础设施、餐饮所占面积，是用一片小的区域用来分发食物？还是有一块区域可以用来准备食物？需要怎样的仓库、储藏？需要什么样的技术设备？

最后，项目管理要做每个职能部门的时间安排，告诉餐饮管理部门需要按照什么样的餐饮战略工作，如果对总计划做一些改变，这些改变可能影响到的其他方面。

（四）运行纲要计划

1. 编制要求

（1）对赛时运行的总目标、运行任务、职责范围准确、全面、清晰。

准确描述各领域对赛时的总目标和角色定位，确保能够满足服务对象（运动员、官员、观众、媒体等）的需求；全面描述赛时运行任务，对与奥组委内其他相关部门之间的职责范围以及与奥组委以外的其他单位之间的职责分工清晰界定，并在编制计划阶段对此进行确认，确保整个赛时运行工作不重不漏。以餐饮为例，在2005～2006年，餐饮部门需要考虑运行纲要，把有关场馆运行部分提取出来，从逻辑上来说，场馆规划是比较复杂的一个文件，它并不只涉及一个部门，餐饮规划是由餐饮经理撰写，因此餐饮只是众多业务中的一个。

首先，制定餐饮职能领域规划，并获得在一个场馆内的所有餐饮工作细节。然后再对所有的场馆进行复制并加以细节化、差异化。餐饮工作方面必须要考虑谁将组成场馆中的餐饮团队、如何来履行职责、其组织结构如何以及如何与场馆经理和其他管理团队联系。最后再明确各种细节问题，如质量和程序是什么？食谱会是什么以及如何分发？谁来决定分发给哪些人？在哪准备饭菜以及运送到哪儿？此外，餐饮经理不仅要考虑在场馆里的运行，还要考虑整个餐饮职能的履行。

2006～2008年，餐饮职能领域转入各个场馆餐饮业务的一部分，需要考虑如何在场馆里运行，由此餐饮工作进入场馆运行计划阶段。

（2）对服务对象的需求分析有依据、有内容、有标准。

以城市举办合同、国际奥委会服务指南、国际残奥委会服务指南等相关合同文件为依据，借鉴悉尼、雅典奥组委的经验，分析服务对象的需求内容、行为特点，制定符合国际惯例和中国国情的服务标准。

（3）对运行机制的分析具有可操作性。

以各领域赛时的运行任务为出发点，采用倒推方式，明确本领域从计划阶段到赛时运行阶段的各项工作任务，针对每一项工作任务明确完成任务的途径、方法以及与相关责任单位之间的工作机制。

（4）对赛时运行的资源需求分析有测算依据、有资源的来源渠道分析。

以赛时运行任务为出发点，以服务对象的需求为依据，并参考雅典、悉尼奥组委的经验，对人力资源、物资设备等资源进行测算，并对各类资源的来源渠道进行分析，经过成本核算汇总预算。

(5) 全面考虑残奥会的运行需求。

在编制运行纲要计划的全过程中要始终考虑残奥会的运行需求，对本领域在残奥会赛时运行目标、运行任务、运行机制、运行保障进行全面分析，尤其是对本领域在残奥会赛事运行的特殊需求要明确、具体，同时要充分考虑举办奥运会的条件对残奥会运行进行有针对性的补充，各领域均需要对奥运会向残奥会转换期的工作进行分析。

(6) 明确与京外协办城市的关系合作框架。

根据本领域的工作特点，对与京外联合筹办城市共同完成的工作、相互之间的合作框架与工作机制等有关的内容进行比较清晰的分析，提出明确的要求。

2. 小组会议管理的真谛在于如何进

由于编制运行纲要涉及领域众多，根据国际奥委会专家建议和雅典奥组委经验，成立运行纲要编制工作协调小组，主要职责包括负责与国际奥委会专家共同研究制定运行纲要的模板和相关工具、组织开展专项培训工作、组织召开跨部门（单位）计划研讨会，对计划中有关内容进行确认、督查各部门计划编制工作进度、向各部门提供相关支持等。每周召开计划协调会议，让人们了解最新进展情况，一般遇到的问题是什么，如何才能做得更好。

三、计划管理创新实践

奥组委在项目集的管理过程中不断探索、研究、实践和完善，总结提炼形成了一套系统的、独特的、提升项目集整合计划管理效率的"项目集整合计划管理方法"（以下简称管理方法），它为北京奥运会的项目集整合它是一项综合性、全局计划管理发挥了重要的作用。

1. 管理方法形成

自2005年以来筹办工作全面展开，伴随着协作关系的深入，矛盾日益突出、资源冲突不断，造成进度无法按期完成、进度变更频繁、管理效率低下等诸多管理问题。为解决这些管理难点，总体策划部针对业务部门的管理问题开展了大量调研和探索，运用项目管理专业方法与信息技术，反复设计优化解决方案，在实践中不断验证、不断调整与充实、不断总结，逐渐形成一套项目集整合计划管理方法，它以形象直观的图形方式展示管理过程，增强管理透明度，达到"专业知识通俗化、整体工作直观化、复杂问题简单化"等管理效果。

在项目集整合计划编制时，首先，分析每个项目的运行特点，如文化活动项目与体育竞赛组织的运行特点各有不同，其工作分解的原则也不同，对资源的需求也不同，项目利益相关方的期望也不同。其次，在编制计划时，要保证多部门参与的项目计划结构一致、协作顺畅，避免出现因信息不畅、畅而不准、准而不及时而造成整体控制出现较大的风险以及资源浪费。在项目集计划编制阶段，由于多部门配合完成项目目标，应当识别出运行过程中的跨部门工作接口，提前明确落实职责，才能在运行过程中减少矛盾与冲突。另外，奥组委工作涉及很多重大的政策与程序，一项政策与程序的批准必须经过层层的领导批准才能正式交给执行部门，因此，要将"上报审批"作为综合计划中的一项具体工作，为其分配进度、资源等，纳入监控范围。

2. 主要作用

该管理方法在项目集整合计划管理过程中主要发挥3个作用：一是提高管理透明度，简化管理流程；二是优化计划质量，强化项目团队间的沟通协作意识；三是影响、培养了更多非项目管理专业人员在工作中主动运用项目管理方法去思考问题、解决问题。

3. 计划管理模型

通过大量项目案例提炼、总结与归纳，形成一套通用、简单易用的管理方法和快速分析问题的工具，创建了项目集整合计划管理模型，包括初始计划、梳理分析、图形整合、优化改进4个过程，每4个过程就是一次循环，每一次循环就是对初始计划完善的过程，保证了计划的科学性和严谨性。一个完整、科学的项目计划，一定会经过多个周期的不断完善与充实，最终形成具有指导意义的集成计划。该模型在许多不同类型如残奥会、火炬接力、运行服务、开闭幕式、文化活动、安保等项目集的实践过程中得到验证，其特点是"简单实用、管理透明"。

4. 管理过程与效果

运用管理方法产生的管理结果是：将管理过程以形象直观的图形方式展现，共有概要图、全程监控图、协作网络图3种形式。它不仅使项目实施全过程变得透明，也加强了项目参与方之间沟通协调的意识，提高沟通效率。其管理效果主要表现在以下3个方面。

一是统筹全局，决策支持。传统的计划管理模式，很多是依赖纸质媒介和会议汇报系统，针对相对单一和固定的行政体系内部管理还算有效，但面对奥运会大型项目集，它具有多部门齐头并行、交叉进行的管理特点，若不采用集成管理的思想，项目集很容易失控，会形成矛盾冲突不断、会议过度频繁、管理效率低下的局面。建立项目化运作的管理方式，运用信息技术，将高密度的、庞大的项目集信息，针对不同阶段的管理目标，以概要图、表的方式，形成脉络清晰、覆盖项目全生命周期的"指挥作战图"。图表的编制过程充分体现"看全局、找难点、抓落实、重协作"的管理思路，它为高级管理层实现全局指挥控制、分阶段部署工作、科学合理决策提供真实、可靠的依据，同时加强了多部门沟通协调的意识，提高沟通效率。

二是接口明确，协作顺畅。项目集的实施涉及多部门配合开展工作，多种资源需要协调平衡，计划必须考虑多部门的互动关系，在项目运行过程中，一些任务的接口之间产生的相互影响往往会制约项目的正常进行。通过全面梳理协作配合关系，保证多部门统一管理目标，明确各自承担的项目职责，加强各部门的协作配合，合理调配资源，保证各项目齐头并进地推进。

三是全程监控，及时预警。传统的监控模式是以会议汇报的模式进行事后监控，主要问题是：无法实现提前预警，加上公文语言的描述，使得信息的准确性有一定程度的流失。为更有效地解决事后控制、控制过程不透明的问题，该管理方法设计了"全程监控图"形式，运用"交通信号灯"的控制原则，实现项目集全过程跟踪监控，以红、绿、黄灯对工作进度进行评估和预警，对即将开始的重点工作进行提示。保证管理层及时掌握项目进展过程的变化，准确进行分析评估，及时发现潜在风险，快速制订解决方案。形象的全程监控图直观易懂，突出预警等级，真实反映项目集同时推进的状况。

【案例思考题】

1. 大型活动项目管理体系如何建立？
2. 大型活动项目目标体系如何确定、如何协调统一？
3. 项目利益相关方的需求如何识别与管理？
4. 大型活动统筹整合管理的难点是什么？
5. 如何有效选择、实用化、应用项目管理工具和技术？

第 4 章　工程项目资源管理

随着市场经济的发展,施工企业在任务取得、施工组织、施工方式、资产结构、资金运用和经营管理等方面都发生了一系列变化,这也给成本管理带来了许多新的问题。对企业来说,项目资源作为工程实施必不可少的前提条件,其费用一般占工程总费用的 80% 以上,节约资源是节约工程成本的主要途径。因此,加强项目的资源管理工作显得尤为重要。

4.1　工程项目资源管理概述

工程项目资源管理对于施工企业而言就是施工项目生产要素的管理,施工项目的生产要素是指构成施工项目生产过程的人力、财力、物力等要素,即施工企业投入到施工项目中的劳动力、材料、机械设备、技术和资金等要素,其构成了施工生产的基本活劳动与物化劳动的基础。项目生产要素管理的全过程应包括生产要素的计划、供应、使用、检查、分析和改进。

在施工实施阶段,承包商在施工方案的制订中要依据工程施工实际需要采购量和储存材料量,配置劳动力和机械设备,将项目所需的资源按时按需、保质保量地供应到施工地点,并合理地减少项目资源的消耗,降低成本。

施工企业应建立和完善项目生产要素配置机制,通过对项目的资源管理,使施工企业及项目经理部在施工项目管理中尽量做到合理组织、配置、优化各项资源,并力求使项目资源供需达到动态平衡,最终达到节约资源、动态控制项目成本的目的。

资源管理受市场供求状况、资金、时间、信息、自然条件、现场环境、运输能力和材料设备供应商的能力等因素影响较大,因此,项目资源管理是一个动态的过程。

4.1.1　工程项目资源管理的任务与内容

项目资源管理的任务就是依据项目目标,按照项目的进度与资金计划编制资源的采购、使用与供应计划,保持资源的合理分布和有序流动,为项目生产要素的优化配置和动态管理服务;将项目实施所需用的资源按规定的时间、计划的耗用量供应到指定的地点,并综合降低项目总成本。

项目资源管理的内容包括项目物资材料管理、项目机械设备管理、项目劳务管理、项目技术管理和项目资金管理等。

(1) 项目材料管理

项目材料管理就是对项目施工过程中所需要的各种材料、半成品、构配件的采购、加工、包装、运输、储存、发放、验收和使用所进行的一系列组织与管理工作。

① 负责材料供应管理工作,依据施工图预算和施工进度计划,编制材料采购计划。

② 负责材料、构件提货、进场验收、保管、发货和现场二次搬运工作,办理材料出、入库手续。

③ 负责材料市场询价调查,参与材料招标采购活动,组织材料进场,回收和处理剩余

材料。

④ 负责现场工程材料的产品标志和应复检材料的复检委托及其检、试状态标志。

⑤ 负责协调现场周转材料租赁及管理。

⑥ 负责现场工程材料、设备、半成品月度盘点，负责月度材料核算，分析物料消耗和材料成本。

(2) 项目机械设备管理

项目机械设备管理是根据项目施工方案的需要，合理采购、租赁相应的机械设备。并对相应的机械设备进行优化配置、日常维护保养，尽量提高其完好率、利用率与生产效率的一系列组织与管理工作。

(3) 项目技术管理

项目经理部应根据项目规模设项目技术负责人。项目经理部必须在企业总工程师和技术管理部门的指导下，建立技术管理体系。项目经理部的技术管理应执行国家技术政策和企业的技术管理制度。项目经理部可自行制定特殊的技术管理制度，并报企业总工程师审批。

项目经理部的技术管理工作应包括下列内容。

① 技术管理基础性工作。

② 施工过程的技术管理工作。

③ 技术开发管理工作。

④ 技术经济分析与评价。

(4) 项目资金管理

项目资金管理应保证收入、节约支出、防范风险和提高经济效益。企业应在财务部门设立项目专用账号进行项目资金的收支预测、统一对外收支与结算。项目经理部负责项目资金的使用管理。项目经理部应编制年度、季度、月度资金收支计划，上报企业财务部门审批后实施。项目经理部应按企业授权配合企业财务部门及时进行资金计收。

项目经理部应按企业下达的用款计划控制资金使用，以收定支，节约开支；应按会计制度规定设立财务台账，记录资金支出情况，加强财务核算，及时盘点盈亏。

项目经理部应坚持做好项目的资金分析，进行计划收支与实际收支对比，找出差异，分析原因，改进资金管理。项目竣工后，结合成本核算与分析进行资金收支情况和经济效益总分析，上报企业财务主管部门备案。企业应根据项目的资金管理效果对项目经理部进行奖惩。

4.1.2 工程项目资源需要量计划

施工总进度计划编好以后，就可以编制各种主要资源的需要量计划。

(1) 综合劳动力和主要工种劳动力计划

劳动力综合需要量计划是确定暂设工程规模和组织劳动力进场的依据。编制时首先根据工种工程量汇总表中分别列出的各建筑物专业工种的工程量，查相应定额，便可得到各建筑物几个主要工种的劳动量，再根据总进度计划表中各单位工程工种的持续时间，即可得到某单位工程在某段时间里的平均劳动力人数。用同样方法可计算出各个建筑物的各主要工种在各个时期的平均工人数。将总进度计划表纵坐标方向上各单位工程同工种的人数叠加在一起并连成一条曲线，即某工种的劳动力动态曲线图和计划表。

(2) 材料、构件及半成品需要量计划

根据各分部分项工程工程量汇总表所列各建筑物和构筑物的工程量，查定额或概算指标便可得出各建筑物或构筑物所需的建筑材料、构件及半成品的需要量。然后根据总进度计划表，估计出某些建筑材料在某季度的需要量，从而编制出建筑材料、构件及半成品的需要量计划。它是材料和构件等落实组织货源、签订供应合同、确定运输方式、编制运输计划、组织进场和确定暂设工程规模的依据。

（3）施工机具需要量计划

主要施工机械，如挖土机、起重机等的需要量，是根据施工进度计划，主要建筑物施工方案和工程量，并套用机械产量定额求得；辅助机械可以根据建筑安装工程每十万元扩大概算指标求得；运输机械的需要量根据运输量计算。最后编制施工机具需要量计划，施工机具需要量计划除为组织机械供应外，还可作为施工用电、选择变压器容量等的计算和确定停放场地面积依据。

4.2 工程项目材料管理

4.2.1 工程项目材料的分类管理

项目材料实行分类管理，施工项目所需的主要材料和大宗材料应由单位物资部门统一招标采购，按计划供给项目经理部。企业物资部门应制订采购计划，审定供应人，建立合格供应人目录，对供应方进行考核，签订供货合同，确保供应工作质量和材料质量。项目经理部应及时向企业物资部门提供材料需要计划。远离企业本部的项目经理部，可在法定代表人授权下就地采购。

ABC分类法又称帕累托分析法，也称主次因素分析法，是项目管理中常用的一种方法。它是根据事物在技术或经济方面的主要特征，进行分类排队，分清重点和一般，从而有区别地确定管理方式的一种分析方法。由于它把被分析的对象分为A、B、C三类，所以又称ABC分析法。

在ABC分析法的分析图中，有两个纵坐标，一个横坐标，几个长方形，一条曲线，左边纵坐标表示频数，右边纵坐标表示频率，以百分比表示。横坐标表示影响质量的各项因素，按影响大小从左向右排列，曲线表示各种影响因素大小的累计百分比。一般将曲线的累计频率分为3级，与之相对应的因素分为3类：

① A类因素，发生累计频率为0～80%，是主要影响因素。

② B类因素，发生累计频率为80%～90%，是次要影响因素。

③ C类因素，发生累计频率为90%～100%，是一般影响因素。

这种方法有利于人们找出主次矛盾，有针对性地采取对策。

应当说明的是，应用ABC分析法，一般是将分析对象分为A、B、C三类。但也可以根据分析对象重要性分布的特性和对象数量的大小分成两类或三类以上。

施工项目所需的特殊材料和零星材料（B类材料和C类材料）应按承包人授权，由项目经理部采购。项目经理部应编制采购计划，报企业物资部门批准，按计划采购。特殊材料和零星材料的品种，工程项目所需的A、B类材料，必须通过招投标的方式进行采购。各项目经理部应设材料组，它是项目经理部管理层的组成部分，业务上受分公司、公司物资部门领导。根据工程需要，各项目应配备材料人员1～3人，其材料人员由分公司人力资源部门和物资部门同项目经理商定，报分公司经理批准。项目材料人员职责必须分工明确，杜绝一人包揽，严禁采购兼保管。

4.2.2 材料的计划与供应管理

项目经理部在开工前,应向分公司物资部门提供"项目材料需用总体计划"。材料计划应明确材料名称、规格、型号、质量(技术要求)、数量及进场时间等,需要加工定做的料具,应附图样并注明要求。

项目参与询价、定价和采购合同的签订,提供价格信息和合格供方,随时了解市场情况,以便分公司物资部门及时确定材料、品种和供应单位。

分公司物资部门根据项目经理部定期编制的项目材料月度计划,保质、保量、按时将材料供应到现场。

建设单位(业主)供应的材料,由分公司物资部门与建设单位(业主)签订材料供应法,并与建设单位(业主)落实材料的选样工作。

全部材料按实际价格加运杂费计入项目成本,材料进退场及一、二次搬运所发生的人工费、运杂费计入项目成本。材料回收退库所发生的装卸人工费和运输费由项目经理部承担,发生材料代用的量差(增)由项目承担。

4.2.3 材料的验收和使用保管

进场的材料应进行数量验收和质量检验,做好相应的验收和标志的原始记录。数量验收和质量检验,应符合国家的计量方法和企业的有关规定;进入现场的材料应有生产厂家的材质证明(包括厂名、品种、出厂日期、出厂编号和试验检验单)和出厂合格证。要求复检的材料要有取样送检证明报告,新材料未经试验鉴定,不得用于工程中。现场配置的材料应经试配,使用前应经认证。

材料的计量设备必须经具有资格的机构定期检验,确保计量所需要的精确度。检验不合格的设备不允许使用。

对进场的材料发现质量不合格,应做出标志,按公司程序文件规定,挂上"不合格物资"标牌,及时通知分公司物资部门联系解决。

凡进入项目现场的材料,应根据现场平面布置规划的位置,做到"四定位、五五化、四对口"。现场大宗材料须堆放整齐,砂、石成堆、成方,砖成垛,长大件一头齐,要求场地平整,排水良好,道路畅通,进出方便。

材料使用限额领料制度:

① 由负责施工的工长或施工员,根据施工预算和材料消耗定额或技术部门提供的配合比、翻样单,签发施工任务书和限额领料单。两单工程量要一致,并于开始用料24h前将两单送项目材料组。项目材料组收到后,立即根据单位工程分部分项用料预算进行审核。审核工程量有无重复或超过预算,审核材料消耗定额有无套错,审核计算有无差错。审核无误后,由工长或施工员交承担的施工生产班组凭单领料。

② 无限额领料单,材料员有权停止发料,由此影响施工生产应由负责施工的工长或施工员负责。

③ 班组用料超过限额数时,材料员有权停止发料,并通知负责施工的工长或施工员查核原因。属工程量增加的,增补工程量及限额领料数量;属操作浪费的,按有关奖罚规定办理赔偿手续,办好后再补发材料。

④ 限额领料单随同施工任务单当月同时结算,已领未用材料要办理假退料手续。在结算的同时应与班组办理余料退库手续。

⑤ 班组使用材料实行节约有奖、浪费赔偿、奖赔对等的原则,其材料将按节约材料的

20%发给班组,杜绝材料浪费。

仍以浪费材料的20%扣罚班组。奖罚节约或浪费的材料单价,按工程当地的定额材料单价计算或按项目与班组的合同单价计算。

⑥ 钢筋按放样料单数量加1.5%~3%的损耗一次承包给钢筋加工车间(班组),达到指标应给予奖励,节约部分五五分成。

应建立材料使用台账,记录使用和节超状况。材料管理人员应对材料使用情况进行监督;做到工完、料净、场清;建立监督记录;每月按时对材料使用情况进行盘点和料具租赁费的结算,对存在的问题应及时分析和处理。

4.2.4 材料的统计与核算

项目材料组自项目开工到竣工交付验收,应做好各种资料收集整理,装订成册,按月做好统计核算工作,资料包括以下几方面。

① 项目承包工程材料消耗表。
② 项目承包工程主材预算与消耗对比表。
③ 项目承包周转料具租赁结算表。
④ 项目承包周转材料(非租赁)摊销情况表。
⑤ 建立材料耗用情况数据库。

项目经理部的材料管理应满足下列要求。

① 按计划保质、保量、及时供应材料。
② 材料需要量计划应包括材料需要量总计划、年计划、季计划、月计划和日计划。
③ 材料仓库的选址应有利于材料的进出和存放,符合防火、防雨、防盗、防风和防变质的要求。
④ 进场的材料应进行数量验收和质量认证,做好相应的验收记录和标志。不合格的材料应更换、退货或让步接收(降级使用),严禁使用不合格的材料。
⑤ 材料的计量设备必须经具有资格的机构定期检验,确保计量所需要的精确度。检验不合格的设备不允许使用。
⑥ 进入现场的材料应有生产厂家的材质证明(包括厂名、品种、出厂日期、出厂编号、试验检验单)和出厂合格证。要求复检的材料要有取样送检证明报告。新材料未经试验鉴定,不得用于工程中。现场配制的材料应经试配,使用前应经认证。

材料储存应满足下列要求。

① 应建立材料使用限额领料制度。超限额的用料,用料前应办理手续,填写领料单,注明超耗原因,经项目经理部材料管理人员审批。
② 建立材料使用台账,记录使用和节超状况。
③ 应实施材料使用监督制度。材料管理人员应对材料使用情况进行监督,做到工完、料净、场清,建立监督记录,对存在的问题应及时分析和处理。
④ 班组应办理剩余材料退料手续。设施用料、包装物及容器应回收,并建立回收台账。
⑤ 制定周转材料保管、使用制度。

4.2.5 材料采购管理

为了加强项目材料的采购管理,建立规范的采购运行机制,保护国家利益、企业利益和招投标当事人的合法权益,提高经济效益,保证工程质量,工程主要材料的采购均实行招投标制。采购活动应属于企业管理行为。各工程施工项目经理部只是参与招投标采购的询价等过程，不得私自采购工程项目所需的大宗材料。远离分公司的单个工程项目应在分公司（或公司）的授权下方可组织工程材料的采购工作。

施工单位应成立工程材料采购领导小组，以物质部门为主成立工程材料招投标采购中心，负责工程材料招投标采购全过程的管理。

（1）材料招标

施工单位的物质部门应根据由项目经理部编制工程项目所需材料的总体计划制订工程材料招标采购计划，报请企业工程材料采购领导小组审批同意后实施。

招标分为公开招标和邀请招标，根据目前建筑企业的特点，一般施工单位的物资采购招标采用邀请招标的方式。

招标人应根据工程的特点和工程对物资的需用情况确定招标物资的名称、规格型号、数量、质量要求等内容，结合对市场的调查情况和项目的资金情况，制作标底，标底内容应包含物资的质量等级、合适的价格、可能的付款情况等内容。

邀请参与投标的分供方应为招标人的合格分供方名册中已建立档案的合格分供方，对新近联系的分供方，在经过招标人考察后，认定合格的可邀请参与投标。从符合条件的分供方中选择 4~6 家确定为邀请投标的分供方，对其发出"投标邀请书"。在发出"投标邀请书"的同时发出"招标文件"。

（2）材料开标、评标和中标

招标人应组建物资采购招标评审小组并报公司级物质部门备案。此小组为常设机构，负责对物资采购招标工作进行领导、监督和合同评审。评审小组由单位主要领导或主管领导担任组长，成员有书记、经营、财务、物质和监察等部门的负责人，可邀请物资使用项目的项目经理参加（与分供方有利害关系的人不得参加评标）。物资采购招标工作的具体实施由物质部门负责。

开标应当在招投标文件确定的提交投标文件截止时间的同一时间进行，由招标评审小组组长主持，内部开标。

评标由招标人组建的物资采购招标评审小组根据评标标准负责进行。

参与评标的材料应符合以下基本标准。

① "三证"应齐全，即营业执照、生产许可证或经营许可证，产品检测报告，施工项目所在地建筑主管部门要求有产品准用证的应有产品准用证。

② 所提供的产品样品经鉴定应符合要求。

③ 产品应由正规的质量检测机关检测，由省级以上（含省级）质量检测机关定点检测的优先考虑。

④ 产品报价为合理低价，价格最低者优先考虑。

⑤ 有一定的资金实力，垫资能力大者优先考虑。

⑥ 供货方式、质量保证措施切实可行，售后服务承诺合理。

⑦ 为那些有影响的工程供应过同类产品，近期给招标人有影响的工程供应过同类产品且信誉良好的优先考虑。

业主推荐的供应商也应参与投标，同等条件可予优先考虑。

物资采购招标评审小组成员应当客观、公正地履行职务，遵守职业道德，对所提出的评审意见承担个人责任。评审小组成员不得私下接触投标人，不得收受投标人的财物或者其他好处，违反规定，影响投标结果者，将给予严肃处理。

评审小组经过综合评审,确定中标人后,会签"物资采购招标评审会签表",确认中标结果。中标人确定后,招标人应当向中标人发出"中标通知书",同时将中标结果通知其他未中标的投标人。

物质部门应将工程材料的采购价格(或中标价)与同期的市场信息价对比分析,并登记造册。

签订合同与考核物质部门根据评审小组会签后的"物资采购招标评审会签表"与中标人签订"物资采购合同"。在合同签字生效前,应由财务、生产、经营、法律等部门负责人审核,经主管领导签字后,才能在合同上签字盖章。

由业主指定品牌或分供方,必须要有联系函,若业主口头指定无书面函件的,由项目经理出具详细的书面报告,并由招投标小组审核后方能采购。

物质部门应定期对工程项目物质供应的分供方考核。

物资部门应建立动态的材料分供方和材料价格的数据库。

4.2.6 材料(含构配件)的质量控制

材料(含构配件)是工程施工的物质条件,没有材料就无法施工,材料的质量是工程质量的基础,材料质量不符合要求,工程质量也就不可能符合标准。所以,加强材料的质量控制,是提高工程质量的重要保证,也是创造正常施工条件的前提。

4.2.6.1 材料质量控制的要点

① 掌握材料信息,优选供货厂家。掌握材料质量、价格、供货能力的信息,选择好供货厂家,就可获得质量好、价格低的材料资源,从而确保工程质量,降低工程造价。这是企业获得良好社会效益、经济效益、提高市场竞争能力的重要因素。

② 合理组织材料供应,确保施工正常进行。合理地、科学地组织材料的采购、加工、储备、运输,建立严密的计划、调度体系,加快材料的周转,减少材料的占用量,按质、按量、如期地满足建设需要,乃是提高供应效益,确保正常施工的关键环节。

③ 合理地组织材料使用,减少材料的损失。正确按定额计量使用材料,加强运输、仓库、保管工作,加强材料限额管理和发放工作,健全现场材料管理制度,避免材料损失、变质,是确保材料质量、节约材料的重要措施。

④ 加强材料检查验收,严把材料质量关。

⑤ 要重视材料的使用认证,以防错用或使用不合格的材料。

4.2.6.2 材料质量控制的内容

材料质量控制的内容主要有材料的质量标准,材料的性能,材料取样、试验方法,材料的适用范围和施工要求等。

(1) 材料质量标准

材料质量标准是用以衡量材料质量的尺度,也是作为验收、检验材料质量的依据。不同的材料有不同的质量标准,如水泥的质量标准有细度、标准稠度用水量、凝结时间、强度、安定性等。掌握材料的质量标准,便于可靠地控制材料和工程的质量。例如,水泥颗粒越细,水化作用就越充分,强度就越高;初凝时间过短,不能满足施工有足够的操作时间,初凝时间过长,又影响施工进度;安定性不良,会引起水泥石开裂,造成质量事故;强度达不到标号要求,直接危害结构的安全。因此,对水泥的质量控制,就是要检验水泥是否符合质量标准。

(2) 材料质量检验的目的

材料质量检验的目的是通过一系列的检测手段,将所取得的材料数据与材料的质量标准相比较,借以判断材料质量的可靠性,能否使用于工程中;同时,还有利于掌握材料信息。

(3) 材料质量的检验方法

材料质量检验方法有书面检验、外观检验、理化检验和无损检验4种。

① 书面检验是通过对提供的材料质量保证资料、试验报告等进行审核,取得认可方能使用。

② 外观检验是对材料品种、规格,标志、外形尺寸等进行直观检查,看其有无质量问题。

③ 理化检验是借助试验设备和仪器对材料样品的化学成分、机械性能等进行科学的鉴定。

④ 无损检验是在不破坏材料样品的前提下,利用超声波、X射线、表面探伤仪等进行检测。

(4) 材料质量检验程度

根据材料信息和保证资料的具体情况,其质量检验程度分免检、抽检和全检验三种。

① 免检就是免去质量检验过程。对有足够质量保证的一般材料以及实践证明质量长期稳定且质量保证资料齐全的材料,可予免检。

② 抽检就是按随机抽样的方法对材料进行抽样检验。当对材料的性能不清楚,或对质量保证资料有怀疑,或对成批生产的构配件,均应按一定比例进行抽样检验。

③ 全检验。凡对进口的材料、设备和重要工程部位的材料以及贵重的材料,应进行全部检验,以确保材料和工程质量。

(5) 材料质量检验项目

材料质量的检验项目分"一般试验项目",为通常进行的试验项目;"其他试验项目",为根据需要进行的试验项目。例如,水泥,一般要进行标准稠度、凝结时间、抗压和抗折强度检验;若是小窑水泥,往往由于安定性不良好,应进行安定性检验。

(6) 材料质量检验的取样

材料质量检验的取样必须有代表性,即所采取样品的质量应能代表该批材料的质量。在采取试样时,必须按规定的部位、数量及采选的操作要求进行。

(7) 材料抽样检验的判断

抽样检验一般适用于对原材料、半成品或成品的质量鉴定。由于产品数量大或检验费用高,不可能对产品逐个进行检验,特别是破坏性和损伤性的检验。通过抽样检验,可判断整批产品是否合格。现仅就一次抽样检验方案的判断原理叙述如下。一次抽样检验是根据一次对样品的检验结果来判断该批产品是否合格。

(8) 材料质量检验的标准

对不同的材料,有不同的检验项目和不同的检验标准,而检验标准则是用以判断材料是否合格的依据。

4.2.6.3 材料的选择和使用要求

材料的选择和使用不当,均会严重影响工程质量或造成质量事故。为此,必须针对工程特点,根据材料的性能、质量标准、适用范围和对施工要求等方面进行综合考虑,慎重地来选择和使用材料。

4.3 工程项目机械设备管理

项目机械设备管理是项目生产要素和施工过程管理的重要组成部分,必须做好工程项目机械设备的优化配置与动态管理,强化机械综合管理,加强基础管理,合理使用机械,做好维修保养,确保安全运行。为充分发挥机械设备的效能,使工程项目取得较好的经济效益,必须加强机械设备的管理。

4.3.1 施工项目机械设备的获取

项目所需机械设备可以从企业自有机械设备调配,或租赁,或购买,提供给项目经理部使用。远离公司本部的项目经理部,可由企业法定代表人授权,就地解决机械设备来源。

施工项目机械设备来源一般有两种方式:

① 本企业设备租赁公司(站)租用的施工机械设备。

② 分包工程的施工队伍自带的施工机械设备。

施工项目所需用的机械设备必须由公司(分公司)机械部门审定,租金一般应根据具体情况由公司按地区编制《机械设备租赁台班费用定额》来确定。如果项目从本企业设备租赁公司(站)租赁机械设备,需要签订需用设备租赁合同,合同条款应包括机械设备名称、规格型号、起止日期、月工作台班、台班单价、费用结算、双方责任和其他有关内容,并经双方单位盖章和负责人签字后生效。按机械设备租赁合同对进场、出场设备做好交接和验收工作。

4.3.1.1 项目机械设备来源

项目机械设备来源主要有 4 种方式。

① 从本企业设备租赁公司(站)租用的施工机械设备。

② 从社会上的设备租赁市场租用的施工机械设备。

③ 分包工程的施工队伍自带的施工机械设备。

④ 企业新购的施工机械设备。

设备租赁单位必须具备相应资质要求。对大型超重设备和特种设备,租赁单位应提供营业执照、租赁资质、设备安装资质、安全使用许可证、设备安全技术定期检验证明、机型机种在本地区注册备案资料、机械操作人员作业证明及地区注册资料,符合要求方可租用。

4.3.1.2 设备租赁原则

① 按已批准的施工组织设计及施工方案,选择所需机械设备的型号和数量。施工项目不得购置机械设备,所需机械设备一律实行租赁使用,实行统一管理、人随机走和独立核算。

② 租赁机械设备租赁应本着先内后外的原则,充分利用企业现有设备,内部调剂余缺,在本企业内部无法解决时可考虑从社会租用。

③ 外部租用的设备应实行招租,全面考评供方情况、设备状况、服务能力和价格等择优确定供方,招租时应由公司(分公司)机械部门组织进行。

④ 租用的设备应选择整机性能好、安全可靠、效率高、故障率低、维修方便和互换性强的设备,避免使用淘汰产品。

4.3.1.3 租赁计划

① 在开工前一段时间,项目应根据批准的施工组织设计及方案向公司(分公司)机械

部门申报机械设备需用总体计划（包括机械名称、规格、型号、数量、计划进退场时间等），由公司（分公司）机械部门审定后组织落实机械设备来源。

② 项目根据施工生产中的实际情况，依据总体计划编报季度、月度计划（含临时需用的设备、机具、配件等），编报的阶段性计划必须于季度末 20 日、月末 20 日前报公司（分公司）机械部门，若有较大的调整应提前一个月报公司（分公司）机械部门。

4.3.1.4 租赁设备合同签订

① 合同条款应包括机械编号、机械名称、规格型号、起止日期、月工作台班、台班单价、费用结算、双方责任和其他有关内容。

② 合同签订。

a. 内部提供的机械设备由机械设备租赁公司（站）与项目经理部签订租赁合同。

b. 外部租用的机械设备由机械设备租赁单位与分公司机械部门签订租赁合同，再按公司内部租赁办法租给项目。

③ 合同生效后，租用双方应严格遵守合同条款。若任何一方违反条款，所造成的经济损失由违约方负责。

④ 合同期满后，若项目需继续使用时，应提前通知机械设备租赁公司（站），续签合同；若提前终止合同，应协商终止合同。

4.3.1.5 租赁设备进退场

① 租赁合同签订后，公司（分公司）机械部门应根据项目申请的设备进场计划，协助组织实施，监督租赁方按期将机械设备运至现场。

② 大型机械设备的进出场费、安拆费和辅助设施费等由双方协商，并在合同中签订。

③ 租赁的设备进退场，项目应保证道路畅通和作业现场安全。

④ 租赁的设备在进退场时，租用双方共同交接清点并办理交接验收签字手续，公司（分公司）机械部门监督执行。

4.3.1.6 租赁双方责任

（1）项目经理部

① 项目机械管理员（兼职），负责本项目租用的机械设备的管、用、养、修、租、算及有关资料的收集，并按时填报报表。

② 项目应建立内部管理制度及班组工作规章制度，机械管理员职责，设备安全操作规程、岗位责任制和安全文明施工规程，并在设备旁悬挂岗位责任制、安全操作规程和责任人标牌。

③ 项目使用的设备必须做到一机、一闸、一漏、一箱，严格执行建设部《建筑施工安全检查标准》JGJ 59—1999。

④ 项目发生机械事故，须在规定的时间内报分公司领导及分公司机械部门，不得隐瞒不报。

⑤ 项目机械员要做好下列资料收集和整理。设备租赁合同，设备台账，设备需用计划，机械运转记录，机械设备周检记录，机械设备交接班记录，机械设备维修记录，机械设备保养记录，机械操作人员、维修人员、维修电工花名册，机械设备交接清单，设备月租赁结算单等。

⑥ 对于租用的塔吊，外用施工电梯还应做好下列工作。基础资料（属隐蔽工程需有基础图、测量数据、项目技术负责人签字），安装、拆卸方案，安装后或顶升后的测量资料，技

术试验报告，附墙资料（包括附墙图、预埋件图以及项目技术负责人签字），塔吊、电梯每周、每月的自检情况。

（2）机械设备租赁公司（站）

① 按合同规定日期提供合格的机械设备，负责机械设备的完好、安全使用，确保机械设备安全运转。

② 负责出租机械设备的进场、安装、验收、报检取证、拆卸退场和保险等工作。

③ 根据出租机械设备的具体情况和要求，配备足够的管理及作业人员。

④ 在各类检查中，对机械设备本身提出存在的有关问题和整改意见要求，负责整改。

⑤ 遵守施工项目上的各项规章制度和管理规定。

（3）公司（分公司）机械部门

① 分公司机械部门负责组织、监督、检查、指导和协调工作。

② 定期检查项目租用机械设备的安全、合理使用和文明施工等情况，督促项目部搞好机械设备的维修、保养，确保安全生产。

③ 认真做好设备租赁结算工作。

④ 分公司机械部门经常组织安全教育和技术培训。

⑤ 应建立设备动态管理的数据库，包括设备名称、规格型号、生产厂家、设备编号、设备状况和使用地点等。

4.3.2 项目经理部机械设备管理的主要工作

项目经理部应以项目施工进度计划为依据，编制机械设备使用计划并报企业审批。对进场的机械设备必须进行安装验收，并做到资料齐全准确。进入现场的机械设备在使用中应做好维护和管理。

项目经理部应采取技术、经济、组织、合同措施保证施工机械设备合理使用，提高施工机械设备的使用效率，用养结合，降低项目的机械使用成本。

机械设备操作人员应持证上岗、实行岗位责任制，严格按照操作规范作业，搞好班组核算，加强考核和激励。严格执行建设部《建筑施工安全检查标准》（JGJ 59—2011）、《建筑机械使用安全技术规程》（JG J33—2012）、《建筑机械技术试验规程》（JGJ 34—1986）和企业有关规定。

施工项目应建立项目机械设备台账，对使用的机械设备进行单机、机组核算。

4.3.3 机械设备的优化配置

依据施工组织设计要求编制项目机械设备需用量计划，并按工程项目施工进度计划编制季度、月度机械设备需用计划，计划包括设备名称、规格型号、数量、进场及退场时间，并能认真组织实施，做好施工设备总量、进度控制，设备选择配置要力求少而精，做到生产上适用、技术性能先进、安全可靠、设备状况稳定、经济合理，能满足施工要求。

设备选型应按实物工程数量、施工条件、技术力量、配置动力与生产能力相适应。

设备配备应选择整机性能好、效率高、故障率低、维修方便和互换性强的设备。

机械设备的使用管理如下。

① 有分管机械设备的领导、专职（小型工程项目也可设兼职）机械管理员，负责施工项目的机械管理工作，履行岗位职责。

② 属专人操作的大型、专用机械设备，租赁单位应按机械设备使用要求，随机配足操作、指挥、维修和司索人员。

③ 坚持"三定"(定人、定机、定岗位责任)制度、交接班制度和每周检查制度,填写机械设备周检记录。

④ 作业人员严格遵守操作规程,机械操作人员负责机械设备的日常保养,做好"十字"(清洁、润滑、调整、紧固、防腐)作业,填写机械设备运转和交接班记录;维修人员负责机械设备的维护和修理;填写机械设备维修、保养记录,确保机械设备良好正常运转,不得失修、失保、带病作业。

⑤ 设备进场应按施工平面布置图规定的位置停放和安装。机械设备安放场地应平整、清洁、无障碍物、排水良好,操作棚搭设以及临时施工用电架设和配电装置应符合现场文明施工的要求。

4.3.4 机械设备的安全管理

施工组织设计或施工方案的安全措施中有切实可行的机械设备使用安全技术措施,尤其起重机械及现场临时施工用电等要有明确的安全要求。

① 机械设备投入使用前必须按原厂使用说明书的要求和建设部《建筑机械技术试验规程》(JGJ 34—1986)规定进行试运转,并填写试验记录,试验合格,办理验收交接手续后方可使用。起重机械、施工升降机等垂直运输机械设备必须按《起重机安全技术检验大纲》进行自检,并报请当地有关部门检验,取得"准用证"。

② 机械设备的特种作业人员必须持当地政府主管部门认可的有效操作证,才能上岗;其他机械操作人员也必须经培训考核合格后上岗。

③ 机械设备的各种限位开关、安全保护装置应齐全、灵敏、可靠,做到"一机、一闸、一漏、一箱"。

④ 机械设备旁应悬挂岗位责任制、安全操作规程和责任人标牌。

⑤ 主要机械设备操作人员、指挥人员必须持证上岗,特殊工种作业人员应持当地有关部门颁发的操作证;其他机械操作人员也应经培训考核合格后上岗,并建立人员花名册。

⑥ 开展机械安全教育和安全检查。

⑦ 发生机械设备事故应及时报告,并保护现场。

4.3.5 机械设备的成本核算

随时掌握机械设备完成单位产量、所需动力、配件消耗及运杂费用开支等情况,及时分析设备使用效能。做好资金预测,以便随时调整施工机械用量,减少费用开支。

对运转台班、台时、完成产量、燃油电力消耗等,做好基础资料收集,施工项目按月汇总、按月租计费结算,填写机械设备月租赁结算单,并对其使用效果进行评估分析。

采取技术、经济、组织、合同措施保证施工机械设备合理使用,提高施工机械设备的使用效率,用养结合,降低项目的机械使用成本。

应提前做好准备,及时组织设备进、出场。做到进场即用,用完早退,减少闲置占用时间。

4.3.6 工程项目周转料具管理办法

为了动态管理和优化配置工程项目周转料具,发挥企业整体优势,必须尽量减少周转料具的库存积压和浪费,降低工程项目成本。

项目周转料具的管理应坚持"内部租赁、有偿使用、动态管理、优化配置"的原则。

公司(分公司)物质部门统一管理周转料具,负责周转料具的购置、租赁和指导检查料具的使用、维修保养及统计资料等的管理工作;负责有关周转料具管理方面规章制度的建立和实施，推进料具管理的合理化，建立料具台账，做到账、卡、物、资四相符，及时收集整理、汇总上报各种资料报表。

料具的使用管理如下。

① 周转料具在使用过程中项目物质部门要定期、不定期进行检查。

② 周转料具不准任意锯割开洞或做他用，如铺路、搭桥、搭临时设施等。

③ 周转料具在装拆或装卸运输时，应轻装轻卸（拆），不准死敲硬搬或空中抛落。

4.3.7 施工机械设备选用的质量控制

施工机械设备是实现施工机械化的重要物质基础，是现代化施工中必不可少的设备，对施工项目的进度、质量均有直接影响。为此，施工机械设备的选用，必须综合考虑施工现场的条件、建筑结构形式、机械设备性能、施工工艺和方法、施工组织与管理、建筑技术经济等各种因素并进行多方案比较，使之合理装备、配套使用、有机联系，以充分发挥机械设备的效能，力求获得较好的综合经济效益。

机械设备的选用，应着重从机械设备的选型、机械设备的主要性能参数、机械设备的使用和操作要求3方面予以控制。

（1）机械设备的选型

机械设备的选择，应本着因地制宜、因工程制宜，按照技术上先进、经济上合理、生产上适用、性能上可靠、使用上安全、操作方便和维修方便的原则，贯彻执行机械化、半机械化与改良工具相结合的方针，突出施工与机械相结合的特色，使其具有工程的适用性，具有保证工程质量的可靠性，具有使用操作的方便性和安全性。

（2）机械设备的主要性能参数

机械设备的主要性能参数是选择机械设备的依据，要能满足需要和保证质量的要求。

（3）机械设备的使用、操作要求

合理使用机械设备，正确地进行操作，是保证项目施工质量的重要环节。应贯彻"人机固定"原则，实行定机、定人、定岗位责任的"三定"制度。操作人员必须认真执行各项规章制度，严格遵守操作规程，防止出现安全质量事故。

机械设备在使用中，要尽量避免发生故障，尤其是预防事故损坏（非正常损坏），即人为的损坏。造成事故损坏的主要原因有操作人员违反安全技术操作规程和保养规程；操作人员技术不熟练或麻痹大意；机械设备保养、维修不良；机械设备运输和保管不当；施工使用方法不合理和指挥错误，气候和作业条件的影响等。这些都必须采取措施，严加防范，随时以"五好"标准予以检查控制，即完成任务好；技术状况好；使用好；保养好；安全好。

4.4 劳动力资源管理

4.4.1 项目劳动力资源管理的相关概念及理论

4.4.1.1 工程项目劳动力资源管理的概念

有人认为，劳动力资源是人类可用于生产产品或提供各种服务的活力、技能和知识；有人认为，劳动力资源是企业内部成员及相关人员所能提供的服务与有利于企业经营活动的能力总和；也有人认为，劳动力资源是指能够推动社会经济发展的，具有脑力劳动和体力劳动能力的人的总和。上述劳动力资源的定义虽各有侧重，但均强调劳动力资源创造财富这一特征。与其他资源不同的是，劳动力资源的载体是人的身体和劳动，其具有能动性、再生性、社会性和智能性等特点。

工程项目劳动力资源管理就是对工程项目开发建设过程中所需的劳动力资源进行规划、选聘和合理配置，并定期对他们的工作业绩进行评价和激励，以提高他们对工程项目开发建设的敬业精神、积极性和创造性，最终保证工程项目目标的实现。

4.4.1.2 工程项目劳动力资源管理的特点

工程项目劳动力资源管理的对象包括项目团队的所有成员和项目团队本身，由于工程项目的一次性或临时性及系统性特征，工程项目劳动力资源管理在遵循企业组织劳动力资源管理的同时，还有下列特点。

（1）工程项目劳动力资源管理强调高效快捷

高效快捷主要体现在项目团队成员的选拔和培训上，项目团队成员的选拔和培训通常是针对完成项目任务所需的知识和技能进行的，也就是说，选拔项目团队成员尤其是骨干成员时主要是看其是否已具有相关知识和技能，以及是否有一定的实践经验，而且项目团队成员也要具有挑战精神，敢于承担责任。对于项目团队成员的激励也要强调高效性和及时性，因此，工程项目人力资源管理中所使用的激励手段一般是以短期激励效果为主，如物质激励等。

（2）工程项目劳动力资源管理强调团队建设

工程项目目标的实现需要一个跨职能团队的共同努力才能完成，因此项目团队的建设意义尤为重大。它是工程项目劳动力资源管理的中心任务。这不但要求工程项目劳动力资源管理中的项目团队成员尤其是项目经理的挑选和确定要考虑项目团队建设的需要，即项目团队成员要具有合作精神，项目经理要具有较强的个人影响力和组织管理能力，而且要求在工作业绩的评价、员工激励和项目问题或冲突解决方式方法等方面也要考虑项目团队建设的需要。

4.4.1.3 工程项目劳动力资源管理的主要内容

工程项目劳动力资源管理主要包括如下内容。

（1）工程项目组织的工作分析

工程项目组织的工作分析就是对达到工程项目目标所需进行的各项任务和活动进行分析研究，以确定工程项目管理与实施需要安排哪些具体的职务和岗位，以及这些岗位和职务的任职条件和知识、技能与专业要求。显然，工作分析的成果主要是工作说明书（Statement of Work）和工作规范（Specification of Work）。工作说明书详细描述了某职务或岗位的工作内容、环境及工作条件，而工作规范则详细说明了从事该项工作的人员所需具备的最低资格。

（2）工程项目人员的获得与配备

工程项目组织根据前述工作分析结果，采用招聘等方式从一定的渠道获得合适的人员，并根据工程项目工作的特点和人员的知识、技能进行安排和配备。

（3）工程项目人员的培训

工程项目人员的培训是为了使员工获得或改善与工作有关的知识、技能和动机、态度，以利于提高员工的绩效和对工程项目目标的贡献。

（4）绩效评估与激励

绩效评估是通过对项目团队成员工作绩效的评价，反映员工的实际工作能力和对某种工作职位的适应程度。激励则是通过满足员工的某种需要，以激发员工充分发挥其潜能，为实现工程项目目标服务。

4.4.1.4 工程项目劳动力人员的获得与配备

（1）工程项目劳动力人员的获得

项目人员的获得是指项目人员的招聘工作，这是项目人力资源管理工作中非常重要的一项工作。项目人员的获得工作的主要目标是确保项目组织能够获得所需的人力资源。

工程项目人员的获得主要有两种方式：外部招聘和内部选拔。这里所谓的内外部是针对工程项目所依存的企业组织而言的。内部选拔的方式一般有查阅档案法、主管推荐法和布告法三种，外部招聘的渠道一般有广告招聘、就业中介和信息网络招聘三种。

相比较而言，内部选拔有以下优点。

① 可以为组织内部员工提供发展机会，从而调动内部员工积极性，由于项目组织对内部人员有充分的了解，所以内部选拔能够保证人员招聘的质量。

② 内部候选人更熟悉企业组织的政策环境，因此能够迅速开展工作。

③ 企业组织熟悉内部候选人的工作表现和相关能力，内部选拔费用较少，同时还省去一些不必要的培训。

内部选拔可以采用提升、工作调配、内部人员重新聘用等方式进行。

但是内部选拔也可能存在一些弊端。特别是当有多个内部候选人竞聘时，若选拔工作稍有不当，都可能引起落选同事的不满，从而影响被选拔者开展工作。

企业组织在下列情形下也可能考虑采用外部招聘的方式选择项目组成员。

① 需要外来"空降人员"新的管理理念、经验和新技术。

② 没有合格的内部候选人申请或内部竞聘过于激烈，有可能造成同事间的紧张关系。

③ 项目小组中的某些临时工作人员如有些特殊技术顾问的选用。

（2）工程项目劳动力人员的配备原则

项目人员的合理配置对于项目目标的实现是非常重要的。用人得当，可充分挖掘项目人员的潜力，也可降低项目人力资源的成本。在工程项目中配备人员一般遵循以下原则。

① 因事择人和因材器使原则。不同的工程项目任务需要不同的人去进行，而不同的人也具有不同的能力和素质，能够从事不同的工作。因此，只有将职务要求与项目人员的兴趣、爱好和能力紧密结合起来，进行充分考虑、统筹安排，才能"事得其人，人爱其岗"。

② 精简、高效、节约原则。工程项目组织作为一个临时组织，应强调项目组织的精简、高效、节约。也就是说，要提倡兼职或"一人多能"，兼任多项职务或岗位，这是因为工程项目团队中的职能工作种类可能很多，但是每项职能工作的工作量可能很小。另外，兼职也可减少项目组织中信息沟通渠道的长度，增加信息传递的速度，从而使各种职能业务工作处理速度更快。

③ 合理安排各类人员的比例原则。项目组织人员的配备是要合理安排各类人员的比例关系，包括项目技术工作人员和辅助工作人员的比例、项目管理人员和项目实施人员的比例等。对于比较特殊的项目还需要合理安排不同专业或工种的人员和不同管理人员的比例关系，从而实现合理的平衡，减少人力资源浪费现象。

4.4.1.5 绩效评估与激励

绩效评估就是工作行为的测量过程，即用过去制定的标准来比较工作绩效的记录及将绩效评估结果反馈给员工的过程。恰如其分地评价项目人员的工作业绩、实际能力和工作态度，能够有效地采取相应的激励和惩罚措施，调动项目人员的积极性和增强项目团队的凝聚力；能够帮助项目人力资源管理者重新进行人力资源规划，针对不足之处加强培训和制度管理。

（1）绩效评估原则

① 公开原则。公开原则是指绩效考评人员要将绩效评估的评价标准、评价方法和评价程序公布于众，接受来自各方人员的参与和监督，并且要将评价结果通报给相关人员，这样有利于项目人员了解自己的问题和差距，找到努力目标和方向，有利于进一步改进项目工作，提高项目人员素质。

② 客观、公正原则。客观、公正原则要求绩效评估人员按照定性与定量相结合的方法建立科学的绩效评估标准和指标体系，采用科学的评估方法，来尽量避免出现晕轮错误、相似性错误和宽厚错误。否则，如果绩效评价标准和结果不够客观和公正，则会打击被评价者的积极性，甚至会引发被评价者之间、被评价者与绩效评价者之间的矛盾。

③ 多渠道、多层次、全方位评估原则。可采用自我评价、同事评价、直接上司评价、直接下属评价甚至其他相关人员的评价相结合的方法获得被评价者的个方面的信息。另外，项目人员在不同时间、不同场合往往有不同的表现。在绩效评价时也要注意取长补短，合理评价。

（2）绩效评估指标与评价方法

① 绩效评估指标体系。绩效评估指标体系是在工作分析的基础上建立的，也就是说，必须明确某一职务或岗位的工作职责和工作要求，才能建立客观、公正和全面的绩效评价指标体系。下面以项目经理的绩效评估指标体系的建立为例来说明问题。

我们可从以下四个方面建立相应的绩效评价指标体系。

a. 工程项目总体成效。主要指工程项目总体完成情况，可从四个方面衡量：时间（是否按期完工）、质量（是否达到合同标准）、费用或成本（是否在预先制定的预算范围内）、功能（是否满足了用户的预期功能要求）。

b. 资源管理成效。主要指在工程项目实施的过程中，投入的主要物化资源和时间的利用程度，可从两个方面衡量：资源管理的规范化和资源利用效率。

c. 团队管理成效。主要指项目经理在建设项目团队方面的成效，可从角色的到位、群体凝聚力、团队工作意愿、激励强度四个方面衡量。

d. 工作关系处理成效。主要指项目经理在处理各种人际关系及其冲突方面所表现出来的成效，可从两个方面衡量：与外部主要协作单位的协调、与上下级的协调。

在上述绩效评价指标体系中，一般首先要采用专家评议法、层次分析法等方法确定各个层次上指标的权重，然后才能进行综合评价，综合评价方法有加权平均法、模糊评价法等。

② 绩效评估方法。

a. 评分表法。使用该种方法的关键是建立一系列的绩效评价指标和评价等级，在绩效评估时，要根据每一个项目小组成员的实际情况，对每一项评估指标进行打分，然后应用数学方法对所有分数进行处理，最终得到该员工的评估结果。

b. 排序法。这是一种把一定范围内的同类员工，按照一定的标准进行评价，然后将评价结果采用由低到高或由高到低的方法进行排序的绩效评价方法。

c. 工作标准法。这是一种把项目员工的工作与项目组织制定的工作标准相对照，从而评价并确定出项目小组成员工作绩效的方法。

d. 描述法。描述法又可分为鉴定法和关键事件法两类。鉴定法是指绩效评估者以叙述性的文字描述被评估者的能力、态度、优缺点和发展潜力等，由此得到对被评估者的综合评价。而关键事件法是指绩效评估者关注的是被评估者在完成项目任务时所表现出来的特别有效的行为和特别无效的行为，从而据此评价被评估者的工作绩效。

(3) 工程项目劳动力人员的激励

激励简单地说就是激发人的积极性、主动性和创造性。激励是多种因素的结合，没有任何一个因素能够始终占主导地位。激励问题很复杂，因人而异。即使同一个人，激励的效果也因时间、地点而不同，使某人积极的因素有可能使另一个人变得消极。激励一般分为三种：物质上的激励、精神上的激励和竞争机制下的激励。

① 工程项目劳动力人员激励的原则。

a. 目标原则。个体行动是目标导向的，对项目团队成员的激励必须与项目的目标紧密结合起来，鼓励他们为实现项目的目标而努力工作。

b. 客观、公正原则。准确、客观、公正地评价每个项目小组成员的努力程度和给项目小组成员提供强激励是互补行为，必须协同进行，否则会适得其反，使项目小组成员产生不公平感，降低其努力水平。

c. 按需激励原则。项目管理人员要不断了解员工的需求层次和需求变化趋势，有针对性地采取各种激励措施，以达到事半功倍的效果。

d. 及时激励原则。激励的效果与项目管理者承诺给予奖励的数量和兑现奖励的时间存在着正向相关关系。也就是说，项目管理者承诺给予奖励的数量越高，激励效果一般而言越好；项目管理者越能按时兑现奖励，则激励效果也就越好。反过来说，若项目管理者迟延激励的时间越长、次数越多，激励效果就越差，严重者甚至还可能出现适得其反的结果。因此，项目管理者应尽量言出有信，按照承诺及时激励。

e. 团队激励与个人激励有效结合的原则。不搞"大锅饭"，不搞个人"英雄主义"，将团队激励与个人激励有效结合，不偏不倚，既能重奖贡献多的团队成员，又能保持甚至提高团队凝聚力。

② 工程项目劳动力人员激励的方法。

a. 物质激励。物质激励手段包括工资、奖金和福利待遇等。

b. 精神激励。精神激励是工程项目组织对个体或群体的高度评价，通过口头表扬、颁发荣誉证书等手段来向他人或社会证实其价值，以满足人们的自尊需要。

c. 榜样激励。榜样激励是通过满足项目小组成员的模仿和学习需要，从而引导其行为达到项目组织目标所期望的方向。

d. 参与激励。参与激励是指充分信任项目小组成员的能力，让他们了解工程项目组织的真实情况，并允许他们在不同层次和深度上畅所欲言，参与决策，从而激发他们的主人翁精神。

e. 晋升激励。通过将工程项目管理人员在项目组织中的工作表现与在企业组织中的职位晋升机会结合起来提高他们的工作积极性。

f. 自我激励。即工程项目组织通过团队学习，使每一个项目小组成员改变其心智模式，不断超越自我，树立新的有助于项目成功的人生目标，从而激发员工忘我工作。

4.4.2 项目的核心劳动力管理概念和发展现状

项目中的核心人物主要是指项目经理（有的地方把公司总经理、项目职能经理和大项目经理都看作是项目中的核心人物）。项目经理的产生有三条途径：一是从职能经理来。但在实际工作中，要防止职能经理兼任项目经理，而把项目看成是自己职能工作的一部分；二是项目经理从项目办公室来。项目办公室的人员经过一定的时间培养，由通才变帅才；三是项目实践中来。在一个具体的项目中负一定技术责任的高级工程技术人员，经过在项目活动中和各级参与，由专才变通才。

不论从什么途径成长起来的项目经理，都要具备一定的素质和能力。从素质上看，总体上有五点：身体素质、心理素质、知识技能、实践经验和道德品质。从能力看，总体有四点：领导能力、沟通能力、人力开发能力和决策能力。科兹纳认为，项目经理有十处特殊的技能：团队组建、领导、冲突处理、专业技术知识、计划编制、组织能力、企业家的才干、行政管理、管理支持、资源配置。

有计划地培养项目经理是企业增强竞争力的措施。对项目经理的培训方法和技术：经验培训/在职培训（包括有经验的职业领导工作、项目团队成员工作、按顺序分派不同的项目管理职责、职务轮换、正规的在职培训、开展各种职能的活动、客户联络活动等）；概念培训/学校教育（课程、研究会、工作间、模拟、活动、案例、团队训练、使用项目管理技术的有关练习、专门会议、集会、研讨会、阅读、书籍、商业旅行、专业杂志）；组织建设（正确地认识项目管理职能、恰当的项目组织、项目支持体系、项目章程、项目管理指令政策和程序）。

一个优秀的 21 世纪的项目经理应该掌握的技能已经与 20 世纪 80 年代有所不同了。以前，只有工程师才有机会成为项目经理。这主要是因为项目经理只有精通技术才能作出技术决策。随着项目管理的发展成熟，随着项目规模的增大和复杂化，项目经理逐渐变得只需要了解技术而不需要精通就行了，除了诸如 RD 项目管理之类的特殊情况外，真正的技术知识由技术经理来提供。

随着项目管理的发展和成熟，项目经理的职能也不断从技术经理向业务经理转变，而且这一趋势在 21 世纪表现得更加明显。对于一个 21 世纪优秀的项目经理来说，他必须掌握以下基本技能：业务知识；风险管理；综合技能/协调能力。其中，最关键的是风险管理技能。

4.4.3 项目团队的定义、特点及组建类型

4.4.3.1 项目团队的定义

资金、技术、设备都是影响项目成功的主要因素，除此之外，还必须要有具有主动性、创造性的项目经理和团队，有效工作的团队是项目获得成功的一个关键因素。

团队是指在工作中紧密协作并相互负责的一小群人，他们拥有共同的目的、绩效目标及工作方法，且以此自我约束。或者说团队就是指为了达到某一确定目标，由分工与合作及不同层次的权利和责任构成的人群。团队的概念包含以下几点。

① 必须具有明确的目标 任何团队都是为目标而建立和存在的，目标是团队存在的前提。

② 进行有效的分工与合作 没有分工与合作不能称为团队，分工与合作的关系是由团队目标确定的。

③ 有不同层次的权利与责任 这是由于分工之后，就要赋予每个人相应的权利与责任，以便于实现团队目标。

团队是相对部门或小组而言的。部门和小组的一个共同特点是存在明确内部分工的同时，缺乏成员之间的紧密协作。团队则不同，队员之间有一定的分工，彼此之间的工作内容交叉程度高，相互之间的协作性强。团队在组织中的出现是组织适应快速变化环境要求的结

果。为了适应环境变化，企业必须简化组织结构层次和为客户提供服务的程序，将不同层次中提供同一服务的人员或服务于同一顾客的不同部门、不同工序人员结合在一起，从而在组织内形成各类跨部门的团队。

IBM、GE、AT&T等大公司，所拥有的团队均达上百个之多。同时，为了适应环境不断变化的要求，许多企业组织开始走向合作，从而在企业之间出现一些跨组织团队，如波音公司在开发777客机过程中，先后组建了235个团队，其中大部分团队都是有波音公司人员和其他公司人员共同组成，他们分别从事新机型的设计和飞机部件的制造工作，这些团队就是跨组织的团队。

项目团队是为了适应项目的有效实施而建立的团队。项目团队的具体职责、组织机构、人员构成和人数配备等因项目性质、复杂程度、规模大小和持续时间长短而异。项目团队的一般职责是项目计划、组织、指挥、协调和控制。项目组织要对项目的范围、费用、时间、质量、风险、人力资源和沟通等进行多方面的管理。

4.4.3.2 项目团队的特点

由于项目本身的独特性，任何两个项目团队都不可能会一模一样。但是，项目团队能否有效地开展项目管理活动，主要体现在以下五个方面：

(1) 共同的目标

每个组织都有自己的目标，项目团队也不例外。正是在这一目标的感召下，项目团队成员凝聚在一起，并为之共同奋斗。对于一个项目，为使项目团队工作有成效，就必须明确目的和目标，每个团队成员必须对此及其带来的收益有共同的思考。因为成员在项目里扮演多种角色、做多种工作，还要完成多项任务，工作任务的确定要以明确目标和成员间的良好的相互关系为基础。

项目团队有一个共同憧憬，这是团队之所以存在的主观原因。项目团队的共同目标是共同憧憬在客观环境中的具体化，并随着环境的变化而有着相应的调整，但每个队员都了解它，认同它，都认为共同目标的实现是达到共同憧憬的最有效途径。共同憧憬和共同目标包容了个人憧憬和个人目标，充分体现了个人的意志与利益，并且具有足够的吸引力，能够引发团队成员的激情。

(2) 合理分工与协作

每个成员都应该明确自己角色、权利、任务和职责，在目标明确之后，必须明确各个成员之间的相互关系。如果每个人彼此隔绝，大家都埋头做自己的事情，就不会形成一个真正的团队。每个人的行动都会影响到其他人的工作，因此，团队成员都需要了解为实现项目目标而必须做的工作及其相互间的关系。在项目团队建立初期，团队成员花费一定的时间明确项目目标和成员间的相互关系，可以在以后项目执行的过程中减少各种误解。

(3) 高度的凝聚力

凝聚力指维持项目团队正常运转的所有成员之间的相互吸引力。团队对成员的吸引力越强，成员遵守规范的可能性越大。一个有成效的项目团队，必定是一个有高度凝聚力的团队，它能使团队成员积极热情地为项目成功付出必要的时间和努力。

影响项目团队凝聚力的因素有：团队成员的共同利益、团队的大小、团队内部的相互交往和相互合作。团队规模越小，那么彼此交往与合作的机会就越多，就越容易产生凝聚力；经常性的沟通可以提高团队的凝聚力；项目目标的压力越大，越可以增强团队的凝聚力；团队凝聚力的大小是随着团队成员需求满足的增加而加强。因此，在形成一个项目团队时，项目经理需要为最大限度地满足个体需要提供保障。

（4）团队成员相互信任

成功团队的另一个重要特征就是信任，一个团队能力的大小受到团队内部成员相互信任程度的影响。在一个有成效的团队里，成员会相互关心，承认彼此存在的差异，信任其他人所做和所要做的事情。在任何团队工作，都有不同意见，要鼓励团队成员将其自由地表达出来，大胆地提出一些可能产生争议或冲突的问题。项目经理应该认识到这一点，并努力实现这一点，因此在团队建立之初就应当树立信任，通过委任、公开交流、自由交换意见来推进彼此之间的信任。

（5）有效的沟通

高效的项目团队还需要具有高效沟通的能力。项目团队必须装备有先进的信息美术系统与通信网络，以满足团队的高效沟通的需要，团队拥有全方位的、各种各样的、正式的和非正式的信息沟通渠道，能保证沟通直接和高效，层次少，无官僚习气，基本无迟延。团队要擅长于运用会议、座谈这种直接有效的沟通形式。沟通不仅是信息的沟通，更重要的是情感上的沟通，每个成员不仅要具有很好的交际能力，而且拥有很高的情商，团队内要充满同情心和融洽的情感。项目团队具有开放、坦诚的沟通气氛，队员在团队会议中能充分沟通意见，倾听、接纳其他队员的意见，并能经常得到有效的反馈。

4.4.3.3 项目团队的组建与类型

在今天复杂的跨国和技术成熟的环境中，随着现代组织（如矩阵）的发展，传统的官僚层级组织已经衰落了，横向的适应性团队对于有效的项目管理变得越来越重要。团队成了能够迅速地、可预测地并且在给定的资源约束内传达信息、技术和工作观念的管道。

团队组建可以描述为这样一个过程，聚集有不同需要、背景和专业的个人，把他们变成一个整体的、有效的工作单元。在这个转变过程中，把诸多个体贡献者的目标和精力融合到一起，聚集到特定的目标上。

团队组建是一个连续的过程，需要领导能对组织、组织界面、权力、权力结构和诱发因素了解。在复杂的跨部门或跨国界的活动中，需要具有不同的组织文化、价值和复杂性的许多职能专家，支持团体熟练地统一到这种环境下，这个过程至关重要。

团队组建的方法，除了我们要利用 WBS 去决定所要招聘的人员外，关键是人员来了以后，如何使他们愿意投入。我们认为，现代的许多团队建设活动是十分重要的，它们通过在一定环境下的人际互动，尤其是面对特殊困难的生存环境，只有通过合作才能活命（如生存岛训练）时，团队成员对劫后余生情感的珍惜，有助于他们在日常工作中增进合作。但必须指出的是，管理科学中许多传统的方法依然是团队建设的主要工具。如一般管理技术（纪律与规范等）、绩效考评与奖励系统、人的基本需求分析、人的个性组合与优化、人员的合理配置及对团队成员进行企业宗旨和企业文化的培训，这是更加实用和有效的团队建设工具。

团队有各种不同的类型。在传统项目管理中，传统的项目团队主要是来自建筑和国防工业中，团队的思考和行为模式来自过去的实践。它有如下特征。

① 存在一个重要的知识体系，它描述了这些团队是如何和为什么生存的，以及它们如何能被用于不同行业的产品开发。

② 这些项目主要包括物理实体的设计、开发、和生产（建造），这些实体在支持客户的产品和基础结构时有特殊的作用。一个新的武器系统，一条新的公路或一个新的生产设施都是这种物理实体的例子。

③ 在这些项目中，都有一个明确的生命周期，从一个想法开始，通过设计开发、生产（建造）过程，再转给客户。这些项目通常包括售后支持和服务优先权的发展。

④ 这些项目的管理需要安排重要的财务、人力和其他资源。

⑤ 各种大型的建筑项目是这些传统项目的例子。

⑥ 在概念化和把项目的结果带给客户组织时，使用项目管理过程和技术的非正式实践往往会有一个较长的历史。

⑦ 最后，当人们想到用于现代的组织中的团队时，他们往往会想到传统的项目团队，因为这是在今天的组织中是最多见的。

非传统的团队有许多传统团队的特征。然而，这些非传统的团队有它们自己的生命力，可有以下内容描述。

① 这些团队处理的组织要素已经存在，团队的目的是提高这个要素，如通过过程再造工程提高效率和有效性。

② 团队提高组织要素的效率和有效性，通常借助于改变要素所包含的过程。

③ 尽管概念化的过程包含已建立的这些团队中，但在处理现有的问题和已经存在于企业中的机遇时，这种团队的工作是迅速启动的。

④ 尽管可能包括硬件因素，在实现企业目的时，团队主要通过过程处理改善组织资源的使用。

⑤ 这些可选择的团队，"交付物品"可能是一个报告，在完成反映在一个新的或提高了的过程、政策、程序或行动计划中的企业任务、目标、具体目标和战略时，它们推荐了用以提高资源的使用效率的设计和实施。

⑥ 这些可选择的团队使用了许多项目管理的理论和实践。但是改变了其用法，尤其在其应用于不同的企业目的时。

⑦ 这些可选择的团队同企业内经营和战略进步的设计和实施有重要的联系。

⑧ 一些可选择的团队已经引起了当代组织中人们担任的个人和集体角色的巨大变化，包括年轻的专业人员的重大职业机遇。

⑨ 这些团队对于它们所属的组织文化有重大的影响。

使用这些非传统团队已经成为一种提高所属企业全球竞争力的一种方法。

常见的非传统团队类型有：市场评估团队——识别和发展对企业竞争所在的市场中可能或突然变化的理解；竞争力评估团队——检查和评估竞争对手在其产品、服务和组织过程中的力量、不足和可能的战略；标杆超越团队——回顾"行业中最好"企业的性能，以决定什么经营和战略能力使它们发展这么快；干系人评估团队——发现、发展和维护与公司所创造的东西有着联系的既得利益的那些人和机构的一般界限；危机管理团队——团队作为一个组织的重点，处理在组织活动中可能引起的危机；质量提高团队——达到全面的质量管理。这些团队利用交叉职能，发展和提高工作的综合质量，等等。

4.4.4 项目团队管理

项目团队管理指跟踪团队成员绩效，提供反馈，解决问题并协调各种变更，以提高项目绩效。项目管理团队将观察团队的行为、管理冲突、解决问题，以及评估团对成员的绩效。实施团队管理后，应将项目劳动力人员配备管理计划进行更新，提出变更请求，实现问题的解决，同时，为组织绩效鉴定提供依据和为组织的数据库增加新的经验教训。

4.4.4.1 项目团队管理的依据

(1) 组织过程资产

在项目执行过程中,项目管理团队应利用组织的政策、程序和系统对团队进行奖励和表彰。

作为项目管理过程的一部分,项目管理团队应通过组织的表彰晚宴、表彰证书、简报、公告栏、网站、奖金结构、企业服饰和组织的其他津贴机制对团队进行奖励。

(2) 项目劳动力人员分派

项目劳动力人员分派为项目监控过程的项目团队成员评估提供了成员清单。

(3) 角色与职责

员工角色与职责清单,用来监督并考核员工绩效。

(4) 项目组织图

项目组织图展示了项目团队成员之间的汇报关系。

(5) 劳动力人员配备管理计划

劳动力人员配备管理计划列明了项目团队成员在项目上工作的时间段,以及相关的培训计划、资质要求和合规性信息。

(6) 团队绩效评估

项目管理团队以正式或非正式的形式,对项目团队的绩效进行不断的评估。通过不断地考核项目团队的绩效,可采取措施解决问题,改变沟通方式,解决冲突并提高成员间的交互作用。

(7) 工作绩效信息

作为指导、管理项目实施过程的一部分内容,项目管理团队直接和随时观察团队成员的绩效。在对团队进行管理时,应考虑观察下列相关行为:会议出勤、对行动方案的落实、沟通是否清楚等。

(8) 团队绩效报告

团队绩效报告以项目管理计划为参照标准,提供绩效方面的信息。有助于项目团队管理的绩效领域包括来自进度计划控制、费用控制、质量控制、范围核实和采购审计的结果。绩效报告的信息以及相关预测信息将有助于确定未来的人力资源需求、奖励与表彰,以及对人员配备管理计划的更新。

4.4.4.2 项目团队管理的方法

(1) 观察与交谈

通过观察与交谈可随时了解项目团队成员的工作情况和态度。项目管理团队将监测相关的指标,如项目可交付成果的完成情况、团队成员引以为自豪的成就,以及人际关系问题。

(2) 项目绩效考核

采用正式还是非正式项目绩效考核,取决于项目工期长短、复杂程度、组织政策、劳动合同的要求,以及定期沟通的数量和质量。项目团队成员从其主管处获得反馈。评估资料也可采用"360度"反馈的方法,从与项目团队成员交往的其他人那里收集相关的考核信息。"360度"系指从多种不同的渠道,如上级领导、同级同事和下属人员,获得某人绩效情况的反馈信息。

(3) 冲突管理

成功的冲突管理可以提高生产力,并促进积极的工作关系。冲突的来源包括资源匮乏、进度安排的先后顺序和个人工作风格等。团队规则、团队规范、成熟的项目管理惯例可减少冲突。如果冲突得以适当管理，对意见分歧的解决将颇有益处，可提高创造力和作出好的决定。如果这种分歧成为负面影响的因素，首先应由团队成员负责解决相互间的冲突，如果冲突升级，项目经理应协助促成满意的结局。应该及早处理冲突，并私下利用直接、合作的方式处理冲突。如果破坏性的冲突继续存在，则需要使用更为正式的做法，包括采取惩戒措施。

(4) 问题登记簿

在项目团队管理过程中如果出现问题，问题登记簿被用来记录负责解决特定问题的人员，以及问题解决的要求日期。问题登记簿有助于团队成员监控问题的进展，直至解决问题。问题的解决可消除阻止团队实现目标的各种障碍。这些障碍可包括意见分歧，需要调查的情况，需分派给某个项目团队成员未预见的或新出现的职责。

复习思考题

1. 简述项目资源管理的计划、控制和考核的内容。
2. 请说明人力资源规划的依据、方法和内容。
3. 请阐述项目团队组建的依据和方法。
4. 简述项目团队建设的依据和方法。
5. 请阐述项目团队管理的依据和方法。
6. 请阐述物资资源管理的工作流程。
7. 简述物资资源管理的主要方法。

案例

"水立方"项目材料

国家游泳中心又被称为"水立方"，位于北京奥林匹克公园内，是北京为2008年夏季奥运会修建的主游泳馆，也是2008年北京奥运会标志性建筑物之一。其与国家体育场（俗称鸟巢）分列于北京城市中轴线北端的两侧，共同形成相对完整的北京历史文化名城形象。国家游泳中心总建筑面积79532平方米，投资约为10.2亿。

业主单位：北京市国有资产经营有限责任公司　设计单位：中建设计联合体

总包单位：中建一局建设发展有限公司

1. 设计

国家游泳中心的设计方案，是经全球设计竞赛产生的"水的立方"（$[H_2O]3$）方案。该方案由中国建筑工程总公司、澳大利亚PTW建筑师事务所、ARUP澳大利亚有限公司联合设计。设计体现出$[H_2O]3$（"水立方"）的设计理念，融建筑设计与结构设计于一体，设计新颖，结构独特，与国家体育场比较协调，功能上完全满足2008年奥运会赛事要求，而且易于赛后运营。

国家游泳中心由北京市国有资产经营公司负责建设、管理和运营，于2003年年底开工，2007年年底前完工并投入试运行，接受国际游泳联合会和国际奥林匹克运动委员会的检查和验收。

2. 绿色场馆

水立方首次采用的ETFE膜材料，也就是我们常说的"聚氟乙烯"。"水立方"的外形看上去就像一个蓝色的水盒子，而墙面就像一团无规则的泡泡。"ETFE"这种材料耐腐蚀性、保温性俱佳。国外的抗老化试验证明，它可以使用15~20年。而且，这种材料也很结实，据称，人在上面跳跃也不会损伤它。同时，自清洁能力强，由于自身的绝水性，它可以利用自然雨水完成自身清洁，是一种新兴的环保材料。犹如一个个"水泡泡"的ETFE膜具有较好抗压性，厚度仅如同一张纸的ETFE膜构成的气枕，可以承受一辆汽车的重量。外层膜上分布着密度不均的镀点，这镀点将有效的屏蔽直射入馆内的日光，起到遮光、降温的作用。

ETFE膜材本身具有不浸水性，就是水从上面滑过却不留水痕，而气枕上面的杂物、尘埃、尘土等，则会通过雨水的自然降落而被清洗掉，大量的清洁用水也因此被节省下来。"水立方"不仅利用雨水自洁，还专门设计了雨水回收系统，一年回收的雨水量一万吨左右，大约相当于一百户居民一年的用水量。一切设计以运动员观众为根本，"水立方"是一个膜结构的全封闭室内场馆，必须解决透气问题和声学问题。"水立方"在设计时便在屋顶设置了自然排风机，八个自然通风口可实现馆内外空气流通，这样就能将建筑空间中的热量散发出去，实现自然通风，保证17000人观赛时的透气问题。除遵循了大型体育场馆的有关规范要求外，"水立方"同时还考虑到了这个项目的特殊性，在场馆中使用了一系列特殊的材料达到语言清晰度的标准。届时，在这个封闭的建筑内不会出现声音模糊的情况。

3. 水立方用水节水方案

泳池换水自动控制：为确保"水立方"的水质达到国际泳联最新卫生标准，泳池的水将采用砂滤—臭氧—活性炭净水工艺，全部用臭氧消毒。据介绍，臭氧消毒不仅能有效去除池水异味，而且可消除池水对人体的刺激。

此外，泳池换水还将全程采用自动控制技术，提高净水系统运行效率，降低净水药剂和电力的消耗，可以节约泳池补水量50%以上。此外，泳池和水上游乐池将采用防渗混凝土以防渗漏。

洗澡水用于冲厕及灌溉除了泳池用水，"水立方"的其他用水也十分节约。洗浴等废水，将经过生物接触氧化、过滤，再用活性炭吸附并消毒后，用于场馆内便器冲洗、车库地面的冲洗以及室外绿化灌溉。仅此一项就可每年节约用水44530吨水。此外，为了减少水的蒸发量，"水立方"的室外绿地将在夜间进行灌溉，采用以色列的微灌喷头，建成后可以节约用水5%。

4. 水立方建筑技术

膜结构建筑是21世纪最具代表性的一种全新的建筑形式，至今已成为大跨度空间建筑的主要形式之一。它集建筑学、结构力学、精细化工、材料科学与计算机技术等为一体，建造出具有标志性的空间结构形式，它不仅体现出结构的力量美，还充分表现出建筑师的设想，享受大自然浪漫空间。在2008年的奥运会建筑设计上，膜结构应用就得到完美的体现。

"水立方"是世界上最大的膜结构工程，建筑外围采用世界上最先进的环保节能ETFE（四氟乙烯）膜材料。国家体育馆工程承包总经理谭晓春透露，这种材料的寿命为20多年，实际应用时间会更长，人可以踩在上面行走。目前世界上只有三家企业能够完成这个膜结构。

"水立方"整体建筑由3000多个气枕组成，气枕大小不一、形状各异，覆盖面积达到

10万平方米,堪称世界之最。除了地面之外,外表都采用了膜结构。安装成功的气枕将通过事先安装在钢架上的充气管线充气变成"气泡",整个充气过程由电脑智能监控,并根据当时的气压、光照等条件使"气泡"保持最佳状态。

这种像"泡泡装"一样的膜材料有自洁功能,使膜的表面基本上不沾灰尘。即使沾上灰尘,自然降水也足以使之清洁如新。此外,膜材料具有较好的抗压性,人们在上面"玩蹦床"都没问题,"正常的放上一辆汽车都不会压坏"。如果万一出现外膜破裂,根据应急预案,可在8个小时内把破损的外膜修好或换新。"水立方"晶莹剔透的外衣上面还点缀着无数白色的亮点,被称为镀点,它们可以改变光线的方向,起到隔热散光的效果。此外,"水立方"占地7.8公顷,却没有使用一根钢筋,一块混凝土。其墙身和顶棚都是用细钢管连接而成的,有1.2万个节点。只有2.4mm厚的膜结构气枕像皮肤一样包住了整个建筑,气枕最大的一个约$9m^2$,最小的一个不足$1m^2$。跟玻璃相比,它可以透进更多的阳光和空气,从而让泳池保持恒温,能节电30%。

【案例思考题】

在上述材料、技术基础上如何实现资源优化管理?

第5章 工程项目进度管理

对于一些社会意义影响较大的项目来说,进度往往是项目最重要的实现目标之一。以上海世博会场馆工程项目的进度管理为例,按照上海市政府确定的工期进度目标:2009年年底工程基本完工,2010年5月世博会投入使用,建设方如何进行进度管理就是一个非常复杂的课题。在工程建设领域进度代表的内涵就是工期,工期通常是建设单位十分重视的管理目标,比如奥运场馆、世博会场馆的建设,工期就是一个硬性指标。进度管理的实质是如何控制工期满足既定的要求,因此上述工程项目的进度管理则将是工程项目管理的首要目标。

5.1 概述

5.1.1 基本概念

5.1.1.1 进度管理的概念

工程项目进度管理是指项目管理者围绕目标工期要求编制计划,付诸实施且在此过程中经常检查计划的实际执行情况,分析进度偏差原因并在此基础上,不断调整,修改计划直至工程竣工交付使用;通过对进度影响因素实施控制及各种关系协调,综合运用各种可行方法、措施,将项目的计划工期控制在事先确定的目标工期范围之内,再兼顾成本,质量控制目标的同时,努力缩短建设工期。

5.1.1.2 进度管理的基本要求

项目的组织应建立项目进度管理制度,制定进度管理目标。项目进度管理目标应按项目实施过程、专业、阶段或实施周期进行分解。

在项目现场项目经理进行进度管理的程序是:①制定进度计划;②进度计划交底,落实责任;③实施进度计划,跟踪检查,对存在的问题分析原因并纠正偏差,必要时对进度计划进行调整;④编制进度报告,报送组织管理部门。

5.1.1.3 工程项目进度管理标准的设定

工程项目进度管理既然以项目的建设工期为管理对象,那么工程项目进度管理的成效就必然由项目建设工期控制的有效程序来表征。由于没有标准也就无所谓控制,因此工程项目进度管理必然首先要求设立相应的控制标准,这就是目标工期。通常情况下,业主单位出于尽早投入使用和尽快收回项目投资的考虑,都会对项目的建设期限做出明确要求并在工程发包合同中约定;如果是由国家或地方政府投资兴建的项目往往还会以指令工期的方式对工程建设期限做出规定。在上述情况下,工程项目进度管理过程中的工期控制标准即为合同工期或指令工期。

事实上,除了取决于客观上的合同工期或指令工期要求,目标工期的制定在很大程度上还取决于施工承包企业主观能动性的发挥,因为在合同工期或指令工期不能被突破的前提下,施工承包企业在目标工期的确立过程中,通常还可能做出以下几种选择。

通过表 5.1 来体现预期利润、费用—工期以及资源—工期三个不同的目标工期确定标准。

表 5.1　目标工期确定标准

标准	内涵	备注
预期利润	事实上施工企业若不能在工程项目的建造过程中保持其必要的施工进度水平，则可能引起企业生产流动资金超期占用、利息增加、人员工资和机械使用费用加大，以及向业主支付误期损失费等现象的发生，从而导致企业在该工程项目上的预期利润无法实现。由此可见，施工企业的预期利润目标是工期确定的一个重要决定因素。在工程项目进度管理实务中，施工企业常常需要由预期目标利润来推算目标工期的取值	在市场经济条件下，施工企业总是要以承包一项工程任务可以取得的预期利润为判断准绳，以决定是否参与这项工程的投标竞争。而一旦取得了工程承包合同，施工企业将动用其技术管理力量并全面投入人力、物力、财力从事施工生产活动，直至最终形成质量合格的建筑产品，其目的就是为了实现上述预期利润；但它并不是一个与工程进度无关的孤立过程
费用工期	施工企业在确定目标工期时往往并非只是单纯求快。由于工程进度过快，将会因为赶工增员或采用超常技术措施或大量使用机械化设备从而造成工程总费用的不合理支出，施工企业常常在工程进度管理过程中努力追求一个费用最低工期并以其作为目标工期。在这里，目标工期的"工期短"、"费用低"的两重属性成为工程项目管理的一个复合性控制标准	由于建筑安装工程费用中的直接工程费随着工期缩短而增加，其间接费却随着工期缩短而减少，这样在工期取值恰当的情况下，直接工程费和间接费之和将会较少；工程网络计划技术中将寻找这一恰当工期的过程称为工期——费用优化，相应使工程费用达到最小取值的该恰当工期则被称为"费用最低工期"。显然，在满足工程质量要求前提下，施工企业以费用最低工期作为工程项目进度管理的目标，其实质是追求以最低的工程建造成本完成工程承包任务
资源工期	工程项目进度管理过程中，施工企业的进度计划将根据施工过程中实际可以调配的劳动力、施工机具设备、建筑材料、构配件、半成品、资金的具体状况决定。为此，企业时常面临的一个重要问题是在资源供给受限的情况下如何使工期达到最短，这一问题的实际解决过程便是施工企业确定目标工期的过程	因此，"资源限定"和"工期最短"的两重属性，同样构成了工程项目进度管理的一个复合性控制标准。施工企业将其作为工程项目进度管理中的目标工期，能够最大限度地避免工程建造过程中由于一种或多种建设资源供给受限而导致的工程延误，从而保证企业不致因此陷入被动

5.1.1.4　工程项目进度管理遵循的原理

工程项目进度管理始于进度计划的编制，其作用是使整个工程建设过程始终纳入计划管理的轨道，从这个意义来讲，计划是工程进度管理的一项中心职能，整个进度管理工作始终是围绕进度计划来展开的。但由于影响工程进度的因素无时无处不在，计划不变是相对的，而变化是绝对的，即进度计划执行过程中由于新情况、新问题的不断出现常常使得工程建设的实际进度难以按原计划安排进行。这就要求项目管理者在实施计划的过程中要不断检查进度计划的实际执行情况，并将其与计划安排进行对比以便及时发现进度偏差，进而分析进度偏差原因，制定相应纠偏措施，以维持原有计划的正常实施，但是如果采用纠偏措施后原计划仍无法维持，则需要对原有进度计划进行调整或修正，并实施该新的进度计划。由此表明，工程项目监督管理是一个不断编制、执行、检查、分析和调整计划的动态循环过程。因此，工程项目进度管理中必须遵循以下两项原理。

（1）系统原理

将系统原理运用于工程项目进度管理过程的主要含义如下所述。

① 为确保工程项目的目标工期得以顺利实现，进度管理过程中应按管理主体和工程建设阶段的不同分别编制计划，从而形成严密的进度计划系统。

② 为确保以上各个不同管理主体进度计划的顺利实施，必须建立由各个管理主体及其

不同管理层次组成的进度控制组织实施系统。

③ 进度管理从计划编制开始，经过计划实施过程中的跟踪检查、发现进度偏差、分析偏差原因、找出解决办法、制定调整或修正等一系列环节再回到对原进度计划的执行或调整，从而构成一个封闭的循环系统。

④ 采用工程网络计划技术编制进度计划并对其执行情况实施严格的量化管理。

(2) 动态原理

动态原理指在工程项目进度管理过程中应该始终遵循反馈原则和弹性原则，以确保进度控制工作的实际效果。

① 反馈原则指在实施进度计划的过程中应随时注重统计整理进度资料并将其与进度计划进行比较，从而及时得出工程实际进度与计划进度的比较结果，以利于项目管理者灵敏、准确地捕捉进度管理过程中的情况变化，并对其做出迅速正确的反应和决策。

② 弹性原则，指借助统计经验和风险分析，尽量把握各种进度影响因素的发生可能性及其作用规律，并以其为据在进行目标工期制定和进度计划安排时留有余地，使之具有必要的弹性。这种出于对实际情况的应变考虑而设置的弹性，将有助于项目管理者在进度管理过程中始终处于主动地位，通过利用有效的时空余裕，缩短有关工作的持续时间或改变不同工作之间的衔接关系，使项目建设过程中已经形成的进度延误能够通过缩短后续施工过程的持续时间来得以弥补，使项目的计划工期仍然能被控制在事先确定的目标工期范围之内。

5.1.1.5　工程项目进度管理的方法与措施

(1) 工程项目进度管理的方法

① 行政方法　用行政方法管理工程进度，重点是进行进度目标的决策和指导。例如，国家有关部门审批项目建议书和项目可行性研究报告、对重大工程项目进行工期决策、批准项目年度基本建设计划、制定工期定额、招投标办公室批准标底文件中的项目总工期等都属于项目进度管理的行政方法范畴。

需要注意的是，由于项目管理者在工程进度管理过程中的主体地位并不会随着不同管理方法的应用而改变，因此不能简单地将进度管理的行政方法理解为"行政干预"。

② 经济方法　经济方法指通过应用经济手段制约或影响工程进度。例如，建设银行通过调节项目建设资金的投放速度以影响工程建设进程。业主单位在工程承发包合同中写明结合工期完成情况进行经济奖惩的专门条款等均体现了工程项目进度管理的经济方法。

③ 管理技术方法　管理技术方法指在工程项目进度管理过程中进行的规划、控制和协调。所谓规划，指确定项目的总进度目标和分进度目标，并编制其进度计划；所谓控制，指在工程建设全过程中不断进行实际进度和计划进度的比较，一旦出现偏差则及时采取措施进行调整；所谓协调，是指协调项目建设过程中必然产生的种种复杂关系，以确保工程项目进度管理目标的顺利实现。需要特别强调的是，管理技术方法中的"控制"是工程项目进度管理的核心环节，工程进度控制基于其本身特点可区分为多种不同的方式，如按控制的结构可分为集中控制和分散控制；按控制时效可分为事前、事中、事后控制，按控制范围可分为全面控制和重点控制；按控制程度可分为直接控制和间接控制；按有无信息反馈，可分为开环控制和闭环控制；按控制所依据原则的不同，可分为规划控制、随机控制和适应性控制等。

(2) 工程项目进度管理的措施

工程项目进度管理的措施有组织措施、技术措施、经济措施、合同措施和信息管理措施。

组织措施主要包括：①确定进度管理部门及人员，分派进度控制任务，进行管理职能分工；②进行项目分解，按项目结构、合同结构或项目进展阶段建立编码体系；③确定进度协调工作制度，确定进度协调会议的举行时间、地点、内容及参加人员等；④分析影响进度目标实现的干扰因素和风险因素。

技术措施则包括落实施工方案部署，选用新技术、新工艺、新材料以加快工程进度等内容。

合同措施主要包括选择有利于缩短工期的承发包方式，争取尽早开工，分析合同工期以确定进度控制范围及认真对待处理工期索赔事宜等。

经济措施指利用经济手段，如业主通过行使支付控制权来控制工程进度。

信息管理措施则主要包括建立进度信息收集和报告制度，定期进行计划进度与实际进度的比较分析，及时提供进度比较分析报告等。

5.1.2 工程项目进度管理的过程

① 审核和批准工程的实施方案和进度计划，采用各种控制手段保证项目及各个工程活动按计划及时开始，记录各工程活动的开始和结束时间、完成程度、实施状况，保证各方按计划完成工作。

② 在各控制期末（如月末、季末、一个工程阶段结束）将各活动的完成程度与计划对比，确定各工程活动、里程碑计划以及整个项目的完成程度，并结合工期、交付成果的数量和质量、劳动效率、资源消耗和预算等指标，综合评价项目当前的进度状况，并对重大的偏差做出解释，分析其中的问题和原因，找出需要采取纠正措施的地方。

③ 评定偏差对项目目标的影响，应结合后续工作，分析项目进展趋势，预测后期进度状况、风险和机会。

④ 提出调整进度的措施。根据当前状况，对下期工作做出详细安排，如修改进度计划，指令暂停工程，或指令加速；提出下期详细的进度执行计划，对一些已开始但尚未结束（或新增）的活动等，重新进行网络分析，预测新的工期状况。

⑤ 对调整措施和新计划进行评审，检查调整措施的效果，分析新的工期是否符合目标要求，并处理工期索赔要求。

5.1.3 工程项目进度计划的编制

项目的组织应根据合同文件、项目管理规划文件、资源条件与内外部约束条件编制项目进度计划并提出项目控制性进度计划。控制性进度计划可包括下列种类：①整个项目的总进度计划；②分阶段进度计划；③子项目进度计划和单体进度计划；④年（季）度计划。

编制进度计划可使用文字说明、里程碑表、工作量表、横道计划、网络计划等方法。作业性进度计划必须采用网络计划方法或横道计划方法。

进度计划的编制步骤如下：①确定进度计划的目标、性质和任务；②进行工作分解；③收集编制证据；④确定工作的起止时间及里程碑；⑤处理各工作之间的逻辑关系；⑥编制进度表；⑦编制进度说明书；⑧编制资源需要量及供应平衡表；⑨报有关部门批准。

5.2 横道图

5.2.1 横道图

横道图，也称甘特图，是由亨利·甘特（Henry L. Gantt）发明的，20世纪初从美国引入。横道图是一种最简单并运用最广的计划方法，尽管有新的计划技术的采用，横道图在建设行业依然广泛使用。

通常横道图的表头为工作及其简要说明，项目进展表示在时间表格上，如图 5.1 所示。

	工作名称	持续时间	开始时间	完成时间	紧前工作	十二月	一月	二月	三月	四月	五月	六月
						21	1 11 21	1 11	1 11 21	11 21	1 11 21	1 11
1	基础完	0d	1993-12-28	1993-12-28								
2	预制柱	35d	1993-12-28	1994-2-14	1							
3	预制屋架	20d	1993-12-28	1994-1-24	1							
4	预制楼梯	15d	1993-12-28	1994-1-17	1							
5	吊装	30d	1994-2-15	1994-3-28	2,3,4							
6	砖砌墙	20d	1994-3-29	1994-4-25	5							
7	屋面找平	5d	1994-3-29	1994-4-4	5							
8	钢窗安装	4d	1994-4-19	1994-4-22	6SS+5d							
9	二毡三油一砂	5d	1994-4-5	1994-4-11	7							
10	外粉刷	20d	1994-4-25	1994-5-20	8							
11	内粉刷	30d	1994-4-25	1994-6-3	8,9							
12	油漆、玻璃	5d	1994-6-6	1994-6-10	10,11							
13	竣工	0d	1994-6-10	1994-6-10	12							

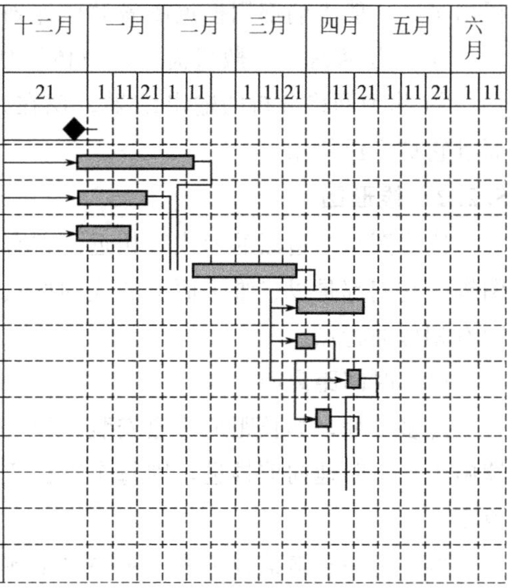

图 5.1 某工程甘特图

按照所表示工作的详细程度，时间单位可以为小时、天、周、月等。通常这些时间单位用日历表示，此时可表示非工作时间，如：停工时间、公众假日、假期等。根据此横道图使用者的要求，工作可按照时间先后、责任、项目对象、同类资源等进行排序。

横道图的另一种可能的形式是将工作简要说明直接放在横道上，这样，一行上可容纳多项工作，这一般运用在重复性的任务上。横道图也可将最重要的逻辑关系标注在内，如果将所有逻辑关系均标注在图上，则横道图的简洁性的最大优势将丧失。

横道图用于小型项目或大型项目子项目上，或用于计算资源需要量、概要预亏进度，也可用于其他计划技术的表示结果。

（1）横道图的优点

① 它能够清楚地表达活动的开始时间、结束时间和持续时间，一目了然，易于理解，并能够为各层次的人员（上至战略决策者，下至基层的操作工人）所掌握和运用；

② 使用方便，制作简单；

③ 不仅能够安排工期，而且可以与劳动力计划、材料计划、资金计划相结合。

（2）横道图的缺点

① 很难表达工程活动之间的逻辑关系。如果一个活动提前或推迟，或延长持续时间，很难分析出它会影响到哪些后续的活动。

② 不能表示活动的重要性，如哪些活动是关键的，哪些活动有推迟或拖延的余地。

③ 横道图上所能表达的信息量较少。

④ 不能用计算机处理，即对一个复杂的工程不能进行工期计算，更不能进行工期方案的优化。

(3) 横道图的应用范围

横道图的优缺点决定了它既有广泛的应用范围和很强的生命力,同时又有局限性。

① 它可直接用于一些简单的小的项目。由于活动较少,可以直接用它排工期计划。

② 项目初期由于尚没有做详细的项目结构分解,工程活动之间复杂的逻辑关系尚未分析出来,一般人们都用横道图做总体计划。

③ 上层管理者一般仅需了解总体计划,故都用横道图表示。

④ 作为网络分析的输出结果。现在几乎所有的网络分析程序都有横道图的输出功能,而且它被广泛使用。

5.2.2 线形图

线形图与横道图的形式很相近。它有许多种形式,如"时间—距离"图、"时间—效率"图等。它们都是以二维平面上的线的形式(直线、折线或曲线)表示工程的进度。它和横道图有相似的特点。

(1) 时间距离图

许多工程,如长距离管道安装、隧道工程、道路工程,都是在一定长度上按几道工序连续施工,不断地向前推进,则每个工程活动可以在图上用 1 根线表示,线的斜率代表着工作效率。

例如,一管道铺设工程,由 A 处铺到 B 处,共 4km,其中分别经过 1km 硬土段,1km 软土段,1km 平地,最后 1km 软土段。工程活动分别有:挖土、铺管(包括垫层等)、回填土。工作效率见表 5.2。

表 5.2 工作效率 　　　　　　　　　　　　　m/天

工序	硬土	软土	平地
挖土	100	150	—
铺管	80	80	160
回填土	120	150	—

施工要求:平地不需挖土和回填土,挖土工作场地和设备转移需 1 天时间;铺管工作面至少离挖土 100m,防止互相干扰;任何地点铺管后至少 1 天后才允许回填土。

作图步骤:

① 做挖土进度线。以不同土质的工作效率作为斜率,而在平地处仅需 1 天的工作面及设备转移时间。

② 做铺管进度线,由于铺管离挖土至少 100m,所以在挖土线左侧 100m 距离处画挖土线的平行线,则铺管线只能在上方安排。由于挖硬土 100m/天,所以开工后第 2 天铺管工作即可开始。

③ 回填土进度线。由于在铺管完成 1 天后才允许回填土,所以在铺管线上方 1 天处做铺管线的平行线。按回填土的速度做斜线。从这里可见,要保证回填土连续施工要求,应在第 24 天开始回填。在这张图上还可以限制活动的时间范围。例如,要求回填土在铺管完成 1 天后开始,但 8 天内必须结束,而且可以方便地进行计划和实际的对比。

最后,计划总工期约为 46 天(图 5.2)。

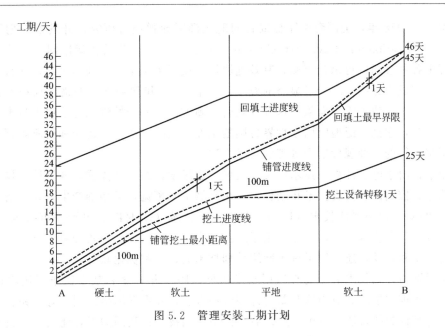

图 5.2 管理安装工期计划

（2）速度图

速度图容易理解。现举一个简单的例子如下：在一个工程中有浇捣混凝土分项工程，工作量 $500m^3$。计划第 1 段 3 天一个班组工作，速度为 $17m^3/天$，第 2 段 3 天投入两个班组，速度为 $40m^3/天$，最后仍是一个班组工作，速度为 $22m^3/天$，则可用图 5.3 表示。

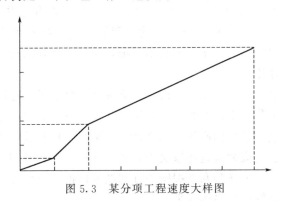

图 5.3 某分项工程速度大样图

另外，从更广泛意义上说，后面第 6 章所述的"成本时间"的累计曲线即项目的成本模型（图 6-3 时间—成本曲线），也属于这一类型的图式。

5.3 网络计划方法

5.3.1 概述

网络计划技术是一种科学的计划管理方法。它是随着现代科学技术和工业生产的发展而产生的。20 世纪 50 年代，为了适应科学研究和新的生产组织管理的需要，国外陆续出现了一些计划管理的新方法。

1956 年，美国杜邦化学公司的工程技术人员和数学家共同开发了关键线路法（Critical Path Method，简称 CPM）。它首次运用于化工厂的建造和设备维修，大大缩短了工作时间，节约了费用。1958年，美国海军军械局针对舰载洲际导弹项目研究，开发了计划评审技术（Program Evaluation and Review Technique，简称PERT）。该项目运用网络方法，将研制导弹过程中各种合同进行综合权衡，有效地协调了成百上千个承包商的关系，而且提前完成了任务，并在成本控制上取得了显著的效果。20世纪60年代初期，网络计划技术在美国得到了推广，一切新建工程全面采用这种计划管理新方法，并开始将该方法引入日本和西欧其他国家。目前，它已广泛地应用于世界各国的工业、国防、建筑、运输和科研等领域，已成为发达国家盛行的一种现代生产管理的科学方法。

近年来，由于电子计算机技术的飞速发展，边缘学科的相互渗透，网络计划技术同决策论、排队论、控制论、仿真技术相结合，应用领域不断拓宽，又相继产生了许多诸如搭接网络技术（PDN）、决策网络技术（DN）、图示评审技术（CERT）、风险评审技术（VERT）等一大批现代计划管理方法，广泛应用于工业、农业、建筑业、国防和科学研究领域。随着计算机的应用和普及，还开发了许多网络计划技术的计算和优化软件。

我国对网络计划技术的研究与应用起步较早，1965年，著名数学家华罗庚教授首先在我国的生产管理中推广和应用这些新的计划管理方法，并根据网络计划统筹兼顾、全面规划的特点，将其称为统筹法。改革开放以后，网络计划技术在我国的工程建设领域也得到迅速的推广和应用，尤其是在大中型工程项目的建设中，对其资源的合理安排、进度计划的编制、优化和控制等应用效果显著。目前，网络计划技术已成为我国工程建设领域中推行现代化管理的必不可少的方法。

1992年，国家技术监督局和国家建设部先后颁布了中华人民共和国国家标准《网络计划技术》（GB/T 13400.1、13400.2、13400.3-92）三个标准和中华人民共和国行业标准《工程网络计划技术规程》（JGJ/T 121-99），使工程网络计划技术在计划的编制与控制管理的实际应用中有了一个可遵循的、统一的技术标准，保证了计划的科学性，对提高工程项目的管理水平发挥了重大作用。

实践证明，网络计划技术的应用已取得了显著成绩，保证了工程项目质量、费用、进度目标的实现，也提高了工作效率，节约了项目资源。但网络计划技术与其他科学管理方法一样，也受到一定客观环境和条件的制约。网络计划技术是一种有效的管理手段，可提供定量分析信息，但工程规划、决策和实施还取决于各级领导和管理人员的水平。另外，网络计划技术的推广应用，需要有一批熟悉和掌握网络计划技术理论、应用方法和计算机软件的管理人员，需要提升工程项目管理的整体水平。

5.3.2 网络计划的类型

网络计划技术的基本模型是网络图。网络图是由箭线和节点组成的，用来表示工作流程的走向、有序的网状图形。所谓网络计划，是用网络图表达任务构成、工作顺序，并加注时间参数的进度计划。

网络计划技术可以从不同的角度进行分类。

（1）按工作之间逻辑关系和持续时间的确定程度分类

网络计划技术分为肯定型网络计划和非肯定型网络计划，如图5.4所示。肯定型网络划，即工作、工作之间的逻辑关系以及工作持续时间都肯定的网络计划，如关键线路法（CPM）。非肯定型网络计划，即工作、工作之间的逻辑关系和工作持续时间三者中任一项或多项不肯定的网络计划，如计划评审技术（PERT）、图示评审技术（CERT）等。本章只讨论肯定型网络计划。

第 5 章 工程项目进度管理

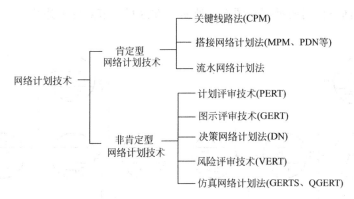

图 5.4 网络计划技术的分类

(2) 按网络计划的基本元素——节点和箭线所表示的含义分类

按网络计划的基本元素——节点和箭线所表示的含义不同，网络计划的基本形式有三种，如表 5.3 所示。在欧美发达国家中，网络计划技术有关的标准均定义了这三种形式的网络计划形式，如德国标准化学会（DIN）。

表 5.3 网络计划的三种基本形式

类别	工作	事件
箭线	双带号网络（也可称之为工作箭线网络） ○→○ 工作表示为箭线，节点表示为工作的开始事件和完成事件，但这些事件不定义为联系	事件节点网络（属单代号网络） →○→ 事件（状态）表示为节点，箭线表示为事件之间的顺序关系（不对应定义的工作）
节点	单代号网络，单代号搭接网络（也可称之为工作节点网络） →□→ 工作表示为节点，箭线表示工作之间的逻辑关系，即为工作的确定时间点之间的顺序关系	

① 双代号网络计划（工作箭线网络计划） 双代号网络计划的示例如图 5.5 所示。在这里，箭线及其两端节点的编号表示工作，在箭线上标注工作持续时间。为了正确地反映逻辑关系，在网络图中填加了虚工作。

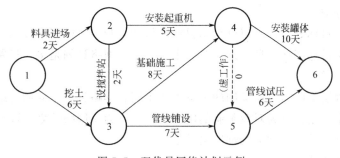

图 5.5 双代号网络计划示例

② 单代号搭接网络计划、单代号网络计划（工作节点网络计划） 单代号搭接网络计划中，节点表示工作，在节点内标注工作持续时间，箭线及其上面的时距符号表示相邻工作间的逻辑关系，工作间的逻辑关系用前项工作的开始或完成时间与其紧后工作的开始或完成时间之间的间距来表示。

单代号搭接网络计划的示例如图5.6所示。在这里，节点的左边代表工作的开始，节点的右边代表工作的完成。

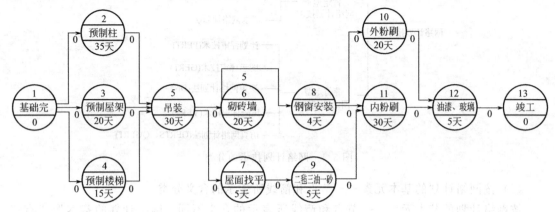

图5.6 单代号搭接网络计划示例

关于单代号网络计划，国家标准和行业标准的含义有些不同。在国家标准《网络计划技术常用术语》（CB/T 13400.1—1992）中，确认了双代号网络和单代号网络，没有再明确单代号搭接网络。在行业标准《工程网络计划技术规程》（JCJ/T 121-99）中，确认了双代号网络计划、单代号网络计划和单代号搭接网络计划。应该说，单代号网络是单代号搭接网络的一个特例，它的前后工作之间的逻辑关系是完成到开始关系等于零。

在实际应用中，由于单代号网络和单代号搭接网络中工作之间的逻辑关系表示方法的简易性和没有虚工作，因而这种网络计划的运用越来越普遍，诸多网络计划软件也广泛采用了这种形式的网络计划。

③ 事件节点网络计划　事件节点网络是一种仅表示工程项目里程碑事件的很有效的网络计划方法。

事件节点网络计划的节点表示事件，事件反映时刻，箭线表示事件之间的顺序关系，在箭线上标注箭头事件和箭尾事件的时距，示例如图5.7所示。事件节点网络计划属单代号网络计划。

(3) 按目标分类

按网络计划的目标分类，可以分为单目标网络计划和多目标网络计划。只有一个终点节点的网络计划是单目标网络计划；终点节点不止一个的网络计划是多目标网络计划。

(4) 按层次分类

根据不同管理层次的需要而编制的范围大小不同、详略程度不同的网络计划，称为分级网络计划。以整个计划任务为对象编制的网络计划，称为总网络计划。以计划任务的某一部分为对象编制的网络计划，称为局部网络计划。

(5) 按表达方式分类

以时间坐标为尺度绘制的网络计划，称为时标网络计划。不按时间坐标绘制的网络计划，称为非时标网络计划。

(6) 按反映工程项目的详细程度分类

概要地描述项目进展的网络，称为概要网络。详细地描述项目进展的网络，称为详细网络。

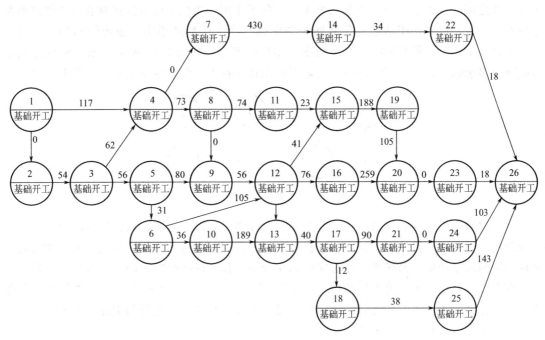

图 5.7 事件节点网络示例

5.3.3 双代号、单代号网络计划的编制与计算

5.3.3.1 双代号网络计划

双代号网络图是以箭线及其两端节点的编号表示工作的网络图，如图 5.8 所示。

(1) 箭线（工作）

工作是泛指一项需要消耗人力、物力和时间的具体活动过程，也称工序、活动、作业。双代号网络图中，每一条箭线表示一项工作。箭线的箭尾节点 i 表示该工作的开始，箭线的箭头节点 j 表示该工作的完成。工作名称标注在箭线的上方，完成该项工作所需要的持续时间标注在箭线的下方，如图 5.9 所示。由于一项工作需用一条箭线和其箭尾与箭头处两个圆圈中的号码来表示，故称为双代号表示法。

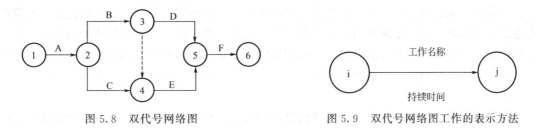

图 5.8 双代号网络图 　　　　图 5.9 双代号网络图工作的表示方法

在双代号网络图中，任意一条实箭线都要占用时间、消耗资源（有时只占时间，不消耗资源，如混凝土养护）。在建筑工程中，一条箭线表示项目中的一个施工过程，它可以是一道工序、一个分项工程、一个分部工程或一个单位工程，其粗细程度、大小范围的划分根据计划任务的需要来确定。

在双代号网络图中，为了正确地表达图中工作之间的逻辑关系，往往需要应用虚箭线。虚箭线是实际工作中并不存在的一项虚拟工作，故它们既不占用时间，也不消耗资源，一般起着工作之间的联系、区分和断路三个作用。联系作用是指应用虚箭线正确表达工作之间相互依存的关系。区分作用是指双代号网络图中每一项工作都必须用一条箭线和两个代号表示，若两项工作的代号相同时，应使用虚工作加以区分，如图 5.10 所示。断路作用是用虚箭线断掉多余联系，即在网络图中把无联系的工作连接上了时，应加上虚工作将其断开。

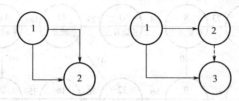

图 5.10　虚箭线的区分作用

在无时间坐标限制的网络图中，箭线的长度原则上可以任意画，其占用的时间以下方标注的时间参数为准。箭线可以为直线、折线或斜线，但其行进方向均应从左向右。在有时间坐标限制的网络图中，箭线的长度必须根据完成该工作所需持续时间的大小按比例绘制。

在双代号网络图中，通常将被研究的工作用 i-j 工作表示。紧排在本工作之前的工作称为紧前工作。紧排在本工作之后的工作称为紧后工作。与之平行进行的工作称为平行工作。

（2）节点（又称结点、事件）

节点是网络图中箭线之间的连接点。在时间上节点表示指向某节点的工作全部完成后该节点后面的工作才能开始的瞬间，它反映前后工作的交接点。网络图中有三个类型的节点。

① 起点节点　即网络图的第一个节点，它只有外向箭线，一般表示一项任务或一个项目的开始。

② 终点节点　即网络图的最后一个节点，它只有内向箭线，一般表示一项任务或一个项目的完成。

③ 中间节点　即网络图中既有内向箭线，又有外向箭线的节点。

双代号网络图中，节点应用圆圈表示，并在圆圈内编号。一项工作应当只有惟一的一条箭线和相应的一对节点，且要求箭尾节点的编号小于其箭头节点的编号，即 i<j。网络图节点的编号顺序应从小到大，可不连续，但不允许重复。

（3）线路

网络图中从起点节点开始，沿箭头方向顺序通过一系列箭线与节点，最后达到终点节点的通路称为线路。在一个网络图中可能有很多条线路，线路中各项工作持续时间之和就是该线路的长度，即线路所需要的时间。一般网络图有多条线路，可依次用该线路上的节点代号来记述，例如网络图 5.8 中的线路有①—②—③—⑤—⑥、①—②—④—⑤—⑥、①—②—③—④—⑤—⑥等。

在各条线路中，有一条或几条线路的总时间最长，称为关键线路，一般用双线或粗线标注。其他线路长度均小于关键线路，称为非关键线路。

（4）逻辑关系

网络图中工作之间相互制约或相互依赖的关系称为逻辑关系，它包括工艺关系和组织关系，在网络中均应表现为工作之间的先后顺序。

① 工艺关系　生产性工作之间由工艺过程决定的、非生产性工作之间由工作程序决定的先后顺序叫工艺关系。

② 组织关系　工作之间由于组织安排需要或资源（人力、材料、机械设备和资金等）

调配需要而规定的先后顺序关系叫组织关系。

网络图必须正确地表达整个工程或任务的工艺流程和各工作开展的先后顺序及它们之间相互依赖、相互制约的逻辑关系。因此，绘制网络图时必须遵循一定的基本规则和要求。

5.3.3.2 绘图规则

① 双代号网络图必须正确表达已定的逻辑关系。网络图中常见的各种工作逻辑关系的表示方法如表5.4所示。

表 5.4 网络中常见的各种工作逻辑关系的表示方法

序号	工作之间的逻辑关系	网络图的表示方法
1	A 完成之后进行 B 和 C	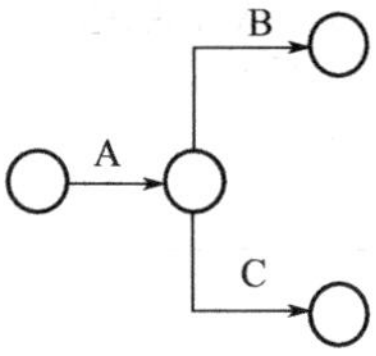
2	A、B 均完成后进行 C	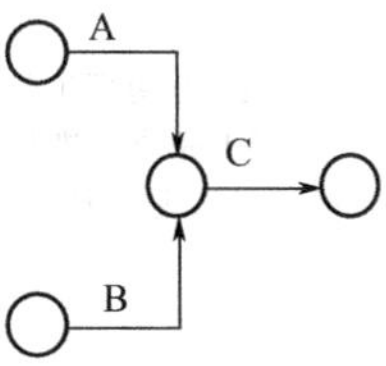
3	A、B 均完成后同时进行 C 和 D	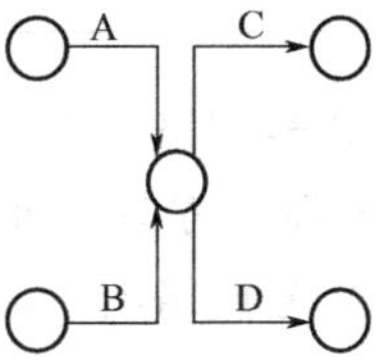
4	A 完成后进行 C A、B 均完成后进行 D	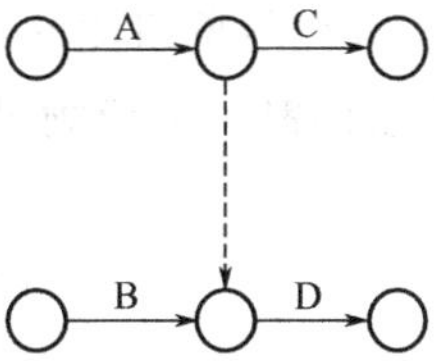
5	A、B 均完成后进行 D，A、B、C 均完成后进行 E，D、E 均完成后进行 F	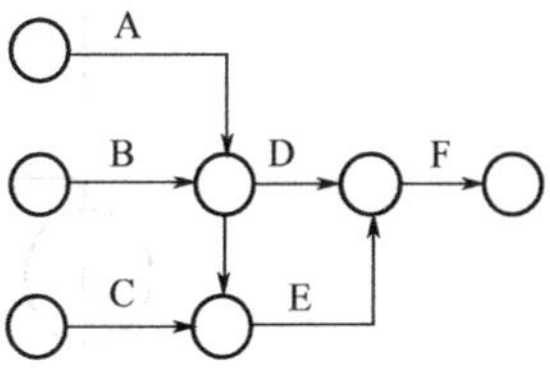
6	A、B 均完成后进行 C B、D 均完成后进行 E	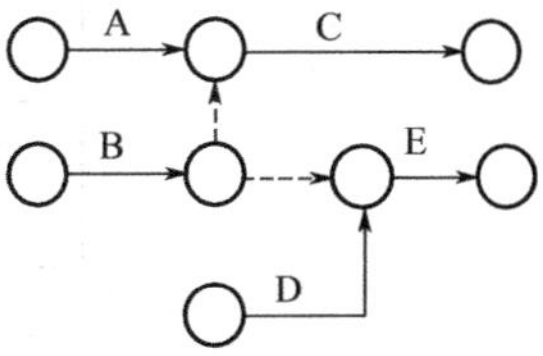

序号	工作之间的逻辑关系	网络图的表示方法
7	A、B、C均完成后进行D，B、C均完成后进行E	
8	A完成后进行C，A、B均完成后进行D，B完成后进行E	
9	A、B两项工作分成三个施工段，分段流水施工：A1完成后进行A2、B1，A2完成后进行A3、B2，A1完成后进行B2、A3、B2完成后进行B3	有两种表示方法

② 双代号网络图中，严禁出现循环回路。所谓循环回路是指从网络图中的某一个节点出发，顺着箭线方向又回到了原来出发点的线路。

③ 双代号网络图中，在节点之间严禁出现带双向箭头或无箭头的连线。

④ 双代号网络图中，严禁出现没有箭头节点或没有箭尾节点的箭线。

⑤ 当双代号网络图的某些节点有多条外向箭线或多条内向箭线时，为使图形简洁，可使用母线法绘制（但应满足一项工作用一条箭线和相应的一对节点表示），如图 5.11 所示。

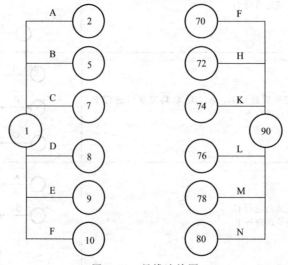

图 5.11 母线法绘图

⑥ 绘制网络图时，箭线不宜交叉；当交叉不可避免时，可用过桥法或指向法。如图 5.12 所示。

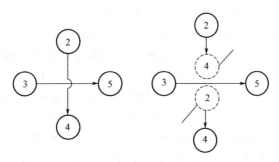

图 5.12 箭线交叉的表示方法

⑦ 双代号网络图中应只有一个起点节点和一个终点节点（多目标网络计划除外），而其他所有节点均应是中间节点。

⑧ 双代号网络图应条理清楚，布局合理。例如，网络图中的工作箭线不宜画成任意方向或曲线形状，尽可能用水平线或斜线；关键线路、关键工作安排在图面中心位置，其他工作分散在两边；避免倒回箭头等。

5.3.3.3 双代号网络计划时间参数的计算

双代号网络计划时间参数计算的目的在于通过计算各项工作的时间参数，确定网络计划的关键工作、关键线路和计算工期，为网络计划的优化、调整和执行提供明确的时间参数。双代号网络计划时间参数的计算方法很多，一般常用的有按工作计算法和按节点计算法进行计算。本节只介绍按工作计算法在图上进行计算的方法。

(1) 时间参数的概念及其符号

① 工作持续时间【$D(i\text{-}j)$】 工作持续时间是一项工作从开始到完成的时间。

② 工期（T） 工期泛指完成任务所需要的时间，一般有以下三种：

□计算工期：根据网络计划时间参数计算出来的工期，用 $T(c)$ 表示。

□要求工期：任务委托人所要求的工期，用 $T(r)$ 表示。

□计划工期：根据要求工期和计算工期所确定的作为实施目标的工期，用 $T(p)$ 表示。

网络计划的计划工期 $T(p)$ 应按下列情况分别确定：

当已规定了要求工期 $T(r)$ 时，

$$T(p) \leqslant T(r) \tag{5-1}$$

当未规定要求工期时，可令计划工期等于计算工期，

$$T(p) = T(r) \tag{5-2}$$

③ 网络计划中工作的六个时间参数

□最早开始时间（$ES(i\text{-}j)$），是指在各紧前工作全部完成后，工作 i-j 有可能开始的最早时刻。

□最早完成时间（$EF(i\text{-}j)$），是指在各紧前工作全部完成后，工作 i-j 有可能完成的最早时刻。

□最迟开始时间（$LS(i\text{-}j)$），是指在不影响整个任务按期完成的前提下，工作 i-j 必须开始的最迟时刻。

□ 最迟完成时间（LF(i-j)），是指在不影响整个任务按期完成的前提下，工作 i-j 必须完成的最迟时刻。
□ 总时差（TF(i-j)），是指在不影响总工期的前提下，工作 i-j 可以利用的机动时间。
□ 自由时差（FF(i-j)），是指在不影响其紧后工作最早开始的前提下，工作 i-j 可以利用的机动时间。按工作计算法计算网络计划中各时间参数，其计算结果应标注在箭线之上，如图 5.13 所示。

(2) 双代号网络计划时间参数计算

按工作计算法在网络图上计算六个工作时间参数，须在清楚计算顺序和计算步骤的基础上，列出必要公式，以加深对时间参数计算的理解。时间参数的计算步骤如下。

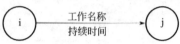

图 5.13 按工作计算法的标注内容

① 最早开始时间和最早完成时间的计算。

工作最早时间参数受到紧前工作的约束，故其计算顺序应从起点节点开始，顺着箭线方向依次逐项计算。

以网络计划的起点节点为开始节点的工作最早开始时间为零。如网络计划起点节点的编号为 1，则

$$ES(i\text{-}j)=0 \quad (i=1) \tag{5-3}$$

最早完成时间等于最早开始时间加上其持续时间。

$$EF(i\text{-}j)=ES(i\text{-}j)+D(i\text{-}j) \tag{5-4}$$

最早开始时间等于各紧前工作的最早完成时间 EF(i-j) 的最大值。

$$ES(i\text{-}j)=\max\{EF(i\text{-}j)\} \tag{5-5}$$

或 $ES(i\text{-}j)=\max\{ES(i\text{-}j)+D(i\text{-}j)\}$ \hfill (5-6)

② 确定计算工期 T(c)。

计算工期等于以网络计划的终点节点为箭头节点的各个工作的最早完成时间的最大值。当网络计划终点节点的编号为 n 时，计算工期：

$$T(c)=\max\{EF(i\text{-}j)\} \tag{5-7}$$

当无要求工期的限制时，取计划工期等于计算工期，即取 T(p)=T(c)

③ 最迟开始时间和最迟完成时间的计算。

工作最迟时间参数受到紧后工作的约束，故其计算顺序应从终点节点起，逆着箭线方向依次逐项计算。

以网络计划的终点节点（j=n）为箭头节点的工作的最迟完成时间等于计划工期，即

$$LF(i\text{-}n)=T(p) \tag{5-8}$$

最迟开始时间等于最迟完成时间减去其持续时间：

$$LS(i\text{-}j)=LF(i\text{-}j)-D(i\text{-}j) \tag{5-9}$$

最迟完成时间等于各紧后工作的最迟开始时间 LS(i-k) 的最小值：

$$LF(i\text{-}j)=\min\{LS(i\text{-}k)\} \tag{5-10}$$

或 $LF(i\text{-}j)=\min\{LF(i\text{-}k)-D(i\text{-}k)\}$ \hfill (5-11)

④ 计算工作总时差。

总时差等于其最迟开始时间减去最早开始时间，或等于最迟完成时间减去最早完成时间，即

$$TF(i\text{-}j) = LS(i\text{-}j) - ES(i\text{-}j) \tag{5-12}$$

$$TF(i\text{-}j) = LF(i\text{-}j) - EF(i\text{-}j) \tag{5-13}$$

⑤ 计算工作自由时差。

当工作 i-j 有紧后工作 j-k 时,其自由时差应为:

$$FF(i\text{-}j) = ES(i\text{-}j) - EF(i\text{-}j) \tag{5-14}$$

或

$$FF(i\text{-}j) = ES(i\text{-}k) - ES(i\text{-}j) - D(i\text{-}j) \tag{5-15}$$

以网络计划的终点节点 (j=n) 为箭头节点的工作,其自由时差 FF(i-n) 应按网络计划的计划工期 T(p) 确定,即

$$FF(i\text{-}n) = T(p) - EF(i\text{-}n) \tag{5-16}$$

5.3.3.4 关键工作和关键线路的确定

(1) 关键工作

网络计划中总时差最小的工作是关键工作。

(2) 关键线路

自始至终全部由关键工作组成的线路为关键线路,或线路上总的工作持续时间最长的线路为关键线路。网络图上的关键线路可用双线或粗线标注。

【例 5-1】 已知网络计划的资料如表 5.5 所示,试绘制双代号网络计划。若计划工期等于计算工期,试计算各项工作的六个时间参数并确定关键线路,标注在网络计划上。

表 5.5 某网络计划工作逻辑关系及持续时间表

工作	紧前工作	紧后工作	持续时间	工作	紧前工作	紧后工作	持续时间
A_1	—	A_2、B_1	2	C_3	B_3、C_2	E、F	2
A_2	A_1	A_3、B_2	2	D	B_3	G	2
A_3	A_2	B_3	2	E	C_3	G	1
B_1	A_1	B_2、C_1	3	F	C_3	I	2
B_2	A_2、B_1	B_3、C_2	3	G	D、E	H、I	4
B_3	A_3、B_2	D、C_3	3	H	G		3
C_1	B_1	C_2	2	I	F、G		3
C_2	B_2、C_1	C_3	4				

【解】 1) 根据表 5.5 中网络计划的有关资料,按照网络图的绘图规则,绘制双代号网络图如图 5.14 所示。

2) 计算各项工作的时间参数,并将计算结果标注在箭线上方相应的位置。

① 计算各项工作的最早开始时间和最早完成时间

从起点节点 (①节点) 开始顺着箭线方向依次逐项计算到终点节点 (⑮节点)。

a. 以网络计划起点节点为开始节点的各工作的最早开始时间为零。

工作 1-2 的最早开始时间 ES(1-2) 从网络计划的起点节点开始,顺着箭线方向依次逐项计算,因未规定其最早开始时间 ES(1-2),故按公式 (5-3) 确定:

$$ES(1\text{-}2) = 0$$

b. 计算各项工作的最早开始和最早完成时间。

工作的最早开始时间 ES(i-j) 按公式 (5-5) 和公式 (5-6) 计算,如:

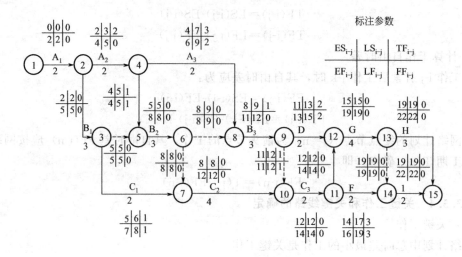

图 5.14 双代号网络计算实例

ES(2-3)=ES(1-2)+D(1-2)=0+2=2

ES(2-4)=ES(1-2)+D(1-2)=0+2=2

ES(3-5)=ES(2-3)+D(2-3)=2+3=5

ES(4-5)=ES(2-4)+D(2-4)=2+2=4

ES(5-6)=max{ES(3-5)+D(3-5),ES(4-5)+D(4-5)}=max{5+0,4+0}

=max{5,4}=5

工作的最早完成时间就是本工作的最早开始时间 ES(i-j) 与本工作的持续时间 D(i-j) 之和，按公式（5-4）计算，如：

EF(1-2)=ES(1-2)+D(1-2)=0+2=2

EF(2-4)=ES(2-4)+D(2-4)=2+2=4

EF(5-6)=ES(5-6)+D(5-6)=5+3=8

② 确定计算工期 T(c) 及计划工期 T(p)

已知计划工期等于计算工期，即网络计划的计算工期 T。取以终点节点 15 为箭头节点的工作 13-15 和工作 14-15 的最早完成时间的最大值，按公式（5-7）计算：

T(c)=max{EF(13-15),EF(14-15)}=max{22,22}=22

3）计算各项工作的最迟开始时间和最迟完成时间

从终点节点（⑮节点）开始逆着箭线方向依次逐项计算到起点节点（①节点）。

a. 以网络计划终点节点为箭头节点的工作的最迟完成时间等于计划工期。

网络计划结束工作 i-j 的最迟完成时间按公式（5-8）计算，如：

LF(13-15)=T(p)=22

LF(14-15)=T(p)=22

b. 计算各项工作的最迟开始和最迟完成时间

依次类推，算出其他工作的最迟完成时间，如：

LF(13-14)=min{LF(14-15)-D(14-15)}=22-3=19

LF(12-13)=min{LF(13-15)-D(13-15),LF(13-14)-D(13-14)}=min{22-3,19-0}=19

LF(11-12)=min{LF(12-13)-D(12-13)}=19-4=15

网络计划所有工作 i-j 的最迟开始时间均按公式（5-9）计算，如：

LS(14-15)＝LF(14-15)-D(14-15)＝22-3＝19

LS(13-15)＝LF(13-15)-D(13-15)＝22-3＝19

LS(12-13)＝LF(12-13)-D(12-13)＝19-4＝15

4) 计算各项工作的总时差

可以用工作的最迟开始时间减去最早开始时间或用工作的最迟完成时间减去最早完成时间计算：

TF(1-2)＝LS(1-2)-ES(1-2)＝0-0＝0

TF(2-3)＝LS(2-3)-ES(2-3)＝2-2＝0

TF(5-6)＝LS(5-6)-ES(5-6)＝5-5＝0

5) 计算各项工作的自由时差

网络中工作 i-j 的自由时差等于紧后工作的最早开始时间减去本工作的最早完成时间，可按公式（5-14）计算，如：

FF(1-2)＝ES(2-3)-EF(1-2)＝2-2＝0

FF(2-3)＝ES(3-5)-EF(2-3)＝5-5＝0

FF(5-6)＝ES(6-8)-EF(5-6)＝8-8＝0

网络计划中的结束工作 i-j 的自由时差按公式（5-16）计算。

FF(13-15)＝T(p)-EF(13-15)＝22-22＝0

FF(14-15)＝T(p)-EF(14-15)＝22-22＝0

(3) 确定关键工作及关键线路。

在图 5.14 中，最小的总时差是 0，所以，凡是总时差为 0 的工作均为关键工作。该例中的关键工作是：A1、B1、B2、C2、C3、E、G、H、I。

在图 5.14 中，自始至终全由关键工作组成的关键线路用粗箭线进行标注。

5.3.3.5 双代号时标网络计划

双代号时标网络计划是以水平时间坐标为尺度编制的双代号网络计划，其主要特点有：

① 时标网络计划兼有网络计划与横道计划的优点，它能够清楚地表明计划的时间进程，使用方便；

② 时标网络计划能在图上直接显示出各项工作的开始与完成时间，工作的自由时差及关键线路；

③ 在时标网络计划中可以统计每一个单位时间对资源的需要量，以便进行资源优化和调整；

④ 由于箭线受到时间坐标的限制，当情况发生变化时，对网络计划的修改比较麻烦，往往要重新绘图。但在使用计算机以后，这一问题已较容易解决。

⑤ 双代号时标网络计划的一般规定：

a. 双代号时标网络计划必须以水平时间坐标为尺度表示工作时间。时标的时间单位应根据需要在编制网络计划之前确定，可为时、天、周、月或季。

b. 时标网络计划应以实箭线表示工作，以虚箭线表示虚工作，以波形线表示工作的自由时差。

c. 时标网络计划中所有符号在时间坐标上的水平投影位置，都必须与其时间参数相对应。节点中心必须对准相应的时标位置。

d. 时标网络计划中虚工作必须以垂直方向的虚箭线表示，有自由时差时加波形线表示。

5.3.3.6 时标网络计划的编制

时标网络计划宜按各个工作的最早开始时间编制。在编制时标网络计划之前，应先按已确定的时间单位绘制出时标计划表，如表 5.6 所示。

表 5.6 时标计划表

日历																	
时间单位	1	2	3	4	5	6	7	8	9	10	11	12	13	14	15	16	17
网络计划																	
时间单位	1	2	3	4	5	6	7	8	9	10	11	12	13	14	15	16	17

双代号时标网络计划的编制方法有以下两种。

(1) 间接法绘制

先绘制出时标网络计划，计算各工作的最早时间参数，再根据最早时间参数在时标计划表上确定节点位置，连线完成，某些工作箭线长度不足以到达该工作的完成节点时，用波形线补足。

(2) 直接法绘制

根据网络计划中工作之间的逻辑关系及各工作的持续时间，直接在时标计划表上绘制时标网络计划。绘制步骤如下。

① 将起点节点定位在时标表的起始刻度线上。

② 按工作持续时间在时标计划表上绘制起点节点的外向箭线。

③ 其他工作的开始节点必须在其所有紧前工作都绘出以后，定位在这些紧前工作最早完成时间最大值的时间刻度上，某些工作的箭线长度不足以到达该节点时，用波形线补足，箭头画在波形线与节点连接处。

④ 用上述方法从左至右依次确定其他节点位置，直至网络计划终点节点定位，绘图完成。

【例 5-2】已知网络计划的资料如表 5.5 所示，试用直接法绘制双代号时标网络计划。

【解】(1) 将起始节点①定位在时标表的起始刻度线上，如图 5.15 所示。

(2) 按工作的持续时间绘制①节点的外向箭线①～②，即按 A1 工作的持续时间，画出无紧前工作的 A1 工作，确定节点②的位置。

(3) 自左至右依次确定其余各节点的位置。如②、③、④、⑥、⑨、⑪节点之前只有一条内向箭线，则在其内向箭线绘制完成后即可在其末端将上述节点绘出。⑤、⑦、⑧、⑩、⑫、⑬、⑭、⑮节点则必须待其前面的两条内向箭线都绘制完成后才能定位在这些内向箭线中最晚完成的时刻处。其中，⑤、⑦、⑧、⑩、⑫、⑭各节点均有长度不足以达到该节点的内向实箭线，故用波形线补足。

(4) 用上述方法自左至右依次确定其他节点位置，直至画出全部工作，确定终点节点⑮的位置，该时标网络计划即绘制完成。

(5) 关键线路和计算工期的确定

① 时标网络计划关键线路的确定，应自终点节点逆箭线方向朝起点节点逐次进行判定，即从终点到起点不出现波形线的线路即为关键线路。如图 5.15 中，关键线路用粗箭线表示。

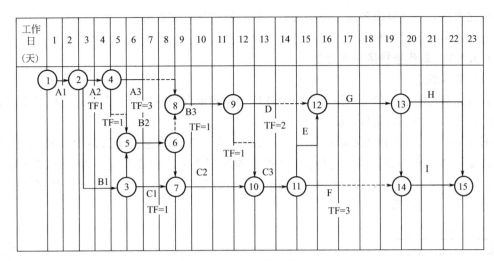

图 5.15 时标网络计划实例

② 时标网络计划的计算工期，应是终点节点与起点节点所在位置之差。图 5.15 中，计算工期 T(c)＝22－0＝22（天）。

(6) 时标网络计划时间参数的确定

在时标网络计划中，六个工作时间参数的确定步骤如下。

1) 最早时间参数的确定

按最早开始时间绘制时标网络计划，最早时间参数可以从图上直接确定。

① 最早开始时间 ES(i-j)。

每条实箭线左端箭尾节点（i 节点）中心所对应的时标值，即为该工作的最早开始时间。

② 最早完成时间 EF(i-j)。

如箭线右端无波形线，则该箭线右端节点（j 节点）中心所对应的时标值为该工作的最早完成时间。如箭线右端有波形线，则实箭线右端末所对应的时标值即为该工作的最早完成时间。

2) 自由时差的确定

时标网络计划中各工作的自由时差值应为表示该工作的箭线中波形线部分在坐标轴上的水平投影长度。

3) 总时差的确定

时标网络计划中工作的总时差的计算应自右向左进行，且符合下列规定。

① 以终点节点（j＝n）为箭头节点的工作的总时差 TF(i-n) 应按网络计划的计_划工期 T(p) 计算确定，即：

$$TF(i\text{-}n)=T(p)\text{-}EF(i\text{-}n) \quad (5\text{-}17)$$

② 其他工作的总时差等于其紧后工作 j-k 总时差与本工作自由时差之和的最小值，即

$$TF(i\text{-}j)=\min\{TF(i\text{-}k)+FF(i\text{-}j)\} \quad (5\text{-}18)$$

4) 最迟时间参数的确定

时标网络计划中工作的最迟开始时间和最迟完成时间可按下式计算：

$$LS(i\text{-}j)=ES(i\text{-}j)+TF(i\text{-}j) \quad (5\text{-}19)$$

$$Lf(i\text{-}j)=Ef(i\text{-}j)+TF(i\text{-}j) \quad (5\text{-}20)$$

由此类推，可计算出各项工作的最迟开始时间和最迟完成时间。由于所有工作的最早开始时间、最早完成时间和总时差均为已知，故计算容易，此处不再一一列举。

5.3.3.7 单代号搭接网络计划

（1）基本概念

在普通双代号和单代号网络计划中，各项工作按依次顺序进行，即任何一项工作都必须在它的紧前工作全部完成后才能开始。

图 5.16（a）以横道图表示相邻的 A、B 两工作，A 工作进行 4 天后 B 工作即可开始，而不必要等 A 工作全部完成。这种情况若按依次顺序用网络图表示就必须把 A 工作分为两部分，即 A1 和 A2 工作，以双代号网络图表示如图 5.16（b）所示，以单代号网络图表示则如图 5.16（c）所示。

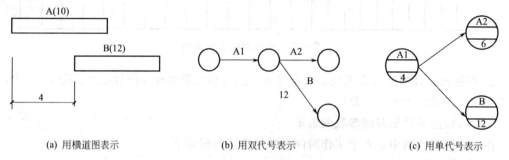

图 5.16 B 两工作搭接关系的表示方法

但在实际工作中，为了缩短工期，许多工作可采用平行搭接的方式进行。为了简单直接地表达这种搭接关系，使编制网络计划得以简化，于是出现了搭接网络计划方法。单代号搭接网络计划如图 5.17 所示。其中起点节点 St 和终点节点 Fin 为虚拟节点。

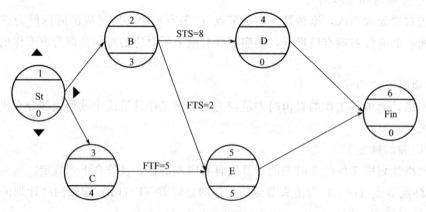

图 5.17 单代号搭接网络计划

① 单代号搭接网络图中每一个节点表示一项工作，宜用圆圈或矩形表示节点所表示的工作名称、持续时间和工作代号等应标注在节点内。节点最基本的表示方法应符合图 5.18 的规定。

② 单代号搭接网络图中，箭线及其上面的时距符号表示相邻工作间的逻辑关系，如图 5.19 所示。箭线应画成水平直线、折线或斜线。箭线水平投影的方向应自左向右，表示工作的进行方向。

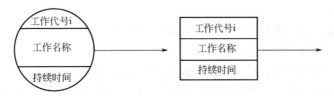

图 5.18 单代号搭接网络图工作的表示方法

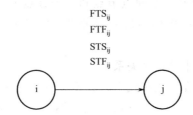

图 5.19 单代号搭接网络图箭线的表示方法

工作的搭接顺序关系是用前项工作的开始或完成时间与其紧后工作的开始或完成时间之间的间距来表示，具体有四类：

FTS(i-j)——工作 i 完成时间与其紧后工作 j 开始时间的时间间距；

FTF(i-j)——工作 i 完成时间与其紧后工作 j 完成时间的时间间距；

STS(i-j)——工作 i 开始时间与其紧后工作 j 开始时间的时间间距；

STF(i-j)——工作 i 开始时间与其紧后工作 j 完成时间的时间间距。

③ 单代号网络图中的节点必须编号。编号标注在节点内，其号码可间断，但严禁重复。箭线的箭尾节点编号应小于箭头节点编号。一项工作必须有惟一的一个节点及相应的一个编号。

④ 工作之间的逻辑关系包括工艺关系和组织关系，在网络图中均表现为工作之间的先后顺序。

⑤ 单代号搭接网络图中，各条线路应用该线路上的节点编号自小到大依次表述，也可用工作名称依次表述。如图 5.18 所示的单代号搭接网络图中的一条线路可表述为 1—2—5—6，也可表述为 St—B—E—Fin。

⑥ 单代号搭接网络计划中的时间参数基本内容和形式应按图 5.20 所示方式标注。工作名称和工作持续时间标注在节点圆圈内，工作的时间参数（如 ES，EF，LS，LF，TF，FF）标注在圆圈的上下。而工作之间的时间参数［如 STS，FTF，STF，FTS 和时间间隔 LAG(i-j)］标注在联系箭线的上下方法。

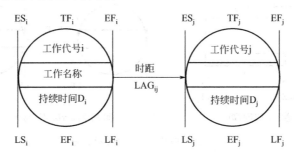

图 5.20 单代号搭接网络计划时间参数标注形式

(2) 绘图规则

① 单代号搭接网络图必须正确表述已定的逻辑关系。

② 单代号搭接网络图中，严禁出现循环回路。

③ 单代号搭接网络图中，严禁出现双向箭头或无箭头的连线。

④ 单代号搭接网络图中，严禁出现没有箭尾节点的箭线和没有箭头节点的箭线。

⑤ 绘制网络图时，箭线不宜交叉。当交叉不可避免时，可采用过桥法和指向法绘制。

⑥ 单代号搭接网络图只应有一个起点节点和一个终点节点。当网络图中有多项起点节点或多项终点节点时，应在网络图的两端分别设置一项虚工作，作为该网络图的起点节点（St）和终点节点（Fin）。

(3) 单代号搭接网络计划中的搭接关系

搭接网络计划中搭接关系在工程实践中的具体应用，简述如下。

① 完成到开始时距（FTS(i-j)）的连接方法　图 5.21 表示紧前工作 i 的完成时间与紧后工作 j 的开始时间之间的时距和连接方法。

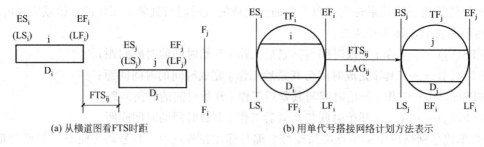

图 5.21　时距 FTS 的表示方法

例如修一条堤坝的护坡时，一定要等土堤自然沉降后才能修护坡，这种等待的时间就是 FTS 时距。

当 FTS=0 时，就是说紧前工作 i 的完成时间等于紧后工作 j 的开始时间，这时紧前工作与紧后工作紧密衔接，当计划所有相邻工作的 FTS=0 时，整个搭接网络计划就成为一般的单代号网络计划。因此，一般的依次顺序关系只是搭接关系的一种特殊表现形式。

② 完成到完成时距（FTF）的连接方法　图 5.22 表示紧前工作 i 完成时间与紧后工作 j 完成时间之间的时距和连接方法。

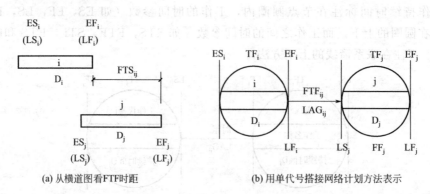

图 5.22　时距 FTF 的表示方法

例如相邻两工作,当紧前工作的施工速度小于紧后工作时,则必须考虑为紧后工作留有充分的工作面,否则紧后工作就将因无工作面而无法进行。这种结束工作时间之间的间隔就是 FTF 时距。

③ 开始到开始时距（STS(i-j)）的连接方法　图 5.23 表示紧前工作 i 的开始时间与紧后工作 j 的开始时间之间的时距和连接方法。

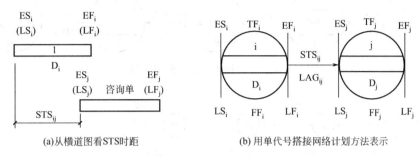

图 5.23　时距 STS 的表示方法

例如道路工程中的铺设路基和浇筑路面,待路基开始工作一定时间为路面工程创造一定工作条件之后,路面工程即可开始进行,这种开始工作时间之间的间隔就是 STS 时距。

④ 开始到完成时距（STF(i-j)）的连接方法　图 5.24 表示紧前工作 i 的开始时间与紧后工作 j 的结束时间之间的时距和连接方法,这种时距以 STF(i-j) 表示。

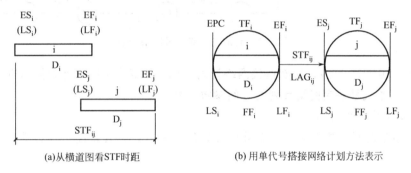

图 5.24　时距 STF 的表示方法

例如要挖掘带有部分地下水的土,地下水位以上的土可以在降低地下水位工作完成之前开始,而在地下水位以下的土则必须要等降低地下水位之后才能开始。降低地下水位工作的完成与何时挖地下水位以下的土有关,至于降低地下水位何时开始,则与挖土没有直接联系。这种开始到结束的限制时间就是 STF 时距。

⑤ 混合时距的连接方法　在搭接网络计划中,两项工作之间可同时由四种基本连接关系中两种以上来限制工作间的逻辑关系,例如 i、j 两项工作可能同时由 STS 与 FTF 时距限制,或 STF 与 FTS 时距限制等。

下面是单代号搭接网络计划实例以供参考。

一幢三单元五层家属宿舍的装修工程,以一层为一流水段组织流水施工,共五项工作,其工艺流程图如图 5.25 所示。

如果用单代号搭接网络图绘制网络计划,则如图 5.26 所示。

如果用双代号网络图来表示这个计划,则如图 5.27 所示。

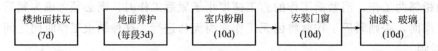

图 5.25 装饰工程工艺流程图

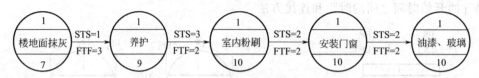

图 5.26 装饰工程搭接网络计划

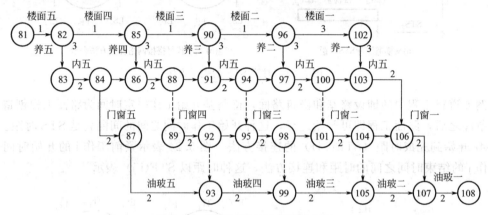

图 5.27 装饰工程双代号网络计划

对照图 5.26 和图 5.27，显然搭接网络计划要比一般双代号网络计划简单得多。

5.3.3.8　单代号搭接网络计划的时间参数计算

（1）计算工作最早时间

① 计算最早时间参数必须从起点节点开始依次进行，只有紧前工作计算完毕，才能计算本工作。

② 计算工作最早开始时间应按下列步骤进行：

起点节点的工作最早开始时间都应为零，即：

$$ES_i = 0 \quad (i = 起点节点编号) \tag{5-21}$$

其他工作 j 的最早开始时间（ES_j）根据时距应按下列公式计算：

相邻时距为 $STS(i,j)$ 时，

$$ES_j = ES_i + STS(i,j) \tag{5-22}$$

相邻时距为 $FTF(i,j)$ 时，

$$ES_j = ES_i + D_i + FTF(i,j) - D_j \tag{5-23}$$

相邻时距为 $STF(i,j)$ 时，

$$ES_j = ES_i + STF(i,j) - D_i \tag{5-24}$$

相邻时距为 $FTS(i,j)$ 时，

$$ES_j = ES_i + D_i + FTS(i,j) \tag{5-25}$$

③ 计算工作最早时间，当出现最早开始时间为负值时，应将该工作 j 与起点节点用虚箭线相连接，并确定其时距为：

$$STS(起点节点,j)=0 \tag{5-26}$$

④ 工作 j 的最早完成时间 EFj 应按下式计算：
$$EFj=ESj+Di \tag{5-27}$$

⑤ 当有两种以上的时距（有两项工作或两项以上紧前工作）限制工作间的逻辑关系时，应分别进行计算其最早时间，取其最大值。

⑥ 搭接网络计划中，全部工作的最早完成时间的最大值若在中间工作 k，则该中间工作 k 应与终点节点用虚箭线相连接，并确定其时距为：
$$FTF(k,终点节点)=0 \tag{5-28}$$

⑦ 搭接网络计划计算工期 T(c) 由与终点相联系的工作的最早完成时间的最大值决定。

⑧ 网络计划的计划工期 T(p) 的计算应按下列情况分别确定：

当已规定了要求工期 T(r) 时，$T(p) \leqslant T(r)$；

当未规定要求工期时，$T(p)=T(c)$。

(2) 计算时间间隔 LAG(i,j)

相邻两项工作 i 和 j 之间在满足时距之外，还有多余的时间间隔 LAG(i,j)，应按下式计算

$$LF_i = \min \begin{bmatrix} LS_j - LF_i - FTS_{i,j} \\ LS_j - LF_i - STS_{i,j} \\ LF_j - LF_i - FTF_{i,j} \\ LF_j - LS_i - STF_{i,j} \end{bmatrix} \tag{5-29}$$

(3) 计算工作总时差

工作 i 的总时差 TFi 应从网络计划的终点节点开始，逆着箭线方向依次逐项计算。当部分工作分期完成时，有关工作的总时差必须从分期完成的节点开始逆向逐项计算。

终点节点所代表工作 n 的总时差 TF(n) 值应为：
$$TF(n)=T(p)-EF(n) \tag{5-30}$$

其他工作 i 的总时差 TFi 应为：
$$TFi=\min\{TFj+LAG(i,j)\} \tag{5-31}$$

(4) 计算工作自由时差

终点节点所代表工作 n 的自由时差 FF(n) 应为：
$$FF(n)=T(p)-EF(n) \tag{5-32}$$

其他工作 i 的自由时差 FFi 应为：
$$FFi=\min\{LAG(i,j)\} \tag{5-33}$$

(5) 计算工作最迟完成时间

工作 i 的最迟完成时间应从网络计划的终点节点开始，逆着箭线方向依次逐项计算。当部分工作分期完成时，有关工作的最迟完成时间应从分期完成的节点开始逆向逐项计算。

终点节点所代表的工作 n 的最迟完成时间 LF(n) 应按网络计划的计划工期 T(p) 确定，即：
$$LF(n)=T(p) \tag{5-34}$$

其他工作 i 的最迟完成时间 LFi 应为：

$$LF_i = EF_i + TF_i \tag{5-35}$$

$$LAG_{i,j} = \begin{bmatrix} ES_j - EF_i - FTS_{i,j} \\ ES_j - ES_i - STS_{i,j} \\ EF_j - EF_i - FTF_{i,j} \\ EF_j - ES_i - STF_{i,j} \end{bmatrix} \tag{5-36}$$

(6) 计算工作最迟开始时间

工作 i 的最迟开始时间 LS_i，应按下式计算：

$$LS_i = LF_i - D_i \tag{5-37}$$

或

$$LS_i = ES_i + TF_i \tag{5-38}$$

5.4 工程项目进度的检查与调整

将正式进度计划报请有关部门审批后，即可组织实施。在计划执行过程中，由于资源、环境、自然条件等因素的影响，往往会造成实际进度与计划进度产生偏差，如果这种偏差不能及时纠正，必将影响进度目标的实现。因此，在计划执行过程中采取相应措施来进行管理，对保证计划目标的顺利实现具有重要意义。

进度计划执行中的管理工作主要有以下几个方面：
① 检查并掌握实际进展情况；
② 分析产生进度偏差的主要原因；
③ 确定相应的纠偏措施或调整方法。

5.4.1 跟踪检查工程的实际进度

5.4.1.1 用横道图反映项目进度状况

用横道图可以清楚地对比实际和计划工期（或进度）的情况，例如，现在项目已进行了 8 周，实际状况为：A 已经在 0～3 周中完成；B 已于第三周初开始，现预计剩余工作还要 4 周可完成；C 于第 4 周初开始，预计剩余工程量还需要 1 周完成；D 已经于 5 周初开始，还需 4 周才能完成；E 已于 4～8 周内全部结束；其他尚未开始。则可将实际的开始（结束）时间标在计划的横道图下面，用两种图例进行对比，如图 5.28 所示（图中的百分比是以工期作为尺度的）。

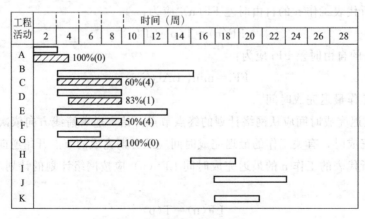

图 5.28 实际进度与计划比较（一）

图 5.28 完全是工作实际开始、结束时间和完成程度情况的直观反映,是写实性的,显示哪些活动进展符合计划,或已经延误。但工程活动完成程度的对比并不强烈,对此又可以采用图 5.29 的表达方式。在该图中,不反映工程活动的实际开始和结束时间,仅反映与计划相比,实际完成的百分比。通过前锋线可以较好地反映工期的拖延或提前。如图中 A 已经完成;B 活动已经进行了 6 周,还剩 4 周,则完成 60%;C 已经进行了 5 周,还剩 1 周,完成了 84%;D 活动已经进行 4 周,还剩 4 周,完成 50%;E 活动已经结束。从图中可见,B 活动进度提前,而 C、D 活动拖延。

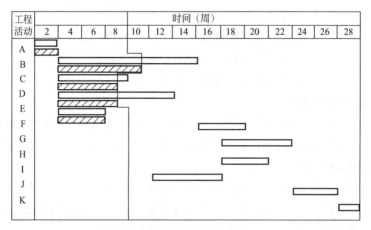

图 5.29 实际进度与计划比较(二)

5.4.1.2 用网络反映工程进度状况

在单代号网络上,可以在活动节点的框上加上"×"表示该活动已经结束,在框上加上"/"表示该活动已经开始,但尚未结束,则上述项目的实施状态可用图 5.30 表示。

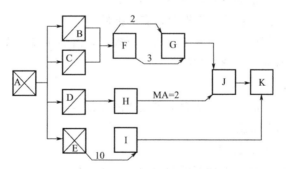

图 5.30 用单代号网络反映工程进展情况

对双代号和时标网络也可以采用前锋线的形式表达工程进展情况。

5.4.1.3 项目的完成程度分析

在工程实施过程中,项目的完成程度是一个重要的指标。它不仅对进度控制,而且对成本控制也十分重要,若无法正确地表达工程进度,则不可能有准确的成本分析。

按统一的指标(例如成本、劳动力投入或工期等)进行测算则可以得到各个项目单元的进度情况,最后可以计算项目的总进度,即到前锋期已完成的百分比。

例如,按工期分析,则:

项目完成程度=实际总工期/计划总工期=8/28=28.6%

而按劳动力投入比例为：

项目完成程度＝已投入劳动力工时/项目计划总工时×100％

按照已经完成的工程合同价格的比例：

项目完成程度＝已完工程合同价格/工程总价格×100％。

另外，人们常常用到前锋期计划的完成程度和实际完成程度的差异进行比较。

例如，合同总价格为300万元，总工期为24周，按照原计划到前锋期第9周应完成100万元，而现在实际完成工作量合同价为90万元。则：

工期进度＝9周/24周＝37.5％

项目计划完成程度＝100万/300万＝33.3％

而实际完成程度＝90万/300万＝30％

至前锋期完成计划的程度＝90万/100万＝90％

5.4.1.4 总工期预测

在分析每个工程活动进度状况的基础上，可以采用关键线路分析的方法确定各项拖延对总工期的影响。因为各工程活动在网络中所处的位置（关键线路或非关键线路）不同，所以它们对整个工期拖延的影响也不同。

总工期预测属于工期目标偏差分析的工作，是进度控制的一个关键职能。通过预测工程项目完成日期，并与目标工期进行比较，以发现偏差，并考虑采取纠正措施。

利用网络分析方法测算总工期，可以按照如下程序进行。

（1）将已完成的活动划去（如A，E），将已开始，但未完成的活动的持续时间修改为预计还需要的时间，例如，D(B)＝4周，D(C)＝1周，D(D)＝4周。

（2）研究计划变更或新的计划对网络的影响，包括：

① 网络活动中逻辑关系的变化，这通常由于：

a. 实施顺序发生变化。有的工作提前，有的推后。

b. 实施过程调整。例如由顺序施工变为平行施工，由顺序施工改为分段流水施工等。

② 网络活动持续时间的变化，包括：

a. 工程量的增减；

b. 实施方案变动，造成人力、物力资源投入的变化；

c. 计划的持续时间有错误等。

（3）网络中活动的增加或减少：

① 新的附加工程或工作，增加新的项目单元（工作包）；

② 删除部分工程；

③ 设计或计划出错，或结构分解出错，造成工程活动的变化等。

对计划的调整和总工期的预测应考虑项目后期的风险和机会。

5.4.1.5 定义节点

定义一个开始节点P，它的持续时间为"0"，开始时间为前锋期，则得到一个新网络。分析计算该网络的时间参数，将得到一个新的工期，如图5.31所示，与原工期相比较，总工期提前了2周。

由于计划期所做的初始网络是基于许多假设的理想状态上的，因此经过不断的调整，使最终的实际执行网络可能与原计划大相径庭。

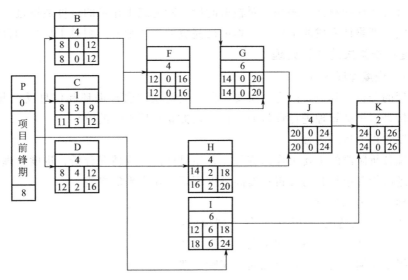

图 5.31 利用网络分析测算工程的总工期

5.4.2 整理、统计跟踪检查的数据

在工程项目实施过程中，项目管理人员应经常地、定期地对进度计划的执行情况进行跟踪检查，发现问题后，及时采取措施加以解决。

5.4.2.1 进度计划执行中的跟踪检查

对进度计划的执行情况进行跟踪检查是计划执行信息的主要来源，是进度分析和调整的依据，也是进度控制的关键步骤。跟踪检查的主要工作是定期收集反映工程实际进度的有关数据，收集的数据应当全面、真实、可靠，不完整或不正确的进度数据将导致判断不正确或决策失误。为了全面、准确地掌握进度计划的执行情况，项目管理人员应认真做好以下三方面的工作。

（1）定期收集进度报表资料

进度报表是反映工程实际进度的主要方式之一。进度计划执行单位应按照进度监督制度规定的时间和报表内容，定期填写进度报表。项目管理人员通过收集进度报表资料掌握工程实际进展情况。

（2）现场实地检查工程进展情况

派管理人员常驻现场，随时检查进度计划的实际执行情况，这样可以加强进度监测工作，掌握工程实际进度的第一手资料，使获取的数据更加及时、准确。

（3）定期召开现场会议

定期召开现场会议，项目管理人员通过与进度计划执行单位的有关人员面对面的交谈，既可以了解工程实际进度情况，同时也可以协调有关方面的进度关系。

一般说来，进度控制的效果与收集数据资料的时间间隔有关。究竟多长时间进行一次进度检查，这是项目管理人员应当确定的问题。如果不能经常地、定期地收集实际进度数据，就难以有效地控制实际进度。进度检查的时间间隔与工程项目的类型、规模、监督对象及有关条件等多方面因素有关，可视工程的具体情况，每月、每半月或每周进行一次检查。在特殊情况下，甚至需要每日进行一次进度检查。

5.4.2.2 实际进度数据的加工处理

为了进行实际进度与计划的比较，必须对收集到的实际进度数据进行加工处理，形成与计划进度具有可比性的数据。例如，对检查时段实际完成工作量的进度数据进行整理、统计和分析，确定本期累计完成的工作量、本期已完成的工作量占计划总工作量的百分比等。

5.4.3 进度检查结果的调整处理

5.4.3.1 进度管理分析

进度管理的分析比其他阶段更为重要，因为它对实现管理循环和信息反馈起重要作用。进度管理分析是对进度管理进行评价的前提，是提高管理水平的阶梯。

(1) 进度管理分析的内容

进度管理分析阶段的主要工作内容是：各项目标的完成情况分析；进度管理中的问题及原因分析；进度管理中经验的分析；提高进度管理工作水平的措施。

(2) 目标完成情况分析

① 时间目标完成情况的分析应计算下列指标：

合同工期节约值＝合同工期－实际工期

指令工期节约值＝指令工期－实际工期

定额工期节约值＝定额工期－实际工期

$$计划工期提前率 = \frac{计划工期 - 实际工期}{计划工期} \times 100\%$$

缩短工期的经济效益＝缩短一天产生的经济效益×缩短工期天数

还要分析缩短工期的原因，大致有以下几种：计划积极可靠；执行认真；控制得力；协调及时有效；劳动效率高。

② 资源情况分析使用下列指标：

单方用工＝总用工数／建筑面积

劳动力不均衡系数＝最高日用工数／平均日用工数

节约工日数＝计划用工工日－实际用工工日

主要材料节约量＝计划材料用量－实际材料用量

主要机械台班节约量＝计划主要机械台班数－实际主要机械台班数

$$主要大型机械节约率 = \frac{各种大型机械计划费之和 - 实际费之和}{各种大型机械及花费之和} \times 100\%$$

资源节约的原因大致有以下几种：资源优化效果好；按计划保证供应；认真制定并实施了节约措施；协调及时得力；劳动力及机械的效率高。

③ 成本目标分析

成本分析的主要指标如下：

降低成本额＝计划成本－实际成本

$$降低成本 = \frac{降低成本额}{计划成本额} \times 100\%$$

节约成本的原因主要是：计划积极可靠；成本优化效果好；认真制定并执行了节约成本措施；工期缩短；成本核算及成本分析工作效果好。

(3) 进度管理中的问题分析

这里所指的问题是：某些进度管理目标没有实现，或在计划执行中存在缺陷。在总结分析时可以定量计算（指标与前项分析相同），也可以定性地分析。对产生问题的原因也要从编制和执行计划中去找。问题要找够，原因要摆透，不能文过饰非。遗留的问题应反馈到下一循环解决。

进度管理中大致有以下一些问题:工期拖后,资源浪费,成本浪费,计划变化太大等。管理中出现上述问题的原因大致是:计划本身的原因,资源供应和使用中的原因,协调方面的原因,环境方面的原因。

(4) 进度管理中经验的分析

经验是指对成绩及其取得的原因进行分析以后,归纳出来的可以为以后进度管理借鉴的本质的、规律性的东西。分析进度管理的经验可以从以下几方面进行:

① 怎样编制计划,编制什么样的计划才能取得更大效益,包括准备、绘图、计算。

② 怎样优化计划才更有实际意义,包括优化目标的确定、优化方法的选择、优化计算、优化结果的评审、计算机应用等。

③ 怎样实施、调整与管理计划,包括组织保证、宣传、培训、建立责任制、信息反馈、调度、统计、记录、检查、调整、修改、成本控制方法、资源节约措施等。

④ 进度管理工作的创新。

总结出来的经验应有应用价值,通过企业和有关领导部门的审查与批准,形成规程、标准及制度,作为指导以后工作的参照执行文件。

(5) 提高进度管理水平的措施

① 编制好计划的措施。

② 更好地执行计划的措施。

③ 有效的控制措施。

(6) 进度管理分析的方法

① 在计划编制执行中,应积累资料,作为执行的基础。

② 在分析之前应实际调查,取得原始记录中没有的情况和信息。

③ 召开总结分析会议。

④ 用定量的对比分析法。

⑤ 尽量用计算机,以提高分析的速度和准确性。

⑥ 分析资料要分类归档。

5.4.3.2 进度管理总结

① 施工进度计划实施检查后,应向企业提供月度施工进度报告,这是进度管理的中间总结。总结的内容是:进度执行情况的综合描述,实际施工进度图,工程变更,价格调整,索赔及工程款收支情况,进度偏差的状况及导致偏差的原因分析,解决问题的措施,计划调整意见。

② 在施工进度计划完成后,进行进度管理最终总结。总结的依据是:施工进度计划,实际记录,检查结果,调整资料。总结的内容是:合同工期目标及计划工期目标完成情况,施工进度管理经验,施工进度管理中存在的问题及分析,科学的施工进度计划方法的应用情况,施工进度管理的改进意见。

5.5 工程项目进度控制

5.5.1 工程项目进度控制的含义和目的

建设项目管理有多种类型,代表不同利益方的项目管理(业主方和项目参与各方)都有进度控制的任务，但是，其控制的目标和时间范畴是不相同的。

建设项目是在动态条件下实施的，因此进度控制也就必须是一个动态的管理过程，它包括进度目标的分析和论证，在收集资料和调查研究的基础上编制进度计划和进度计划的跟踪检查与调整。如只重视进度计划的编制，而不重视进度计划必要的调整，则进度无法得到控制。为了实现进度目标，进度控制的过程也就是随着项目的进展，进度计划不断调整的过程。

① 进度目标分析，论证进度目标是否合理，进度目标有否可能实现。如果经过科学的论证，目标不可能实现，则必须调整目标。

② 进度计划的跟踪检查与调整，包括定期跟踪检查所编制的进度计划执行情况，若其执行有偏差，则采取纠偏措施，并视必要调整进度计划。进度控制的目的是通过控制以实现工程的进度目标。

5.5.2 工程项目进度控制的方法

5.5.2.1 控制方法

工程项目进度控制的主要工作环节首先是确定（确认）总进度目标和各进度控制子目标，并编制进度计划；其次在工程项目实施的全过程中，分阶段进行实际进度与计划进度的比较，出现偏差则及时采取措施予以调整，并编制新计划；最后是协调工程项目各参加单位、部门和工作队之间的工作节奏与进度关系。简单地说，进度控制就是规划（计划）、检查与调整、协调这样一个循环的过程，直到项目活动全部结束。

进度控制的关键工作环节是计划执行中的跟踪检查和调整。

5.5.2.2 控制措施

工程项目进度控制采取的主要措施有组织措施、管理措施、经济措施、技术措施等。

（1）组织措施

组织是目标能否实现的决定性因素，为实现项目的进度目标，应充分重视项目管理的组织体系。

① 落实工程项目中各层次进度目标的管理部门及责任人。

② 进度控制主要工作任务和相应的管理职能应在项目管理组织设计分工表和管理职能分工表中标示并落实。

③ 应编制项目进度控制的工作流程，如确定项目进度计划系统的组成；各类进度计划的编制程序、审批程序、计划调整程序等。

④ 进度控制工作往往包括大量的组织和协调工作，而会议是组织和协调的重要手段，应进行有关进度控制会议的组织设计，以明确会议的类型，各类会议的主持人及参加单位和人员，各类会议的召开时间（时机），各类会议文件的整理、分发和确认等。

（2）管理措施

建设工程项目进度控制的管理措施涉及管理的思想、管理的方法、管理的手段、承发包模式、合同管理和风险管理等。在理顺组织的前提下，科学和严谨的管理显得十分重要。

① 在管理观念方面下述问题比较突出。一是缺乏进度计划系统的观念，分别编制各种独立而互不联系的计划，形成不了系统；二是缺乏动态控制的观念，只重视计划的编制，而不重视计划执行中的及时调整；三是缺乏进度计划多方案比较和择优的观念，合理的进度计划应体现资源的合理使用，空间（工作面）的合理安排，有利于提高建设工程质量，有利于文明施工和缩短建设周期。

② 工程网络计划的方法有利于实现进度控制的科学化。用工程网络计划的方法编制进度计划应仔细严谨地分析和考虑工作之间的逻辑关系，通过工程网络计划可发现关键工作和关键线路，也可以知道非关键工作及误差。

③ 承发包模式的选择直接关系到工程实施的组织和协调。应选择合理的合同结构，以避免合同界面过多而对工程的进展产生负面影响。工程物资的采购模式对进度也有直接影响，对此应作分析比较。

④ 应该分析影响工程进度的风险，并在此基础上制定风险措施，以减少进度失控的风险量。

⑤ 重视信息技术（包括各种应用软件、互联网以及数据处理设备等）在进度控制中的应用。信息技术应用是一种先进的管理手段，有利于提高进度信息处理的速度和准确性，有利于增加进度信息的透明度，有利于促进相互间的信息统一与协调工作。

(3) 经济措施

建设工程项目进度控制的经济措施涉及资金需求计划、资金供应的条件及经济激励措施等。

① 应编制与进度计划相适应的各种资源（劳力、材料、机械设备、资金等）需求计划，以反映工程实施的各时段所需的资源。进度计划确定在先，资源需要量计划编制在后，其中，资金需要量计划非常重要，它同时也是工程融资的重要依据。

② 资金供应条件包括可能的资金总供应量、资金来源以及资金供应的时间。

③ 在工程预算中应考虑加快工程进度所需要的资金，其中包括为实现进度目标将要采取的经济激励措施所需要的费用。

(4) 技术措施

建设工程项目进度控制的技术措施涉及对实现进度目标有利的设计技术和施工方案。

① 不同的设计理念、设计技术路线、设计方案会对工程进度产生不同的影响。在设计工作的前期，特别是在设计方案评审和择优选用时，应对设计技术与工程进度，尤其是施工进度的关系作分析比较。在工程进度受阻时，应分析是否存在设计技术的影响因素以及为实现进度目标有无设计变更的可能性。

② 施工方案对工程进度有直接的影响。在选择施工方案时，不仅需要析技术是否先进与合理，还应考虑其对进度的影响。在工程进度受阻时，应分析是否存在施工技术的影响因素以及为实现进度目标有无变更施工技术、施工流向、施工机械和施工顺序的可能性。

复习思考题

1. 工程项目进度管理的基本要求有哪些？
2. 施工承包企业在目标工期确立的过程中通常可能做出哪些选择？
3. 试描述工程项目进度管理的过程，并简要说明该过程应遵循哪些管理原理？
4. 工程项目进度管理的方法与措施各有哪些？
5. 工程项目进度计划的种类有哪些？不同种类计划的内容组成、编制依据及编制目的各是什么？
6. 试描述工程项目进度计划的表示方法及它们各自的优缺点。
7. 对进度计划并请列举实例加以说明。
8. 请列举实例说明进度计划的调整原则和方法？

9. 在一项目中有浇捣混凝土工程活动，计划工程量500m^3，计划每天浇捣20m^3。实际施工情况为：开始3天中进度18m^3/天，接着因下雨停工3天；在下个4天中共浇捣86m^3；最后以24m^3/天的进度完成剩余的工程量。试用线性图描述该工程活动"实际—计划"进度对比。

10. 某工作包由3个工程活动组成，由3个小组负责施工，持续时间见表，现划分为3个等工作量的工作面，采用流水施工方法，要求施工队连续施工。试用单代号搭接网络表示3个活动的关系，并计算时间参数。

活动	A	B	C
持续时间/周	12	9	15

案例

一、案例背景

NKDWS是一个日处理十五万吨水的水处理厂项目，由世界银行贷款。

合同金额为200万美元，工期为29个月，合同条件以FIDIC第四版为蓝本。

合同要求在河岸边修建一个泵站，承包商在进行泵站的基础开挖时，遇到了业主的勘测资料并未指明的流沙和风化岩层，为处理这些流沙和风化岩层，相应造成了承包商工程拖期和费用增加。为此，承包商要求索赔：(1) 工期：17天 (2) 费用：12504美元

二、索赔论证

承包商在河岸边进行泵站的基础开挖时遇到了流沙，为处理流沙花了10天的时间，处理完流沙后，又遇到风化岩层，为了爆破石方又花了一周的时间。

按照业主提供的地质勘探资料，河岸的基土应为淤泥和泥炭土，并未提及有流沙和风化岩层。

合同条件第12.2款规定，在工程施工过程中，承包商如果遇到了现场气候条件以外的外界障碍或条件，如果这些障碍和条件是一个有经验的承包商也无法预见到的，工程师应给予承包商相应的工期和费用补偿。

上述流沙和风化岩层，如果业主不在地质勘探资料中予以标明，在短短的投标期间，一个有经验的承包商也是无法预见到的。

故承包商要求索赔相应的工期，多支出的人工费、材料费、机械费、管理费及利润。

三、索赔计算

1. 工期索赔计算

处理流沙：10天　　处理风化岩层：7天　　小计：17天

由于上述事件，承包商在这17天除了处理流沙和风化岩层处，无法进行其正常工程施工，故承包商要求补偿工期：17天

2. 费用索赔计算

(1) 处理流沙的费用

人工费：1240美元　　施工机械费：1123美元　　小计：2363美元

加15%的现场管理费　354美元　2717美元

加5%的总部管理费　136美元　2853美元

加3%的利润　86美元　2939美元

(2) 处理风化岩层的费用

人工费：885美元　　材料费：2389美元　　施工机械费：1487美元　　小计：3661美元

加15%的现场管理费　549美元　4210美元

加5%的总部管理费　211美元　4421美元

加3%的利润　133美元　4554美元

(3) 延期的现场管理费

管理费的提取采取按月平均分摊的方法。

合同总价中的利润：$2000000 \times 3 \div 103 = 58252$ 美元

合同总价中的总部管理费：$(2000000 - 58252) \times 5 \div 105 = 92464$ 美元

每月的现场管理费：$(2000000 - 58252 - 92464) \times 15 \div 115 \div 29 = 8318$ 美元

延期17天的现场管理费：$8318 \div 30 \times 17 = 4714$ 美元

减去(1)、(2)项中包含的现场管理费：$4714 - 354 - 549 = 3811$ 美元

(4) 延期的总部管理费

延期的总部管理费的计算采用Eichealy公式

分摊到被延误合同中的总部管理费 A＝被延误合同金额/合同期内所有合同总金额×合同期内总部管理费总额

被延误合同每天的总部管理费 B＝A/合同期

索赔的延期总部管理费 C＝B×延期天数

在本合同期的29个月内，承包商共承包了3个合同，3个合同的总金额为425万美元，3个合同的总部管理费总额为17万美元。

$A = 2000000/4250000 \times 170000 = 80000$ 美元　　$B = 80000/881 = 91$ 美元

$C = 91 \times 17 = 1547$ 美元

减去(1)、(2)项中包含的总部管理费：$1547 - 136 - 211 = 1200$ 美元

合计索赔费用：12504美元

第6章 工程项目成本管理

成本管理是工程项目管理的三大目标之一。工程项目成本管理是根据建筑企业的总体目标和工程项目的具体要求,在保证满足工程质量、工期等合同要求的前提下,对工程项目实施过程中所发生的费用进行有效的组织、实施、控制、跟踪、分析和考核等活动,以强化经营管理,完善成本管理制度,提高成本核算水平,降低工程成本,是实现目标利润、创造良好经济效益的过程。在工程建设过程中实行项目的成本管理是企业生存和发展的基础和核心。

6.1 概述

6.1.1 工程项目成本

工程项目成本是指工程项目从设计到完成期间所发生的全部费用的总和,它包括基础投资、前期的各种费用、项目建设中的贷款利息、管理费及其他各种费用等等。对于不同的工程建设参与方来讲,工程项目成本的内涵是不同的。对于业主来说,工程项目成本是指对建设项目的投资;对于承包商来说,工程项目成本是指项目在施工中所发生的全部生产费用的总和,包括人工费、材料费、机械费、措施费、施工项目经理部发生的现场管理费和不可预见费等。具体构成如图6.1所示。

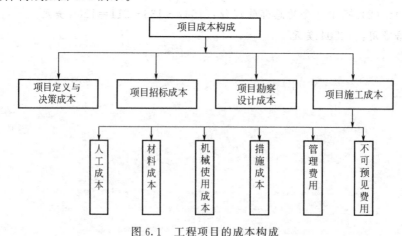

图6.1 工程项目的成本构成

(1) 工程项目定义与决策成本

项目的定义与决策是项目形成的第一个阶段,对项目建成后的经济效益与社会效益会产生重要影响。为了对项目进行科学的定义与决策,必须要进行详实的市场调查,搜集和掌握信息资料,进行可行性研究。完成这些工作所耗用的资金构成了项目的定义与决策成本。

(2) 招标成本

投资者不管是自行招标或委托招标,都需要一笔费用开支,这就是招标成本。

(3) 勘察设计成本

根据可行性研究报告进行勘察,根据勘察资料和可行性研究报告进行设计,这些工作耗用的费用总和构成了勘察设计成本。

(4) 工程项目施工成本

在施工过程中,为完成项目的建筑安装施工所耗用的各项费用总和构成了工程项目施工成本。包括施工生产过程中所耗费的生产资料转移的价值和劳动耗费所创造的价值中以工资和附加费的形式分配给劳动者的个人劳动酬金。具体包括人工费、材料费、机械使用费、其他直接费和企业管理费。其中前四项称为"直接费或直接成本",最后一项称为"间接费或间接成本"。

① 人工费:人工费是指直接从事建筑安装工程施工的生产工人开支的各项费用,包括以下内容。

基本工资:指发放给生产工人的基本工资。

工资性补贴:指按规定标准发放的物价补贴,煤、燃气补贴,交通补贴,住房补贴,流动施工津贴等。

生产工人辅助工资:指生产工人年有效施工天数以外非作业天数的工资,包括职工学习、培训期间的工资,调动工作、探亲、休假期间的工资,因气候影响的停工工资,女工哺乳时间的工资,病假在6个月以内的工资及产、婚、丧假期的工资。

职工福利费:指按规定标准计提的职工福利费。

生产工人劳动保护费:指按规定标准发放的劳动保护用品的购置费及修理费,徒工服装补贴、防暑降温费、在有碍身体健康环境中施工的保健费用等。

单位工程量人工费的计算公式为:

$$G = \sum_{i=1}^{5} G_i$$

$$人工费 = \sum(人工定额消耗量 \times 日工资单价)$$

式中 G——日工资单价;

G_1——日基本工资;

G_2——日工资性补贴;

G_3——日生产工人辅助工资;

G_4——日职工福利费;

G_5——日生产工人劳动保护费。

$$日基本工资 = \frac{生产工人平均月工资}{年平均每月法定工作日}$$

$$日工资性补贴 = \frac{\sum 年发放标准}{全年日历日 - 法定假日} + \frac{\sum 月发放标准}{年平均每月法定工作日} + 每工作日发放标准$$

$$日生产工人辅助工资 = \frac{全年无效工作日 \times (G_1 + G_2)}{全年日历日 - 法定假日}$$

$$日职工福利费 = (G_1 + G_2 + G_3) \times 福利费计提比例$$

$$日生产工人劳动保护费 = \frac{生产工人年平均支出劳动保护费}{全年日历日 - 法定假日}$$

② 材料费：材料费是指施工过程中耗用的构成工程实体的原材料、辅助材料、构配件、零件、半成品的费用，包括以下内容：

材料原价或供应价格；

材料运杂费：指材料自来源地运至工地仓库或指定堆放地点所发生的全部费用；

运输损耗费：指材料在运输装卸过程中不可避免的损耗；

采购及保管费：指为组织采购、供应和保管材料过程中所需要的各项费用，包括：采购费、仓储费、工地保管费、仓储损耗；

检验试验费：指对建筑材料、构件和建筑安装物进行一般鉴定、检查所发生的费用，包括自投试验室进行试验所耗用的材料和化学药品等费用。不包括新结构、新材料的试验费和建设单位对具有出厂合格证明的材料进行检验，对构件做破坏性试验及其他特殊要求检验试验的费用。

单位工程量材料费的计算公式为：

材料费 $= \sum$（材料定额消费量 $\times$ 材料基价）$+$ 检验试验费；

材料基价 $=[$（供应价格 $+$ 运杂费）$\times$（$1+$ 运输损耗率）$]\times$（$1+$ 采购保管费率）；

检验试验费 $= \sum$（单位材料量检验试验 $\times$ 材料消耗量）。

③ 施工机械使用费：施工机械使用费是指施工机械作业所发生的机械使用费以及机械安拆费和场外运费。

单位工程量施工机械使用费的计算公式为：

施工机械使用费 $= \sum$（施工机械台班定额消耗量 $\times$ 机械台班单价）；

机械台班单价＝台班折旧费＋台班大修费＋台班经常修理费＋台班安拆费及场外运费＋台班人工费＋台班燃料动力费＋台班养路费及车船使用税；

施工机械使用费包括以下内容：

折旧费：指施工机械在规定的使用年限内，陆续收回其原值及购置资金的时间价值。其计算公式为：

$$台班折旧费 = \frac{机械预算价格 \times (1-残值率)}{耐用总台班数}$$

耐用总台班数＝折旧年限×年工作台班；

大修理费：指施工机械按规定的大修理间隔台班进行必要的大修理，以恢复其正常功能所需的费用。其计算公式如下：

$$台班大修理费 = \frac{一次大修理费 \times 大修次数}{耐用总台班数}$$

经常修理费：施工机械除大修理以外的各级保养和临时故障排除所需的费用。包括为保障机械正常运转所需替换设备与随机配备工具附具的摊销和维护费用，机械运转中日常保养所需润滑与擦拭的材料费用及机械停滞期间的维护和保养费用等。

安拆费及场外运费：安拆费指施工机械在场进行安装与拆卸所需的人工、材料、机械和试运转费用以及机械辅助设施的折旧、搭设、拆除等费用；场外运费指施工机械整体或分体自停放地点运至施工现场或由一施工地点运至另一施工地点的运输、装卸、辅助材料及架线等费用。

人工费：机上司机（司炉）和其他操作人员的工作日人工费及上述人员在施工机械规定的年工作台班以外的人工费。

燃料动力费：施工机械在运转作业中所消耗的固体燃料（煤、木柴）、液体燃料（汽油、柴油）水、电等。

养路费及车船使用税：施工机械按照国家规定和有关部门规定应缴纳的养路费、车船使用税、保险费及年检费等。

④ 企业管理费：企业管理费是指建筑安装企业组织施工生产和经营管理所需的费用，包括以下内容。

管理人员工资：指管理人员的基本工资、工资性补贴、职工福利费、劳动保护费等。

办公费：指企业管理办公用的文具、纸张、账表、印刷、邮电、书报、会议、水电、烧水和集体取暖（包括现场临时宿舍取暖）用煤等费用。

差旅交通费：指职工因公出差、调动工作的差旅费、住勤补助费，市内交通费和误餐补助费，职工探亲路费，劳动力招募费，职工离退休、退职一次性路费，工伤人员就医路费，工地转移费以及管理部门使用的交通工具的油料、燃料、养路费及牌照费。

固定资产使用费：指管理和试验部门及附属生产单位使用的属于固定资产的房屋、设备仪器等的折旧、大修、维修或租赁费。

工具用具使用费：指管理使用的不属于固定资产的生产工具、器具、家具、交通工具和检验、试验、测绘、消防用具等的购置、维修和摊销费。

劳动保险费：指由企业支付离退休职工的易地安家补助费、职工退职金、6个月以上的病假人员工资、职工死亡丧葬补助费、抚恤费、按规定支付给离休干部的各项经费。

工会经费：指企业按职工工资总额计提的工会经费。

职工教育经费：指企业为职工学习先进技术和提高文化水平，按职工工资总额计提的费用。

财产保险费：指施工管理用财产、车辆保险费。

财务费：指企业为筹集资金而发生的各种费用。

税金：指企业按规定缴纳的房产税、车船使用税、土地使用税、印花税等。

其他：包括技术转让费、技术开发费、业务招待费、绿化费、广告费、公证费、法律顾问费、审计费、咨询费等。

企业管理费的计算：企业管理费的计算主要有两种方法：公式计算法和费用分析法。

公式计算法：利用公式计算企业管理费的方法比较简单，也是投标人经常采用的一种计算方法，其计算公式为：

$$企业管理费 = 计算基数 \times 企业管理费费率$$

其中，企业管理费费率的计算因计算基数不同，分为三种：

a. 以直接费为计算基础：

$$企业管理费费率 = \frac{生产工人年平均管理费}{年有效施工天数 \times 人工单价} \times 人工费占直接费比例$$

b. 以人工费和机械费合计为计算基础：

$$企业管理费费率 = \frac{生产工人年平均管理费}{年有效施工天数 \times 人工单价} \times 100\%$$

c. 以人工费为计算基础：

$$企业管理费费率 = \frac{生产工人年平均管理费}{年有效施工天数 \times 人工单价} \times 100\%$$

费用分析法：用费用分析法计算企业管理费就是根据企业管理费的构成，结合具体的工程项目确定各项费用的发生额，公式计算法为：

企业管理费＝管理人员工资＋办公费＋差旅交通费＋固定资产使用费＋工具用具使用费＋劳动保险费＋工会经费＋职工教育经费＋财产保险费＋财务费＋税金＋其他

工程项目的施工成本是项目总成本的主要组成部分，虽然决策、质量、勘察设计结果都将直接影响施工成本，但在正确的决策和勘察设计条件下，施工成本一般占总成本的90%以上，因此从这种意义上讲，工程项目成本管理实际上是施工成本的管理。

⑤ 不可预见费用：不可预见费用（意外开支的准备金或储备），以便在项目发生意外事件或风险事件发生时使用。例如，在项目成本估算中遗漏了一些费用，由于通货膨胀等因素造成项目所需物料价格的上升；由于出现质量问题需要返工的费用；发生意外事故的赔偿金；或者因需要赶工、加班等因素而增加的成本。

6.1.2 影响工程项目成本的因素

影响工程项目成本的因素有许多，而且对不同的项目参与方及不同的应用领域，其影响项目成本的因素也会不同。但是最为重要的因素包括如下五个方面。

（1）工期对成本的影响

每个项目都有一种最佳施工组织，若工期紧急需要加大施工力量的投放，采用一定的赶工措施，如加班、高价进料、高价雇用劳务和租用设备，势必加大工程成本，相反，工期延长，突击施工的程度就会降低，项目直接成本也越低。这种最佳工期是最低成本下持续工作的时间，在计算最低成本时，一定要确定出实际的持续时间分布状态和最接近可以实现的最低成本。这一点如不限定，成本会随着工期的变化而变化。

（2）质量对成本的影响

工程项目质量是指项目能够满足客户需求的特性与指标。一方面，项目所要求的质量越高，所需要的成本自然越高。另一方面，一个项目的实现过程就是项目质量的形成过程，在这过程中为达到质量的要求，还需开展两个方面的工作：其一是质量的检验与保障工作，其二是质量失败的补救工作。这两项工作都要消耗资源，从而都会产生质量成本。如果放松对项目质量的要求，不但会减少项目的直接成本，还会减少上述的项目质量成本。

（3）价格对成本的影响

在设计阶段对成本的影响主要反映在施工图预算，而预算要取决于设计方案的价格，价格直接影响到工程造价。因此，在做施工图预算时，应做好价格预测，特别是准确估计通货膨胀使建材、设备及人工费的涨价率，以便较准确地把握成本水平。

（4）工程项目范围对成本的影响

任何一个工程项目的成本最根本是取决于项目的范围，即项目究竟需要做些什么事情和做到什么程度。从广度上说，项目范围越大，显然项目的成本就会越高，项目范围越小，项目的成本就会越低。从深度上说，如果项目所需完成的任务越复杂，项目的成本就会越高，而项目的任务越简单，项目的成本就会越低。

（5）管理水平对成本的影响

① 对预算成本估算偏低，例如征地费用或拆迁费用大大超出计划而影响成本。

② 由于资金供应紧张或材料，设备供应发生问题，从而影响了工程进度，延长了工期，造成建设成本的增加。

③ 甲方决策失误造成的损失。

④ 更改设计可能增加或减少成本开支，但又往往会影响施工进度，给成本控制带来不利影响。

6.1.3 工程项目成本管理

建筑工程项目成本管理，就是在完成一个工程项目过程中，对所发生的成本费用支出，有组织、有系统地进行预测、计划、控制、核算、考核、分析等的科学管理活动，它的根本目的在于通过成本管理的各种手段，不断降低工程项目的成本，以尽可能地达到实现最低目标成本的要求。工程项目成本管理的主要内容有：成本预测、成本计划、成本控制、成本核算、成本分析、成本考核。

（1）项目成本预测

项目成本预测是通过成本信息和施工项目的具体情况，并运用一定的专门方法，对未来的成本水平及其可能发展趋势做出科学的估计，其实质就是在施工以前对成本进行核算。通过成本预测，可以使项目经理部在满足建设单位和企业要求的前提下，选择成本低、效益好的最佳成本方案，并能够在施工项目成本形成过程中，针对薄弱环节，加强成本控制，克服盲目性，提高预见性。因此，施工项目成本预测是施工项目成本决策与计划的依据。

（2）项目成本计划

项目成本计划是项目经理部对项目施工成本进行计划管理的工具。它是以货币形式编制项目在计划期内的生产费用、成本水平、成本降低率以及为降低成本所采取的主要措施和规划的书面方案，它是建立项目成本管理责任制、开展成本控制和核算的基础。一般来说，一个施工项目成本计划应包括从开工到竣工所必需的施工成本，它是该项目降低成本的指导文件，是设立目标成本的依据。可以说，成本计划是目标成本的一种形式。

（3）项目成本控制

项目成本控制重点在施工过程中，对影响项目成本的各种因素加强管理，并采取各种有效措施，将施工中实际发生的各种消耗和支出严格控制在成本计划范围内，随时揭示并及时反馈，严格审查各项费用是否符合标准、计算实际成本和计划成本之间的差异并进行分析，消除施工中的损失浪费现象，发现和总结先进经验。通过成本控制，使之最终实现甚至超过预期的成本节约目标。项目成本控制应贯穿在项目从招投标阶段开始直到项目竣工验收的全过程，它是企业全面成本管理的重要环节。因此，必须明确各级管理组织和各级人员的责任和权限，这是成本控制的基础之一，必须给以足够的重视。

（4）项目成本核算

项目成本核算是指项目施工过程中所发生的各种费用和施工项目成本的核算。它包括两个基本环节：一是按照规定的成本开支范围对施工费用进行归集，计算出施工费用的实际发生额；二是根据成本核算对象，采用适当的方法，计算出该施工项目的总成本和单位成本。施工项目成本核算所提供的各种成本信息是成本预测、成本计划、成本控制、成本分析和成本考核等各个环节的依据。因此，加强施工项目成本核算工作，对降低施工项目成本、提高企业的经济效益有积极的作用。

（5）项目成本分析

项目成本分析是在成本形成过程中，对施工项目成本进行的对比评价和剖析总结工作，它贯穿于施工项目成本管理的全过程，也就是说施工项目成本分析主要利用施工项目的成本核算资料（成本信息），与目标成本（计划成本）、预算成本以及类似的施工项目的实际成本等进行比较，了解成本的变动情况，同时也要分析主要技术经济指标对成本的影响，系统地研究成本变动的因素，检查成本计划的合理性，并通过成本分析，深入揭示成本变动的规律，寻找降低施工项目成本的途径，以便有效地进行成本控制，减少施工的浪费，促使企业和项目经理部遵守成本开支范围和财务纪律，更好地调动广大职工的积极性，加强施工项目的全员成本管理。

(6) 项目成本考核

所谓成本考核就是项目完成后，对施工项目成本形成中的各责任者，按施工项目成本目标责任制的有关规定，将成本的实际指标与计划、定额、预算进行对比和考核，评定施工项目成本计划的完成情况和各责任者的业绩，并以此给以相应的奖励和处罚。通过成本考核，做到有奖有惩，赏罚分明，才能有效地调动企业的每一个职工在各自的施工岗位上努力完成目标成本的积极性，为降低施工项目成本和增加企业的积累做出自己的贡献。

综上所述，工程项目成本管理的每一个环节都是相互联系和相互作用的。成本预测是成本决策的前提，成本计划是成本决策所确定目标的具体化。成本控制则是对成本计划的实施进行监督，保证决策成本目标的实现，而成本核算又是成本计划是否实现的最后检验，它所提供的成本信息又对下一个施工项目成本预测和决策提供基础资料。成本考核是实现成本目标责任制的保证和实现决策的目标的重要手段。

6.2 工程项目成本计划

工程项目成本计划是工程项目全面计划管理的核心，是工程项目成本管理的一个重要环节，是实现工程项目成本目标的指导性文件。在项目成本管理的不同阶段，有不同的参加者，制订成本计划的角度可能不同，但他们都是以工程上的价值消耗为依据，他们实质上有统一性，因此，他们的计划和控制方法是相同的。

6.2.1 成本计划的过程

项目策划及实施的各个阶段都会产生成本计划。在项目的策划、设计、招投标、施工、最终结算的过程中，必须对成本计划进行不断的修改、补充、调整、控制和反馈。成本计划是工程项目建设全过程中进行成本控制的基本依据，因此，成本计划确定得是否合理，将直接关系到成本控制工作能否有效进行，成本控制能否达到预期的目标。在项目成本管理的不同阶段，有不同的参加者，成本计划都有各自的特点。

6.2.1.1 策划阶段的成本计划

在工程项目的策划阶段，项目管理者根据项目总目标、总规模、项目解决实际问题的能力、项目使用要求等方面对工程项目进行定义，形成项目目标系统。可行性研究对总投资目标进行进一步的分析论证。项目批准立项后，项目的计划总成本确定。根据工程项目的自身特性（工业建筑、民用建筑、公路工程、桥梁工程、地铁工程、石油化工工程等）、项目的使用要求、项目的规模、项目的技术水平、设计规范等所确定的项目技术系统设计目标，对各个专业技术子系统进行成本估算，并汇总形成项目技术系统成本，同时分别估算设计和计划的成本，包括土地使用费、准备工作成本、招标成本、设备采购招标等相关费用，最后将各项费用汇总而成工程项目总成本计划。这一阶段的工作主要由业主负责。业主可自行组织项目部负责，也可委托咨询公司、设计单位完成。

由于仅仅是投资估算，设计尚未开始，不可能有准确的成本计划。所以，投资估算的精确度在项目建议书阶段在±30％以内，初步可行性研究阶段在±20％以内，详细可行性研究阶段在±10％以内，估算精确度的提高在于工程项目技术系统地进一步确定。

6.2.1.2 设计阶段的成本计划

设计阶段的成本计划是由设计单位通过限额设计作出的，它要求不能突破投资估算所允许的范围，这是业主赋予设计单位的责任。目前，我国业主一般聘请造价事务所根据施工图预算做标底，一旦施工图设计阶段的成本计划得到确认，则工程项目的成本计划就相对固定下来。

设计部门按照批准的设计任务书及投资估算控制进行初步设计，当初步设计或扩大的初步设计完成后，工程项目进一步确定。这时，各单位工程及分部工程设计的范围初步确定，可比较可靠地进行估算。工程初步设计阶段的成本计划就可形成。将这些估算值通过汇总形成各专业技术子系统的估算，并与其限额相比较，当其小于要求时，工程项目的设计规模、设计标准、工程数量就可确定下来，并进一步作施工图设计。在施工图设计阶段，地质报告、设备、材料的供应、协作条件、物资采购供应价格等相对确认，使得施工图设计深度加深，各单位工程的分部分项工作量也可进行精确的描述，相应地制订详细的实施计划，这样就形成了施工图设计阶段的成本计划。

6.2.1.3 招标阶段的成本计划

业主一般通过招标方式选择承包商和材料、设备供应商，他们根据招标文件和对施工环境的调查了解编制投标报价。由于承包商及供应商的管理水平、技术水平和投标策略的差异，以及招投标市场手段的调节，各承包商和供应商的报价一般有比较明显的差额。经过资格审查后，业主往往选择报价较低的承包商和供应商，并签订工程承包合同和供货合同。合同签订后，承包商及供应商的报价就成为合同价。这就形成了工程项目施工阶段的计划成本。

一般情况下，业主是按施工项目的进度来分阶段支付合同价款的，所以成本计划必然与项目进度计划密切相关。

6.2.1.4 投标阶段的成本估算

投标报价是施工企业采取投标方式承揽施工项目时，以发包人招标文件中的合同条件、技术规范、设计图纸与工程量表、工程的性质和范围、价格条件说明和投标须知等为基础，结合调研和现场考察所得的情况，根据企业自己的定额、市场价格信息和有关规定，计算和确定承包该项工程的投标报价。

施工投标报价的基础是成本估算。企业首先应依据反映本企业技术水平和管理水平的企业定额，计算确定完成拟投标工程所需支出的全部生产费用，即估算该施工项目施工生产的直接成本和间接成本，包括人工费、材料费、机械使用费、其他直接费、现场管理费用等。施工项目成本估算的步骤如下。

（1）熟悉和研究招标文件

搜集、熟悉各种资料、工程技术文件，包括招标文件、施工图纸、市场价格信息等。

（2）进行施工技术和组织方案策划

要根据拟投标项目，对项目的施工组织进行策划，拟定管理组织结构形式、管理工作流程；对项目的施工流程、施工顺序、施工方法进行策划，确定施工方案。

（3）确定施工项目分解结构

对整个施工项目按子项或分部分项进行施工任务分解。

(4) 计算工程量，编制投标书报价表

根据项目施工图纸，有关技术资料和工程量规则进行工程量的计算，准确估算项目施工成本。

6.2.1.5 施工阶段的成本计划

成本计划的编制程序是：企业根据项目施工合同确定项目经理部的责任目标成本，通过"项目管理目标责任书"下达给项目经理部；项目经理部通过编制项目管理实施规划对降低成本的途径进行规划；项目经理部编制施工预算，确定计划目标成本；项目经理部对计划目标成本进行分解；项目经理部编制目标成本控制措施表，落实成本控制责任。

(1) 项目经理部的责任目标成本的确定

由企业确定的项目经理的责任目标成本是根据合同造价分解出来的。合同造价减去应缴税额、企业的预期经营利润、企业管理费、企业承担的风险费用等，便可把项目经理的责任目标成本剥离出来。在向项目经理下达责任目标成本之前，必须同项目经理进行协商并做出交底，然后才可写进"项目管理目标责任书"中。

责任目标成本是企业对项目经理部提出的指令成本目标，是以施工图预算为依据，也是对项目经理部进行施工项目管理规划、优化企业施工方案、制定降低成本的对策和管理措施提出的要求。

责任目标成本确定的过程和方法如下。

① 在投标报价时所编制的工程估价单中，各项单价由企业内部价格构成，形成直接费中的材料费、人工费的目标成本。

② 以施工组织设计为依据，确定机械台班和周转设备材料的使用量。

③ 其他直接费中的各子项目均按具体情况或内部价格确定。

④ 现场施工管理费也按各子项目视项目的具体情况确定。

⑤ 投标中压价让利的部分，原则上由企业统一承担，不列入施工项目责任目标成本。

确定以上各项成本、用量的过程中，应在仔细研究投标报价的各项目清单和估价的基础上，由企业职能部门主持，公司经理、副经理、总工程师、总会计师、项目经理等参加，会同有关部门（一般组成会议组）共同分析研究确定，将测算过程及依据、测算结论以文件形式表现。由企业法定代表人或其授权人同项目经理协商并作出交底，写入"项目管理目标责任书"。

(2) 项目经理部计划目标成本的确定

项目经理部在接受企业法定代表人委托之后，应通过主持编制项目管理实施规划来寻求降低成本的途径，组织编制施工预算，制定出项目的目标成本。

① 首先进行施工图预算。根据已有投标、预算资料，确定概算与施工预算的总价格差，确定中标合同价与施工预算的总价格差。

② 对施工预算未能包容的项目，包括与施工有关的项目及其现场经费，参照定额加以估算。

③ 对实际成本可能明显超出或低于定额的主要子项，按实际支出水平估算出其实际支出与定额水平之差。

④ 考虑到不可预见因素，工期制约因素以及风险因素、价格因素，加以测算调整。

⑤ 综合计算整个项目的目标成本。

一般情况下，施工预算总额应控制在责任成本目标的范围内，并留有一定余地。在特殊情况下，若项目经理部经过反复挖潜，仍不能把施工预算总额控制在责任成本目标范围内时，应与企业进一步协商修正责任成本目标或共同探索进一步降低成本的措施，以使施工预算建立在切实可行的基础上。

(3) 施工项目成本计划及编制程序

施工项目成本计划是项目成本计划的核心内容，是项目组织以施工定额和采取可行的技术措施为依托，预先确定的以货币表示的项目成本耗用的计划。

施工项目的成本计划的编制，是一项非常重要的工作，不应仅仅把它看作是几张计划表的编制，更重要的是选定技术上可行、经济上合理的最优降低成本方案。同时，通过成本计划把目标成本层层分解，落实到施工过程的每个环节，以调动全体职工的积极性，有效地进行成本控制。编制成本计划的程序，因项目的规模大小、管理要求不同而不同。大、中型项目一般采用分级编制的方式，即先由各部门提出部门成本计划，再由项目经理部汇总编制全项目的成本计划；小型项目一般采用集中编制方式，即由项目经理部先编制各部门成本计划，再汇总编制全项目的成本计划。无论采用哪种方式，其编制的基本程序如下。

① 搜集和整理资料。广泛搜集资料并进行归纳整理是编制成本计划的必要步骤。所需搜集的资料也是编制成本计划的依据。这些资料主要包括：

a. 国家和上级部门有关编制成本计划的规定；

b. 项目经理部与企业签定的承包合同及企业下达的成本降低额、降低率和其他有关技术经济指标；

c. 有关成本预测、决策的资料；

d. 施工项目的施工图预算、施工预算；

e. 施工组织设计；

f. 施工项目使用的机械设备生产能力及其利用情况；

g. 施工项目的材料消耗、物资供应、劳动工资及劳动效率等计划资料；

h. 计划期内的物资消耗定额、劳动工时定额、费用定额等资料；

i. 以往同类项目成本计划的实际执行情况及有关技术经济指标完成情况的分析资料；

j. 同行业同类项目的成本、定额、技术经济指标资料及增产节约的经验和有效措施；

k. 本企业的历史先进水平和当时的先进经验及采取的措施；

l. 国外同类项目的先进成本水平情况等资料。

此外，还应深入分析当前情况和未来的发展趋势，了解影响成本升降的各种有利和不利因素，研究如何克服不利因素和降低成本的具体措施，为编制成本计划提供丰富、具体和可靠的成本资料。

② 估算计划成本，即确定目标成本。项目经理部的财务部门在对资料整理分析的基础上，特别是在对基期成本计划完成情况进行分析的基础上，根据有关的设计、施工等计划，按照工程项目应投入的物资、材料、劳动力、机械、能源及各种设施等，结合计划期内各种因素的变化和准备采取的各种增产节约措施，进行反复测算、修订、平衡后，估算生产费用支出的总水平，进而提出全项目的成本计划控制指标，最终确定目标成本。

③ 计划目标成本的分解和责任落实。施工项目的成本控制，不仅仅是专业成本员的责任，所有的项目管理人员，特别是项目经理，都要按照自己的业务分工各负其责。为了保证项目成本控制工作的顺利进行，需要把所有参加项目建设的人员组织起来，将计划目标成本进行了解与交底，使项目经理部的所有成员和各个单位和部门明确自己的成本责任，并按照

自己的分工开展工作。

项目经理部进行目标成本分解应符合下列要求。

a. 按工程部位进行项目成本分解，为分部分项工程成本核算提供依据。

b. 按成本项目进行成本分解，确定项目的人工费、材料费、机械台班费、其他直接费和施工管理费的构成，为施工生产要素的成本核算提供依据。

项目经理部应将各分部分项工程成本控制目标和要求、各成本要素的控制目标和要求，落实到成本控制的责任者，并应对确定的成本控制措施、方法和时间进行检查和改善。

项目管理人员的成本责任，不同于工作责任。有时工作责任已经完成，甚至还完成得相当出色，但成本责任却没有完成。因此，应该在原有职责分工的基础上，还要进一步明确成本管理责任，使每一个项目管理人员都有这样的认识：在完成工作责任的同时还要为降低成本精打细算，为节约成本开支严格把关。这里所说的成本管理责任制，是指各项目管理人员在处理日常业务时对成本管理应尽的责任。

④ 编制成本计划草案。对大中型项目，经项目经理部批准下达成本计划指标后，各职能部门应充分发动群众进行认真的讨论，在总结上期成本计划完成情况的基础上，结合本期计划指标，找出完成本期计划的有利和不利因素，提出挖掘潜力、克服不利因素的具体措施，以保证计划任务的完成。为了使指标真正落实，各部门应尽可能将指标分解落实下达到各班组及个人，使得目标成本的降低额和降低率得到充分讨论、反馈、再修订，使成本计划既能够切合实际，又成为群众共同奋斗的目标。各职能部门亦应认真讨论项目经理部下达的费用控制指标，拟定具体实施的技术经济措施方案，编制各部门的费用预算。

⑤ 综合平衡，编制正式的成本计划。在各职能部门上报部门成本计划和费用预算后，项目经理部首先应结合各项技术经济措施，检查各计划和费用预算是否合理可行，并进行综合平衡，使各部门计划和费用预算之间相互协调、衔接；其次，要从全局出发，在保证企业下达的成本降低任务或本项目目标成本实际可行的情况下，以生产计划为中心，分析研究成本计划与生产计划、劳动工时计划、材料成本与物资供应计划、工资成本与工资基金计划、资金计划等相互协调平衡的关系。经反复讨论多次综合平衡，最后确定的成本计划指标，即可作为编制成本计划的依据，项目经理部编制的正式成本计划，上报企业有关部门后即可正式下达至各职能部门执行。

上述项目成本计划的编制程序框图如图 6.2 所示。

6.2.2 成本计划的内容和表达方式

通常一个完整的项目成本计划包括如下 4 个方面的内容。

① 工程项目总成本和各个成本对象的计划成本值。

② "成本—时间"表和曲线，即成本的强度计划曲线。它表示在各时间段上工程成本的完成情况。

③ "累计成本—时间"表和曲线，即 S 曲线或香蕉图，又被称为项目的成本模型。

④ 相关的其他计划。例如，工程款收支计划，现金流量计划，融资计划等。

成本计划应形成文件，计划的依据应能追溯其来源。这些信息对投资者、业主、项目经理和其他项目参加者都是十分重要的。成本计划应根据项目管理的需要采用简单易懂、便于成本控制的表达方式。

常用的成本计划有如下三种表达方式。

① 表格形式，例如"成本—时间"表和成本分析对比表等。

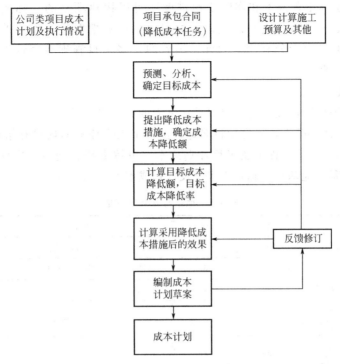

图 6.2 成本计划的编制程序框图

② 曲线形式。它包含以下两种形式。
a. 直方图形式。如："成本时间"图，它表达任一时间段内工程成本完成量。
b. 累计曲线。如："累计成本—时间"曲线。
③ 其他形式。如：表达各成本要素份额的圆（柱）形图等。

6.3 工程项目成本模型

"时间—成本"累计曲线是反映整个项目或项目中某个相对独立部分开支状况的图件。它可以从成本预算计划中直接导出，也可以利用网络图、线条图等图件单独建立。

6.3.1 概述

在工程项目网络计划的基础上，将计划成本分解落实到工程项目结构分解的各个项目单元上，并将这一计划成本在相应的项目单元（工作任务）的持续时间上进行分配，这样可以获得"累计成本—时间"曲线，即项目的成本模型。从整个工程项目进展全过程的特征看，一般在开始和结尾时，单位时间投入的资源、成本较少，中间阶段单位时间投入的资源量较多，与其相关单位时间投入的成本或完成任务量也呈同样趋势变化，因而，开始、中间和结束时曲线的斜率不相同，总是呈"S"形，故称"S"形曲线。它也被人们称为该项目的成本模型。计划成本在项目单元持续时间上的分配必须作假设，可以作平均分配，或根据实际工程进展情况大致定出分配的比例。

"累计成本—时间"曲线，给项目管理中的高层管理者（如企业管理者、投资者、业主）带来了一个十分清晰的工程过程价值形态的概念和工程进度的概念。利用成本模型可以进行不同工期（进度）方案、不同技术方案的对比，同时，对项目经理实施目标控制十分重要。按实际工程成本和实际工程进度还可以构建项目的实际成本模型,可以进行整个项目"计划—实际"成本以及进度的对比,这对把握整个工程进度,分析成本进度状况和预测成本趋向十分有用。因此,国外的许多项目管理专家认为,项目的成本模型对项目管理至关重要。

6.3.2 绘制方法

"累计成本—时间"曲线,通常可以采用下面的5个步骤做出。

① 在网络分析的基础上,确定项目名称,按各个工作任务的最早开始时间输出横道图,并确定相对应项目单元的工程量及工程计划成本(可按委托合同价、预算成本价等进行分解)。如某分部工程(地基与基础)工程量及计划成本如表6.1所示。

表6.1 地基与基础工程量

序号	项目名称	单位	工程量	序号	项目名称	单位	工程量
1111	挖掘机挖土	m³	2100	1141	基础砖墙	m³	156.5
1121	砂石垫层	m³	960	1112	机械夯填土	m³	670
1122	混凝土垫层	m³	340	1133	基础圈梁	m³	32
1131	板式混凝土基础钢筋	t	31	1151	井点降水	套	50
1132	板式混凝土基础浇混凝土	m³	186				

② 确定工程成本在相应的工作任务的持续时间内的分配比例(一般按平均分配),则可得各活动的计划成本强度,如表6.2所示。

表6.2 计划成本强度

施工过程	基坑挖土	垫层	绑扎钢筋	浇混凝土	砖基础	圈梁	回填土	井点降水	合计
工作时间(天)	6	8	12	12	12	2	2	38	38
计划成本(万元)	12	32	60	48	24	8	2	3.8	189.8
单位时间计划成本(万元/天)	2	4	5	4	2	4	1	0.1	4.99
累计	12	44	104	152	176	184	186	189.8	

③ 计算规定时间 t 计划累计完成的成本强度,其计算方法为

$$Q_t = \sum_{n=1}^{t} q_n$$

式中 Q_t——时间 t 计划累计支出的成本强度;

q_n——单位时间 n 的计划支出的成本强度;

t——某一规定的计划时刻。

④ 作成本——工期图,这是一个直方图形,如图6.3所示。

⑤ 计算各期期末的计划成本累计值,并在时间与成本坐标中一一标出这些点,两点之间以直线段连接后连成一条连贯曲线。如图6.3所示。

在成本累计曲线图上,根据实际支出情况的趋势可以对未来的支出进行预测,将预测曲线与理想曲线进行比较,可以获得很有价值的成本控制信息。这对项目管理是很有帮助的。

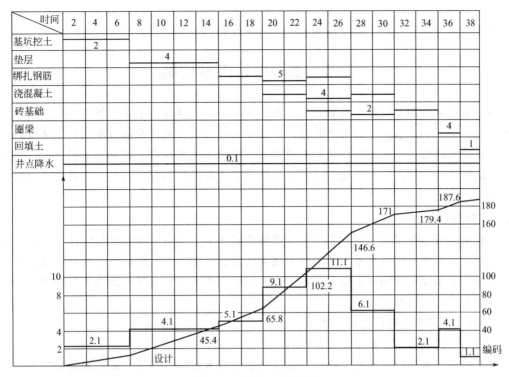

图 6.3　时间—成本曲线

成本累计曲线图上实际支出与理想情况的任何一点偏差，都是一种警告信号，但并不是说工作中一定发生了问题。图上的偏差只反映了现实与理想情况的差别，发现偏差时要查明原因，判定是正常偏差还是不正常偏差，然后采取措施处理。如图 6.4 所示。

每一条 S 形曲线都对应某一特定的工程进度计划，但项目的 S 形曲线只会落在全部活动都按最早开始时间开始和按最迟必须开始时间开始的曲线所组成的"香蕉图"内。如图 6.5 所示。

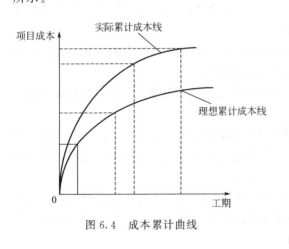

图 6.4　成本累计曲线

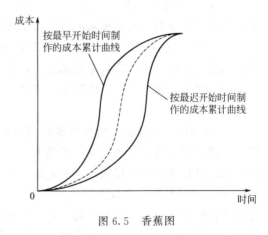

图 6.5　香蕉图

香蕉曲线表明了项目成本变化的安全区间，实际发生成本的变化如不超出两条曲线限定的范围，都属于正常变化，可以通过调整开始和结束时间使成本控制在计划的范围内。如果实际成本超出这一范围，就要引起重视，查清情况，分析出现的原因。如果有必要，应迅速采取纠正措施。

香蕉曲线不仅可以用于成本控制,也是进度控制的有效工具。

6.4 工程项目成本控制

项目的成本控制不仅是项目管理的主要工作之一,而且在整个企业管理中都占据着十分重要的地位。人们追求企业的经济效益,而企业的经济效益通常是通过项目的经济效益实现的,项目的经济效益是通过盈利的最大化和成本的最小化实现的。特别是承包企业,通过投标竞争取得工程,签订合同,确定了合同价格,其企业经济目标(盈利)主要是通过项目成本控制实现的。

6.4.1 概述

工程项目成本控制是工程项目成本管理的重要环节。项目成本控制目的在于控制项目预算的变化,为管理提供与成本有关的用于决策的信息。成本控制是指通过控制手段,在达到预定质量和工期要求的同时,优化成本开支,将总成本控制在预算(计划)范围内,保证工程项目成本目标的实现。

6.4.1.1 成本控制的主要工作

工程项目的成本控制的主要工作内容如下。

(1) 制定成本控制(管理)办法,包括规定的成本批准、核算、审核和变更等程序,明确相关各方的控制权力和责任、执行条件和约束条件(如许用限额、应急备用金等),并以书面形式形成文件。

(2) 在成本计划的基础上落实各组织层次的责任成本。

① 对业主来说,业主签订的与工程有关的设计、采购、承包合同应严格控制合同价,包括付款方式和付款期、价格水准、价格补偿条件、范围等。

② 从承包商角度,承包商要签订好各种外包合同(如工程分包、劳务供应、材料供应、设备租赁等)。在签订合同后,要合理确定和落实项目经理部的责任成本。

③ 项目经理部责任成本是根据设计或实施方案,在资源配置和成本估算的基础上确定的,体现了企业对项目经理部的目标成本要求。

④ 项目经理部要将分项工程或项目单元的成本目标、与工作量相应的资源消耗(如用工、用料、费用)和工作效率指标落实到工程小组或职能部门。

(3) 成本监督工作,成本监督一定要着眼于成本开支之前和开支过程中,并贯穿工程项目的全过程。

① 应依据合同约定,做好各期的付款申报、分期结算和竣工结算等工作,审核各项费用,监控成本开支,审查已支付的成本相关工作是否已完成,确定是否按规定支付,有无漏洞,保证每月按实际工程状况定时定量支付(或收款)。

② 资源消耗控制是成本控制的基础。对于工程活动中的人工、材料和机械消耗,必须建立严格的定额用工、定额采购、定额领料和用料制度。对于超支,或超量使用的必须有严格的批准程序、手续,要追查原因,落实责任。

③ 对各种费用开支的审查和批准。即使已经做了计划仍需加强事前批准,事中监督和事后审查。

④ 按资金计划和规定程序对项目资金的运作实行严格的监控,对项目实施过程中的资

金流进行管理,包括控制支出,保证及时收入,降低工程成本和防范资金风险。

(4) 成本跟踪,主要是成本分析工作。应编写详细的成本分析报告,从各个成本角度列明成本支出状况,计算实际与计划的偏差,确保成本报告能准确反映项目成本状况。

(5) 成本诊断,即评估成本执行情况。包括:

① 成本超支量及原因分析。如果成本偏差超出规定的限度,应分析偏离原因并采取措施。成本超支原因分析必须同时考虑其他因素的共同作用,如工程范围的变化、进度的调整、质量的变化等。对责任成本与实际成本的差异进行分析,应区分项目责任的(项目可控的)偏差和非项目责任的(项目不可控的)偏差。

② 剩余工作所需成本预算和工程成本趋势的总体分析。研究在总成本预算内完成整个后续工作的可能性,制定调控措施,修订后续工作计划,在最终成本趋势总体分析中,同样必须考虑合同、技术、工期和组织等的综合影响。

③ 为了保证工程项目顺利进展,应对下一个控制期可能造成成本增加的内外部风险进行预警和监控,必要时按规定程序做出合理调整。

(6) 其他工作

① 从总成本最优的目标出发,参与对成本超支问题解决方案的制定,对质量、进度、工期和技术进行综合优化。

② 为相关者提供成本信息,与相关部门(职能人员)合作,为决策或项目调整提供建议和意见。例如,提供由于设计变更、实施方案变化而引起的成本变化的信息。

③ 对工程项目状态的变化(环境的变化、目标的变化、工程范围变化等)所造成的成本影响进行测算分析,并调整成本计划,协助解决费用补偿问题(即索赔和反索赔)。

6.4.1.2 工程项目成本控制的原则

在工程项目中,不管是业主还是承包商,成本控制的目的是降低项目成本,提高经济效益,一般应遵循以下基本原则。

(1) 全面控制原则

指全企业、全员和全过程的管理,亦称"三全"管理。成本的全员控制有一个系统的实质性内容,包括各部门、各单位的责任网络和经济核算等,应防止出现成本控制人人有责或人人不管的现象。成本的全过程控制要求成本控制工作要随着项目进展的各个阶段连续进行,既不能疏漏,又不能时紧时松,应使工程项目成本自始至终置于有效的控制之下。

(2) 动态控制原则

又称中间控制原则,工程项目是一次性的,成本控制应特别强调项目事中控制,及时发现成本偏差,实现动态控制。

(3) 目标管理原则

目标管理的内容包括:目标的设定和分解,目标的责任到位和执行,检查目标的执行结果,评价目标和修正目标,形成目标管理的计划(Plan)、实施(Do)、检查(Check)、处理(Action)循环,即 PDCA 循环。

(4) 成本最低化原则

工程项目成本控制的根本目的,在于通过成本管理的各种手段,不断降低工程项目成本,以达到可能实现最低的目标成本的要求。掌握成本最低化原则应注意降低成本的可能性和合理的成本最低化。既要挖掘各种降低成本的能力,使可能变为现实,也要从实际出发,制定通过主观努力可能达到合理的最低成本水平。

(5) 责、权、利相结合的原则

在项目施工过程中，项目经理部各部门、各项目小组在肩负成本控制责任的同时，享有成本控制的权力；项目经理要对各部门、各项目小组在成本控制中的业绩进行定期的检查和考评，实行有奖有罚。做好责、权、利相结合，成本控制才能收到预期效果。

6.4.2 工程项目成本控制方法

成本控制的每一个步骤都有许多方法，以下介绍几种常用的方法。

6.4.2.1 价值工程

价值工程（Value Engineering，VE）是指通过各相关领域的协作对所研究对象的功能与费用进行系统的分析，不断创新，旨在提高所研究对象价值的思想方法和管理技术。就建筑业而言，价值工程是一种系统地对某个建筑产品或施工管理系统进行功能分析以及方案创造、评价和实施，用最低的寿命周期成本可靠地实现用户所要求的功能，从而提高研究对象价值的技术经济方法。

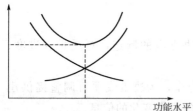

图 6.6 寿命周期成本与功能的关系

价值工程的目标是以最低的寿命周期成本，使对象具备必须具备的功能水平。寿命周期成本由建设成本和使用成本构成，各成本与功能水平的关系如图 6.6 所示。从图中可知，当功能水平适当时（即 F0 点），对应的寿命周期成本最低。

用价值工程控制成本的核心目的是合理处理成本与功能的关系（性价比），保证在确保功能的前提下能降低成本。

价值工程的公式为：
$$V = F/C$$

式中 V——项目的生产要素和实施方案的价值；

F——项目的生产要素和实施方案的功能；

C——项目的生产要素和实施方案的全寿命成本。

价值工程原理不仅在施工期间被承包人广泛使用，而且在设计阶段也能对设计方案进行选择和优化。

6.4.2.2 挣值法

挣值法（又称赢得值法）是对成本和进度综合控制的方法，通过将实际完成工程与原计划相比较，确定工程进度是否符合计划要求，从而确定工程费用是否与原计划存在偏差。

(1) 挣值法的3个基本参数

① 计划工程量的预算费用（BCWS-Budgeted Cost for Work Scheduled）。BCWS 是指按照计划工期完成计划要求的工程量所需要的预算费用，它按照计划工程量和预算定额（单价）计算，表示按照原定的计划应该完成的工程量。计算公式为：
$$BCWS = 计划工程量 \times 预算定额$$

BCWS 主要是反映按照进度计划应当完成的工作量，对业主，就是计划工程投资额。

② 已完成工程量的实际费用（ACWP-Actual Cost for Work Performed）。ACWP 是到前锋期实际完成的工程量所消耗的实际费用。ACWP 主要是反映项目执行的实际消耗指标。

③ 已完工程量的预算成本（BCWP-Budgeted Cost for Work Performed）。BCWP 是到前锋期实际完成工程量及按预算定额计算出来的费用，是实际工程价值。BCWP 的计算公式为：
$$BCWP = 已完工程量 \times 预算定额$$

对业主而言，BCWP 是完成工程预算费用或实现了的工程投资额，如果采用单价合同，也就是应付给承包商的工程价款，对承包商来说就是他有权从业主处获得的工程价款，即他的"挣得值"（Earned Value）。

(2) 挣得值方法的评价指标

① 费用偏差值（CV-Cost Variance）

a. CV，是指前锋期的 BCWP 与 ACWP 之间的差异，其计算公式为：

$$CV = BCWP - ACWP$$

由于两者均以已完工程量作为计算基准，因此两者的偏差即反映出项目的费用差异。

当 CV 为负值时表示执行效果不好，即实际费用超过"挣得值"，即费用超支。反之，当 CV 为正值时表示实际费用低于"挣得值"，表示有费用节余或效率高。CV=0，表示实际消耗费用与"挣得值"相等。

b. CPI（Cost Performed Index）是指"挣得值"与实际费用值之比：

$$CPI = BCWP/ACWP$$

它反映费用执行指标。当 CPI>1 时，表示实际费用低于"挣得值"，说明效益好或效率高；当 CPI<1 时，表示实际费用超出"挣得值"，说明效益差或效率低；当 CPI=1 时，表示实际费用与"挣得值"吻合，说明效益或效率达到预定目标。

② 进度偏差分析

a. 进度偏差值（SV-Schedule Variance）。SV 是指 BCWP 与 BCWS 之间的差异。

$$SV = BCWP - BCWS$$

BCWP 是已完的工程量按预算单价结算的费用值，而 BCWS 是按计划应完成工程量的预算费用。由于两者均以预算单价作为计算基础，因此两者的偏差即反映出前锋期完成工程量的差异，即进度差异。当 SV 为正值时，表示到前锋期，实际完成工程量多于计划应完成工程量，进度提前；当 SV 为负值时，表示进度延误；当 SV=0 时，表示项目实际进度与计划进度相吻合。

b. SPI（Schedule Performed Index）是进度执行指标。公式如下：

$$SPI = BCWP/BCWS$$

当 SPI>1 时，表示进度提前；

当 SPI<1 时，表示进度延误；

当 SPI=1 时，表示实际进度等于计划进度。

【例 6-1】某工程项目总成本为 312 万元，总工期为 150 天。现工程已进行了 60 天，按计划项目的计划成本发生额为 120 万元，已完成的工程计划成本额为 110 万元，实际成本发生额为 116 万元，要求回答以下问题：

(1) 费用偏差（CV）是多少？

(2) 进度偏差（SV）是多少？

(3) 进度执行指数（SPI）是多少？

(4) 成本执行指数（CPI）是多少？

(5) 对进度和成本执行情况进行分析。

【解】(1) BCWS=120 万元

BCWP=110 万元

ACWP=116 万元

SV=BCWP−BCWS=110−120=−10 万元

(2) $CV = BCWP - ACWP = 110 - 116 = -6$ 万元
(3) $SPI = BCWP/BCWS = 110/120 = 0.92 < 1$
(4) $CPI = BCWP/ACWP = 110/116 = 0.95 < 1$

(5) 从 CV 和 SV 可发现，本项目成本处于超支状态，项目实施落后于计划进度。从 CPI 和 SPI 可发现，这两个指标比例都小于 1，说明该项目目前处于不利状态；完成该项目的成本效率和进度效率分别为 95% 和 92%，即该项目投入了 1 元钱仅获得 0.95 元的收益，如果说现在应完成项目的全部工程量 (100%)，但目前只完成了 92%，所以必须要分析这其中存在原因，并采取相应的措施。成本超支的可能因素有很多，如合同变更、成本计划编制数据不准确、不可抗事件发生、返工事件发生和管理实施不当等。发现成本已经超支时，期望不采取措施成本就能自然降下来是不可能的；而且，要消除已经超支的成本则需以牺牲项目某些方面的绩效为代价。通常用来降低成本的相应措施有重新选择供应商、改变实施过程、加强施工成本管理等。

从上例还可以看出，无论是 CPI 指标还是 CV 指标，它们对于同一个项目在同一时点的评价结果是一致的，只是表示的方式不同而已。CPI 指标反映的是相对量，CV 指标反映的是绝对量，同时使用这两个指标能够较为全面地评价项目当前的成本绩效状况。同理，我们也可以对 SPI 指标和 SV 指标进行相似的分析。

③ 赢得值参数分析与对应措施表 当发现费用发生偏差时，可以采用挣得值参数分析与对应措施，来达到费用控制的目的，如表 6.3 所示。

表 6.3 赢得值参数分析与对应措施表

序号	图形	参数间关系	分析	措施
1	BCWP、BCWS、ACWP 曲线	BCWP>BCWS>ACWP SV>0 CV>0	进度较快 投入延后 效率高	若偏差不大，维持现状
2	BCWS、ACWP、BCWP 曲线	BCWP>ACWP>BCWS SV>0 CV>0	进度快 投入超前 效率较高	抽出部分人员和资金，放慢进度
3	ACWP、BCWP、BCWS 曲线	ACWP>BCWP>BCWS SV>0 CV<0	进度较快 投入超前 效率低	抽出部分人员，增加少量骨干人员
4	BCWS、ACWP、BCWP 曲线	ACWP>BCWS>BCWP SV<0 CV<0	进度较慢 投入延后 效率低	用工作效率高的人员更换工作效率低的人员

续表

序号	图形	参数间关系	分析	措施
5	BCWS / ACWP / BCWS 曲线图	BCWS>ACWP>BCWP SV<0 CV<0	进度慢 投入延后 效率较低	增加高效人员和资金的投入
6	BCWS / BCWP / ACWP 曲线图	BCWS>BCWP>ACWP SV<0 CV>0	进度较慢 投入延后 效率较高	迅速增加人员投入

6.4.2.3 成本分析表法

成本分析表法是进行项目成本控制的主要方法之一。它将项目编号、名称、各成本参数等都综合归纳到一张表格中,并直接在表格中进行计算和比较。各偏差参数都在表格中明确列出,成本管理者能够综合地了解并处理这些数据。成本分析表一般包括成本日报、周报、月报表、分析表和成本预测报告等。这种方法是目前在进行项目成本控制时经常采用的方法,它要求准确、及时且简单明了,分析表的填制可以每日、每周或每月一次,依实际需要而定。常见的成本分析表如表 6.4 所示。

表 6.4 成本偏差分析表

工程部位	工程量		预算成本		计划成本		实际成本		实际偏差		目标偏差	
	计划	实际	本期	累计	本期	累计	本期	累计	本期	累计	本期	累计
	(3)	(4)	(5)	(6)	(7)	(8)	(9)	(10)	(11)=(5)—(9)	(12)=(6)—(10)	(13)=(6)—(9)	(14)=(8)—(10)

6.4.2.4 质量成本控制法

质量成本是指为保证质量必需支出的和未达到质量标准而损失的费用总和。其中包括预防成本、鉴定成本、内部损失成本和外部损失成本。质量成本占产品总成本的比重是不完全相同的,最少的仅占 1%~2%,最高的可达 10%。其重要意义在于通过开展质量成本统计核算工作,可以发现施工质量及管理存在的薄弱环节,提醒管理者采取措施,提高经济效益。

质量成本的内容包括以下四个方面。

① 预防成本——致力于预防故障的费用,如质量管理工作费、质量保证宣传费、质量培训费等。

② 鉴定成本——为了确定保持规定质量所进行的试验、检验和验证所支出的费用,如材料检验费、材料试验费、工序监测和计量费等。

③ 内部损失成本——是由于交货前因产品或服务没有满足质量要求而造成的费用,如返工、返修、停工损失费、事故处理费等。

④ 外部损失成本——外部故障成本是交货后因产品或服务没有满足质量要求而造成的费用，如保修、赔偿费、担保费、诉讼费等。

质量成本控制步骤如下。

① 质量成本计划的编制。质量成本计划编制的依据，不仅仅要考虑故障成本和预防成本之和最低时的值，即成本最佳值；还应考虑本企业或本项目的实际生产能力、管理水平和本企业质量管理与质量成本管理的历史资料，综合编制，才有可能使计划更接近实际。

② 质量成本的核算。按照质量成本的分类，主要通过财务报表和会计账簿的资料整理加工而得，也有一部分资料可从技监部门获得。

③ 质量成本的分析。主要分析质量成本总额的构成内容、构成比例，各要素间的比例关系以其占预算成本的比例。

④ 质量成本的控制。根据分析资料，确定影响质量成本较大的关键因素并执行有效措施加以控制。

复习思考题

1. 影响工程项目成本的因素有哪些？
2. 常用的成本控制方法有哪些？
3. 建设项目成本计划在项目建设各个阶段分别有哪些特点？工程项目成本控制的重点应放在哪个阶段？在该阶段里应怎样进行有效控制？
4. 有人认为，如果实际成本曲线位于香蕉图所确定的两条控制线之间，则工程成本没有失控。您认为，这个论断正确吗？
5. 建设项目成本控制应遵循哪些原则？其中体会最深的是什么？
6. 在新项目的计划过程中人们常用过去工程的实际资料作为参照，在这个过程中应注意什么问题？
7. 什么是质量成本？它包括哪几个方面？

案例

成本控制一直都是工程项目管理的一个重点和难点。由于成本控制的不确定因素很多，且不同项目的实际情况不同、人员素质不同，想在不同的项目上应用同一种管理手段、方法进行成本管理是不可能的，也是不现实的。如何开展有效的成本控制，这对任何一个公司都是一个很重要的课题。只要不断地从工作实践中总结经验、抓大放小、规范运作、科学管理最终完成成本控制目标也并非难事。

案例一：

在某项目中，由于前期工程进展缓慢，一期第一批工程采用了费率招标模式，由合同双方核对确认预算价。这一合同模式在实际应用中出现了诸多不利因素。首先，在预算核对时，由于双方立场严重对立，对定额规定较模糊的项目争议很大，造成预算核对工作量大的惊人，给以后的工作开展带来了很不利的影响；其次，在施工过程中，施工单位发现在预算中存在少算、漏算的情况，由于预算价是双方核对确认，施工单位要求据实调整，给日常管理工作带来了很大的负面影响；再次，开工日期拖延较久，施工单位又以招标时约定的建筑材料涨价为由，要求调整材料价格。

费率招标是一个极不科学的作法，对促进工程进度不一定有利（甚而有可能因双方在造价上达不成一致意见，而使工程搁浅），而且肯定会牺牲成本。要在施工招标前期做充分积极的准备，明确在合理的施工期间内可能出现的价格波动因素和波动程度，明确合同双方应承担的价格风险范围。

由于对第一批工程出现的问题及时进行总结，因而第二批工程招标中，该项目在招标文件中明确标价一次包死，同时只提供了甲供材及外包工程的价格，其余的材料要求施工单位自主调查市场价格并承担风险；增列了单项金额小于1000元的签证不予结算的条款，有力地促进了现场管理工作的顺利进行。

案例二：

某工程部对临街营业房地弹门及大玻璃窗制作安装工程进行了招标。由于前期准备工作做的很充分，对地弹门主材（10厚钢化玻璃、地弹簧、拉手、玻璃门夹）进行了市场综合调查。在调查中发现地弹门五金价格差距很大，其中：地弹簧的价格范围在60～800元/个之间，拉手的价格范围在40～160元/套之间。为了确保各投标单位报价的可比性，在招标时该工程部根据产品的性能，指定了合理的配置和价位（采用GMT818系列地弹簧240元/个、金浪斯600拉手60元/套）。由于各施工单位报价的标准一致，竞争很激烈，最终中标价格比前期预测价格低很多，大玻璃窗为120元/平方米（前期已经招标的合同价为200元/平方米），地弹门为260元/平方米，确保了公司制定的中高档配置、中低价位目标的实现，节约成本约3万元。

施工招投标是决定实际成本的一个很重要的环节。某项目公司把招投标工作确立为投资控制中的关键环节。在招标之前对工程所用的主要材料进行实际市场价调查，政府发布的指导价只能作为一个参考。同时，完善了招投标的各项监督机制。因此，各投标单位了解该工程部对招透标的监督比较有利和有效，从而确保了招标工作阳光透明，调动各投标单位参标的积极性。

案例三：

某项目公司售楼中心的室内精装修工程总造价约为150万元，售楼中心在项目销售结束后需作为商业用房对外销售，但目前的装修风格根本不适合商业经营，业主在购买后需全部拆除。装修方案在确定时应按功能分区进行设计，同时要考虑售后的使用要求。小区的主入口两侧的装饰设计风格又过于单调，在后期景观设计时很难满足要求。全面的装饰设计会大幅增加成本，而对销售工作帮助不大。

成本控制不只是一个审算那么简单。要做到从经营的高度做成本控制是很难的，需要各专业人员的通力配合，同时一些技术层面的决策要完全下放到专业的技术层面去解决，这样才能使决策更加科学合理。在日常工作中要贯彻"一人为私，多人为公"的工作思路。应建立项目审算、工程、销售人员全过程、全方位的配合机制，以做到事前沟通、事中参与、事后交流。

案例四：

一期、二期工程设计合同结算时，由于原设计合同对图纸重复利用、图纸作废等问题没有明确，而在实际设计过程中这两种情况出现的很多，涉及的金额约为30万元，设计费的结算在合同中约定为项目公司收到最后一批图纸后进行，没有考虑到设计院对施工过程的配合问题。最终通过项目公司与设计院的积极沟通，设计院作出了一定的让步，节约投资约10万元。

完美的合同在现实中是不存在的，但如果合同漏洞百出，就要进行认真思考了，公司管理是否在哪个环节出了什么问题。

案例五：

某森林半岛项目，在小区供暖安装方案上，有的楼设计采用的是PPR管，有的楼设计采用的是铝塑管。PPR管、铝塑管是两种技术性能完全不同的管材，竟然出现在同一个设计院设计的同一个小区中，需要沟通解决；幼儿园工程设计时，结构设计师不了解当地的墙体材料市场情况，设计的墙体材料为多孔砖，在图纸会审时，结构工程师要求本工程必须用多孔砖，原因是设计荷载是按多孔砖考虑的。而在某市没有生产厂家，需从外地采购运输，运输成本为0.2元/块，方案很不经济，并且供货很难满足正常施工的需要。经与设计院多次沟通，设计院最终同意采用普通黏土砖，从而降低造价8万元。

设计环节是控制投资的一个重要环节，除了要实行设计招标、限额设计外，还应该由公司专业设计人员常驻设计院进行跟踪监控，充分考虑施工过程中可能出现的问题，从而保证施工的顺利进行。

第 7 章　工程项目质量控制

工程项目质量,是指在工程项目过程中,一组固有特性满足项目相关方要求的程度。这些要求不仅包括建设单位的要求、设计要求、标准或规范要求,还包括社会要求,环境要求及组织的自身要求等。它是按照项目的建设程序,经过项目的可行性研究、项目决策、工程设计、工程施工、工程验收等各个阶段而逐步形成的,而不仅仅取决于施工阶段。工程项目质量管理是工程项目各项管理工作的重要组成部分,它是工程项目从施工准备到交付使用的全过程中,为保证和提高工程质量所进行的各项组织管理工作。

7.1　工程项目质量控制概述

7.1.1　工程项目质量控制的基本概念

7.1.1.1　工程项目质量控制

质量控制是指在明确的质量目标条件下,通过行动方案和资源配置的计划、实施、检查和监督来实现预期目标的过程。

工程项目质量控制则是指在工程项目质量目标的指导下,通过对项目各阶段的资源、过程和成果所进行的计划、实施、检查和监督过程,以判定其是否符合有关的质量标准,并找出方法消除造成项目成果令人不满意的原因。该过程贯穿于项目执行的全过程。

质量控制与质量管理的关系和区别在于:质量控制是质量管理的一部分,致力于满足质量要求,如适用性、可靠性、安全性等。质量控制属于为了达到质量要求所采取的作业技术和管理活动,是在有明确的质量目标条件下进行的控制过程。

7.1.1.2　工程项目的质量总目标

工程项目的质量总目标由业主提出,是对工程项目质量提出的总要求,包括项目范围的定义、系统构成、使用功能与价值、规格以及应达到的质量等级等。这一总目标是在工程项目策划阶段进行目标决策时确定的。从微观上讲,工程项目的质量总目标还要满足国家对建设项目规定的各项工程质量验收标准以及使用方(客户)提出的其他质量方面的要求。

7.1.1.3　工程项目质量控制的范围

工程项目质量控制的范围包括勘察设计、招标投标、施工安装和竣工验收四个阶段的质量控制。在不同的阶段,质量控制的对象和重点不完全相同,需要在实施过程中加以选择和确定。

7.1.1.4　工程项目质量控制与产品质量控制的区别

项目质量控制相对产品来说,由于是一个复杂的非周期性过程,各种不同类型的项目,其区域环境、施工方法、技术要求和工艺过程可能不尽相同。因此,工程项目的质量控制更加困难。主要的区别有以下几方面。

(1) 影响因素多样性

工程项目的实施是一个动态过程，影响项目质量的因素因此也是动态变化的。项目在不同阶段、不同施工过程，其影响因素也不完全相同，这就造成工程项目质量控制的因素众多、复杂，使工程项目的质量控制比产品的质量控制要困难得多。

(2) 项目质量变异性

工程项目施工与工业产品生产不同。工业产品生产有固定的生产线以及相应的自动控制系统、规范化的生产工艺和完善的检测技术，有成套的生产设备和稳定的生产环境，有相同系列规格和相同功能的产品。而影响工程项目质量的偶然性因素和系统性因素都较多。因此，很容易产生质量变异。

(3) 质量判断难易性

工程项目在施工中，由于工序交接多、中间产品和隐蔽工程多；造成质量检测数据的采集、处理和判断的难度加大，由此容易导致对项目的质量状况作出错误判断。而工业产品生产具有相对固定的生产线和较为准确、可靠的检测控制手段，相对来说，更容易对产品质量作出正确的判断。

(4) 项目构造分解性

项目建成后，构成一项建筑（或土木）工程产品的整体，一般不能解体和拆分，其中有的隐蔽工程内部质量的检测，在项目完成后，很难再进行检查。对已加工完成的工业产品一般都能一定程度上予以分解、拆卸，进而可再对各零部件的质量进行检查，达到产品质量控制的目的。

(5) 项目质量的制约性

工程项目的质量受费用、工期影响的制约较大，要正确处理质量、费用、进度三方关系，在保证适当、可行的项目质量基础上，使工程项目目标整体最优。而工业产品的质量标准是国家或行业规定的，只需完全按照有关质量规范要求进行控制，受生产时间、费用的限制较小。

7.1.2 工程项目质量形成的影响因素

7.1.2.1 人的质量意识和质量能力

人是工程项目质量活动的主体，泛指与工程有关的单位、组织和个人，包括建设单位、勘察设计单位、施工承包单位、监理及咨询服务单位、政府主管及工程质量监督监测单位以及策划者、设计者、作业者和管理者等。人既是工程项目的监督者又是实施者，因此，人的质量意识和控制质量的能力是最重要的一项因素。这一因素集中反映在人的素质上，包括人的思想意识、文化教育、技术水平、工作经验以及身体状况等，都直接或间接地影响工程项目的质量。从质量控制的角度，则主要考虑从人的资质条件、生理条件和心理因素与行为等方面进行控制。

(1) 资质条件

制定领导者和主要管理人员（如总工程师、总会计师、各部门经理等）的素质要求对工程项目的质量控制起着重要保证作用，应在组织设计中对其岗位职位的要求加以说明，如最低的学历或相关工作经历。从事技术管理的人员还应对相应的专业知识提出要求。

对主要的技术人员，应对其具有的文化素质（学历或学位证书）、专业知识（职称资格证书）和实践能力（职业资格证书）等提出参考要求，并要进行相关的职业培训。

对技术工人要求具有从事本专业工作的资质证书或上岗培训证书，具有较丰富的专业知识和操作技能，熟悉相关的项目操作规程和质量标准等。

(2) 生理条件

人的生理条件主要指是否有缺陷性疾病，如精神失常、智商过低、影响工作质量的严重疾病等。针对具体的工作内容，还要对特定的工种限制患有特定疾病的人，如患有高血压、心脏病和恐高症的人，不应从事高空作业和水下作业；视力、听力较差的人，不适合从事测量工作和以灯光、音响、旗语进行指挥的作业；反应迟钝、应变能力差的人，不宜操作快速运转的仪器设备等。

(3) 心理因素与行为

人的心理失常会使人的注意力不集中、厌倦、烦躁不安，引起工作质量下降；其他由于主观因素引起的打闹嬉笑、粗心大意、玩忽职守等行为，也会引起质量问题或事故，需要严格加以控制。

7.1.2.2 工程项目的决策和方案

(1) 项目的决策

项目决策阶段是项目整个生命周期的起始阶段，这一阶段工作的质量关系到全局。主要是确定项目的可行性，对项目所涉及的领域、投融资、技术可行性、社会与环境影响等进行全面的评估。在项目质量控制方面的工作是在项目总体方案策划基础上确定项目的总体质量水平。因此可以说，这一阶段是从总体上明确了项目的质量控制方向，其成果将影响项目总体质量，属于项目质量控制工作的一种质量战略管理。

(2) 项目的勘察

工程项目勘察包括技术经济条件勘察和工程岩土地质条件勘察。前者是对工程项目所在区域环境的技术经济条件进行的实际状况调查、数据收集以及实例分析等；后者是直接获取工程项目所需原始场地资料的工作，其工作质量的好坏，对后续工程项目各阶段的质量控制起着重要的影响，包括钻探、野外测试、土工实验、工程水文地质、测绘及勘察成果等内容的质量控制。这些质量结果均影响工程项目质量的形成。

(3) 项目的总体规划和设计

总体规划和设计是工程项目建设中的一个关键环节。工程项目的资源利用是否合理，总体布局是否达到最优，施工组织是否科学、严谨，能否以较少的投资取得较高的效益，在很大程度上取决于规划与设计质量的好坏及水平的高低。工程项目设计首先应满足建设单位所需的功能和使用价值，符合建设单位投资的目的。但这些功能和目的可能受到资金、资源、技术与环境等因素的制约，均会使工程项目的质量受到限制。同时，工程项目规划与设计必须遵守国家有关城市规划、环境保护、质量安全等一系列技术规范和标准。因此，要将适用、经济、美观融为一体，考虑这些复杂、综合的因素来达到工程项目的设计合理性、可靠性以及可施工性，这些必然与工程质量有关。

(4) 项目的施工方案

工程项目的施工方案是指施工技术方案和施工组织方案。施工技术方案包括施工的技术、工艺、方法和相应的施工机械、设备和工具等资源的配置。因此组织设计、施工工艺、施工技术措施、检测方法、处理措施等内容都直接影响工程项目的质量形成，其正确与否，水平高低不仅影响到施工质量，还对施工的进度和费用产生重大影响。另外，施工组织方案应力求优化。因此，对工程项目施工方案应从技术、组织、管理、经济等方面进行全面分析与论证，确保施工方案不仅能保证工程项目质量，还能加快施工进度、降低成本。

7.1.2.3 工程项目材料

项目材料方面的因素包括原材料、半成品、成品、构配件、仪器仪表和生产设备等,属于工程项目实体的组成部分。这些因素的质量控制着重表现在以下几方面。

(1) 采购质量控制

承包单位在采购订货前应充分调查市场信息,优选供货厂家,并向监理方申报所购材料的数量、品种、规格型号、技术标准和质量要求、计量方法、交货期限与方式、价格及供货方应提供的质量保证文件等。

(2) 制造质量控制

对于一些重要设备、器材或外包件可以采取对生产厂家制造实行监造方式,进行重点或全过程的质量控制。

(3) 材料、设备进场的质量控制

对运到施工现场的原材料、半成品或构配件,必须具有合格证、技术说明书和产品检验报告等质量证明文件。对某些质量状况波动大的材料还要进行平行检验和抽样检验,使所有进场材料的质量处于可控状态。

(4) 材料、设备存放的质量控制

材料、设备进场后的存放,要满足各种材料、设备对存放条件的要求,要有定期的检查或抽样,以保证材料质量的稳定,并得到有效控制。

7.1.2.4 施工设备和机具

施工设备和机具是实现工程项目施工的物质基础和手段,特别是现代化施工必不可少的设备。施工设备和机具的选择是否合理、适用与先进,直接影响工程项目的施工质量和进度。因此,要对施工设备和机具的使用培训、保养制度、操作规程等加以严格管理和完善,以保证和控制施工设备与机具达到高效率和高质量的使用水平。

7.1.2.5 施工环境

影响工程项目施工环境的因素主要包括3个方面,即工程技术环境、工程管理环境和劳动环境。

(1) 工程技术环境

影响质量控制的工程技术环境因素有工程地质、地形地貌、水文地质、工程水文和气象等。这些因素不同程度地影响工程项目施工的质量控制和管理。

(2) 工程管理环境

工程管理环境的主要影响因素有质量管理体系、质量管理制度、工作制度、质量保证活动、协调管理及能力等。例如,由总承包单位的工程承发包合同结构所派生的多单位多专业共同施工的管理关系,组织协调方式及现场施工质量控制系统等构成的管理环境,对工程质量的形成将产生相当大的影响。

(3) 劳动环境

劳动环境因素主要包括施工现场的气候、通风、照明和安全卫生防护设施等。

在工程项目的质量控制与管理中,环境因素是在不断变化的。例如,工程技术环境和劳动环境,随着工程项目的进展,地质条件、气象、施工工作面等都可能在不断变化,同时也将引起工程管理环境的变化。应根据工程项目特点和具体条件,采取有效措施对影响质量的环境因素进行管理。例如,建设工程项目,则要建立文明施工和文明生产的环境,保持材料、工件堆放有序,道路通畅,工作场所清洁整齐等,为确保工程质量创造良好条件。

7.1.3 工程项目质量控制的基本原理

7.1.3.1 PDCA 循环原理

工程项目的质量控制是一个持续过程，首先在提出项目质量目标的基础上，制订质量控制计划，包括实现该计划需采取的措施；其次将计划加以实施，特别要在组织上加以落实，真正将工程项目质量控制的计划措施落实到实处；在实施过程中，还要经常检查、监测，以评价检查结果与计划是否一致；最后对出现的工程质量问题进行处理，对暂时无法处理的质量问题重新进行分析，进一步采取措施加以解决。这一过程的原理是 PDCA 循环。PDCA 循环又称戴明环，是美国质量管理专家戴明博士首先提出的。PDCA 循环是工程项目质量管理应遵循的科学程序。其质量管理活动的全部过程，就是质量计划的制订和组织实现的过程，这个过程按照 PDCA 循环，不停顿地周而复始地运转。

PDCA 由英语单词 Plan（计划）、Do（执行）、Check（检查）和 Action（处理）的首字组成，PDCA 循环就是按照这样的顺序进行质量管理，并且循环不止地进行下去的科学程序。

工程项目质量管理活动的运转，离不开管理循环的转动，这就是说，改进与解决质量问题，赶超先进水平的各项工作，都要运用 PDCA 循环的科学程序。不论是提高工程施工质量，还是减少不合格率，都要先提出目标，即质量提高到什么程度，不合格率降低多少，都要有个计划，这个计划不仅包括目标，而且也包括实现这个目标需要采取的措施。计划制订之后，就要按照计划进行检查，看是否实现了预期效果，有没有达到预期的目标。通过检查找出问题和原因，最后就要进行处理，将经验和教训制定成标准、形成制度。

PDCA 循环作为工程项目质量管理体系运转的基本方法，其实施需要监测、记录大量工程施工数据资料，并综合运用各种管理技术和方法。一个 PDCA 循环一般都要经历以下 4 个阶段（见图 7.1）、8 个步骤（见图 7.2）。

图 7.1 PDCA 循环的四个阶段

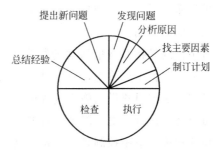

图 7.2 PDCA 循环的 8 个步骤

在实施以上所述的 PDCA 循环时，工程项目的质量控制要重点做好施工准备、施工验收、服务全过程的质量监督，抓好全过程的质量控制，确保工程质量目标达到预定的要求，具体措施如下。

① 将质量目标逐层分解到分部工程、分项工程，并落实到部门、班组和个人。以指标控制为目的，以要素控制为手段，以体系活动为基础，以保证在组织上加以全面落实。

② 实行质量责任制。项目经理是工程施工质量的第一责任人，各工程队长是本队施工质量的第一责任人，质量保证工程师和责任工程师是各专业质量责任人，各部门负责人要按分工认真履行质量职责。

③ 每周组织一次质量大检查，一切用数据说话，实施质量奖惩，激励施工人员，保证施工质量的自觉性和责任心。

④ 每周召开一次质量分析会，通过各部门、各单位反馈输入各种不合格信息，采取纠正和预防措施，排除质量隐患。

⑤ 加大质量权威，质检部门及质检人员根据公司质量管理制度可以行使质量否决权。

⑥ 施工全过程执行业主和有关工程质量管理及质量监督的各种制度和规定，对各部门检查发现的任何质量问题应及时制定整改措施，进行整改，达到合格为止。

7.1.3.2 工程项目质量控制三阶段原理

工程项目的质量控制，是一个持续管理的过程。从工程项目的立项开始到竣工验收属于工程项目建设阶段的质量控制，项目投产后到项目生命周期结束属于项目生产（或经营）阶段的质量控制。两者在质量控制内容上有较大的不同，但不管是建设阶段的质量控制，还是经营阶段的质量控制，从控制工作的开展与控制对象实施的时间关系来看，可分为事前控制、事中控制和事后控制3种。

（1）事前控制

事前控制强调质量目标的计划预控，并按质量计划进行质量活动前的准备工作状态的控制。例如，在施工过程中，事前控制重点在于施工准备工作，且贯穿于施工全过程。首先，要熟悉和审查工程项目的施工图样，做好项目建设地点的自然条件、技术经济条件的调查分析，完成项目施工图预算、施工预算和项目的组织设计等技术准备工作；其次，做好器材、施工机具、生产设备的物质准备工作；再次，要组成项目组织机构，进场人员技术资质、施工单位质量管理体系的核查；最后编制好季节性施工措施，制定施工现场管理制度，组织施工现场准备方案等。

可以看出，事前控制的内涵包括两个方面，一是注重质量目标的计划预控；二是按质量计划进行质量活动前的准备工作状态的控制。

（2）事中控制

事中控制是指对质量活动的行为进行约束、对质量进行监控，实际上属于一种实时控制。例如，项目生产阶段，对产品生产线进行的在线监测控制，即对产品质量的一种实时控制。又如，在项目建设的施工过程中，事中控制的重点在工序质量监控上。其他如施工作业的质量监督、设计变更、隐蔽工程的验收和材料检验等都属于事中控制。

概括地说，事中控制是对质量活动主体、质量活动过程和结果所进行的自我约束和监督检查两方面的控制。其关键是增强质量意识，发挥行为主体的自我约束控制。

（3）事后控制

事后控制一般是指在输出阶段的质量控制。事后控制又称合格控制，包括对质量活动结果的评价认定和对质量偏差的纠正。例如，工程项目竣工验收进行的质量控制，即属于工程项目质量的事后控制。项目生产阶段的产品质量检验也属于产品质量的事后控制。

7.1.3.3 工程项目质量的三全控制原理

三全控制原理来自于全面质量管理（Total Quality Management，TQM）的思想，是指企业组织的质量管理应该做到全面、全过程和全员参与。在工程项目质量管理中应用这一原理，对工程项目的质量控制同样具有重要的理论和实践指导意义。

(1) 全面质量控制

工程项目质量的全面控制可以从纵横两个方面来理解。从纵向的组织管理角度来看，质量总目标的实现有赖于项目组织的上层、中层、基层乃至一线员工的通力协作，其中尤以上层管理能否全力支持与参与，起着决定性的作用。从项目各部门职能间的横向配合来看，要保证和提高工程项目质量必须使项目组织的所有质量控制活动构成一个有效的整体。广义地说，横向的协调配合包括业主、勘察设计、施工及分包、材料设备供应、监理等相关方。全面质量控制就是要求项目各相关方都有明确的质量控制活动内容。当然，从纵向看，各层次活动的侧重点不同。上层管理侧重于质量决策，制定出项目整体的质量方针、质量目标、质量政策和质量计划，并统一组织、协调各部门、各环节、各类人员的质量控制活动；中层管理则要贯彻落实领导层的质量决策，运用一定的方法找到各部门的关键、薄弱环节或必须解决的重要事项，确定出本部门的目标和对策，更好地执行各自的质量控制职能；基层管理则要求每个员工都要严格地按标准、按规范进行施工和生产，相互间进行分工合作，互相支持协助，开展群众合理化建议和质量管理小组活动，建立和健全项目的全面质量控制体系。

(2) 全过程质量控制

任何产品或服务的质量，都有一个产生、形成和实现的过程。从全过程的角度来看，质量产生、形成和实现的整个过程是由多个相互联系、相互影响的环节组成的，每个环节都或轻或重地影响着最终的质量状况。为了保证和提高质量就必须把影响质量的所有环节和因素都控制起来。工程项目的全过程质量控制主要有项目策划与决策过程、勘察设计过程、施工采购过程、施工组织与准备过程、检测设备控制与计量过程、施工生产的检验试验过程工程质量的评定过程、工程竣工验收与交付过程以及工程回访维修过程等。全过程质量控制强调必须体现如下两个思想。

① 预防为主、不断改进的思想。根据这一基本原理，全面质量控制要求把管理工作的重点，从"事后把关"转移到"事前预防"上来；强调预防为主、不断改进的思想。

② 为顾客服务的思想。顾客有内部和外部之分：外部的顾客可以是项目的使用者，也可以是项目的开发商；内部的顾客是项目组织的部门和人员。实行全过程的质量控制要求项目所有各相关利益者都必须树立为顾客服务的思想。内部顾客满意是外部顾客满意的基础。因此，在项目组织内部要树立"下道工序是顾客"、"努力为下道工序服务"的思想。使全过程的质量控制一环扣一环，贯穿整个项目过程。

(3) 全员参与质量控制

全员参与工程项目的质量控制是工程项目各方面、各部门、各环节工作质量的综合反映。其中任何一个环节、任何一个人的工作质量都会不同程度地直接或间接地影响着工程项目的形成质量或服务质量。因此，全员参与质量控制，才能实现工程项目的质量控制目标，形成顾客满意的产品，主要的工作包括以下几方面。

① 必须抓好全员的质量教育和培训。

② 要制定各部门、各级、各类人员的质量责任制，明确任务和职权，各司其职，密切配合，以形成一个高效、协调、严密的质量管理工作的系统。

③ 要开展多种形式的群众性质量管理活动，充分发挥广大职工的聪明才智和当家做主的进取精神，采取多种形式激发全员参与的积极性。

7.2 质量管理体系标准

7.2.1 质量管理体系标准（GB/T 19000-ISO 9000：2000 标准）简介

7.2.1.1 ISO 标准简介

ISO 是国际标准化组织的缩写，ISO9000 标准是 ISO 制定的国际质量管理标准和指南，最初颁布于 1987 年，1994 年第一次修订，2000 年第二次修订，作为组织建立质量体系的基本要求在世界范围内被广泛采用，到 1999 年底全球已有 150 个国家 340000 余家组织获得了第三方体系认证。更多组织正在建立和运行质量管理体系。1994 版的系列标准有 ISO 9001、9002 和 9003，均被广泛地用作建立质量管理体系的基础，独立的第三方机构以此为依据进行质量体系审核及认证。ISO 自 1946 年成立以来共颁布了 12500 多种标准，其中多数为产品标准，以此促进国际贸易的发展。ISO 9000 系列标准是迄今应用最广泛的 ISO 标准。ISO 规定所有的标准至少每 5 年评审一次。ISO 技术委员会 TCl76 已经修订 1994 版的 9000 族标准，ISO 9000：2000 版标准于 2000 年 12 月 15 日正式发布，ISO 9001：2008 版标准于 2008 年 11 月 15 日发布。

7.2.1.2 GB/T 19000-ISO 9000：2000 族标准

ISO 9000 族标准是指由 ISO/TCl76 技术委员会制定的所有国际标准，它是由 ISO 9000 系列标准派生出来的一整套质量管理和质量保证标准系统。我国等同转化后称作 GB/T 19000-ISO 9000：2000 族国家标准。由于采用的是等同转化，两种写法的含义完全相同，使用中不作区别。ISO 9000：2000 族标准包括以下几点。

（1）核心标准四个

① ISO 9000：2000 质量管理体系基础和术语。

② ISO 9001：2008 质量管理体系要求。

③ ISO 9004：2000 质量管理体系业绩改进指南。

④ ISO 19011：2001 质量和环境管理审核指南。

（2）相关标准一个

ISO 10012《测量设备的质量保证要求》。

（3）技术报告若干份

① ISO/TR 10006 项目管理指南。

② ISO/TR 10007 技术状态管理指南。

③ ISO/TR 10013 质量管理体系文件指南。

④ ISO/TR 10014 质量经济性指南。

⑤ ISO/TR 10010 教育和培训指南。

⑥ ISO/TR 10017 统计技术在 ISO 9001 中的应用指南。

（4）小册子若干份

① 质量管理原理、选择和使用指南。

② ISO 9001 在小型企业中的应用指南。

另外，为防止将 ISO 9000 族标准发展为质量管理的百科全书，ISO/TC 176 将与其他委员会或相关行业合作，以扩大 ISO 9000 族标准的使用范围。例如，ISO/TC 176 与国际汽车行业合作，制定了汽车行业的国际标准：ISO/DTR 16949《质量体系　汽车业供应方》,以取代美国、德国、法国和意大利的汽车行业标准 QS 9000、VDA-6.1、EAQF 和 AVSQ。ISO/TC 176 和医学行业合作制定的 ISO/FDIS 13485《质量体系-ISO 9001 在医疗器械中的应用》等国际标准也即将发布。

7.2.1.3 核心标准简介

(1) ISO 9000：2000

本标准规定了质量管理体系的术语和基本原理,取代 1994 版 ISO 8402 和 ISO 9000-1 两个标准。本标准提出的 8 项质量管理原则,是在总结了质量管理经验的基础上,明确了一个组织在实施质量管理中必须遵循的原则,也是 2000 版 9000 族标准制定的指导思想和理论基础。

本标准第二部分提出 10 个部分 87 个术语。在语言上强调采用非技术性语言,使所有潜在用户易于理解。为便于使用,在标准附录中,推荐了以"概念图"方式来描述相关术语的关系。

ISO/DIS 9000：2000 的第 3 个重点内容是提出了质量管理体系的基本原理。作为对本标准引言中质量管理 8 项原则的呼应。

(2) ISO 9001：2008

本标准取代了 1994 版 3 个质量保证标准 (ISO 9001：1994、ISO 9002：1994 和 ISO 9003：1994)。新版的质量管理体系要求采用了"过程方式模型",以取代 1994 版 ISO 9001 标准中的 20 个要素。

为适应不同类型的组织需要,在一定情况下,体系要求允许删减（剪裁）。新版名称中不再出现"质量保证"一词,这反映了标准规定的质量管理体系要求包括了产品质量保证和顾客满意两层含义。

(3) ISO 9004：2000

本标准给出了质量管理的应用指南,描述了质量管理体系应包括的过程,强调通过改进过程,提高组织的业绩。本标准是 1994 版 ISO 9004-1 的替代标准。

ISO 9004：2000 和 ISO 9001：2000 是一对协调一致并可一起使用的质量管理体系标准,两个标准采用相同的原则,但应注意其适用范围不同,而且 ISO 9004 标准不拟作为 ISO 9001 标准的实施指南。通常情况下,当组织的管理者希望超越 ISO 9001 标准的最低要求,追求增长的业绩改进时,往往以 ISO 9004 标准作为指南。

(4) ISO 19011：2001

本标准是 ISO/TC 176 与 ISO/TC 207（环境管理技术委员会）联合制定的,以遵循"不同管理体系,可以共同管理和审核"的原则。新版 ISO 19011 标准将合并并取代 ISO 10011-1、ISO 10011-2、ISO 10011-3 和 ISO 14010、ISO 14011 和 ISO 14012 等几个标准。

本标准在术语和内容方面,兼容了质量管理体系和环境管理体系两方面特点。本标准为审核基本原则、审核大纲的管理、环境和质量管理体系的实施以及对环境和质量管理体系评审员资格要求提供了指南。

7.2.1.4 GB/T 19016-ISO 10006：1997 标准

2000 年开始,我国等同采用 ISO 10006：1997,颁布了 GB/T 19016 质量管理项目管理质量指南。该标准的颁布,对促进我国工程项目的质量管理与控制具有极大意义。

在 GB/T 19016-ISO 10006：1997 标准中,将项目管理过程分为 10 组,每组的过程描述及说明如表 7.1 所示。

表 7.1　项目管理过程描述及说明

分组	过程	说明
战略策划过程	战略策划过程	确定项目方向并管理其他项目过程的实现
配合管理过程	立项和项目计划制订	评估顾客和其他受益者的要求，编制项目计划并开始其他过程
配合管理过程	协调管理	管理项目中相互影响的活动
配合管理过程	更改管理	预测更改并在所有过程中管理更改
配合管理过程	关闭	关闭过程并得到信息反馈
与范围有关的过程	概念（方案）确定	规定项目产品的大致轮廓
与范围有关的过程	范围确定和控制	用可测量的、文件的形式表述项目产品特征并对其进行控制
与范围有关的过程	活动确定	识别实现项目目标所要求的各种活动和步骤并形成文件
与范围有关的过程	活动控制	控制项目中实际进行的工作
与时间有关的过程	活动相关性策划	识别项目各活动之间的内部关系、逻辑上的相互影响和相关性
与时间有关的过程	周期估算	每个活动的周期估算要与规定条件和所购资源相联系
与时间有关的过程	进度确定	将项目的进度目标、活动相关性及周期联系起来，作为确定项目总进度和详细进度框架
与时间有关的过程	进度控制	控制项目活动的实现，以确保进度或采取适当的措施是已延期的项目恢复正常
与成本有关的过程	成本估算	确定项目估算成本
与成本有关的过程	预算	使用成本估算的结果做出项目预算
与成本有关的过程	成本控制	控制成本及项目预算的偏离
与资源有关的过程	资源策划	识别、估算、分配所有相关资源并安排资源使用
与资源有关的过程	资源控制	将资源实际使用情况与计划进行比较，需要时采取措施
与人员有关的过程	项目组织结构的确定	规定一个经过裁剪、适应项目需求的项目组织结构，包括确定在项目中的岗位并规定其职责和权限
与人员有关的过程	人员分配	选择并安排足够的、有胜任能力的人员以适应项目的需求
与人员有关的过程	团队发展	开发个人与团队的技艺和能力，以改善项目业绩
与沟通有关的过程	沟通策划	按策划好的沟通体系控制沟通
与沟通有关的过程	信息管理	确保组织成员和其他受益者能够得到所需信息
与沟通有关的过程	沟通控制	控制沟通以符合已获计算的沟通体系
与风险有关的过程	风险识别	确定项目中的风险
与风险有关的过程	风险评估	评估发生风险事件的可能性和风险事件对项目的影响
与风险有关的过程	风险响应的确定	编制风险响应计划
与风险有关的过程	风险控制	实施并修订风险计划
与采购有关的过程	采购策划和控制	识别并控制采购什么、何时采购
与采购有关的过程	采购文件	商务条件和技术要求的汇编
与采购有关的过程	分承包评价	评价并确定邀请哪些分承包方参加投标
与采购有关的过程	签订分包合同	发布招标书、评定投标书、谈判、编制和发出分包合同
与采购有关的过程	合同控制	确保分承包方的业绩满足合同要求

7.2.2 质量管理的八项原则

(1) 以顾客为关注焦点

组织依存于顾客。因此,组织应当理解顾客当前的和未来的需求,满足顾客要求并争取超越顾客期望。

组织在贯彻这一原则时应采取的措施包括通过市场调查研究或访问顾客等方式,准确详细了解顾客当前或未来的需要和期望,并将其作为设计开发和质量改进的依据;将顾客和其他利益相关方的需要和愿望的信息按照规定的渠道和方法,在组织内部完整而准确的传递和沟通;组织在设计开发和生产经营过程中,按规定的方法测量顾客的满意程度,以便针对顾客的不满意因素采取相应的措施。

(2) 领导作用

领导者确立组织统一的宗旨及方向。其应当创造并保持使员工能充分参与实现组织目标的内部环境。

领导的作用是指最高管理者具有决策和领导一个组织的关键作用,为全体员工实现组织的目标创造良好的工作环境,最高管理者应建立质量方针和质量目标,以体现组织总的质量宗旨和方向以及在质量方面所追求的目的。应时刻关注组织经营的国内外环境,制定组织的发展战略,规划组织的蓝图。质量方针应随着环境的变化而变化,并与组织的宗旨相一致。最高管理者应将质量方针、目标传达落实到组织的各职能部门和相关层次,让全体员工理解和执行。

(3) 全员参与

各级人员是组织之本,只有其充分参与,才能使其才干为组织带来收益。

全体员工是每个组织的基础,人是生产力中最活跃的因素。组织的成功不仅取决于正确的领导,还有赖于全体人员的积极参与,所以应赋予各部门、各岗位人员应有的职责和权限,为全体员工制造一个良好的工作环境,激励其积极性和创造性,通过教育和培训增长其才干和能力,发挥员工的革新和创新精神,共享知识和经验,积极寻求增长知识和经验的机遇,为员工的成长和发展创造良好的条件,这样才能给组织带来最大的收益。

(4) 过程方法

将活动和相关的资源作为过程进行管理,可以更高效地得到期望的结果。

工程项目的实施可以作为一个过程来实施管理,过程是指将输入转化为输出所使用资源的各项活动的系统。过程的目的是提高价值,因此在开展质量管理各项活动中应采用过程的方法实施控制,确保每个过程的质量,并按确定的工作步骤和活动顺序建立工作流程,人员培训,所需的设备、材料、测量和控制实施过程的方法以及所需的信息和其他资源等。

(5) 管理的系统方法

将相互关联的过程作为系统加以识别、理解和管理,有助于组织提高实现目标的有效性和效率。

管理的系统方法包括了从确定顾客的需求和期望、建立组织的质量方针和目标、确定过程及过程的相互关系和作用并明确职责和资源需求、建立过程有效性的测量方法并用以测量现行过程的有效性、防止不合格、寻找改进机会、确立改进方向、实施改进、监控改进效果、评价结果、评审改进措施和确定后续措施。这种建立和实施质量管理体系的方法,既可建立新体系,也可用于改进现行的体系。这种方法不仅可提高过程能力及项目质量,还可为持续改进打好基础,最终使顾客满意,使组织获得成功。

(6) 持续改进

持续改进整体业绩应当是组织的一个永恒目标。

持续改进是一个组织积极寻找改进的机会，努力提高有效性和效率的重要手段，确保不断增强组织的竞争力，使顾客满意。

(7) 基于事实的决策方法

有效决策是建立在数据和信息分析的基础上。

决策是通过调查和分析，确定项目质量目标并提出实现目标的方案，对可供选择的若干方案进行优选后作出抉择的过程，项目组织在工程实施的各项管理活动过程中都需要做出决策。能否对各个过程作出正确的决策，将会影响到组织的有效性和效率，甚至关系到项目的成败。所以，有效的决策必须以充分的数据和真实的信息为基础。

(8) 与供方互利的关系

组织与供方是相互依存的，互利的关系可增强双方创造价值的能力。

供方提供的材料、设备和半成品等对于项目组织能否为顾客提供满意的最终产品可以产生重要的影响。因此，把供方、组织方和合作方等都看做是项目组织同盟中的利益相关者，形成共同的竞争优势，可以优化成本和资源，有利于项目主体和供方共同双赢。

上述八项质量管理原则构成 ISO 9000：2000 族质量管理体系标准的理论基础，又是企业的最高管理者进行质量管理的基本准则。八项质量管理原则，是 ISO 在总结优秀质量管理实践经验的基础上，用精练的语言表达的最基本、最通用的质量管理的一般规律，可以成为企业文化的一个重要组成部分，从而指导企业在一个较长时期内，通过关注顾客及其他相关方的需求和期望，达到改进总体业绩的目的。

7.2.3 质量管理体系的建立

7.2.3.1 质量管理体系建立的基本程序

项目组织建立质量管理体系一般是与项目部所在企业一起，建立建筑企业的质量管理体系，建立的程序可按下列步骤进行。

(1) 领导决策

建立质量管理体系首先要领导作出决策，为此，领导应充分了解 GB/T 19000-ISO，除 ISO 9000：2000 标准，认识到建立质量管理体系的必要性和重要性，能一如既往地领导和支持企业为建立质量管理体系而开展的各项工作。管理团队要统一思想、提高认识，在此基础上作出贯标的决策。

(2) 组织落实

成立贯标领导小组，由企业总经理担任领导小组组长，主管企业质量工作的副总经理任副组长，具体负责贯标的实施工作。领导小组成员由各职能管理部门、计量监督部门、各项目部经理以及部分员工代表组成。一般在质量管理体系涉及的每个部门和不同专业施工的班组应有代表参加。

(3) 制订工作计划

制订贯标工作计划是建立质量管理体系的保证。工作计划一般分为 5 个阶段，每个阶段持续时间的长短视企业规模而定。5 个阶段是建立质量管理体系的准备工作，如组织准备、动员宣传、骨干培训等；质量管理体系总体设计，包括质量方针和目标的制定、确定实施过程、确定质量管理体系要素、组织结构、资源及配备方案等；质量管理体系文件编制，主要有质量手册、程序文件、质量记录以及内部与外部制度等；质量管理体系的运行和质量管理体系的认证。在质量管理体系建立后,经过试运行,要首先进行内部审核和评审,提出改进措施,验证合格后可提出认证申请,请第三方进行质量管理体系认证。

(4) 组织宣传和培训

首先由企业总经理宣讲质量管理体系标准的重要意义,宣读贯标领导小组名单,以表明组织领导者的高度重视。培训工作在 3 个层次展开,一是建立质量管理体系之前,企业要选派部分骨干进行内审员资格培训;二是中层以上干部和领导小组成员学习质量管理标准文件 GB/T 19000 - ISO 9000:2000、技术规范、法规及其他非正式发布的标准;三是在全体员工中学习各种管理文件、项目质量计划、质量目标以及有关的质量标准,一般聘请专业咨询师进行讲解,使全体员工能统一、正确地加以理解。

(5) 质量管理体系设计

质量管理体系设计的内容较多,应结合企业自身的特点,在现有的质量管理工作基础上,按照 GB/T 19001-ISO 9001:2000 标准中对建立质量管理体系要求,进行企业的质量管理体系设计。主要内容包括确定企业生产活动过程、制定质量方针目标、确定企业质量管理体系要素、确定组织机构与相应职责、资源配置、质量管理体系的内审和第三方审核等。

7.2.3.2 形成质量管理体系文件

(1) 质量管理体系文件结构

企业编制质量管理体系文件包括 3 个层次(见图 7.3):层次 A 为质量手册,称作第一级文件,主要描述企业组织结构、质量方针和目标、质量管理体系要素和过程描述等质量管理体系的整体描述;层次 B 位质量管理体系程序,称作第二级文件,主要是描述实施质量管理体系要素所涉及的各个过程以及各职能部门文件;层次 C 为质量文件,称作第三级文件。主要是部门工作手册,作为各部门运行质量管理体系的常用实施细则,包括管理标准(各种管理制度等)、工作标准(岗位责任制和任职要求等)、技术标准(国家标准、行业标准、企业标准及作业指导书、检验规范等)和部门质量记录文件等。

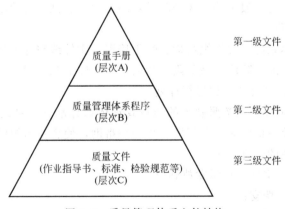

图 7.3 质量管理体系文件结构

(2) 质量手册

质量手册是组织建立质量管理体系的纲领性文件,也是指导企业进行质量管理活动的核心文件。质量手册描述了组织的结构、质量方针、确定了组织的质量管理体系要素,规定了应建立程序文件的环节和过程,此外,还对质量手册的控制、修改、发放和评审等管理方式作出了规定。

(3) 程序文件

质量管理体系程序是对实施质量管理体系要素所涉及的各职能部门的各项活动所采取方法的具体描述，应具有可操作性和可检查性，程序文件通常包括活动的目的和范围以及具体实施的步骤。通常按 5W1H 原则来描述，即 Why（为什么做）、What（做什么）、Who（谁来做和评审）、Where（在哪里做）、When（什么时候做）、How（怎么做、依据什么和用什么方法）。

按照 GB/T 19001-ISO 9001：2000 标准，企业实施质量管理体系至少应包括六个程序，即文件控制程序、质量记录控制程序、内部质量审核程序、不合格控制程序、纠正措施程序和预防措施程序。

(4) 质量计划

质量计划是针对某项产品、工程项目或合同规定的专门质量措施、资源配备和活动顺序的文件，一般按照质量手册的有关内容和要求来编制。对工程项目而言，质量计划主要是针对特定的工程项目编制质量目标、规定专门的质量措施、各过程的实施步骤、职责和职权的分配、达到质量目标所采取的质量保证措施、作业指导书和程序文件等。质量计划对外可作为特定工程项目的质量保证，对内可作为针对工程项目质量管理的依据。

(5) 质量记录

质量记录是指阐明所取得的结果或提供所完成活动的证据的文件。质量记录的作用是证实和追溯，表明质量管理体系要素和程序已满足质量要求是证明质量管理体系有效性的文件。

GB/T 19001-ISO 9001：2000 标准规定了为证明产品符合要求，质量管理体系有效运行所必需的记录，主要有管理评审记录、培训记录、产品要求的评审记录、设计和开发评审记录、供方评审记录、产品标示记录、产品测量和监控记录以及校准结果记录等。

7.2.4 质量管理体系的运行

质量管理体系的运行一般可分为 3 个阶段：准备阶段、试运行阶段和正式运行阶段。

7.2.4.1 准备阶段

在完成质量管理体系的有关组织结构、骨干培训、文件编制等工作之后，企业组织可进入质量管理体系运行的准备阶段。该阶段包括的工作有以下几方面。

① 选择试点项目，制订项目试运行计划。

② 全员培训。对全体员工按照制定的质量管理体系标准进行系统培训，特别注重实践操作的培训。内审员及咨询师应给予积极的指导和帮助，使企业组织的全体人员从思想和行动上进入质量管理体系的运行状态。

③ 各种资料发放，文件、标示发放到位。

④ 有一定的专项经费支持。

7.2.4.2 试运行阶段

① 对质量管理体系中的重点要素进行监控，观察程序执行情况，并与标准对比，找出偏差。

② 针对找出的偏差，分析、验证产生偏差的原因。

③ 针对原因制定纠正措施。

④ 下达纠正措施的文件通知单，并在规定的期限内进行现场验证。

⑤ 通过征求企业组织各职能部门、各层次人员对质量管理体系运行的意见，仔细分析

存在的问题,确定改进措施,并同时对质量管理体系文件按照文件修改程序进行及时修改。

7.2.4.3 正式运行阶段

经过试运行阶段,并修改、完善质量管理体系之后,可进入质量管理体系的正式运行阶段,这一阶段的重点活动主要有以下内容。

(1) 对过程、产品(或服务)进行测量和监督

在质量管理体系的运行中,需要对产品、项目实现中的各个过程进行控制和监督,根据质量管理体系程序的规定,对监控的信息进行对比分析,确定每一个过程是否达到质量管理体系程序的标准。经过对过程质量进行评价并制定出相应的纠正措施。

(2) 质量管理体系的协调

质量管理体系的运行是整个组织及全体员工共同参与的,因此存在组织协调问题,以保证质量管理体系的运行效率和有效性。组织协调包括内部协调和外部协调两个方面。内部协调主要是依靠执行各项规章制度,提高人员基本素质,培养员工的整体观念和协作精神,各部门、人员的责任边界通过合理的制度来划清等;外部协调主要依靠严格遵纪守法,树立战略眼光和争取双赢的观念,同时要严格执行有关的法律、法规及合同。

(3) 内部审核和外部审核

质量管理体系审核的目的是确定质量管理体系要素是否符合规定要求,能否实现组织的质量目标以及是否符合 GB/T 19001-ISO 9001:2000 的各项标准,并根据审核结果为质量管理体系的改进和完善提供修正意见。内部审核时,参加内部审核的内审员与被审核部门应无利益、利害关系,以保证审核工作及结果的公正性;外部审核包括第二方和第三方审核两种,多数情况下都是第三方审核。一般要求第三方为独立的质量管理认证机构,审核的内容基本相同,两者的区别如表 7.2 所示。

表 7.2 组织质量管理体系内部审核与外部审核的区别

审核类型		委托方	审核方	受审方	审核的依据	审核目的
内审	第一方审核	本组织	本组织或本组织委托、以本组织名义进行审核的机构	本组织	主要依据质量管理体系文件,适用的法律、法规、技术标准、合同以及其他与质量有关的文件	使本组织保持质量管理体系的高效率、有效性和适宜性;作为申请第三方审核的基础
外审	第二方审核	采购方或供方	采购方或其代表、其认可的第三方	供方	主要依据第二方规定或选用的质量保证体系或质量管理标准以及其他适用文件	确认受审方质量管理体系的有效性、满足采购方要求的能力
	第三方审核	受审方或其他组织	外部独立的审核服务机构,如认证机构、有资质的咨询机构	本组织	主要依据与委托方商定的质量管理标准,适用的法律、法规,其他适用文件	受审方质量管理体系的认证评审、监督审核

(4) 质量管理体系的持续改进

组织的质量管理体系在运行中,环境是在不断变化得到,顾客的要求也在不断变化,为了适应这种变化,企业组织需要对其质量管理体系进行持续的改进,持续改进的活动包括建立一个激励改进的组织环境;通过对顾客满意程度和产品质量特性参数的验证数据来分析评价现有的质量管理体系的适宜性,并具此确定改进的目标;定期或不定期进行管理评审,不

断发现质量管理体系的薄弱环节并加以完善、采取积极的纠正和预防措施,避免不合格品的重复发生和潜在不合格品的发生。

7.2.5 质量管理体系的认证与监督

质量认证是指由第三方对供方的产品和质量管理体系进行评定和给予书面证明的一种活动,分为产品质量认证和质量管理体系认证两种。产品质量认证是由国家质量监督检验检疫总局产品认证机构国家认可委员会认可的产品认证机构对供方的产品进行认证的活动,分为产品合格认证和产品安全认证;质量管理体系认证是根据相关的 GB/T19001-ISO 9001:2000 标准,由第三方(质量管理体系认证机构或具有相应资质的其他机构)对供方的质量管理体系进行评定和注册、监督审核的一种活动。前者是对企业产品的质量有效性提供的一种保证,后者是对提供产品的企业组织所具有的质量管理体系有效性提供的一种保证。

7.2.5.1 质量管理体系认证的意义

① 提高供方企业的质量信誉。获得质量管理体系认证通过的企业,证明建立了有效的质量保障机制,因此可以获得市场的广泛认可,即可以提升企业组织的质量信誉。实际上,质量管理体系对企业的信誉和产品的质量水平都起着重要的保障作用。

② 促进企业完善质量管理体系。质量管理体系实行认证制度,既能帮助企业建立有效、适用的质量管理体系,又能促使企业不断改进、完善自己的质量管理制度,以获得认证的通过。

③ 增强国际市场竞争能力。质量管理体系认证属于国际质量认证的统一标准,在经济全球化的今天,我国企业要参与国际竞争,就应采取国际标准规范自己,与国际惯例接轨。只有这样,才能增强自身的国际市场竞争力。

④ 减少社会重复检验和检查费用。从政府角度,引导组织加强内部质量管理,通过质量管理体系认证,可以避免因重复检查与评定而给社会造成浪费。

⑤ 有利于保护消费者利益。质量管理体系认证能帮助用户和消费者鉴别组织的质量保证能力,确保消费者买到优质、满意的产品,达到保护消费者利益的目的。

⑥ 有利于法规的实施。

7.2.5.2 质量管理体系认证程序

(1) 申请和受理

企业组织在确定需要实施质量管理体系之后,可以向其自愿选择的认证机构提出申请,并按要求提交申请文件,除有关申请表格外,还包括质量手册、程序文件等。体系认证机构根据组织提交的申请文件,决定是否受理申请,并通知企业。一般来说,认证机构不能无故拒绝认证申请。

通常企业组织在正式提出认证申请之前,会聘请专业咨询机构或认证咨询师对组织建立质量管理体系进行辅导,并指导企业质量管理体系的试运行、完成管理评审、纠正措施等过程,经咨询机构或咨询师推荐,向认证机构正式递交申请。

(2) 认证审核

体系认证机构根据组织提交的申请,对质量管理体系文件进行书面审核,并将审定意见及时通知企业,企业按认证机构提出的意见对质量管理体系文件进行修改和完善。书面审核完成后,企业经与认证机构商定,进行现场审核。现场审核的内容包括举行初次会议,宣布评审规则及程序;听取企业负责人、管理者代表等人对建立质量管理体系的认识及工作汇报;按(全部或抽查)企业组织的部门或按活动过程对质量管理工作进行评审,需考核各部门的质量管理负责人以及质量管理涉及的原始质量记录;深入现场考核各工序过程的质量管理体系执行情况,检查企业的质量管理体系是否符合文件要求;召开评定小组会议,提出问题,书面提出不符合体系文件的地方,要求在规定的期限纠正;企业完成纠正措施后,认证机构进行复审,提交企业通过质量管理体系认证的审核报告。

(3) 审批与注册发证

体系认证机构根据审核报告,经审查决定是否批准认证。对批准认证的组织颁发质量管理体系认证证书,并将企业组织的有关情况注册公示,准予组织以一定方式使用质量管理体系认证标志。证书有效期一般为3年。

7.2.5.3 质量管理体系的维持与监督管理

在证书有效期内,企业组织应经常开展内部审核,以维持质量管理体系的持续改进和有效性,还需接受体系认证机构的监督管理,一般每年对企业组织进行至少一次的监督审核,查证组织有关质量管理体系的保持情况。维持与监督管理的主要内容有以下几方面。

(1) 企业通报

认证获得通过的企业,在其质量管理体系运行过程中出现重大变化时,应向认证机构通报,认证机构接到通报后,根据具体情况采取必要的监督检查措施。

(2) 监督检查

监督检查是指认证机构对认证合格企业质量管理体系维持情况进行的监督性审核,包括定期监督检查和不定期监督检查两种,定期监督检查一般每年一次,不定期监督检查根据需要临时安排。

(3) 认证注销

注销是指企业组织的自愿行为。当企业组织发生变化,认为不再需要质量认证,在有效期满不提出重新申请,或在有效期内提出注销的,认证机构予以注销,收回体系认证证书。

(4) 认证暂停

认证暂停是指认证机构对获证企业质量管理体系发生不符合认证要求情况时采取的警告性措施。认证暂停期间,企业不得用质量体系证书做宣传。企业在规定期间通过纠正措施满足认证要求后,认证机构撤销认证暂停;若仍不能满足认证要求,认证机构将撤销认证注册,收回质量体系证书。

(5) 认证撤销

当获证企业质量体系发生严重不符合认证标准、或在认证暂停的规定期限内未予整改的以及发生其他构成撤销质量体系认证资格情况时,认证机构可作出撤销其认证证书资格的决定。企业如有异议可提出申诉。撤销认证的企业一年后可重新提出认证申请。

7.3 工程项目质量控制系统的建立和运行

7.3.1 工程项目质量控制系统概述

7.3.1.1 工程项目质量控制系统定义

质量控制是指为实现预定的质量目标,根据规定的质量标准对控制对象进行观察和检测,并将观测的实际结果与计划或标准对比,对偏差采取相应调整的方法和措施。质量控制系统则是针对控制对象(产品或项目)形成的一整套质量控制方法和措施,也指形成的相应的计算机质量控制软件系统。工程项目质量控制系统是面向工程项目而建立的质量控制系统。

7.3.1.2 工程项目质量控制系统与企业质量管理体系的区别

(1) 范围不同

工程项目质量控制系统只用于特定的工程项目质量控制,同一企业不同的工程项目则有不同的质量控制系统;企业的质量管理体系是针对企业整体范围来建立的,适用于整个企业的质量管理。

(2) 主体不同

工程项目质量控制系统涉及工程项目实施中所有的质量责任主体,质量控制系统的各个环节都有质量责任人;企业质量管理体系的主体资格是企业组织本身,是一个整体达到质量管理体系标准的主体概念,其通过质量管理体系中的程序文件、质量记录和规章制度等来约束和控制工程质量。

(3) 目标不同

工程项目质量控制系统的控制目标是工程项目的质量标准,这些标准除建设方(业主)提出的要求外,都属于已颁布的各种国家、行业规范,基本上是量化指标;企业质量管理体系的目标是由企业根据自身情况提出,除引用国家、行业标准外,也可以由企业自己提出。

(4) 时效不同

工程项目质量控制系统与工程项目管理组织是相互依存的,随着工程项目的进展和结束,工程项目质量控制系统的作用也随之发挥和停止,即和项目一样,属于一次性的;质量管理体系是对企业组织而言,只要企业存在,能够持续保证质量管理体系的有效性,就可以使质量管理体系一直保持下去。

(5) 评价不同

工程项目质量控制系统是企业与项目部共同为控制项目的质量而建立的,一般只作自我评价与诊断,根据经验在实践中不断修正,不进行第三方认证;企业质量管理体系是国际通用标准,需由具有专业资质的机构进行认证审核。

7.3.2 工程项目质量控制系统的构成

(1) 按控制内容分

按控制内容可分为以下 4 种。

① 工程项目勘察设计控制子系统。
② 工程项目材料设备质量控制子系统。
③ 工程项目施工安装质量控制子系统。
④ 工程项目竣工验收质量控制子系统。

(2) 按实施主体分

按实施主体可分为以下 5 种。

① 建设单位建设项目质量控制子系统。
② 工程项目总承包企业项目质量控制子系统。
③ 勘察设计单位勘察设计质量控制子系统(设计—施工分离式)。
④ 施工企业(含分包商)施工安装质量控制子系统。
⑤ 工程监理企业工程项目质量控制子系统。

(3) 按控制原理分

按控制原理可分为以下 4 种。

① 质量控制计划系统,确定建设项目的建设标准、质量方针、总目标及其分解。

② 质量控制网络系统，明确工程项目质量责任主体构成、合同关系和管理关系，控制的层次和层面。

③ 质量控制措施系统，描述主要技术措施、组织措施、经济措施和管理措施的安排。

④ 质量控制信息系统，进行质量信息的收集、整理、加工和文档资料的管理。

7.3.3 工程项目质量控制系统的建立

7.3.3.1 建立工程项目质量控制系统的原则

（1）分层次规划原则

工程项目质量控制系统可分为两个层次，第一层次是建设单位和工程总承包单位，分别对整个建设项目和总承包工程项目，进行相关范围的质量控制系统；第二层次是设计单位、施工单位（含分包商和建设监理单位等），在建设单位和总承包工程项目质量管理控制系统的框架内，进行各自责任范围内的质量控制系统设计，使总框架更加丰富、具体和明确。

（2）总目标分解原则

按照建设标准和工程项目质量总体目标的要求，把总目标分为若干分目标，分解到各个责任主体，并由合同加以确定，由各责任主体制订具体的质量计划，确定控制措施和方法。

（3）质量责任制原则

质量责任制原则与项目经理负责制一样，贯彻质量控制按谁实施谁负责，并使工程项目质量与责任人经济利益挂钩的原则。

（4）系统有效性原则

系统有效性原则，即做到整体系统和局部系统的组织、人员、资源和措施落实到位。

7.3.3.2 建立工程项目质量控制系统的程序

① 确定控制系统各层面组织的工程质量负责人及其管理职责，形成控制系统网络架构。

② 确定控制系统组织的领导关系、报告审批及信息流转程序。

③ 制定质量控制工作制度．包括质量控制例会制度、协调制度、验收制度和质量责任制度等。

④ 部署各质量主体编制相关质量计划，并按规定程序完成质量计划的审批，形成质量控制依据。

⑤ 研究并确定控制系统内部质量职能交叉衔接的界面划分和管理方式。

7.3.4 工程项目质量控制系统的运行

工程项目质量控制系统建立后，将进入运行状态，运行正常与成功的关键是系统的机制设计，成功的机制设计还需要严格的执行和实施。工程项目质量控制系统的运行与其他任何系统的运行一样，都需要在运行过程中，不断地修正和完善，任何特定的工程项目质量控制系统都随工程项目本身不同、所处环境条件不同而使控制参数、特征及控制条件可能有所不同，但系统运行的基本方式、机制是基本相同的。

7.3.4.1 控制系统运行的基本方式

工程项目质量控制系统的基本运行方式是按照PDCA循环原理，一是制订详细的项目质量计划，作为系统控制的依据；二是实施质量计划时，包含两个环节：计划行动方案的交底和按计划规定的方法展开作业技术活动；三是对质量计划实施过程进行自我检查、相互检查和监督检查；四是针对检查结果进行分析原因，采取纠正措施，保证产品或服务质量的形成和控制系统的正常运行。

7.3.4.2 控制系统运行机制

(1) 控制系统运行的动力机制

工程项目质量控制系统的活力在于其运行机制,而运行机制的核心是动力机制,动力机制则来源于利益机制,因此利益机制是关键。由于建设工程项目一般是由多个主体参加,其质量控制的动力是受其利益分配影响的,遵循这一原则来激励和形成工程项目质量控制系统的动力机制是非常重要的。

(2) 控制系统运行的约束机制

工程项目质量控制系统的约束机制取决于自我约束能力和外部监控效力,外部监控效力是来自于实施主体外部的推动和检查监督,自我约束能力则指质量责任主体和质量活动主体的经营理念、质量意识、职业道德及技术能力的发挥。这两方面的约束机制是质量控制系统正确运行的保障。自我约束能力要靠提高员工素质,加强质量文化建设等来形成;外部监控效力则需严格执行有关建设法规来保证。

(3) 控制系统运行的反馈机制

工程项目质量控制系统的运行状态和运行结果信息,需要及时反馈来对系统的控制能力进行评价,以便使系统控制主体进一步作出处理决策,调整或修改系统控制参数,达到预定的控制目标。对此,质量管理人员应力求系统反馈信息准确、及时和不失真。

7.4 工程项目施工阶段质量控制

工程项目施工阶段是根据项目设计文件和施工图样的要求,进入工程实体的形成阶段,所制订的施工质量计划及相应的质量控制措施,都是在这一阶段形成实体的质量或实现质量控制的结果。因此,施工阶段的质量控制是项目质量控制的最后形成阶段,因而对保证工程项目的最终质量具有重大意义。

7.4.1 项目施工质量控制概述

7.4.1.1 项目施工质量控制内容划分

工程项目施工阶段的质量控制从不同的角度来描述,可以有不同的划分,企业可根据自己的侧重点不同采用适合自己的划分方法,主要有以下 4 种。

① 按工程项目施工质量管理主体划分为建设方的质量控制、施工方的质量控制和监理方的质量控制。

② 按工程项目施工阶段划分为施工准备阶段质量控制、施工阶段质量控制和竣工验收阶段质量控制。

③ 按工程项目施工分部工程划分为地基与基础工程的质量控制、主体结构工程的质量控制、屋面工程的质量控制、安装(含给水排水及采暖、电气、智能建筑、通风与空调、电梯等)工程的质量控制和装饰装修工程的质量控制。

④ 按工程项目施工要素划分为材料因素的质量控制、人员因素的质量控制、设备因素的质量控制、方案因素的质量控制和环境因素的质量控制。

7.4.1.2 项目施工质量控制的目标

项目施工阶段质量控制的目标可分为施工质量控制总目标、建设单位施工质量控制目标、设计单位施工质量控制目标、施工单位质量控制目标、监理单位施工质量控制目标。

(1) 施工质量控制总目标

施工质量控制总目标就是对工程项目施工阶段的总体质量要求,也是建设项目各参与方一致的责任和目标,即要使工程项目满足有关质量法规和标准、正确配置施工生产要素、采用科学管理的方法,实现工程项目预期的使用功能和质量标准。

(2) 建设单位施工质量控制目标

建设单位的施工质量控制目标是通过对施工阶段全过程的全面质量监督管理、协调和决策,保证竣工验收项目达到投资决策时所确定的质量标准。

(3) 设计单位施工质量控制目标

设计单位施工阶段的质量控制目标是通过对施工质量的验收签证、设计变更控制及纠正施工中所发现的设计问题,采纳变更设计的合理化建议等,保证验收竣工项目的各项施工结果与最终设计文件所规定的标准一致。

(4) 施工单位质量控制目标

施工单位的质量控制目标是通过施工全过程的全面质量自控,保证交付满足施工合同及设计文件所规定的质量标准,包括工程质量创优要求的工程项目产品。

(5) 监理单位施工质量控制目标

监理单位在施工阶段的质量控制目标,是通过审核施工质量文件、报告报表及现场旁站检查、平行检测、施工指令和结算支付控制等手段,监控施工承包单位的质量活动行为,协调施工关系,正确履行工程质量的监督责任,以保证工程质量达到施工合同和设计文件所规定的质量标准。

7.4.1.3 施工质量控制的依据

施工质量控制的依据主要是指适用于工程项目施工阶段与质量控制有关的、具有指导意义和必须遵守(强制性)的基本文件,包括国家法律法规、行业技术标准与规范、企业标准、设计文件及合同等。主要的建筑工程施工质量控制文件如下所示。

①《建筑法》
②《合同法》
③《建设工程项目管理规范》(GB/T 50326—2006)
④《质量管理体条项目质量管理指南》(GB/T 19016—2005)
⑤《建筑工程施工质量验收统一标准》(GB 50300—2001)
⑥《建筑地基基础工程施工质量验收规范》(GB 50202—2002)
⑦《砌体工程施工质量验收规范》(GB 50203—2002)
⑧《混凝土结构工程施工质量验收规范》(GB 50204—2002)
⑨《钢结构工程施工质量验收规范》(GB 50205—2001)
⑩《木结构工程施工质量验收规范》(GB 50206—2002)
⑪《屋面工程质量验收规范》(GB 50207—2002)
⑫《地下防水工程质量及验收规范》(GB 50208—2002)
⑬《建筑地面工程施工质量验收规范》(GB 50209—2011)
⑭《建筑装饰装修工程施工质量验收规范》(GB 00210—2001)
⑮《建筑给水排水及采暖工程施工质量验收规范》(GB 50242—2002)
⑯《通风与空调工程施工质量验收规范》(GB 50243—2002)
⑰《建筑电气工程施工质量验收规范》(GB 50303—2002)

⑱《电梯工程施工质量验收规范》(GB 50310—2002)

7.4.1.4 施工质量持续改进理念

持续改进的概念来自于 ISO 9000：2000《质量管理体系基础和术语》，是指"增强满足要求的能力的循环活动"。阐明组织为了改进其整体业绩，应不断改进产品质量，提高质量管理体系及过程的有效性和效率。对工程项目来说，由于属于一次性活动，面临的经济、环境条件是在不断地变化，技术水平也日新月异，因此工程项目的质量要求也需要持续提高，而持续改进是永无止境的。

在工程项目施工阶段，质量控制的持续改进必须是主动、有计划和系统地进行质量改进的活动，要做到积极、主动，首先需要树立施工质量持续改进的理念，才能在行动中变成自觉行为；其次要有永恒的决心，坚持不懈；最后关注改进的结果，持续改进要保证是更有效、更完善的结果，改进的结果还能在工程项目的下一个工程质量循环活动中加以应用。概括地说，施工质量持续改进理念包括了以下4个过程：①渐进过程；②主动过程；③系统过程；④有效过程。

7.4.2 施工质量计划的编制

7.4.2.1 施工质量计划概述

施工质量计划主要是指施工企业根据有关质量管理标准，针对特定的工程项目编制的工程质量控制方法、手段、组织以及相关实施程序。对已实施 ISO 9000：2000 质量管理体系标准的企业，质量计划是质量管理体系文件的组成内容。施工质量计划一般由项目经理（或项目负责人）主持，负责质量、技术、工艺和采购的相关人员参与制定。在总承包的情况下，分包企业的施工质量计划是总包施工质量计划的组成部分，总包企业有责任对分包施工质量计划的编制进行指导和审核，并要承担施工质量的连带责任。施工质量计划编制完毕，应经企业技术领导审核批准，并按施工承包合同的约定提交工程监理或建设单位批准确认后执行。

根据建筑工程生产施工的特点，目前我国建设工程项目施工的质量计划常用施工组织设计或施工项目管理规划的文件形式进行编制。

7.4.2.2 编制施工质量计划的目的和作用

施工质量计划编制的目的是加强施工过程中的质量管理和程序管理。规范员工行为，使其严格操作、规范施工，达到提高工程质量、实现项目目标。

施工质量计划的作用是为质量控制提供依据，使工程的特殊质量要求能通过有效的措施加以满足；在合同环境下，质量计划是企业向顾客表明质量管理方针、目标及其具体实现的方法、手段和措施，体现企业对质量责任的承诺和实施的具体步骤。

7.4.2.3 施工质量计划的内容

（1）工程特点及施工条件分析

熟悉建设项目所属的行业特点和特殊质量要求，详细领会工程合同文件提出的全部质量条款，了解相关的法律法规对本工程项目质量的具体影响和要求，还要详细分析施工现场的作业条件，以便能制订出合理、可行的施工质量计划。

（2）工程质量目标

工程质量目标包括工程质量总目标及分解目标。制定的目标要具体，具有可操作性，对于定性指标，需同时确定衡量的标准和方法。如要确定工程项目预期达到的质量等级（如合格、优良或省、市、部优质工程等），则要求在施工项目交付使用时，质量要达到合同范围内的全部工程的所有使用功能符合设计（或更改）图样要求，检验批、分项、分部和单位工程质量达到施工质量验收统一标准，合格率100%等。

（3）组织与人员

在施工组织设计中，确定质量管理组织机构、人员及资源配置计划，明确各组织、部门人员在工程施工不同阶段的质量管理职责和职权，即确定质量责任人和相应的质量控制权限。

（4）施工方案

根据质量控制总目标的要求，制定具体的施工技术方案和施工程序，包括实施步骤、施工方法、作业文件和技术措施等。

（5）采购质量控制

采购质量控制包括材料、设备的质量管理及控制措施，涉及对供应方质量控制的要求。可以制定具体的采购质量标准或指标、参数和控制方法等。

（6）监督检测

要制订工程检测的项目计划与方法，包括检测、检验、验证和试验程序文件等以及相关的质量要求和标准。

7.4.2.4 施工质量计划的实施与验证

（1）实施要求

施工质量计划的实施范围主要是在项目施工阶段全过程，重点对工序、分项工程、分部工程到单位工程全过程的质量控制，各级质量管理人员按质量计划确定的质量责任分工、对各环节进行严格的控制，并按施工质量计划要求保存好质量记录、质量审核、质量处理单、相关表格等原始记录。

（2）验证要求

项目质量责任人应定期组织具有相应资格或经验的质量检查人员、内部质量审核员等对施工质量计划的实施效果进行验证，对项目质量控制中存在的问题或隐患，特别是质量计划本身、管理制度、监督机制等环节的问题，要及时提出解决措施，加以纠正。质量问题严重时要追究责任，给予处罚。

7.4.3 生产要素的质量控制

工程项目施工阶段质量控制的影响因素可以归结于5大生产要素，即劳动主体、劳动对象、劳动方法、劳动手段和施工环境。

（1）劳动主体

劳动主体主要是指作业者、管理者，对质量控制产生影响的是人员素质及其组织效果。劳动主体的质量包括参与工程各类人员的生产技能、文化素养、生理体能和心理行为等方面的个体素质及经过合理组织充分发挥其潜在能力的群体素质。因此，企业应通过择优录用、加强思想教育及技能方面的教育培训；合理组织、严格考核，并辅以必要的激励机制，使企业员工的潜在能力得到最好地组合和充分地发挥，从而保证劳动主体在质量控制系统中发挥主体自控作用。

施工企业的质量控制必须坚持对所选派的项目领导者、组织者进行质量意识教育和组织管理能力训练，坚持对分包商的资质考核和施工人员的资质考核，坚持工种按规定持证上岗制度等。

（2）劳动对象

劳动对象的因素是指原材料、半成品、工程用品、设备等的质量。而原材料、半成品、设备是构成工作实体的基础，其质量是工程项目实体质量的组成部分。故加强原材料、半成品及设备的质量控制，不仅是提高工程质量的必要条件，也是实现工程项目投资目标和进度目标的前提。

对原材料、半成品及设备进行质量控制的主要内容为控制材料设备性能、标准与文件的相符性；控制材料设备各项技术性能指标、检验测试指标与标准要求的相符性；控制材料设备进场验收程序及质量文件资料的齐全程度等。施工企业应在施工过程中贯彻执行企业质量程序文件中明确材料设备在封样、采购、进场检验、抽样检测及质保资料提交等一系列明确规定的控制标准。

（3）劳动方法

劳动方法是指采取的施工工艺及技术措施的水平。施工工艺是否先进合理是直接影响工程质量、工程进度及工程造价的关键元素，施工工艺是否合理可靠还直接影响到工程施工安全。因此在工程项目质量控制系统中，制定和采用先进合理的施工工艺是工程质量控制的重要环节。对施工方案的质量控制主要包括以下内容。

① 全面正确地分析工程特征、技术关键及环境条件等资料，明确质量目标、验收标准、控制的重点和难点。

② 制定合理有效的施工技术方案和组织方案，前者包括施工工艺、施工方法，后者包括施工区段划分、施工流向及劳动组织等。

③ 合理选用施工机械设备和施工临时设备，合理布置施工总平面图和各阶段施工平面图。

④ 选用和设计保证质量和安全的模具、脚手架等施工设备。

⑤ 编制工程所采用的新技术、新工艺、新材料的专项技术方案和质量管理方案。

为确保工程质量，尚应针对工程具体情况，编写气象地质等环境不利因素对施工的影响及其应对措施。

（4）劳动手段

劳动手段是指施工中采用的工具、模具、施工机械和设备等条件。对施工所用的机械设备，包括起重设备、各项加工机械、专项技术设备、检查测量仪表设备及人货两用电梯等，应根据工程需要从设备选型、主要性能参数及使用操作要求等方面加以控制。

对施工方案中选用的模板、脚手架等施工设备，除按适用的标准定型选用外，一般需要对施工要求进行专项设计，对其设计方案及制作质量的控制及验收应作为重点进行控制。

按现行施工管理制度要求，工程所用的施工机械、模板、脚手架，特别是危险性较大的现场安装的起重机械设备，不仅要对其设计安装方案进行审批，而且安装完毕交付使用前必须经专业管理部门验收，合格后方可使用。同时，在使用过程中尚需落实相应的管理制度，以确保其安全正常使用。

（5）施工环境

施工环境因素主要包括现场地质水文状况、气象变化及其他不可抗力因素等自然环境，施工现场的通风、照明、安全卫生防护设施等劳动作业环境以及协调配合的管理环境等内容。环境因素对工程施工的影响一般难以避免。要消除其对施工质量的不利影响，主要是采用预测预防的控制方法。

① 对地质水文等方面的影响因素的控制，应根据设计要求，分析基地地质资料，预测不利因素，并会同设计等方面采取相应的措施，如降水排水加固等技术的控制方案。

② 对天气气象方面的不利条件，应在施工方案中制定专项施工方案，明确施工措施，落实人员、器材等方面各项准备以紧急应付，从而控制其对施工质量的不利影响。

③ 对环境因素造成的施工中断，往往也会对施工质量造成不利影响，必须通过加强管理、调整计划等措施，加以控制。

7.4.4 施工全过程的质量控制

建设工程施工项目是由一系列相互关联、相互制约的作业过程（工序）构成，控制工程项目施工过程的质量，除施工准备阶段、竣工阶段的质量控制外，重点是必须控制全部作业过程，即各道工序的施工质量。

7.4.4.1 施工准备阶段的质量控制

施工准备阶段的质量控制是指在正式施工前进行的质量控制活动，其重点是做好施工准备工作的同时，做好施工质量预控和对策方案。施工质量预控是指在施工阶段，预先分析施工中可能发生的质量问题和隐患及其产生的原因，采取相应的对策措施进行预先控制，以防止在施工中发生质量问题。这一阶段的控制措施包括以下几方面。

（1）文件资料的质量控制

施工项目所在地的自然条件和技术经济条件调查资料应保证客观、真实、详尽、周密，以保证能为施工质量控制提供可靠的依据；施工组织设计文件的质量控制，应要求提出的施工顺序、施工方法和技术措施等能保证质量，同时应进行技术经济分析，尽量做到技术可行、经济合理和质量符合要求；通过设计交底、图样会审等环节，发现、纠正和减少设计差错，从施工图样上消除质量隐患，保证工程质量。

（2）采购和分包的质量控制

材料设备采购的质量控制包括严格按有关产品提供的程序要求操作；对供方人员资格、供方质量管理体系的要求；建立合格材料、成品和设备供应商的档案库，定期进行考核，从中选择质量、信誉最好的供应商；采购品必须具有厂家批号、出厂合格证和材质化验单，验收入库后还要根据规定进行抽样检验，对进口材料设备和重大工程、关键施工部位所用材料应全部进行检验。

要在资质合格的基础上择优选择分包商；分包商合同需从生产、技术、质量、安全、物质和文明施工等方面最大限度地对分包商提出要求，条款必须清楚、内容详尽；还应对分包队伍进行技术培训和质量教育，帮助分包商提高质量管理水平；从主观和客观两方面把分包商纳入总包的系统质量管理与质量控制体系中，接受总包的组织和协调。

（3）现场准备的质量控制

建立现场项目组织机构，集结施工队伍并进行入场教育；对现场控制网、水准点、标桩的测量；拟定有关试验、试制和技术进步的项目计划；制定施工现场管理制度等。

7.4.4.2 施工过程的质量控制

工程项目的施工过程是由若干道工序组成的，因此，施工过程的控制，重点就是施工工序的控制，主要包括4方面的内容，即施工工序控制的要求、施工工序控制的程序、施工工序质量控制点的设置和施工工序控制的检验。

（1）施工工序控制的要求

工序质量是施工质量的基础，也是施工顺利进行的关键。为满足对工序质量控制的要求，在工序管理方面应做到以下几点。

① 贯彻预防为主的基本要求，设置工序质量检查点，对材料质量状况、工具设备状况、施工程序、关键操作、安全条件、新材料新工艺的应用、常见质量问题通病、甚至包括操作者的行为等影响因素列为控制点作为重点检查项目进行预控。

② 落实工序操作质量巡查、抽查及重要部位跟踪检查等方法，及时掌握施工质量总体状况。

③ 对工序产品、分项工程的检查应按标准要求进行目测、实测及抽样试验的程序，做好原始记录，经数据分析后，及时做出合格或不合格的判断。

④ 对合格工序产品应及时提交监理进行隐蔽工程验收。

⑤ 完善管理过程的各项检查记录、检测资料及验收资料，作为工程验收的依据，并为工程质量分析提供可追溯的依据。

(2) 施工工序控制的程序

① 进行作业技术交底，包括作业技术要领、质量标准、施工依据、与前后工序的关系等。

② 检查施工工序、程序的合理性、科学性，防止工程流程错误，导致工序质量失控。检查内容包括施工总体流程和具体施工作业的先后顺序，在正常的情况下，要坚持先准备后施工、先深后浅、先土建后安装、先验收后交工等。

③ 检查工序施工条件，即每道工序投入的材料，使用的工具、设备及操作工艺及环境条件是否符合施工组织设计的要求。

④ 检查工序施工中人员操作程序、操作质量是否符合质量规程要求。

⑤ 检查工序施工中间产品的质量，即工序质量和分项工程质量。

⑥ 对工序质量符合要求的中间产品（分项工程）及时进行工序验收或隐蔽工程验收。

⑦ 质量合格的工序验收后可进入下道工序施工。未经验收合格的工序，不得进入下道工序施工。

(3) 施工工序质量控制点的设置

在施工过程中，为了对施工质量进行有效控制，需要找出对工序的关键或重要质量特性起支配作用的全部活动，对这些支配性要素，要加以重点控制。工序质量控制点就是根据支配性要素进行重点控制的要求而选择的质量控制重点部位、重点工序和重点因素。一般来讲，质量控制点是随不同的工程项目类型和特点而不完全相同的，基本原则是选择施工过程中的关键工序，隐蔽工程，薄弱环节，对后续工序有重大影响、施工条件困难、技术难度大的环节。表7.3所示列出了建设工程质量控制点设置的一般位置。

表 7.3 建设工程质量控制点设置的一般位置

分项工程	质量控制点
工程测量定位	标准轴线桩、水平桩、龙门桩、定位轴线、标高
地基、基础（含设备基础）	基坑（墙）尺寸、标高、土质、地基耐压力、基础垫层标高、基础位置、尺寸、标高、预留孔洞、预埋件的位置、规格、数量、基础高、杯底弹线
砌体	砌体轴线，皮数杆，砂浆配合比，预留孔洞、预埋件位置、数量、砌块排列
模板	位置、尺寸、标高，土质、地基耐压力、预留孔洞尺寸、位置、模板强度及稳定性，模板内部清理及润湿情况
钢筋混凝土	水泥品种、标号、砂石质量，混凝土配合比，外加剂比例，混凝土振捣、钢筋品种、规格、搭接长度，钢筋焊接，预留洞、孔及预埋件规格、数量、尺寸、位置，与之构建吊装或出场（脱模）强度、吊装位置、标高、支承长度、焊缝长度
吊装	吊装设备起重能力、吊具、索具、地锚
钢结构	翻样图、放大样
焊接	焊接条件、焊接工艺
装修	视具体情况而定

(4) 施工工序控制的检验

施工过程中对施工工序的质量控制效果如何,应在施工单位自检的基础上,在现场对工序施工质量进行检验,以判断工序活动的质量效果是否符合质量标准的要求。

① 抽样。对工序抽取规定数量的样品,或者确定规定数量符合的检测点。

② 实测。采用必要的检测设备和手段,对抽取的样品或确定的检测点进行检测,测定其质量性能指标或质量性能状况。

③ 分析。对检验所得繁荣数据,用统计方法进行分析、整理,发现其遵循的变化规律。

④ 判断。根据对数据分析的结果,经与质量标准或规定对比,判断该工序施工的质量是否达到规定的质量标准要求。

⑤ 处理。根据对抽样检测的结论,如果符合规定的质量标准的要求,则可对该工序的质量予以确认.如果通过判断,发现该工序的质量不符合规定的质量标准的要求,则应进一步分析产生偏差的原因,并采取相应的措施进行纠正。

7.4.4.3 施工竣工阶段的质量控制

竣工阶段的质量控制包括最终质量检验和试验、技术资料的整理、施工质量缺陷的处理、工程竣工验收文件的编制和移交准备、产品防护和撤场计划等。这个阶段主要的质量控制有以下要求。

(1) 最终质量检验和试验

施工项目最终检验和试验是指对单位工程质量进行的验证,是对建筑工程产品质量的最后把关,是全面考核产品质量是否满足质量控制计划预期要求的重要手段。最终检验和试验提供的结果是证明产品符合性的证据,如各种质量合格证书、材料试验检验单、隐蔽工程记录、施工记录和验收记录等。

(2) 缺陷纠正与处理

施工阶段出现的所有质量缺陷,应及时予以纠正,并在纠正后要再次验证,以证明其纠正的有效性。处理方案包括修补处理、返工处理、限制使用和不做处理。

(3) 资料移交

组织有关专业人员按合同要求,编制工程竣工文件,整理竣工资料及档案,并做好工程移交准备。

(4) 产品防护

在最终检验和试验合格后,对产品采取防护措施,防止部件丢失和损坏。

(5) 撤场计划

工程验收通过后,项目部应编制符合文明施工和环境保护要求的撤场计划。及时拆除、运走多余物资,按照项目规划要求恢复或平整场地,做到符合质量要求的项目整体移交。

7.4.5 施工成品的质量维护

在施工阶段,由于工序和工程进度的不同,有些分项、分部工程可能已经完成,而其他工程尚在施工,或者有些部位已经完工,其他部位还在施工,因此这一阶段需特别重视对施工成品的质量维护问题。

(1) 树立施工成品质量维护的观念

施工阶段的成品保护问题,应该看做也是施工质量控制的范围,因此需要全员树立施工成品的质量维护观念,对国家、人民负责,尊重他人和自己的劳动成果,施工操作中珍惜已完成和部分完成的成品,把这种维护变成施工过程中的一种自觉行为。

(2) 施工成品质量维护的措施

根据需要维护的施工成品的特点和要求,首先在施工顺序上给予充分合理的安排,按正确的施工流程组织施工,在此基础上,可采取以下维护措施。

(1) 防护

防护是指针对具体的施工成品,采取各种保护的措施以防止成品可能发生的损伤和质量侵害。例如,对进出口台阶可采取垫砖或方木搭设防护踏板作为临时通行,对于门口易碰的部位钉上防护条或者槽型盖铁保护等。

(2) 包裹

包裹是指对欲保护的施工成品采取临时外包装进行保护的办法。例如,对镶面的饰材可用立板包裹或保留好原包装,铝合金门窗采用塑料布包裹等。

(3) 覆盖

覆盖是指采用其他材料覆盖在需要保护的成品表面,起到防堵塞、防损伤的目的。例如,地漏、落水口排水管等安装后加以覆盖,以防止异物落入造成堵塞;水泥地面、现浇或预制水磨石地面,应铺干锯末保护等。

(4) 封闭

封闭是指施工成品采取局部临时性隔离保护的办法。例如,房间水泥地面或木地板油漆完成后,应将该房间暂时封闭;屋面防水完成后,需封闭进入该屋面的楼梯口或出入口等。

7.5 工程项目施工质量验收

7.5.1 施工质量验收概述

(1) 施工质量验收的概念

工程项目质量的评定验收,是对工程项目整体和工程项目质量的等级而言,分为"合格"和"优良",凡不合格的项目不予验收;凡验收通过的项目,必有等级的评定。因此,对工程项目整体的质量验收,可称为工程项目质量的评定验收或简称工程质量验收。

工程质量验收可分为过程验收和竣工验收。过程验收按项目阶段分为勘察设计质量验收、施工质量验收;按项目构成分为单位工程、分部工程、分项工程和检验批四种层次的验收。其中检验批是指施工过程中条件相同并含有一定数量材料、构配件或安装项目的施工内容,由于其质量基本均匀一致,所以可作为检验的基础单位,并按批验收。

与检验批有关的另一个概念是主控项目和一般检验项目。主控项目是指对检验批的基本质量起决定性影响的检验项目,一般检验项目是除主控项目以外的其他检验项目。

施工质量验收是指对已完工的工程实体的外观质量及内在质量按规定程序检查后,确认其是否符合设计及各项验收标准要求的质量控制过程,也是确认是否可交付使用的一个重要环节。正确地进行工程施工质量的检查评定和验收,是保证工程项目质量的重要手段。

(2) 施工验收项目的划分

为了便于施工质量的检验和验收,保证施工质量符合设计、合同和技术标准的规定,同时也更有利于衡量承包单位的施工质量水平,全面评价工程项目的综合施工质量,通常在验收时,将施工项目验收按项目构成划分为四种验收单位或层次。

建筑工程项目的分部、子分部、分项工程的划分如表 7.4 所示,室外工程的划分如表 7.5 所示。

表 7.4　建筑工程项目的分部、子分部、分项工程划分

序号	分部工程	子分部工程	分项工程
1	地基与基础	无支护土方	土方开挖，土方回填
		有支护土方	排桩、降水、排水、地下连续墙、锚杆、土钉墙、水泥土桩、沉井与沉箱，钢及混凝土支撑
		地基处理	灰土地基、砂和砂石地基、碎砖三合土地基、土工合成材料地基，粉煤灰地基，重锤夯实地基，强夯地基，振冲地基，砂桩地基，预压地基，高压喷射注浆地基，土和灰土挤密桩地基，注浆地基，水泥粉煤灰碎石桩地基，夯实水泥土桩地基
		桩基	锚杆静压桩及静力压桩，预应力离心管桩，钢筋混凝土预制桩，钢桩，混凝土灌注桩（成孔、钢筋笼、清孔、水下混凝土灌注）
		地下防水	防水混凝土，水泥砂浆防水层，卷材防水层，涂料防水层，金属防水层，塑料板防水层，细部构造，喷锚支护，复合式衬砌，地下连续墙，盾构法隧道，渗排水、盲沟排水，隧道、坑道排水；预注浆、后注浆，衬砌裂缝注浆
		混凝土基础	模板、钢筋、混凝土，后浇带混凝土，混凝土结构缝处理
		砌体基础	砖砌体，混凝土砌块砌体，配筋砌体，石砌体
		劲钢（管）混凝土	劲钢（管）焊接，劲钢（管）与钢筋的连接，混凝土
		钢结构	焊接钢结构、栓结构钢结构、钢结构制作、钢结构安装、钢结构涂装
2	主体结构	混凝土结构	模板，钢筋，混凝土，预应力、现浇结构，装配式结构
		劲钢（管）混凝土结构	劲钢（管）焊接、螺栓连接、劲钢（管）与钢筋的连接，劲钢（管）制作、安装，混凝土
		砌体结构	砖砌体，混凝土小型空心砌块砌体，石砌体，填充墙砌体，配筋砖砌体
		钢结构	钢结构焊接，紧固件连接，钢零部件加工，单层钢结构安装，多层及高层钢结构安装，钢结构涂装、钢构件组装，钢构件预拼装，钢网架结构安装，压型金属板
		木结构	方木和原木结构、胶合木结构、轻型木结构，木构件防护
		网架和索膜结构	网架制作、网架安装、索膜安装、网架防火、防腐涂料
		地面	整体面层：基层、水泥混凝土面层、水泥砂浆面层、水磨石面层、防油渗面层、水泥钢（铁）屑面层、不发火（防爆的）面层、板块面层基层、砖面层（陶瓷锦砖、缸砖、陶瓷地砖和水泥花砖面层）、大理石面层和花岗岩面层、预制板块面层（预制水泥混凝土、水磨石板块面层）、料石面层（条石、块石面层）、塑料板面层、活动地板面层、地毯面层、木竹面层基层、实木地板面层（条材、块材面层）、实木复合地板面层（条材、块材面层）、中密度（强化）复合地板面层（条材面层）、竹地板面层
3	建筑装修装饰	抹灰	一般抹灰，装饰抹灰，清水砌体勾缝
		门窗	木门窗制作与安装，金属门窗安装，塑料门窗安装，特种门安装，门窗玻璃安装
		吊顶	暗龙骨吊顶、明龙骨吊顶

续表

序号	分部工程	子分部工程	分项工程
3	建筑装修装饰	轻质隔墙	板材隔墙、骨架隔墙、活动隔墙、玻璃隔墙
		饰面板（砖）	饰面板安装、饰面砖粘贴
		幕墙	玻璃幕墙、金属幕墙、石材幕墙
		涂饰	水性涂料涂饰、溶剂型涂料涂饰、美术涂饰
		裱糊与软包	裱糊、软包
		细部	橱柜制作与安装，窗帘盒、窗台板和暖气罩制作与安装，门窗套制作与安装护栏和扶手制作与安装，花饰制作与安装
4	建筑屋面	卷材防水屋面	保温层、找平层、卷材防水层、细部构造
		涂膜防水屋面	保温层、找平层、涂膜防水层、细部构造
		刚性防水屋面	细石混凝土防水层、密封材料嵌缝、细部构造
		瓦屋面	平瓦屋面、油毡瓦屋面、金属板屋面、细部构造
		隔热屋面	架空屋面、蓄水屋面、种植屋面
5	建筑给水排水及采暖	室内给水系统	给水管道及配件安装，室内消火栓系统安装、给水设备安装、管道防腐、绝热
		室内排水系统	排水管道及配件安装、雨水管道及配件安装
		室内热水供应系统	管道及配件安装、辅助设备安装、防腐、绝热
		卫生器具安装	卫生器具安装、卫生器具给水配件安装、卫生器具排水管道安装
		室内采暖系统	管道及配件安装，辅助设备及散热器安装、金属辐射板安装、低温热水地板辐射采暖系统安装、系统水压试验及调试、防腐、绝热
		室外给水管网	给水管道安装、消防水泵接合器及室外消火栓安装、管沟及井室
		室外排水管网	排水管道安装、排水管沟与井池
		室外供热管网	管道及配件安装、系统水压试验及调试、防腐、绝热
		中水系统及游泳池系统	建筑中水系统管道及辅助设备安装、游泳池水系统安装
		供热锅炉及辅助设备安装	锅炉安装、辅助设备及管道安装、安全附件安装、烘炉、煮炉和试运行、换热站安装、防腐、绝热
6	室外电器	室外电气	架空线路及杆上电气设备安装，变压器、箱式变电所安装，成套配电柜、控制柜（屏、台）和动力、照明配电箱（盘）及控制柜安装，电线、电缆导管和线槽敷设，电线、电缆穿管和线槽敷设，电缆头制作、导线连接和线路电气试验，建筑物外部装饰灯具、航空障碍标志灯和庭院路灯安装，建筑照明通电试运行，接地装置安装
		变配电室	变压器、箱式变电所安装，成套配电柜、控制柜（屏、台）和动力、照明配电箱（盘）安装，裸母线、封闭母线、插接式母线安装，电缆沟内和电缆竖井内电缆敷设，电缆头制作、导线连接和线路电气试验，接地装置安装，避雷引下线和变配电室接地干线敷设
		供电干线	裸母线、封闭母线、插接式母线安装，桥架安装和桥架内电缆敷设，电缆沟内和电缆竖井内电缆敷设，电线、电缆导管和线槽敷设，电线、电缆穿管和线槽敷设，电缆头制作、导线连接和线路电气试验

续表

序号	分部工程	子分部工程	分项工程
6	室外电器	电气动力	成套配电柜、控制柜（屏、台）和动力、照明配电箱（盘）及安装，低压电动机、电加热器及电动执行机构检查、接线，低压电气动力设备检测、试验和空载试运行，桥架安装和桥架内电缆敷设，电线、电缆导管和线槽敷设，电线、电缆穿管和线槽敷设，电缆头制作、导线连接和线路电气试验，插座、开关、风扇安装
		电气照明安装	成套配电柜、控制柜（屏、台）和动力、照明配电箱（盘）安装，电线、电缆导管和线槽敷设，电线、电缆导管和线槽敷线，槽板配线，钢索配线，电缆头制作、导线连接和线路电气试验，普通灯具安装，专用灯具安装，插座、开关、风扇安装，建筑照明通电试运行
		备用和不间断电源安装	成套配电柜、控制柜（屏、台）和动力、照明配电箱（盘）安装，柴油发电机组安装，不间断电源的其他功能单元安装，裸母线、封闭母线、插接式母线安装，电线、电缆导管和线槽敷设，电线、电缆导管和线槽放线，电缆头制作，导线连接和线路电气试验，接地装置安装
		防雷及接地安装	接地装置安装，避雷引下线和变配电室接地干线敷设，建筑物等电位连接，接闪器安装
7	智能建筑	通信网络系统	通信系统、卫星及有线电视系统、公共广播系统
		办公自动化系统	计算机网络系统、信息平台及办公自动化应用软件、网络安全系统
		建筑设备监控系统	空调与通风系统、变配电系统、照明系统、给排水系统、热源与热交换系统、冷冻与冷却系统、电梯与自动扶梯系统、中央管理工作站与操作分站、子系统通信接口
		火灾报警及消防联动系统	火灾和可燃气体探测系统、火灾报警控制系统、消防联动系统
		安全防范系统	电视监控系统、入侵报警系统、巡更系统、出入口控制系统（门禁）系统和停车管理系统
		综合布线系统	缆线敷设和终结、机柜、机架、配电架的安装、信息插座和光缆芯线终端的安装
		智能化集成系统	集成网络系统、实时数据库、信息安全和功能接口
		电源与接地	智能建筑电源、防雷与接地
		环境	空间环境、室内空调环境、视觉照明环境和电磁环境
		住宅（小区）智能化系统	火灾自动报警及消防联动系统、安全防范系统（含电视监控系统、入侵报警系统、巡更系统、门禁系统、楼宇对讲系统、住户对讲呼救系统、停车管理系统）、物业管理系统（多表现场计量及远程传输系统、建筑设备监控系统、公共广播系统、小区网络及信息服务系统和物业办公自动化系统）和智能家庭信息平台
8	通风与空调	送排风系统	风管与配件制作，部件制作，风管系统安装，空气处理设备安装，消声设备制作与安装，风管与设备防腐，风机安装，系统调试
		防排烟系统	风管与配件制作，部件制作，风管系统安装，防排烟风口、常闭正压风口与设备安装，风管与设备防腐，风机安装，系统调试

续表

序号	分部工程	子分部工程	分项工程
8	通风与空调	除尘系统	风管与配件制作，部件制作，风管系统安装，除尘器与排污设备安装，风管与设备防腐，风机安装，系统调试
		空调风系统	风管与配件制作，部件制作，风管系统安装，空气处理设备安装，消声设备制作与安装，风管与设备防腐，风机安装，风管与设备绝热，系统调试
		净化空调系统	风管与配件制作，部件制作，风管系统安装，空气处理设备安装，消声设备制作与安装，风管与设备防腐，风机安装，风管与设备绝热，高效过滤器安装，系统调试
		制冷设备系统	制冷机组安装，制冷剂管道及配件安装，制冷附属设备安装，管道及设备的防腐与绝热，系统调试
		空调水系统	管道冷热（媒）水系统安装，冷却水系统安装，冷凝水系统安装，阀门及部件安装，冷却塔安装，水泵及附属设备安装，管道与设备的防腐与绝热，系统调试
9	电梯	电力驱动的曳引式或强制式电梯安装工程	设备进场验收，土建交接检验，驱动主机，导轨，门系统，轿厢，对重（平衡重），安全部件，悬挂装置，随行电缆，补偿装置，电气装置，整机安装验收
		液压电梯安装工程	设备进场验收，土建交接检验，液压系统，导轨，门系统，轿厢，平衡重，安全部件，悬挂装置，随行电缆，电气装置，整机安装验收
		自动扶梯、自动人行道安装工程	设备进场验收、土建交接检验、整机安装验收

表 7.5　建筑工程室外工程划分

单位工程	子单位工程	分部（子分部）工程
室外建筑环境	附属建筑	车棚、围墙、大门、挡土墙和垃圾收集站
	室外环境	建筑小品、道路、亭台、连廊、花坛和场坪绿化
室外安装	给排水与采暖	室外给水系统、室外排水系统和室外供热系统
	电气	室外供电系统、室外照明系统

(3) 工程质量验收依据

① 国家和相关部门颁发的工程质量评定标准。
② 国家和相关部门颁发的工程项目质量验收规范。
③ 相关部门颁发的施工规范、规程和施工操作规程等。
④ 工程项目承包合同中有关质量的规定和要求。
⑤ 经批准的勘察设计文件、施工图样、设计变更文件与图样。
⑥ 施工组织设计、施工技术措施和施工说明书等施工文件。
⑦ 设备产品说明书、安装说明书和合格证等设备文件。
⑧ 材料、成品、半成品、购配件的说明书和合格证等质量证明文件。
⑨ 工程项目质量控制各阶段的验收记录。

(4) 施工质量验收的要求

工程项目施工质量的验收应满足以下要求。

① 工程质量验收均应在施工单位自行检查评定的基础上进行。
② 参加工程施工质量验收的各方人员，应该具有规定的资格。
③ 建设项目的施工，应符合工程勘察和设计文件的要求。
④ 隐蔽工程应在隐蔽前由施工单位通知有关单位进行验收，并形成验收文件。
⑤ 单位工程施工质量应该符合相关验收规范的标准。
⑥ 涉及结构安全的材料及施工内容，应有按照规定对材料及施工内容进行见证取样检测资料。
⑦ 对涉及结构安全和使用功能的重要部分工程，专业工程应进行功能性抽样检测。
⑧ 工程外观质量应由验收人员通过现场检查后共同确认。

7.5.2 施工质量验收的程序

① 施工过程中隐蔽工程在隐蔽前通知建设单位（或工程监理）进行验收，并形成验收文件。
② 分部分项施工完成后应在施工单位自行验收合格后，通知建设单位（或工程监理）验收，重要的分部分项应请设计单位参加验收。
③ 单位工程完工后，施工单位应自行组织检查、评定，符合验收标准后，向建设单位提交验收申请。
④ 建设单位收到验收申请后，应组织施工、勘察、设计、监理单位等方面人员进行单位工程验收，明确验收结果，并形成验收报告。
⑤ 按国家现行管理制度，房屋建筑工程及市政基础设施工程验收合格后，尚需在规定时间内，将验收文件报政府管理部门备案。

7.5.3 施工质量的评定验收

7.5.3.1 施工质量评定验收的内容

（1）分部分项工程内容的抽样检查

分项工程所含的检验批的质量均应符合质量合格的规定，分部（子分部）工程所含分项工程的质量均应验收，单位（子单位）工程所含分部工程的质量均应验收合格。

（2）施工质量保证资料的检查

施工质量保证资料包括施工全过程的技术质量管理资料，其中又以原材料、施工检测、测量复核及功能性试验资料为重点检查内容。

（3）主要功能项目的抽查

使用功能的抽查是对建筑工程和设备安装工程最终质量的综合检验，也是用户最为关心的内容。因此，在分项分部工程验收合格的基础上，竣工验收时应再做一定数量的抽样检查，抽查结果应符合相关专业质量验收规范的规定。

（4）工程外观质量的检查

竣工验收时，须由参加验收的各方人员共同进行外观质量检查，可采用观察、触摸或简单测量的方式对外观质量综合给出综合评价，最后共同确定是否通过验收。

7.5.3.2 施工质量验收的结果处理

对施工质量验收不符合验收标准的要求时，应按规定进行处理。
① 经返工或更换设备的工程，应该重新检查验收。
在检验批验收时，其主控项目不能达到验收规范要求或一般检验项目超过偏差限制的子项不符合检验规定的要求时，对其中的严重缺陷应返工处理；对一般缺陷则通过翻修或更换

器皿、设备进行处理。通过返工处理的检验批,应重新进行验收。

② 经有资质的检测单位检测鉴定,能达到设计要求的工程,应予以验收。

在检验批发现试块强度等指标不能满足验收标准要求,但经具有资质的法定检测单位检测,能够达到设计要求的,应认为检验批合格,准予验收。例如检验批经检测达不到设计要求,但经原设计单位核算,能够满足结构安全和使用功能时,可予以验收。

③ 经返修或加固处理的工程,虽局部尺寸等不符合设计要求,但仍然能满足使用要求,可按技术处理方案和协商文件进行验收。

严重缺陷或超过检验批的更大范围内的缺陷,可能影响结构的安全性和使用功能。若经有资质的检测单位检测鉴定,确认达不到验收标准的要求,即不能满足最低限度的安全储备和使用功能要求,则必须按一定的技术方案进行加固处理,使之达到能满足安全使用的基本要求。但可能造成一些永久性的缺陷,只要不影响安全和使用功能,可以按处理技术方案和协商文件进行验收,而责任方要承担经济责任。

④ 经返修和加固后仍不能满足使用要求的工程严禁验收。

经返修和加固处理的分项、分部工程,虽然改变外形尺寸,但仍不能满足安全使用标准和功能使用要求,则严禁验收。

7.6 工程项目质量问题和质量事故处理

7.6.1 工程项目质量问题与质量事故概述

7.6.1.1 工程项目质量问题与质量事故定义

在工程项目中,凡存在工程质量不符合建筑、安装质量检验评定标准,相关施工与验收规范或设计图样要求以及合同规定的质量要求,程度轻微的称作工程质量问题;造成一定经济损失或永久性缺陷的,称作工程质量事故。

工程质量事故按危害性分为重大质量事故、一般质量事故。

7.6.1.2 工程项目质量问题的特点

(1) 复杂性

工程项目质量问题的复杂性主要在于其质量问题的成因可能是单因素、多因素或综合因素起作用,而这些因素可能导致一个相同的质量问题结果,从而使得工程项目质量问题的分析和判断复杂化。

(2) 隐蔽性

工程项目质量问题的发生,很多情况下是从隐蔽部位开始的,特别是建筑工程地基基础方面出现的质量问题,在问题出现的初期,可能从建筑物外观无法判断和发现,造成此类质量问题具有一定的隐蔽性。

(3) 渐变性

工程项目的质量在项目环境的影响下,将是一个渐变的过程,其中由于微小的质量问题,在质量渐变的过程中,可能导致工程项目质量由稳定的量变出现不稳定的突变,导致工程项目发生质量事故。

(4) 严重性

工程项目质量事故的后果一般较为严重,较轻的影响工程项目进度、增加工程费用;严重的使项目成果不能交付使用或者结构破坏,造成巨大经济损失和人员伤亡。

(5) 多发性

工程项目中的有些质量问题在施工中很容易发生，难以控制，所以这类质量问题经常性地发生。例如，卫生间漏水、预制件出现裂缝、现浇混凝土质量不均或强度不足等问题，在大多数工程项目中都有出现，甚至同一项目中还多次出现。

7.6.1.3 工程项目质量事故产生原因

引起工程项目质量事故的原因很多，重要的是能分析出其中起主要影响的因素，以使采取的技术处理措施能有效地纠正问题。这些原因综合起来有如下几个方面。

(1) 违背建设程序

项目不经可行性论证，不作调查分析就决策；没有工程地质、水文地质资料就仓促开工；无证设计，无图施工，任意修改设计，不按图样施工；工程竣工不进行试车运行、不经验收就交付使用等现象，致使不少工程项目留有严重隐患。

(2) 工程地质勘察原因

未认真进行地质勘察，提供地质资料、数据有误；地质勘察时，钻孔间距太大，不能全面反映地基的实际情况；地质勘察钻孔深度不够，没有查清地下软土层、滑坡、墓穴、孔洞等地层结构；地质勘察报告不详细、不准确等，均会导致采用错误的基础方案，造成地基不均匀沉降、失稳，使上部结构及墙体开裂、破坏、倒塌等。

(3) 未加固处理好地基

对软弱土、冲填土、杂填土、湿陷性黄土、膨胀土、岩层出露、熔岩或土洞等不均匀地基未进行加固处理或处理不当，均是导致重大质量问题的原因。必须根据不同地基的工程特性，按照地基处理应与上部结构相结合，使其共同工作的原则，从地基处理、设计措施、结构措施、防水措施和施工措施等方面综合考虑处理。

(4) 设计计算问题

设计考虑不周，结构构造不合理，计算简图不正确，计算载荷取值过小，内力分析有误，沉降缝及伸缩缝设置不当，悬挑结构未进行抗颠覆验算等，都是诱发质量问题的隐患。

(5) 建筑材料及制品不合格

建筑材料及制品不合格。例如，钢筋物理力学性能不符合标准，水泥受潮、过期、结块、安定性不良、砂石级配不合理、有害物含量过多，混凝土配合比不准，外加剂性能、掺量不符合要求时，均会影响混凝土强度、和易性、密实性、抗掺性，导致混凝土结构强度不足、裂缝、渗漏、蜂窝、露筋等质量问题；预制构件断面尺寸不准，支承锚固长度不足，未可靠建立预应力值，钢筋漏放、错位，板面开裂等，必然会出现断裂、垮塌。

(6) 施工和管理问题

许多工程质量问题，往往是由施工和管理造成，具体如下。

① 不熟悉图样，盲目施工；图样未经会审，仓促施工；未经监理、设计部门同意，擅自修改设计。不按图施工。把铰接做成刚接，把简支梁做成连续梁，抗裂结构用光圆钢筋代替变形钢筋等，致使结构裂缝破坏；挡土墙不按图设滤水层，留排水口，致使土压力增大，造成挡土墙倾覆。

② 不按有关施工验收规范施工。例如，现浇混凝土结构不按规定的位置和方法任意留设施工缝；不按规定的强度拆除模板；砌体不按组砌形式砌筑，留直槎不加拉结条，在小于1m宽的窗间墙上留设脚手眼等。

③ 不按有关操作规程施工。例如，用插入式振捣器捣实混凝土时，不按插点均布、快

插慢拔、上下抽动、层层扣搭的操作方法，致使混凝土振捣不实，整体性差；又如，砖砌体包心砌筑，上下通缝，灰浆不均匀饱满，游丁走缝，不横平竖直等都是导致砖墙、砖柱破坏、倒塌的主要原因。

④ 缺乏基本结构知识。例如，将钢筋混凝土预制梁倒放安装；将悬臂梁的受拉钢筋放在受压区；结构构件吊点选择不合理，不了解结构使用受力和吊装受力的状态；施工中在楼面超载堆放构件和材料等，均会给质量和安全造成严重的后果。

⑤ 施工管理紊乱，施工方案考虑不周，施工顺序错误。技术组织措施不当，技术交底不清，违章作业。不重视质量检查和验收工作等，都是导致质量问题的祸根。

(7) 自然条件影响

施工项目周期长、露天作业多，受自然条件影响大，温度、湿度、日照、雷电、洪水、大风和暴雨等都能造成重大的质量事故，施工中应特别重视，采取有效措施予以预防。

(8) 建筑结构使用问题

建筑物使用不当，也会造成质量问题。例如，不经校核、验算，就在原有建筑物上任意加层；使用荷载超过原设计的容许荷载；任意开槽、打洞、削弱承重结构的截面等。

7.6.2 工程项目质量问题处理

7.6.2.1 工程项目质量问题的分析

工程项目的质量问题多数以质量通病的形式存在。所谓质量通病是指工程项目中具有普遍性的常见质量问题。对这类问题的特点应该认真加以分析，有针对性地进行防治，主要有以下几点。

(1) 主观重视程度不高

由于这类质量问题一般并不严重，甚至可能不出现直接经济损失，因此施工中很多操作人员主观上并不高度重视，造成这类质量问题经常产生。根据这一特点，应在技术人员和操作人员中强调质量观念，培养一丝不苟、严格操作的工作作风。

(2) 非施工质量原因引起

施工质量的好坏直接影响工程项目质量问题的发生，但有很多质量通病的产生并不仅限于施工质量不好。例如，设计欠合理、构配件本身质量低劣、技术不成熟、工期紧以及操作人员技术水平低等因素都可能质量问题的发生。因此，对工程项目质量问题的控制应遵循三全控制原理，即全面、全过程、即全员对工程项目的质量问题进行监控和管理。

(3) 多因素影响

有些工程项目的质量问题，可能既有设计欠周全和材质差的原因，又有施工不当和使用不当的原因。这类由多因素形成的质量问题，在治理上难度要大于其他质量问题。

7.6.2.2 工程项目质量问题的综合治理

(1) 制定针对质量问题的专门规划

对特定的工程施工队伍，要对本企业出现的质量通病进行分析，明确哪些质量通病是普遍、危害性大的，根据发生的原因选择最适合的措施进行治理。根据难易程度，制定专门的综合治理规划，先治理难度小的，后治理难度大的。治理规划要具体，目标要明确，责任要落实，措施要恰当。

(2) 精心设计，改善因设计问题出现的工程质量通病

设计单位在易于发生质量通病的部位，应注意结构的合理性，同时加强构造设计，不留任何容易引起质量问题的设计环节。

(3) 提高施工人员素质，改善工艺、规范施工

为减少因施工作业造成的质量问题，一方面应努力提高直接作业人员的技术水平和质量意识；另一方面要积极改进工艺施工方法，严格规范施工。在容易出现质量通病的部位，最好设置质量控制点，使整个施工过程的每一个环节都处于严格的质量控制状态。

(4) 严格控制原材料、设备、购配件的质量

由于建筑材料生产品种繁多，生产企业质量控制不严、管理不规范，施工企业采购的原材料、购配件等要严格查验产品说明书、合格证及技术说明书等，严格抽样，检测合格后才能使用，新产品应具有技术鉴定证书、试验资料及用户报告等。

(5) 建立质量奖罚机制

工程项目的质量问题由于存在主观方面的因素，因此在执行国家、行业有关法规标准规定的处罚外，建立与项目质量目标挂钩的奖罚机制，对充分调动全体施工人员的主观能动性，从思想上树立质量控制意识的自我约束机制、从组织上健全质量优奖劣罚的管理机制、从制度上建立质量效果与经济收入挂钩的联动机制，全方位地防止质量问题的出现和形成具有积极作用。

7.6.3 工程项目质量事故处理

7.6.3.1 事故调查与分析

对工程质量事故的处理，首先要进行细致的现场调查，观察记录全部实况，充分了解与掌握引发质量事故的现象和特征；其次要及时收集保存与事故有关的全部设计和施工资料，分析摸清工程施工环境的异常变化；最后要找出可能产生质量事故的所有因素，并进行分析、比较和综合判断，确定最可能造成质量事故的原因，必要时，进行科学的计算分析或模拟实验予以论证确认。

进行质量事故原因分析时，采取的基本原理是确定质量事故的初始点（即原点），它是反映质量事故的直接原因，在分析中具有关键作用；围绕原点对现场各种现象和特征进行分析，区别导致同类质量事故的不同原因，逐步揭示质量事故萌生、发展和最终形成的过程；综合考虑原因复杂性，确定诱发质量事故的起源，即确定真正原因。

质量事故的调查与分析结果最终形成调查报告。

7.6.3.2 处理方案的确定

(1) 处理依据

质量事故处理的依据包括施工承包合同、设计委托合同、材料设备订购合同；设计文件，质量事故发生部位的施工图；有关的技术文件，如检验单、试验报告、施工记录、施工组织设计、施工日志等；有关的法规、标准和规定等；质量事故调查分析报告。

(2) 方案类型

质量事故处理的方案应根据事故的性质、原因、程度而采取不同的方案，主要有封闭保护、结构补强和返工重建等。

(3) 方案选择

根据质量事故的具体情况，可先提出几种可行的处理方案对比初选；必要时辅以实验验证；并要结合当地的资源情况，选择具有较高处理效果又便于施工的处理方案；若涉及的技术领域比较广泛、问题复杂，可请专家论证，按经济、工期、效果等指标综合评判决策。

7.6.3.3 方案实施与鉴定验收

(1) 实施要求

严格按处理方案的质量要求进行施工，处理现场要有相关质量监督人员（政府监督部

门、监理工程师或建设方），处理完后要按有关规定取样检测并验收。检测结果作为质量事故处理报告的附件材料。

（2）验收结论

所有质量事故，包括不进行技术处理的都需要提出明确的书面结论，书面验收结论一般包括事故已排除，可以继续施工；隐患已消除，结构安全有保证；经修补处理后，完全能满足使用要求；基本上满足使用要求，但需限制荷载等；其他对耐久性、建筑外观影响的结论等。

（3）责任分析

对责任的分析应慎重。对短期内难以作出结论的，可提出进一步观测检验意见；对某些问题认识不一致，意见暂时不同意的，应继续调查，以便掌握更充分的资料和数据来支持其结论。

7.6.3.4 处理报告

工程项目质量事故报告的内容一般包括以下几方面。

① 事故的基本情况。
② 事故的性质和类型。
③ 事故原因的初步分析。
④ 事故的评价。
⑤ 事故责任人员情况。
⑥ 事故处理意见。

复习思考题

1. PDCA循环作为工程项目质量管理的原理是什么？
2. 何谓工程项目质量控制的三阶段原理？其与施工阶段有何关系？
3. GB/T 19016-ISO 10006：1997标准对促进我国工程项目的质量管理与控制有何意义？
4. 简述企业质量管理体系文件结构包括的三个层次和文件名称。
5. 内部审核和外部审核有什么区别？
6. 工程项目质量控制系统与企业质量管理体系的区别？
7. 工程项目质量控制系统按控制原理如何划分？
8. 施工企业施工质量计划有什么特点？
9. 施工过程的质量控制关键是什么？为什么？
10. 质量控制点的确定原则是什么？
11. 工程质量验收与施工质量验收有何区别？
12. 施工质量验收不符合验收标准的，应如何进行处理？
13. 重大质量事故和一般质量事故的分界点是什么？
14. 工程项目质量问题与工程项目质量事故的处理区别是什么？
15. 工程项目质量问题产生的最主要原因是什么？
16. 建设工程项目质量事故处理报告包括哪些内容？

案例

"11·22"中石化东黄输油管道泄漏爆炸特别重大事故

2013年11月22日10时25分，位于山东省青岛经济技术开发区的中国石油化工股份有限公司管道储运分公司东黄输油管道泄漏原油进入市政排水暗渠，在形成密闭空间的暗渠内油气积聚遇火花发生爆炸，造成62人死亡、136人受伤，直接经济损失75172万元。

事故发生后，党中央、国务院高度重视，习近平总书记作出重要指示，要求组织力量，及时排除险情，千方百计搜救失踪、受伤人员，并查明事故原因，总结事故教训，落实安全生产责任，强化安全生产措施，坚决杜绝此类事故。李克强总理作出重要批示，要求全力搜救失踪、受伤人员，深入排查控制危险源，妥善做好各项善后工作，加强检查督查，严格落实安全责任。受习近平总书记、李克强总理委托，11月22日下午，国务委员王勇带领相关部门负责同志赶赴现场，组织指挥抢险救援。

根据党中央、国务院领导同志的重要批示指示要求，依据《安全生产法》和《生产安全事故报告和调查处理条例》（国务院令第493号）等有关法律法规，经国务院批准，11月25日，成立了由国家安全监管总局局长杨栋梁任组长，国家安全监管总局、监察部、公安部、环境保护部、国务院国资委、全国总工会、山东省人民政府有关负责同志等参加的国务院山东省青岛市"11·22"中石化东黄输油管道泄漏爆炸特别重大事故调查组（以下简称事故调查组），开展事故调查工作。事故调查组邀请最高人民检察院派员参加，并聘请了国内管道设计和运行、市政工程、消防、爆炸、金属材料、防腐、环保等方面的专家参加事故调查工作。

事故调查组按照"四不放过"和"科学严谨、依法依规、实事求是、注重实效"的原则，通过现场勘验、调查取证、检测鉴定和专家论证，查明了事故发生的经过、原因、人员伤亡和直接经济损失情况，认定了事故性质和责任，提出了对有关责任人和责任单位的处理建议，并针对事故原因及暴露出的突出问题，提出了事故防范措施建议。现将有关情况报告如下：

1. 爆炸情况。

11月22日2时12分，潍坊输油处调度中心通过数据采集与监视控制系统发现东黄输油管道黄岛油库出站压力从4.56MPa降至4.52MPa，两次电话确认黄岛油库无操作因素后，判断管道泄漏；为处理泄漏的管道，现场决定打开暗渠盖板。现场动用挖掘机，采用液压破碎锤进行打孔破碎作业，作业期间发生爆炸。

爆炸造成秦皇岛路桥涵以北至入海口、以南沿斋堂岛街至刘公岛路排水暗渠的预制混凝土盖板大部分被炸开，与刘公岛路排水暗渠西南端相连接的长兴岛街、唐岛路、舟山岛街排水暗渠的现浇混凝土盖板拱起、开裂和局部炸开，全长波及5000余米。爆炸产生的冲击波及飞溅物造成现场抢修人员、过往行人、周边单位和社区人员，以及青岛丽东化工有限公司厂区内排水暗渠上方临时工棚及附近作业人员，共62人死亡、136人受伤。爆炸还造成周边多处建筑物不同程度损坏，多台车辆及设备损毁，供水、供电、供暖、供气多条管线受损。泄漏原油通过排水暗渠进入附近海域，造成胶州湾局部污染。

2. 爆炸后应急处置及善后情况。

爆炸发生后，山东省委书记姜异康、省长郭树清迅速率领有关部门负责同志赶赴事故现场,指导事故现场处置工作。青岛市委、市政府主要领导同志立即赶赴现场,成立应急指挥部,组织抢险救援。中石化集团公司董事长傅成玉立即率工作组赶赴现场,中石化管道分公司调集专业力量、中石化集团公司调集山东省境内石化企业抢险救援力量赶赴现场。王勇国务委员在事故现场听取山东省、青岛市主要领导同志的工作汇报后,指示成立了以省政府主要领导同志为总指挥的现场指挥部,下设8个工作组,开展人员搜救、抢险救援、医疗救治及善后处理等工作。当地驻军也投入力量积极参与抢险救援。现场指挥部组织2000余名武警及消防官兵、专业救援人员,调集100余台(套)大型设备和生命探测仪及搜救犬,紧急开展人员搜救等工作。截至12月2日,62名遇难人员身份全部确认并向社会公布。遇难者善后工作基本结束。136名受伤人员得到妥善救治。青岛市对事故区域受灾居民进行妥善安置,调集有关力量,全力修复市政公共设施,恢复供水、供电、供暖、供气,清理陆上和海上油污。当地社会秩序稳定。

3. 事故原因和性质

(1) 直接原因。

输油管道与排水暗渠交汇处管道腐蚀减薄、管道破裂、原油泄漏,流入排水暗渠及反冲到路面。原油泄漏后,现场处置人员采用液压破碎锤在暗渠盖板上打孔破碎,产生撞击火花,引发暗渠内油气爆炸。

(2) 间接原因。

① 中石化集团公司及下属企业安全生产主体责任不落实,隐患排查治理不彻底,现场应急处置措施不当。

② 青岛市人民政府及开发区管委会贯彻落实国家安全生产法律法规不力。

③ 管道保护工作主管部门履行职责不力,安全隐患排查治理不深入。

④ 开发区规划、市政部门履行职责不到位,事故发生地段规划建设混乱。

⑤ 青岛市及开发区管委会相关部门对事故风险研判失误,导致应急响应不力。

(3) 事故性质:经调查认定,山东省青岛市"11·22"中石化东黄输油管道泄漏爆炸特别重大事故是一起生产安全责任事故。

4. 对事故有关责任人员及责任单位的处理

① 对涉嫌重大责任事故罪、玩忽职守罪的15人移交司法机关。对48人给予党纪、政纪处分,其中,政府公职人员24人(省部级1人,厅局级7人,县处级13人,科级3人),包括山东省油气管道保护主管部门相关责任人,青岛市人民政府、青岛经济技术开发区管委会及其管道保护、市政规划、城市建设、安全监管等部门相关责任人;企业人员24人,涉及中国石油化工集团公司董事长、总经理、副总经理等。

② 依据《安全生产法》、《生产安全事故报告和调查处理条例》等有关法律法规的规定,责成山东省安全监管局对中石化管道分公司处以规定上限的罚款,对中石化管道分公司党委书记田以民、总经理钱建华各处以2012年度收入80%的罚款。

③ 建议责成山东省人民政府、中石化集团公司向国务院作出深刻检查,并抄送国家安全监管总局和监察部;责成青岛市人民政府向山东省人民政府作出深刻检查。

5. 事故防范措施建议

① 坚持科学发展安全发展,牢牢坚守安全生产红线。中石化集团公司和山东省、青岛市人民政府及其有关部门要深刻吸取山东省青岛市"11·22"中石化东黄输油管道泄漏爆炸特别重大事故的沉痛教训,牢固树立科学发展、安全发展理念,牢牢坚守"发展决不能以牺

牲人的生命为代价"这条红线。要把安全生产纳入经济社会发展总体规划，建立健全"党政同责、一岗双责、齐抓共管"的安全生产责任体系，坚持管行业必须管安全、管业务必须管安全、管生产经营必须管安全的原则，把安全责任落实到领导、部门和岗位，谁踩红线谁就要承担后果和责任。在发展地方经济、加快城乡建设、推进企业改革发展的过程中，要始终坚持安全生产的高标准、严要求，各级各类开发区招商引资、上项目不能降低安全环保等标准，不能不按相关审批程序搞特事特办，不能违规"一路绿灯"。政府规划、企业生产与安全发生矛盾时，必须服从安全需要；所有工程设计必须满足安全规定和条件。要坚决纠正单纯以经济增长速度评定政绩的倾向，科学合理设定安全生产指标体系，加大安全生产指标考核权重，实行安全生产和重特大事故"一票否决"。中央企业不管在什么地方，必须接受地方的属地监管；地方政府要严格落实属地管理责任，依法依规，严管严抓。

② 切实落实企业主体责任，深入开展隐患排查治理。中石化集团公司及各油气管道运营企业要认真履行安全生产主体责任，加大人力物力投入，加强油气管道日常巡护，保证设备设施完好，确保安全稳定运行。要建立健全隐患排查治理制度，落实企业主要负责人的隐患排查治理第一责任，实行谁检查、谁签字、谁负责，做到不打折扣、不留死角、不走过场。要按照《国务院安委会关于开展油气输送管线等安全专项排查整治的紧急通知》（安委〔2013〕9号）要求，认真开展在役油气管道，特别是老旧油气管道检测检验与隐患治理，对与居民区、工厂、学校等人员密集区和铁路、公路、隧道、市政地下管网及设施安全距离不足，或穿（跨）越安全防护措施不符合国家法律法规、标准规范要求的，要落实整改措施、责任、资金、时限和预案，限期更新、改造或者停止使用。国务院安委会将于2014年3月组织抽查，对不认真开展自查自纠，存在严重隐患的企业，要依法依规严肃查处问责。

③ 加大政府监督管理力度，保障油气管道安全运行。山东省、青岛市各级人民政府及相关部门要严格执行《石油天然气管道保护法》、《城镇燃气管理条例》（国务院令第583号）等法律法规，认真履行油气管道保护的相关职责。各级人民政府要加强本行政区域油气管道保护工作的领导，督促、检查有关部门依法履行油气管道保护职责，组织排查油气管道的重大外部安全隐患。市政管理部门在市政设施建设中，对可能影响油气管道保护的，要与油气管道企业沟通会商，制定并落实油气管道保护的具体措施。油气管道保护工作主管部门要加大监管力度，对打孔盗油、违章施工作业等危害油气管道安全的行为要依法严肃处理；要按照后建服从先建的原则，加大油气管道占压清理力度。安全监管部门要配备专业人员，加强监管力量；要充分发挥安委会办公室的组织协调作用，督促有关部门采取不发通知、不打招呼、不听汇报、不用陪同和接待，直奔基层、直插现场的方式，对油气管道、城市管网开展暗查暗访，深查隐蔽致灾隐患及其整改情况，对不符合安全环保要求的立即进行整治，对工作不到位的地区要进行通报，对自查自纠等不落实的企业要列入"黑名单"并向社会公开曝光。对瞒报、谎报、迟报生产安全事故的，要按有关规定从严从重查处。

④ 科学规划合理调整布局，提升城市安全保障能力。随着经济高速发展及城市快速扩张，开发区危险化学品企业与居民区毗邻、交错，功能布局不合理，对该区域的安全和环境造成一定影响，也不利于城市的长远发展。青岛市人民政府要对该区域的安全、环境状况进行整体评估、评价，通过科学论证，对产业结构和区域功能进行合理规划、调整，对不符合安全生产和环境保护要求的，要立即制定整治方案，尽快组织实施。各级人民政府要加强本行政区域油气管道规划建设工作的领导，油气管道规划建设必须符合油气管道保护要求，并与土地利用整体规划、城乡规划相协调，与城市地下管网、地下轨道交通等各类地下空间和

设施相衔接,不符合相关要求的不得开工建设。

⑤ 完善油气管道应急管理,全面提高应急处置水平。中石化集团公司和山东省、青岛市各级人民政府及其有关部门要高度重视油气管道应急管理工作。各级领导干部要带头熟悉、掌握应急预案内容和现场救援指挥的必备知识,提高应急指挥能力;接到事故报告后,基层领导干部必须第一时间赶到事故现场,不得以短信形式代替电话报告事故信息。油气管道企业要根据输送介质的危险特性及管道状况,制定有针对性的专项应急预案和现场处置方案,并定期组织演练,检验预案的实用性、可操作性,不能"一定了之"、"一发了之";要加强应急队伍建设,提高人员专业素质,配套完善安全检测及管道泄漏封堵、油品回收等应急装备;对于原油泄漏要提高应急响应级别,在事故处置中要对现场油气浓度进行检测,对危害和风险进行辨识和评估,做到准确研判,杜绝盲目处置,防止油气爆炸。地方各级人民政府要紧密结合实际,制定包括油气管道在内的各类生产安全事故专项应急预案,建立政府与企业沟通协调机制,开展应急预案联合演练,提高应急响应能力;要根据事故现场情况及救援需要及时划定警戒区域,疏散周边人员,维持现场秩序,确保救援工作安全有序。

⑥ 加快安全保障技术研究,健全完善安全标准规范。要组织力量加快开展油气管道普查工作,摸清底数,建立管道信息系统和事故数据库,深入研究油气管道可能发生事故的成因机理,尽快解决油气管道规划、设计、建设、运行面临的安全技术和管理难题。要吸取国外好的经验和做法,开展油气管道安全法规标准、监管体制机制对比研究,完善油气管道安全法规,制定油气管道穿跨越城区安全布局规划设计、检测频次、风险评价、环境应急等标准规范。要开展油气管道长周期运行、泄漏检测报警、泄漏处置和应急技术研究,提高油气管道安全保障能力。

第8章 工程项目合同管理

项目合同确立了工程项目有关各方之间的权利义务关系,是工程项目管理最重要的依据。工程项目管理的核心,就是按照工程项目合同的规定对建设进行管理和控制。以合同作为组织纽带和项目运作规则是工程项目区别于其他类型项目最显著的标志。

8.1 概述

《中华人民共和国合同法》规定,工程项目合同是承包人进行工程建设,发包人支付相应价款的合同。"承包人"是指在建设工程合同中负责工程项目的勘察、设计、施工任务的一方当事人;"发包人"是指在建设工程合同中委托承包人进行工程项目的勘察、设计、施工任务的建设单位(业主、项目法人)。在工程项目合同中,承包人最主要的义务是进行工程建设,即进行工程项目的勘查、设计、施工等工作。发包人最主要的义务是向承包人支付相应的价款。

8.1.1 合同在工程项目中的作用

在工程项目管理中,合同具有特殊的作用,对整个项目的设计、计划和实施过程有着决定性的影响。建设工程合同在建设项目管理过程中的作用主要体现在以下几个方面。

(1) 合同是工程项目管理最主要的依据和手段

工程项目管理的三大控制目标包括工程项目的质量目标、进度目标和投资目标。在工程项目合同中,确定了项目实施和项目管理的三大控制目标。参与项目建设的各相关方要执行自己所承担的任务,从而实现局部目标来保证项目建设总体目标的实现。在项目管理中,工程项目业主必须依据与项目的各个参与方订立的合同来分解工程项目目标,并据此督促有关各方按合同要求完成项目的各分项目标。同时工程项目业主也必须依据合同的约定,履行自己的义务。合同规定了项目参加者各方面的责权利关系,是各参与方在项目建设中进行各种经济活动的依据,只有所有参与项目建设的有关各方都依据合同办事,并运用合同手段控制和监督对方切实履行合同义务,才能实现项目建设的总体目标。

(2) 合同分配了工程任务并详细地定义了与工程任务相关的各种问题

① 责任人,即由谁来完成任务并对最终成果负责;

② 工程任务的规模、范围、质量、工程量及各种功能要求;

③ 工期,即时间的要求;

④ 价格,包括工程总价格、各分项工程的单价和合价及付款方式等;

⑤ 能完成合同任务的责任等。

(3) 合同是处理建设项目实施过程中各种争执和纠纷的法律证据

建设项目具有建设周期长、合同金额大、参建单位众多、组织成员经济利益的不一致和项目之间接口复杂等特点。在合同履行过程中,常常由于双方对合同理解的不一致,合同实施环境的变化,以及有一方违反合同或未能正确履行合同等原因,业主与承包商之间、不同承包商之间、承包商与分包商之间以及业主与材料供应商之间不可避免地产生各种争执和纠纷。而调处这些争执和纠纷的主要尺度和依据应是承发包双方在合同中事先作出的各种约定和承诺，如合同的索赔与反索赔条款、不可抗力条款、合同价款调整、变更条款等。作为合同的一种特定类型，建设工程合同同样具有一经签订即具有法律效力的属性。所以，合同是处理建设项目实施过程中各种争执和纠纷的法律依据。

(4) 合同是工程施工与管理的要求与保证，同时又是工程项目强有力的控制手段

合同作为项目任务委托和承接的法律依据，是工程过程中相关方的最高行为准则，工程过程中的一切活动都是为了履行合同，都必须按合同办事，各方面行为主要靠合同来约束。合同具有法律效力，受到法律的保护和制约。订立合同是法律行为。合同一经签订，只要合同合法，双方必须全面地完成合同规定的责任和义务。如果不能履行自己的责任和义务，甚至单方面撕毁合同，则必须接受经济的，甚至法律的处罚。除了特殊情况（如不可抗力等）使合同不能实施外，合同当事人即使亏本，甚至破产也不能摆脱这种法律约束力。

(5) 合同将工程所涉及的生产、材料和设备供应、运输、各专业施工的分工协作关系联系起来，协调并统一工程各参加者的行为

由于社会化生产和专业分工的需要，一个工程必须有几个、十几个，甚至更多的参加单位。专业化越发达，工程参加者越多，这种协调关系越重要。在工程实施中，由于合同一方违约，不能履行合同责任，不仅会造成自己的损失，而且会殃及合同伙伴和其他工程参加者，甚至会造成整个工程的中断。如果没有合同的法律约束力，就不能保证工程的各参加者在工程的各个方面，工程实施的每个环节上都按时、按质、按量地完成自己的义务，就不会有正常的工程施工秩序，就不可能顺利地实现工程总目标。合同管理必须协调和处理各方面的关系，使相关的各合同和合同规定的各工程活动之间不相矛盾，以保证工程有秩序、按计划地实施。

8.1.2 工程项目中的主要合同关系

建筑工程项目是一个极为复杂的社会生产过程，它分别经历可行性研究、勘察设计、工程施工和运行等阶段；有建筑、土建、水电、机械设备、通信等专业设计和施工活动；需要各种材料、设备、资金和劳动力的供应。由于现代的社会化大生产和专业化分工，一个稍大一点的工程其参加单位就有十几个、几十个，甚至成百上千个，它们之间形成各式各样的经济关系。由于工程中维系这种关系的纽带是合同，所以就有各式各样的合同。工程项目的建设过程实质上又是一系列经济合同的签订和履行过程。在一个工程中，相关的合同可能有几份、几十份、几百份，甚至几千份，这些合同都是为了完成项目的目标，定义项目的活动，在形成项目的合同体系中，业主和承包商是两个最重要的节点。

(1) 业主的主要合同关系

业主作为工程（或服务）的买方，是工程的所有者，他可能是政府、企业、其他投资者，或几个企业的组合，或政府与企业的组合（例如合资项目，BOT项目的业主）。他投资一个项目，通常委派一个代理人（或代表）以业主的身份进行工程项目的经营管理。业主根据对工程的需求，确定工程项目的整体目标。这个目标是所有相关工程合同的核心。要实现工程总目标，业主必须将建筑工程的勘察、设计、各专业工程施工、设备和材料供应、建设过程的咨询与管理等工作委托出去，必须与有关单位签订如下各种合同：

① 咨询（监理）合同，即业主与咨询（监理）公司签订的合同。咨询（监理）公司负责工程的可行性研究、设计监理、招标和施工阶段监理等某一项或几项工作。

② 勘察设计合同，即业主与勘察设计单位签订的合同。勘察设计单位负责工程的地质勘察和技术设计工作。

③ 供应合同。对由业主负责提供的材料和设备，他必须与有关的材料和设备供应单位签订供应（采购）合同。

④ 工程施工合同，即业主与工程承包商签订的工程施工合同。一个或几个承包商承包或分别承包土建、机械安装、电器安装、装饰、通信等工程施工。

⑤ 贷款合同，即业主与金融机构签订的合同。后者向业主提供资金保证。按照资金来源的不同，可能有贷款合同、合资合同或 BOT 合同等。

按照工程承发包方式和范围的不同，业主可能订立许多份合同，例如将各专业工程分别甚至分段委托，或将材料和设备供应分别委托；也可能将上述委托以各种形式进行合并，如把土建和安装委托给一个承包商，把整个设备供应委托给一个成套设备供应企业。业主也可以与一个承包商订立全包合同（一揽子承包合同），由该承包商负责整个工程的设计、供应、施工，甚至管理等工作。因此不同合同的工程范围和内容有很大区别。

(2) 承包商的主要合同关系

承包商是工程施工的具体实施者，是工程承包合同的执行者。承包商通过投标接受业主的委托，签订工程承包合同。工程承包合同和承包商是任何建筑工程中都不可缺少的。承包商要完成承包合同的责任，包括由工程量表所确定的工程范围的施工、竣工和保修，为完成这些工程提供劳动力、施工设备、材料，有时也包括技术设计。任何承包商都不可能，也不必具备所有的专业工程的施工能力、材料和设备的生产和供应能力，他同样必须将许多专业工作委托出去。所以承包商常常又有自己复杂的合同关系：

① 分包合同。对于一些大的工程，承包商常常必须与其他承包商合作才能完成总包合同责任。承包商把从业主那里承接到的工程中的某些分项工程或工作分包给另一承包商来完成，则与他签订分包合同。承包商在承包合同下可能订立许多分包合同，而分包商仅完成总承包商的工程，向承包商负责，与业主无合同关系。承包商仍向业主担负全部工程责任，负责工程的管理和所属各分包商工作之间的协调，以及各分包商之间合同责任界面的划分，同时承担协调失误造成损失的责任，向业主承担工程风险。

在投标书中，承包商必须附上拟定的分包商的名单，供业主审查。如果在工程施工中重新委托分包商，必须经过工程师（或业主代表）的批准。

② 供应合同。承包商为工程所进行的必要的材料和设备的采购和供应，必须与供应商签订供应合同。

③ 运输合同。这是承包商为解决材料和设备的运输问题而与运输单位签订的合同。

④ 加工合同，即承包商将建筑构配件、特殊构件加工任务委托给加工承揽单位而签订的合同。

⑤ 租赁合同。在建筑工程中承包商需要许多施工设备、运输设备、周转材料。当有些设备、周转材料在现场使用率较低，或自己购置需要大量资金投入而自己又不具备这个经济实力时，可以采用租赁方式，与租赁单位签订租赁合同。

⑥ 劳务供应合同。即承包商与劳务供应商之间签订的合同，由劳务供应商向工程提供劳务。

⑦ 保险合同。承包商按施工合同要求对工程进行保险，与保险公司签订保险合同。

建筑工程承包合同是建筑工程中最重要，也是最复杂的合同。它在工程项目中的持续时间长，标的物复杂，价格高。在整个建筑工程合同体系中，它起主干合同的作用。

(3) 其他方面的合同关系

① 分包商有时也可把其工作再分包出去，形成多级分包合同；

② 设计单位,供应单位也可能有分包;

③ 承包商有时承担部分工程的设计任务,他也需要委托设计单位;

④ 如果工程的付款条件苛刻,承包商需带资承包,必须与金融机构签订借款合同;

⑤ 在许多大型工程中,特别是 EPC 总承包工程中,承包商往往是几个企业的联营体,即联营承包。若干家承包商(最常见的是设备供应商、土建承包商、安装承包商、勘察设计单位)之间订立合同,联合投标,共同承接工程。

(4) 工程项目合同体系

上述合同构成了工程项目的合同体系。在该体系中有不同层次的合同(图 8.1)。

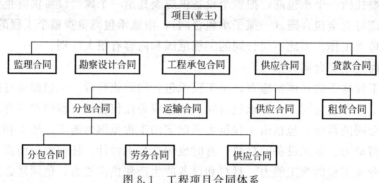

图 8.1 工程项目合同体系

在一个工程中,所有的合同都是为了完成业主的项目目标,都必须围绕这个目标签订和实施。这些合同关系之所以复杂,因为它们都不是孤立的,内部有着互相牵制的复杂关系,直接决定了工程质量、工期、工程价格这三大目标能否顺利实现。

8.1.3 工程项目合同管理工作过程

合同管理是通过工程合同策划、招标、商签、实施监督,保证项目总目标的实现。作为项目管理工作的一部分,合同管理贯穿于项目运作的全过程。合同管理工作过程如图 8.2 所示。

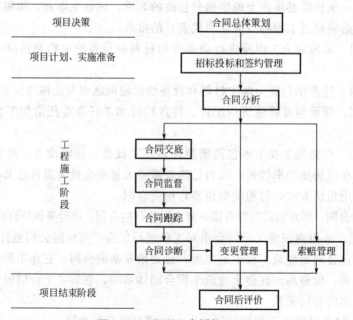

图 8.2 工程项目合同管理过程

8.2 合同总体策划

合同总体策划的目的是通过合同保证工程项目目标和项目实施战略的实现，它属于组织策划的一部分，主要确定对整个工程项目的实施有重大影响的合同问题：将工程项目划分为几个独立的合同以及各合同的工程范围，或是采用总包—分包方式；各合同所采取的委托方式和承包方式；选用的合同类型；重要的合同条款；各相关合同在内容、时间、组织和技术等方面的协调；合同的签订与实施中的重大问题等等。正确的合同策划不仅有利于签订一个完备的、有利的合同，而且可以保证各个合同圆满地履行，并使它们之间能完善地协调，以顺利地实现工程项目的总目标。

8.2.1 合同总体策划的内容

8.2.1.1 业主的合同策划

业主是工程建设的决策者，业主的合同策划将在很大程度上决定整个工程的合同结构与合同关系，并主导项目的开展、实施。承包商必须按照业主的要求投标报价，确定方案并完成工程。业主通常必须就如下合同问题作出决策。

（1）工程项目的合同体系策划

工程项目合同涵盖了工程项目的所有内容，并贯穿项目建设的全过程、在项目建设的各个阶段，都必须用合同来明确和约束项目参与各方的责任、权利和义务。由于工程项目的建设规模不同、投资大小不同、项目建设周期长短不一、项目建设的复杂程度各异，还由于在承包方式、设备材料采购供应方式、融资方式上的区别，工程项目的合同类型、合同范围、合同条件的选择依据也各不相同。工程项目业主在项目建设前期就必须根据工程项目的特点、自身的管理能力，精心设计能覆盖项目建设主要内容和主要阶段的合同体系。无论是采用哪种类型的合同，都要使形成的工程合同体系达到以下两个目标。

① 工作内容的完整性，即业主签订的所有合同所确定的工作范围应涵盖项目的全部工作，完成各个合同才能实现项目总目标。可采用项目结构分解和合同界面分析来进行。

② 技术上的协调，包括技术标准的一致、专业工程的配合、合同界面上的协调、合同从签订到实施的管理上的统一和协调。

（2）合同种类的选择

工程项目合同按不同的分类方法，有不同的类型。在实际工程中，合同种类不同，其应用条件、权利和责任分配、付款方式不同，合同双方的风险也不同，应按照具体情况选择合同类型。按照承包工程计价方式分类，建设工程合同可以分为以下几种。

① 单价合同 单价合同的特点是单价优先，业主在招标文件中给出的工程量表，它通常是按照规定的工程量清单编制方法编制的。但其中的工程量是参考数字，实际合同价款按实际完成的工程量和承包商所报的单价计算。单价合同又分为固定单价和可调单价等形式。这是最常见的合同类型，适用范围广，承包商仅按合同规定承担报价的风险，即对报价（主要为单价）的正确性和适宜性承担责任，而工程量变化的风险由业主承担。由于风险分配比较合理，能够适应大多数工程，能调动承包商和业主双方的管理积极性。

② 总价合同 总价合同是指对于某个工程项目，承包人完成所有项目内容的价格在合同中是一种规定的总价。根据总价规定的方式和内容不同，具体又可分为固定总价合同、调值总价合同、固定工程量总价合同和管理费总价合同四种。

a. 固定总价合同，这种合同以一次包死的总价格委托，除了设计有重大变更，一般不允许调整合同价格。所以在固定总价合同中承包商承担了工程量和价格的全部风险。在现代工程中，特别在合资项目中，业主喜欢采用该合同形式，因为工程中双方结算较为简单、省事，承包商的索赔机会较少（但不可能根除索赔）。在正常情况下，可以免除业主由于要追加合同价款、追加投资带来的需上级（如董事会、甚至股东大会）审批的麻烦。但是，由于承包商承担了全部风险，报价中不可预见风险费用较高。承包商报价必须包含施工期间物价变化以及工程量变化带来的影响。

固定总价合同的应用范围很小，主要应用在以下情况中：工程范围清楚明确，设计较细、图纸完整、详细、清楚，报价的工程量应比较准确；工程量小、工期短，工程结构、技术简单，在工程过程中环境因素（特别是物价）变化小，工程条件稳定，报价估算方便；工程投标期相对宽裕，承包商可以详细地做现场调查、复核工程量，分析招标文件，拟定计划；合同条件完备，双方的权利和义务十分清楚。

b. 调值总价合同中，其总价是一种相对固定的价格，在工程实施中遇到通货膨胀引起的工料成本变化可按约定的调值条款进行总价调整。因此通货膨胀风险由发包人承担，承包人则承担施工中的有关时间和成本等因素的风险。工期在1年以上的项目可采用这种合同。

c. 固定工程量总价合同中，固定的是给定的工程量清单和承包商通过投标报价确定的工程单价，在施工中，总价可以根据工程变更而进行调整。采用这种合同，投标人在统一基础上计价，发包人可据此对报价进行清楚的分析，但需花费较多时间准备工程清单和计算工程量，对设计深度和招标准备时间要求较高。

d. 管理费总价合同是发包单位雇用承包公司（或咨询公司）的管理专家对发包工程项目进行项目管理的合同，合同价格是发包单位支付给承包公司的一笔总的管理费。

③ 成本加酬金合同 当工程内容及其技术经济指标还未全面确定，而由于种种理由工程又必须向前推进时，宜采用成本加酬金合同。工程最终合同价格按照承包商的实际成本加上一定比率的酬金（间接费）计算。而在合同签订时不能确定一个具体的合同价格，只能确定酬金的比率。因为合同价格按承包商的实际成本结算，在这类合同中业主承担了全部工作量和价格风险，所以承包商在工程中没有成本控制的积极性，常常不仅不愿意压缩成本，相反期望提高成本以提高自己的工程经济效益，这样会损害工程的整体效益。因此，这类合同的使用应受到严格限制，通常应用于如下情况：

a. 投标阶段依据不准，工程的范围无法界定，无法准确估价，缺少工程的详细说明；

b. 工程特别复杂，工程技术、结构方案不能预先确定。例如在一些带研究、开发性的工程项目中；

c. 时间特别紧急，要求尽快开工。如抢救、抢险工程，人们无法详细地计划和商谈。

为了克服成本加酬金合同的缺点，扩大它的使用范围，人们对该种合同又做了许多改进，以调动承包商成本控制的积极性，例如：

a. 成本加浮动酬金合同，双方事先商定工程成本及酬金的预期水平，工程实际发生的成本，若等于预期成本，工程价格就是成本加固定酬金；若低于预期成本，则增加酬金；若高于预期成本，则减少酬金。这样能鼓励承包商降低成本和缩短工期，承发包双方都没有太大的风险，但对承发包双方的经验要求较高，当预期成本估算达到70%的精度才能达到较为理想的结果。

b. 目标成本加奖励合同，按照当前的设计精度估算目标成本（随着设计程度加深可以调整目标成本),另外规定一个百分比作为计算基础酬金的数值。最后结算时,如果实际成本高于目标成本并超过事先商定的界限(如5%),则减少酬金;如果实际成本低于目标成本(也有一个幅度界限),则增加酬金。

在这种合同中,合同条款应十分严格。业主应加强对工程的控制,参与工程方案(如施工方案、采购、分包等)的选择和决策,否则容易造成损失。同时,合同中应明确规定成本的开支范围,规定业主有权对成本开支做决策、监督和审查。

④ 目标合同 目标合同是固定总价合同和成本加酬金合同相结合并加以改进的形式。

目标合同也有许多种形式,通常合同规定承包商对工程建成后的生产能力(或使用功能)、工程总成本(或总价格)和工期目标承担责任。如果达到生产能力(或使用功能),而实际总成本低于预定总成本,则节约的部分按预定的比例给承包商奖励;反之,超支的部分由承包商按比例承担。如果工程投产后一定时间内达不到预定的生产能力,则按一定的比例扣减合同价格;如果工期拖延,则承包商承担工期拖延违约金。如果承包商提出的合理化建议被业主认可,该建议方案使实际成本减少,则合同目标价款总额不予减少,这样成本节约的部分业主与承包商分成。

目标合同能够最大限度地发挥承包商工程管理的积极性,适用于工程范围没有完全界定或项目风险较大的情况。在一些发达国家,目标合同广泛使用于工业项目、研究和开发项目、军事工程项目中。在这些项目中承包商在项目可行性研究阶段,甚至在目标设计阶段就介入工程,并以全包的形式承包工程。

(3) 合同条件的选择

合同协议书和合同条件是合同文件中最重要的部分。在实际工程中,业主可以按照需要,自己(通常委托咨询公司)起草合同条件,也可以选择标准的合同条件。在具体应用时,可以根据自己的需要通过特殊条款对标准的文本做修改、限定或补充。

对一个工程,有时会有几个同类型的合同条件可供选择,在国际工程中更是如此。业主在招标发包之前,要慎重选择合同条件。

① 在选择合同条件时应注意以下问题。

a. 一般应选已被广泛认可并与双方管理水平相适应,并且双方比较熟悉的专业合同条件。从主观上讲,合同双方都希望使用严密的、完备的合同条件,但合同条件应该与双方的管理水平相配套。如果双方的管理水平很低,而使用完备、周密,同时规定又十分严格的合同条件,则这种合同条件可能无法执行。

b. 合同条款应该严格、准确、细致、周密,并具有完善的程序和可操作性,尽可能避免合同争议和纠纷;

c. 采用国际上常用的合同条件时,一是要注意适用法律和税务条件应符合我国有关法律、法规的规定,二是在选用国际常用合同条件时,除采用其通用条款外,要有适合工程项目特点、符合工程项目业主要求的专用条款或特殊条件,保护工程项目业主的利益;

d. 选用国内有关部门或行业部门推荐的合同样本或示范文本时,对其通用条款不应随意修改或删减,要保持合同的完整性,但可以补充符合项目特点和工程项目业主要求的专用条款。

② 可供选择或借鉴的合同样本或示范文本

a. 国内合同文本。国内合同示范文本包括住建部、国家工商行政管理总局联合颁布的《建设工程勘察合同文本》、《建设工程设计合同文本》、《建设工程造价合同示范文本》、《建设工程施工合同文本》、《建设工程委托监理合同（示范文本）》，以及政府行业管理部门推荐的合同示范文本，如水利部和国家工商管理总局联合颁布的《水利水电工程施工合同和招标文件示范文本》。

b. 重要的国际工程合同文本。如国际咨询工程师联合会（FIDIC）颁布的系列合同文本，ICE 合同文本（英国土木工程师学会与土木工程承包商协会联合颁布），美国 AIA 合同文本等等。

(4) 选择招标方式

工程项目的招标方式主要有公开招标（无限竞争性招标）、邀请招标（有限竞争性招标）和议标三种，在招标程序、参加竞争的投标人数量等方面各有不同。一般要根据法律规定、承包模式、合同类型、业主所拥有的招标时间（工程紧迫程度）等决定。

① 公开招标。业主选择范围比较大，投标人之间能够进行充分地平等竞争，有利于降低报价，提高工程质量，缩短工期。但招标期较长，业主有大量的管理工作，如发布招标公告、资格预审、发售招标文件和评标等，在这个过程中，严格的资格预审是十分重要的，可防止不合格投标人混入。

实践中，不限对象的公开招标会导致许多无效投标，导致社会资源的浪费。众多承包商竞争一个标，除中标的一家外，其他各家的努力都是徒劳的。这会导致承包商经营费用的增加，最终导致整个市场上工程成本的提高。

② 邀请招标。业主根据工程的特点，有目标、有条件地邀请 3 个以上（含 3 个）投标人参加工程的投标竞争，不需要进行资格预审，减少了程序，可以节约招标费用和时间。业主对所邀请的投标人多数比较了解，降低了风险。但由于投标人数量较少，可能漏掉一些技术上、报价上有竞争力的承包商，业主获得的报价可能不十分理想。所以一般适合以下几种情况。

a. 专业性强，特别是在经验、技术装备、专门技术人员等方面有特殊要求的。

b. 工程不大，若公开招标使业主在时间和资金上耗费不必要的精力的。

c. 工期紧迫、涉及专利保护或保密工程等。

d. 公开招标后无人投标的。

③ 议标，即业主直接与一个承包商进行合同谈判。在议标中，业主无须准备大量的招标文件，无须复杂的管理工作，时间又很短，能大大地缩短工期，甚至许多项目一边议标，一边开工。但由于缺乏竞争，承包商报价较高，工程合同价格自然较高。一般只在以下几种情况下采用。

a. 业主对承包商十分信任，可能是老主顾，承包商资信很好。

b. 由于工程的特殊性，如军事工程、保密工程、特殊专业工程和仅由一家承包商控制的专利技术工程等。

c. 某些采用成本加酬金合同的情况。

d. 在一些国际工程中，承包商参与了业主项目的前期策划和可行性研究的，甚至作项目的初步设计。当业主决定上马这个项目后，一般都采用全包的形式委托工程，采用议标形式签订合同。

除上述情况外，对工程项目采用何种招标方式在建筑市场上进行交易还应符合所在国所在地法律、法规方面的规定。

(5) 重要的合同条款的确定

招标人应根据项目建设特点和工程情况综合考虑制定重要的合同条款。招标人制定恰当的合同条款对项目目标的实现有重要的意义。特别是要慎重考虑双方工程风险的合理分担,承发包双方工程风险的合理分担的基本原则应是通过风险分担激励承包人努力完成项目的投资、进度、质量目标,达到最好的工程经济效益,使项目参与各方都得益,出现多赢的局面。重要的合同条款包括以下几个方面。

① 合同价格调整的条件、范围、调整方法,特别是由于法律变化、物价上涨、汇率变化、税种税率变化、关税变化等对合同价格调整的规定。

② 付款方式。如采用进度付款、分期付款、预付款或由承包商垫资承包。这是由业主的资金来源保证情况等因素决定的。让承包商在工程上过多地垫资,会对承包商的风险、财务状况、报价和履约积极性有直接影响。当然如果业主超过实际进度预付工程款,又会加大业主的融资压力和融资成本,还会给业主带来风险。

③ 适用于合同关系的法律,以及合同争执仲裁的地点、程序等。

④ 对承包商的激励措施。恰当地采用奖励措施可以鼓励承包商降低成本、提高质量、缩短工期,提高管理的积极性。各种合同中都可以订立奖励条款,通常有:

a. 提前竣工的奖励。这是最常见的,通常合同明文规定工期提前一天业主给承包商奖励的金额,或者将项目提前投产实现的利润在合同双方之间按一定比例分成。甚至对工期要求特别紧的工程,只要承包商按期竣工就能得到一定额度的奖励。

b. 质量奖。如工程质量达到预定的质量标准,业主另外支付一笔奖励金,这在我国应用较多。

c. 承包商如果能提出新的设计方案、新技术,使业主节约投资,则按一定比例分成。

⑤ 合同双方风险的分担,即将工程项目中的风险在业主和承包商之间的合理分配。基本原则是,通过风险分配激励承包商努力控制三大目标、控制风险,达到最好的工程经济效益。

⑥ 合同条款的设计,通过合同保证对工程的控制权力,并形成一个完整的控制体系。

a. 控制内容。明确规定业主及其项目经理对工期、成本(投资)、质量及工程变更等各方面的控制权力。

b. 控制过程。各种控制必须有一个严密的体系,形成一个前后相继的过程,例如:工期控制过程,包括开工令,对详细进度计划的审批(同意)权,工程中出现拖延时的指令加速的权力,拖延工期的违约金条款等;质量控制过程,包括质量管理体系的审查权,图纸的审批程序及权力,方案的审批(或同意)权,材料、工艺、工程的认可权、检查权和验收权等;成本(投资)控制过程,包括工程量量方程序、付款期、账单的审查过程及权力、付款的控制、竣工结算和最终决算、索赔的处理、决定价格的权力等。

c. 对问题或特殊状态的处置权力,例如:材料、工艺、工程质量不符合要求的处置权,暂停工程的权力,在极端状态下中止合同的权力等。例如,在承包商严重违约情况下,业主可以将承包商逐出现场,而不解除他的合同责任,让其他承包商来完成合同,费用由违约的承包商承担。

以上内容都有了具体的详细的规定,才能形成对工程施工过程控制的合同保证。

⑦ 为了保证双方诚实守信,必须采取相应的合同措施。例如:

a. 工程中的保函、保留金和其他担保措施的规定。

b. 承包商的材料和设备进入施工现场,即作为业主的财产,没有业主(或工程师)的同意不得移离现场。

c. 合同中对违约行为的处罚规定和仲裁条款。

8.2.1.2 承包商的合同策划

承包商在投标中常常必须服从招标文件的规定，包括其中选定的合同条件。因而承包商的合同策划在服从于承包商的基本目标和企业经营战略的情况下，主要表现为承包商对业主的招标项目下的应对策略。

（1）投标的选择

承包商获得许多招标信息，首先应就投标方向做出战略决策，其决策取决于市场情况，主要有：

① 承包市场状况及竞争的形势。

② 该工程竞争者的数量以及竞争对手状况，以确定自己投标的竞争力和中标的可能性。

③ 工程及业主状况。包括工程的技术难度、施工所需的工艺、技术和设备，对施工工期的要求及工程的影响程度；业主对承包方式、合同种类、招标方式、合同的主要条款等的规定和要求；业主的资信情况，是否不守信用、不付款的历史，业主建设资金的准备情况和企业经营状况。

④ 承包商自身状况。包括公司的优势和劣势、技术水平、施工力量、资金状况、同类工程的经验、现有工程数量等。承包商投标方向的确定要最大限度地发挥自身的优势，符合其经营战略，不要企图承包超过自己施工技术水平、管理能力和财务能力的工程及没有竞争力的工程。

（2）合同风险的评价

在应对策略下，承包商必须对工程的合同风险作出总体评价。通常若工程存在下述问题，则工程风险较大：

① 工程规模大，工期长，而业主要求采用固定总价合同形式。

② 业主仅给出初步设计文件让承包商投标，图纸不详细、不完备，工程量不准确、范围不清楚，或合同中的工程变更赔偿条款对承包商很不利，但业主要求采用固定总价合同。

③ 业主将投标期压缩得很短，承包商没有时间详细分析招标文件，而且招标文件为外文，采用承包商不熟悉的合同条件。

④ 工程环境不确定性因素多，且业主要求采用固定价格合同。

（3）承包方式的选择

任何一个承包商都不可能独立完成全部工程，不仅是能力所限，还由于这样做也不经济。在总承包投标前，他就必须考虑与其他承包商的合作方式，以便充分发挥各自在技术、管理和财力上的优势，并共担风险。

① 分包 分包的原因主要有以下几点。

a. 技术上需要。总承包商不可能、也不必具备总承包合同工程范围内的所有专业工程的施工能力。通过分包的形式可以弥补总承包商技术、人力、设备、资金等方面的不足。同时总承包商又可通过这种形式扩大经营范围，承接自己不能独立承担的工程。

b. 经济上的目的。对有些分项工程，如果总承包商自己承担会亏本，而将它分包出去，让报价低同时又有能力的分包商承担，总承包商不仅可以避免损失，而且可以取得一定的经济效益。

c. 转嫁或减少风险。通过分包，可以将总包合同的风险部分地转嫁给分包商。这样，大家共同承担总承包合同风险，提高工程经济效益。

d. 业主的要求。业主指令总承包商将一些分项工程分包出去。通常有如下两种情况：对于某些特殊专业或需要特殊技能的分项工程，业主仅对某专业承包商信任和放心，可要求或建议总承包商将这些工程分包给该专业承包商，即业主指定分包商；在国际工程中，一些国家规定，外国总承包商承接工程后必须将一定量的工程分包给本国承包商，或工程只能由本国承包商承接，外国承包商只能分包。这是对本国企业的一种保护措施。

业主对分包商有较高的要求，也要对分包商作资格审查。没有工程师（业主代表）的同意，承包商不得随便分包工程。由于承包商向业主承担全部工程责任，分包商出现任何问题都由总包负责，所以分包商的选择要十分慎重。一般在总承包合同报价前就要确定分包商的报价，商谈分包合同的主要条件，甚至签订分包意向书。

② 联营承包 联营承包是指两家或两家以上的承包商（最常见的为设计承包商、设备供应商、工程施工承包商）联合投标，共同承接工程。其优点是：

a. 承包商可通过联营进行联合，以承接工程量大、技术复杂、风险大、难以独家承揽的工程，使经营范围扩大。

b. 在投标中发挥联营体各方技术和经济的优势，珠联璧合，使报价有竞争力。而且联营通常都以全包的形式承接工程，各联营成员具有法律上的连带责任，业主比较欢迎和放心，容易中标。

c. 在国际工程中，国外的承包商如果与当地的承包商联营投标，可以获得价格上的优惠。这样更能增加报价的竞争力。

d. 在合同实施中，联营各方互相支持，取长补短，进行技术和经济的总合作。这样可以减少工程风险，增强承包商的应变能力，能取得较好的工程经济效果。

e. 通常联营仅在某一工程中进行，该工程结束，联营体解散，无其他牵挂。如果愿意，各方还可以继续寻求新的合作机会。所以它比合营、合资有更大的灵活性。

（4）合同执行战略

合同执行战略是承包商按企业和工程具体情况确定的执行合同的基本方针。

① 企业必须考虑该工程在企业同期许多工程中的地位、重要性，确定优先等级。对重要的有重大影响的工程，如对企业信誉有重大影响的创牌子工程，大型、特大型工程，对企业准备发展业务的地区的工程，必须全力保证，在人力、物力、财力上优先考虑。

② 承包商必须以积极合作的态度热情圆满地履行合同。在工程中，特别在遇到重大问题时积极与业主合作，以赢得业主的信赖，赢得信誉。

③ 对明显导致亏损的工程，特别是企业难以承受的亏损，或业主资信不好，难以继续合作，有时不惜以撕毁合同来解决问题。有时承包商主动地中止合同，比继续执行一份合同的损失要小。特别当承包商已跌入"陷阱"中，合同不利，而且风险已经发生时。

④ 在工程施工中，由于非承包商责任引起承包商费用增加和工期拖延，承包商提出合理的索赔要求，但业主不予解决。承包商在合同执行中可以通过控制进度，通过直接或间接地表达履约热情和积极性，向业主施加压力和影响以求得合理的解决。

8.2.2 工程各相关合同的协调

目前在我国各种大工程越来越多，业主为了成功地实现工程目标，必须签订许多主合同，承包商为了完成他的承包责任也必须订立许多分合同。这些合同从宏观上构成项目的合同体系，从微观上每个合同都定义并安排了一些工程活动，共同构成项目的实施过程。在这个合同体系中，相关的同级合同之间，以及主合同和分合同之间存在着复杂的关系，在国外人们又把这个合同体系称为合同网络。合同之间关系的安排及协调通常包含以下几方面的内容。

(1) 工程和工作内容的完整性

业主的所有合同确定的工程或工作范围应能涵盖项目的所有工作，即只要完成各个合同，就可实现项目的总目标；承包商的各个分包合同与拟由自己完成的工程（或工作）一起应能涵盖总承包责任，在工作内容上不应有缺陷或遗漏。在实际工程中，这种缺陷会带来设计的修改、新的附加工程、计划的修改、施工现场的停工，导致双方的争执。为避免这种现象业主应做好如下几方面的工作。

① 在招标前认真地进行总项目的系统分析，确定总项目的系统范围。

② 系统地进行项目的结构分解，在详细项目结构分解的基础上列出合同的工程量表。实质上，将整个项目任务分解成几个独立的合同，每个合同中有完整的工程量表，这都是项目结构分解的结果。

③ 进行项目任务（各个合同或各个承包单位，或项目单元）之间的界面分析。确定各个界面上的工作责任、成本、工期、质量的定义。工程实践证明，许多遗漏和缺陷常常都发生在界面上。

(2) 技术上的协调

通常技术上的协调包括很复杂的内容，一般有以下几方面。

① 主合同之间设计。标准的一致性，如土建、设备、材料、安装等应有统一的质量、技术标准和要求。各专业工程之间，如建筑、结构、水、电、通信之间应有很好的协调。在建设项目中建筑师常常作为技术协调的中心。

② 分包合同必须按照总承包合同的条件订立，全面反映总合同的相关内容。采购合同的技术要求必须符合承包合同中的技术规范。总包合同风险要反映在分包合同中，由相关的分包商承担。为了保证总承包合同圆满地完成分包合同一般比总承包合同条款更为严格、周密和具体，对分包单位提出更为严格的要求，所以对分包商的风险更大。

③ 各合同所定义的专业工程之间应有明确的界面与合理的搭接。如供应合同与运输合同，土建合同和安装合同，安装合同和设备供应合同之间存在责任界面和搭接。界面上的工作容易遗漏，而产生争执。各合同只有在技术上协调，才能共同构成符合总目标的工程技术系统。

(3) 价格上的协调

一般在总承包合同估价前，就应向各分包商（供应商）询价，或进行洽谈，在分包报价的基础上考虑到管理费等因素，作为总包报价，所以分包报价水平常常又直接影响总包报价水平和竞争力。

① 对大的分包（或供应）工程如果时间来得及，也应进行招标，通过竞争降低价格。

② 作为总承包商，周围最好要有一批长期合作的分包商和供应商作为忠实的伙伴。这具有战略意义的，可以确定一些合作原则和价格水准，可保证分包价格的稳定性。

③ 对承包商来说，由于与业主的合同先订，而与分包商和供应商的合同后订，一般在订承包合同前先向承包商和供应商询价；待承包合同签订后，再签订分包合同和供应合同。要防止在询价时分包商报低价，而等承包商中标后又报高价，特别是询价时对合同条件未来得及细谈，分包商有时找些理由提高价格，一般可先订分包意向书，既要确定价格又要留有余地，防止总合同不能签订。

(4) 时间上的协调

由各个合同所确定的工程合同不仅要与项目计划（或总合同）的时间要求一致，而且它们之间时间上要协调，即各种工程合同形成一个有序的、有计划的实施过程。例如设计图纸供应与施工，设备、材料供应与运输，土建和安装施工，工程交付和运行等之间应合理搭配。

每一个合同都定义了许多工程活动，形成各自的子网络。它们又一起形成一个项目的总网络。常见的设计图纸拖延，材料设备供应脱节等都是这种不协调的表现。比如某工程，主楼基础工程施工尚未开始，而供热的锅炉设备已提前到货，要在现场停放两年才能安装，这不仅占用大量资金，占用现场场地，增加保管费，而且超过设备的保修期。由此可见，签订各份合同要有统一的时间安排。要解决这种协调工作，可以在一张横道图或网络图上标出相关合同所定义的里程碑事件和它们的逻辑关系，以便于计划、协调和控制。

(5) 合同管理的组织协调

在实际工程中，由于工程合同体系中的各个合同并不是同时签订的，执行时间也不一致，而且常常也不是由同一部门管理的，所以它们的协调更为重要。这个协调不仅在签约阶段，而且在工程施工阶段都要重视；不仅是合同内容的协调，而且是职能部门管理过程的协调。例如承包商对一份供应合同，必须在总承包合同技术文件分析后提出供应的数量和质量要求，向供应商询价，或签订意向书；供应时间按总合同施工计划确定；付款方式和时间应与财务人员商量；供应合同签订前或后，应就运输等合同做出安排，并报财务备案，已做资金计划或划拨款项；施工现场应就材料的进场和储存做出安排，这样形成一个有序的管理过程。如果合同中各个体系安排的比较好，这对整个项目的实施是有利的，业主可以更好地进行项目管理，承包商也易于完成工作，从而实现业主的总目标。

8.3 工程项目招标投标

招标投标，是招标人应用技术经济评价方法和市场竞争机制，有组织地开展择优成交的一种规范和科学的特殊交易方式。通常是由招标人或招标人委托的招标代理机构，通过招标公告或投标邀请信，发布招标采购的信息与要求，邀请潜在的投标人按照事先规定的程序和办法，在同等条件下通过投标竞争，从中择优选定中标人并与其签订合同，达到招标人节约投资、保证质量和资源优化配置目的的一种特殊的交易方式。

8.3.1 招投标的基本原则

在工程招标投标的过程中招标方、投标方及参加招标投标的有关人员都必须遵守以下四项基本原则。

(1) 公开原则

招标投标活动的公开原则，首先要求进行招标活动的信息要公开。采用公开招标方式，应当发布招标公告，依法必须进行招标的项目的招标公告，必须通过国家指定的报刊、信息网络或者其他公共媒介发布。无论是招标公告、资格预审公告，还是投标邀请书，都应当载明能大体满足潜在投标人决定是否参加投标竞争所需要的信息。另外开标的程序、评标的标准和程序、中标的结果等都应当公开。

(2) 公平原则

招标投标活动的公平原则，要求招标人严格按照规定的条件和程序办事，同等地对待每一个投标竞争者，不得对不同的投标竞争者采用不同的标准。招标人不得以任何方式限制或者排斥本地区、本系统以外的法人或者其他组织参加投标。

(3) 公正原则

在招标投标活动中招标人行为应当公正，对所有的投标竞争者都应平等对待，不能有特殊。特别是在评标时，评标标准应当明确、严格，对所有在投标截止日期以后送到的投标书都应拒收，与投标人有利害关系的人员都不得作为评标委员会的成员。招标人和投标人双方在招标投标活动中的地位平等，任何一方不得向另一方提出不合理的要求，不得将自己的意志强加给对方。

(4) 诚实信用原则

诚实信用是民事活动的一项基本原则，招标投标活动是以订立采购合同为目的的民事活动，当然也适用这一原则。诚实信用原则要求招标投标各方都要诚实守信，不得有欺骗、背信的行为。

8.3.2 招标

建筑工程招标是指建设单位对拟建的工程发布公告，通过法定的程序和方式吸引建设项目的承包单位竞争并从中选择条件优越者来完成工程建设任务的法律行为。

8.3.2.1 必须进行招标的工程项目范围和规模标准

(1) 必须进行招标的工程项目范围

按现行规定，在我国境内进行下列工程项目，包括项目的勘察、设计、施工、监理以及与工程建设有关的重要设备、材料采购，必须进行招标。

① 大型基础设施、公用事业等关系社会公共利益、公众安全的项目。

② 全部或部分使用国有资金投资或者国家融资的项目。

③ 使用国际组织或者外国政府贷款、援助资金的项目。

(2) 必须进行招标的工程项目的规模标准

对属于以上规定范围内的各类工程项目，包括项目的勘察设计、施工、监理以及与工程建设有关的重要设备、材料采购，达到下列标准之一的，必须进行招标。

① 施工单项合同估算价在 200 万元人民币以上的。

② 重要设备、材料等货物采购，单项合同估算价在 100 万元人民币以上的。

③ 勘察、设计、监理等服务采购，单项合同估算价在 50 万元人民币以上的。

④ 单项合同估算价低于以上规定的标准，但项目总投资额在 3000 万元人民币以上的。

各省、自治区、直辖市人民政府根据实际情况，可以规定本地区必须进行招标的具体范围和规模标准，但不得缩小上述规定的必须进行招标的范围。

(3) 属于下列情况的，可以不招标。

① 工程项目的勘察、设计，主要工艺、技术采用特定专利或者专用技术的，或者其建筑艺术造型有特殊要求的，经项目主管部门批准，可以不进行招标。

② 工程项目的工程施工，有下列情况之一的，经项目审批部门批准，可以不进行施工招标：

a. 涉及国家安全、国家机密或者抢险救灾而不适宜招标的；

b. 属于利用扶贫资金实行以工代赈，需要使用农民工的；

c. 施工主要技术采用特定的专利或者专有技术的；

d. 施工企业自建自用的工程，且该施工企业资质等级符合工程要求的；

e. 在建工程追加的附属小型工程或主体加层工程，原中标人仍具有承包能力的；

f. 在法律、行政法规规定的其他情形。

8.3.2.2 招标程序

在现代工程中，已形成十分完整的招标投标程序和标准化的文件。对于不同的招标方式，招标投标程序会有一定的区别。但总体来说，公开招标是程度最完整、最规范、最典型的招标方式。它形式严密，步骤完整，运作环环入扣。一般来说，公开招标的基本程序主要是：招标公告；资格预审；发放招标文件；标前会议；开标；评标（资格后审）；澄清会议；中标；合同谈判与签订等。如图 8.3 所示。

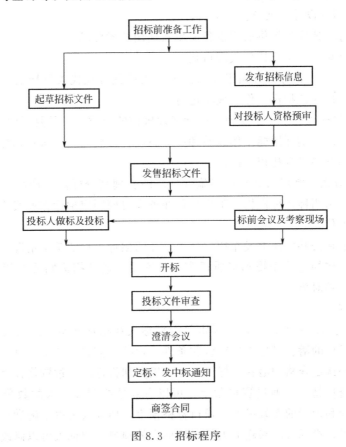

图 8.3 招标程序

8.3.2.3 招标的主要工作

（1）选择招标方式

① 根据工程特点和招标人的管理能力确定发包范围。

② 依据工程建设总进度计划确定项目建设过程中的招标次数和每次招标的工作内容。如监理招标、设计招标、施工招标、设备供应招标等。

③ 按照每次招标前准备工作的完成情况，选择合同的计价方式。如施工招标时，已完成施工图设计的中小型工程，可采用总价合同；若为初步设计完成后的大型复杂工程，则应采用估计工程量单价合同。

④ 依据工程项目的特点、招标前准备工作的完成情况、合同类型等因素的影响程度，最终确定招标方式。

(2) 招标准备

招标必须具备的基本条件：

① 需按现行规定履行审批、核准、备案手续；

② 有相应资金或资金来源已经落实。

必须进行招标的工程项目，除了上述两项基本条件外，还应当具备以下条件才能招标：

① 工程项目法人已经成立；

② 招标范围、招标方式、招标组织形式应当履行核准手续的，已经核准；

③ 初步设计及概算已经核准；

④ 有招标所需的设计图纸及技术资料。

对于设备招标，还应当提供所需设备清单及使用技术要求。

(3) 组建招标班子，选择招标代理机构。

① 组建招标班子。招标人应当组建由法人代表或其授权代表领导的招标工作班子，配备专职专业人员，以保证招标工作的成功进行。

② 选择招标代理机构。一是要确认招标代理机构的资质；二是要了解其招标工作业绩、实力、专家支撑系统、实际招标工作经验和服务态度。必要时，可采用招标方式择优选定招标代理机构，并与其签订委托招标协议。

③ 细化招标方案、制定招标作业实施计划。即合理划分标段或产品品目扎捆"分包"；招标方式确定后，由招标代理机构与工程项目业务主协商制定招标作业实施计划。

(4) 发布招标信息

公开招标一般在公共媒体上发布招标公告，介绍招标工程的基本情况、资金来源、工程范围、招标投标工作的总体安排和资质预审工作安排。邀请招标则要在相关领域中广泛调查，以确定拟邀请的对象。

(5) 资格审查

① 资格审查的目的和作用 资格预审是指招标人在招标开始之前或者开始初期，由招标人对申请参加投标的潜在投标人进行资质条件、业绩、信誉、技术、资金等多方面的情况进行资格审查；经认定合格的潜在投标人，才可以参加投标。通过资格预审可以使招标人了解潜在投标人的资信情况；通过资格预审，可以有效地控制投标人的数量，减少多余的投标，从而降低轹标和投标的无效成本；通讨资格预审，招标人可以了解潜在投标人对项目投标的兴趣。如果潜在投标人的兴趣大大低于招标人的预料，招标人可以修改招标条款，以吸引更多的投标人参加竞争。

资格后审一般是在开标后对投标人进行的资格审查。世界银行贷款项目的招标采购中，资格后审通常只针对拟选定的中标人，对其他投标人则不进行资格后审。

② 资格审查的内容和方法 资格预审应主要审查潜在投标人或者投标人是否符合下列条件：具有独立订立合同的权利；具有履行合同的能力，包括专业、技术资格和能力，资金、设备和其他物质设施状况，管理能力，经验、信誉和相应的从业人员；没有处于被责令停业、投标资格被取消、财产被接管或冻结、破产等状态；在最近几年内没有骗取中标和严重违约及重大工程质量问题；法律、行政法规规定的其他资格条件。

资格预审时，招标人不得以不合理的条件限制、排斥潜在投标人或者投标人，不得对潜在投标人或者投标人实行歧视待遇。任何单位和个人不得以行政手段或者其他不合理方式限制投标人的数量。

资格预审程序：编制资格预审文件；刊登资格预审公告；出售资格预审文件；对资格预审文件进行答疑；投标人编制和报送资格预审申请文件；对资格预审申请文件进行评审；编写资格预审评审报告；招标人确定资格预审合格人名单；发出资格预审合格通知书。

对选中的投标人进行资格后审的评审标准有：类似项目的经验及过去项目的；执行情况，当前的实际生产能力和技术能力，流动资金来源，如果是货物采购，还需要考察其零配件及售后服务情况，是否满足法律要求。与资格预审相比，资格后审更强调对发出中标通知书时的当前情况进行审查。

如果选中的投标人不满足资格后审的要求，不能对其授予合同，要立即审查评标价次低的投标人资格，直至满足条件，授予合同为止。

(6) 起草招标文件，并编制标底

招标人根据招标项目的特点，编制招标文件。通常公开招标，由业主委托咨询工程师起草招标文件，并编制标底。招标文件是投标人编制投标文件报价的依据，因此应当包括招标项目的所有实质性要求和条件。招标文件通常分为投标须知、合同条件、技术规范、图纸和技术资料、工程量清单等几大部分内容。

① 投标邀请书。采用资格预审的形式时，投标邀请书是专门用来邀请资格预审合格的投标人投标的；在邀请招标时，不发招标公告，用投标邀请书直接邀请潜在投标人参加投标。投标邀请书内容包括招标项目名称、招标编号、工程性质与简况、资金来源、招标文件发售价格与时间地点、投标文件递交截止时间与开标时间和地点等。

② 投标须知。投标须知包括"投标须知前附表"和"投标人须知"。

"投标须知前附表"将投标文件中的核心内容通过表格形式简要表述，让人一目了然。其内容包括工程名称、建设地点与规模、承包方式、质量标准、工期要求、招标范围、资金来源、投标人资质等级要求、资格审查方法、工程报价方式、投标有效期、投标担保金额、踏勘现场、替代方案、投标文件份数与投标截止日期、开标时间与地点、评标标准及方法、履约担保金额等。

"投标人须知"是用来指导投标工作的文件，主要包括以下内容：对招标工程的综合说明，如工程项目概况、工程招标范围等；招标工作安排，如业主联系人、联系方式，投标书递送日期、地点，投标要求，对投标人的规定，无效标书条件，评标规定和授予合同的标准、签订合同的程序等。

③ 合同文件。主要包括以下内容：投标书及附件的格式，这里业主提供的统一格式的投标书，投标人可以直接填写；合同协议书格式，它由业主拟定，是业主对将签署的合同协议书的期望和要求；合同条款，一般分为通用条款和专用条款两部分，通用条款具有普遍适用性，专用条款是针对某一特定工程项目合同的具体规定，它对通用条款进行补充、修改；合同的技术文件，如规范、图纸、工程量清单及相关的文件，它们确定工程范围、工程特性、相应的质量要求等，有时还包括项目的质量方针和质量管理体系要求。

④ 工程建设标准。一是要依据现行国家和行业标准和工程设计文件，列出本招标工程项目的材料、设备、施工必须达到的工程建设标准、规范要求；二是要根据工程设计要求，对该工程项目的材料、施工有特殊要求的，还应列出特殊项目的施工工艺标准和要求。

⑤ 投标文件投标函部分格式。包括投标函、投标函附录、投标担保书、投标担保银行保函格式、投标文件签署授权委托书、招标文件要求投标人提交的其他投标资格格式。

⑥ 投标文件商务部分格式。当采用综合单价形式时，其应包括投标报价说明、投标报

价汇总表、主要材料清单报价表、设备清单报价表、工程量清单报价表、措施项目报价表、其他项目报价表、工程量清单项目价格计算表、投标报价需要的其他资格。当采用工料单价形式时，其应包括投标报价说明、投标报价汇总表、主要材料清单报价表、设备清单报价表、分部工程工料价格计算表、分部工程费用计算表、投标报价需要的其他资料。

⑦ 投标文件技术部分格式。其主要包括施工组织设计或施工方案、项目管理机构配备情况、拟分包项目情况表。施工组织设计或施工方案包括各分部分项工程的主要施工方法、工程投入的主要施工机构设备情况、主要施工机构进场计划、劳动力安排、确保工程质量、安全生产、文明施工以及确保工期的技术组织施工、施工总平面图、有必要说明的其他内容。项目管理机构配备情况包括项目管理机构配备情况表、项目经理简历表、项目技术负责人简历表，以及其他辅助说明资料等。

⑧ 资格审查申请书。它是专门为不做资格预审，项目在进行资格后审时准备的。

⑨ 标底。它通常由业主委托造价咨询单位编制，是业主对拟建工程的预期价格。

(7) 现场踏勘与答疑

① 现场考察。招标人在投标须知规定的时间组织投标人自费进行现场考察。设置此程序的目的，一方面是让投标人了解工程项目的现场情况、自然条件、施工条件及周围环境条件，以便于编制投标书；另一方面也是要求投标人通过自己的实地考察确定投标的原则和策略，避免合同履行过程中投标人以不了解现场情况为理由推卸应承担的合同责任。

② 解答投标人的质疑。投标人研究招标文件和现场考察后会以书面形式提出某些质疑问题，招标人应及时给予书面解答。招标人对任何一位投标人所提问题的回答，必须发送给每一位投标人，保证招标的公开和公平，但不必说明问题的来源。回答函件作为招标文件的组成部分，如果书面解答的问题与招标文件中的规定不一致，以函件的解答为准。

(8) 开标

公开招标和邀请招标均应举行开标会议，体现招标的公平、公正和公开原则。在投标须知规定的时间和地点由招标人主持开标会议，所有投标人均应参加，并邀请项目建设有关部门代表出席。开标时，由投标人或其推选的代表检验投标文件的密封情况；确认无误后，工作人员当众拆封，宣读投标人名称、投标价格和投标文件的其他主要内容；所有投标函中提出的附加条件、补充声明、优惠条件、替代方案等均应宣读，如果有标底也应公布；开标过程应当记录，并存档备查。开标后，任何投标人都不允许更改其投标书的内容和报价，也不允许再增加优惠条件。投标书经启封后不得再更改招标文件中说明的评标、定标办法。

如果投标人少于3个，招标人应当依法重新招标。

(9) 评标

评标是指由依法组建成的评标委员会根据招标文件规定的评标标准和评标方法，通过对投标文件的分析、比较和评审，向招标人提出书面评标报告并推荐中标候选人的过程。评标委员会由招标人的代表和有关技术、经济等方面的专家组成，成员人数为5人以上单数，其中招标人以外的专家不得少于成员总数的2/3。专家应来自于国务院有关部门或省、自治区、直辖市政府有关部门提供的专家名册中以随机抽取方式确定。与投标人有利害关系的人不得进入评标委员会，已经进入的应当更换，保证评标的公平和公正。其中，评标标准和评标方法，必须在招标文件中公开载明，不得随意改变；投标人可对投标文件内容进行必要的澄清和说明，但不得改变其实质性内容；评标应在严格保密的情况下进行；任何单位和个人不得非法干预、影响评标的过程与结果；评标活动及其当事人应依法接受监督。

大型工程项目的评标通常按以下几个阶段进行。

① 初评 评标委员会以招标文件为依据，审查各投标书是否为响应性投标，确定投标书的有效性。检查内容包括：投标人的资格、投标保证有效性、报送资料的完整性、投标书与招标文件的要求有无实质性背离、报价计算的正确性等。

② 详评 评标委员会对各投标书的实施方案和计划进行实质性评价与比较。评审时不应再采用招标文件中要求投标人考虑因素以外的任何条件作为标准。设有标底的，评标时应参考标底。详评通常分为两个步骤进行。首先对各投标书进行技术和商务方面的审查，评定其合理性，以及若将合同授予该投标人在履行过程中可能给招标人带来的风险。在对标书审查的基础上，评标委员会依据评标规则量化比较各投标书的优劣，并编写评标报告。

a. 技术评审。技术评审的主要任务，是比较与审查投标人完成招标项目的技术能力与实力，审查投标人总体布置的合理性、施工方案的可行性和先进性、施工进度计划及保证措施的可靠性、施工质量保证体系方案及措施的先进合理性与可靠性、劳动力计划及主要设备材料与构件用量计划是否满足设计和招标文件中的要求、安全措施的可靠与完善性等。如有分包的，应当审查分包商的资格条件和其是否有完成分包工程的能力与经验等。如招标文件规定了提交建议和替代方案的，还应对投标文件中的建议或替代方案进行技术评审。

b. 商务（价格）评审。工程施工招标评标时，重点是评审投标报价。包括投标报价的校核与审查全部报价数据计算的正确性，既要比较总价，也要分析单价、计日工价，要分析单价构成及所附资金流量表的合理性，有无严重不平衡报价，现象分析财务或付款方面的建议条款和优惠条件，评估接受这些条件的利弊和有无可能导致风险，分析报价高低的原因等。要注意有无提出与招标文件合同条款相悖的要求或对合同条款有无重要保留等；如果有标底招标评标，还要参考标底，与标底价格进行对比分析。

③ 投标文件澄清。在对投标文件进行符合性评审、技术评审和商务评审的整个评标过程中，若发现投标文件的内容有含义不清或需对某些问题做出说明的，评标委员会可以请投标人进行澄清与说明。投标人对所提问题的澄清和答复，都应以书面的形式，且经其法定代表人或授权代理人签字，并作为投标文件的组成部分。对投标文件的澄清与说明，不允许对投标报价等实质性问题进行任何改动。

④ 由于工程项目的规模不同、各类招标的标的不同，评审方法可以分为定性评审和定量评审两大类。对于标的额较小的中小型工程评标可以采用定性比较的专家评议法，而对于大型工程则应采用"综合评分法"或"评标价法"对各投标书进行科学的量化比较。

⑤ 评标报告。编报评标报告，推荐中标候选人。评标委员会依据评标标准和方法，在对投标人逐个进行全面比较与综合分析，并排列出高低名次的基础上，按招标文件的要求数量向招标人推荐中标候选人，并向招标人（招标代理机构）提交书面评标报告。如果评标委员会经过评审，认为所有投标都不符合招标文件的要求，可以否决所有投标。出现这种情况后，招标人应认真分析招标文件的有关要求及招标过程，在对招标工作范围或招标文件的有关内容做出实质性修改后再重新进行招标。

（10）定标

定标程序确定中标人前，招标人不得与投标人就投标价格、投标方案等实质性内容进行谈判。招标人根据评标委员会提出的评标报告，在推荐的中标候选人（一般为1～3名）中最终核定中标人，也可以授权评标委员会直接确定中标人。依法必须进行招标的项目，招标人应当确定排名第一的中标候选人为中标人。当排名第一的中标候选人放弃中标，因不可抗力不能履行合同，或者招标文件规定应当提交履约保证而在规定的期限内未能提交的，招标人可以确定排名第二的中标候选人为中标人。当排名第二的中标候选人同样因前述原因不能签订合同的，招标人可以确定排名第三的中标候选人为中标人。

中标人确定后，招标人向中标人发出中标通知书，同时将中标结果通知未中标的投标人并退还他们的投标保证金或保函。中标通知书对招标人和中标人具有法律效力，招标人改变中标结果或中标人拒绝签订合同均要承担相应的法律责任。

中标通知书发出后的30天内，双方应按照招标文件和投标文件订立书面合同，不得做实质性修改。招标人不得向中标人提出任何不合理要求作为订立合同的条件，双方也不得私下订立背离合同实质性内容的协议。

招标人确定中标人后15天内，应向有关行政监督部门提交招标投标情况的书面报告。

8.3.3 投标

投标是与招标相对应的概念，它是指投标人应招标人特定或不特定的邀请，按照招标文件规定的要求，在规定的时间和地点主动向招标人递交投标文件并以中标为目的的行为。

8.3.3.1 投标程序

工程项目投标程序主要包括：①购买资格预审文件，编制和报送资格预审申请文件；②资格预审合格按投标邀请购买招标文件；③参加现场踏勘和标前答疑与澄清会；④编制和审定投标文件，开具投标保函；⑤按招标文件规定递交投标文件，进行投标；⑥参加开标会；⑦接受评标委员会的提问并进行说明；⑧中标后按期和招标人签订书面合同并交履约保证金。

8.3.3.2 投标的主要工作

（1）前期工作

需要对所投项目进行前期调查，包括工程项目的内容、工期、资金到位情况等，对照调查了解情况结合自身实际，看是否适合投标。

（2）报名阶段

对照招标公告，认真准备报名资料，如果是资格预审，需要带全所要证书证件；如果资格候审，则要按资格候审的要求办理；注意投标保证金和工本费的缴纳要求。

（3）投标准备

报名完成取得招标文件后，需要对招标文件认真研究、熟悉招标文件内容及相关要求。承包商应对招标文件的理解、环境调查以及实施方案和报价的正确性负责。但是，本着诚实守信原则，从工程项目的整体目标和双方合作的角度出发，业主应为投标人提供条件与帮助，以防止其投标失误，进而影响项目总目标的实现。同时，在安排招标计划时，应按工程的规模和复杂程度给予投标人适当的做标时间（即发售标书至投标截止期）。若做标期太短，承包商的投标风险加大。

（4）按要求制定投标文件

投标文件应当对招标文件提出的实质性要求和条件作出响应。它作为一份要约，一般从投标截止期之后，承包商即对它承担法律责任。这个法律责任通常是由承包商随投标书提交的投标保函（或保证金）来保证的。通常工程项目投标文件包括以下内容。

①投标书。通常是以投标人给业主保证函的形式。这封保证函由业主在招标文件中统一给定，投标人只需填写数字并签字即可。投标书表明，投标人同意完全接受招标文件的要求，按照总报价金额完成招标文件规定的工程施工、竣工及保修责任，保证在规定的开工日

期开工，或保证及时开工，受招标文件和合同条件的约束。

投标书必须附有投标人法人代表签发的授权委托书，用以委托承包商的代表（项目经理）全权处理投标及合同实施事务。

② 投标书附录。它通常是以表格的形式，由投标人按照招标文件的要求填写，是对合同文件中一些量化指标的定义，包括：履约担保的金额、第三方责任保险的最低金额、开工期限、竣工时间、误期违约金的数额和最高限额、提前竣工的奖励数额、工程保修期、保留金百分比和限额、每次进度付款的最低限额以及拖延付款的利率等。按照合同的要求还可能有外汇支付额度、预付款数额、汇率和合同价格调整方法等规定。

③ 标有价格的工程量表。该工程量表一般由业主在招标文件中给出，由投标人填写单价和合价后，作为一份报价文件，对单价合同来说，即作为最终工程结算的依据。

④ 投标保证金或其他形式的担保。投标保证金一般不得超过投标总价的2%，且最高不得超过80万元人民币。投标保证金有效期应当超出投标有效期30天。

⑤ 投标人提出的与报价有关的技术文件，例如施工组织与计划文件，主要包括：施工总体方案、具体施工方法的说明、总进度计划、质量和安全的措施、主要施工机械表、材料表及报价、供应措施、项目组织人员详细情况、劳动力计划及点工价格、现场临时设施及平面布置等。如果承包商承担设计任务，还应包括设计方案资料（即标前设计），承包商须提供图纸目录和技术规范。

⑥ 属于原招标文件中的合同条件、规范和图纸。投标人将它们作为投标文件提出，表示它们在性质上已属于投标人提出的要约文件。

⑦ 业主要求的其他文件：如项目经理及项目组成员的资历证明文件，投标人企业资质、财务状况、现有工程状况、所有设备状况、获奖状况、过去工程状况等证明材料。

⑧ 有些投标人在投标书后还应附上一些投标的特别说明。

其中，投标书及附录、合同条件、规范、图纸和报价的工程量表等都属于有法律约束力的合同文件。

(5) 投标

投标人应在招标文件规定的投标文件截止时间前，将投标文件密封送交招标人，进行投标；投标人在招标文件要求提交投标文件截止时间前，可以补充、修改、替代或撤回已提交的投标文件，并书面通知招标人。补充、修改的内容为投标文件的组成部分。

8.3.3.3 投标策略

投标策略是指承包商在投标竞争中的系统工作部署及其参与投标竞争的方式和手段，企业在参加工程投标前，应根据招标工程情况和企业自身的实力，组织有关投标人员进行投标策略分析，其中包括企业目前经营状况和自身实力分析、对手分析和机会利益分析等。招投标过程中，如何运用以长制短、以优制劣的策略和技巧，关系到能否中标和中标后的效益。在通常情况下，投标策略有以下几种。

① 靠经营管理水平高取胜，这主要靠做好施工组织设计，采取合理的施工技术和施工机械，精心采购材料、设备，选择可靠的分包单位，安排紧凑的施工进度，力求节省管理费用等，从而有效地降低工程成本而获得较高的利润。

② 靠改进设计取胜，即仔细研究原设计图纸，发现有不够合理之处，提出能降低造价的措施。

③ 靠缩短建设工期取胜，即采取有效措施，在招标文件要求的工期基础上，再提前若

干个月或若干天完工，从而使工程早投产，早收益。这也是能吸引业主的一种策略。

④ 低利政策，主要适用于承包商任务不足时，以低利承包到一些工程。此外，承包商初到一个新的地区，为了打入这个地区的承包市场，建立信誉，也往往采用这种策略。

⑤ 虽报低价，却着眼于施工索赔，从而得到高额利润，即利用图纸、技术说明书与合同条款中不明确之处寻找索赔机会。一般索赔金额可达标价的10%～20%。

⑥ 着眼于发展，为争取将来的优势，而宁愿目前少赚钱，承包商为了掌握某种有发展前途的工程施工技术（如建造核电站的反应堆或海洋工程等），就可能采用这种有远见的策略。

8.3.3.4 投标报价的技巧

投标报价方法是依据投标策略选择的，一个成功的投标策略必须运用与之相适应的报价方法才能取得理想的效果。能否科学、合理地运用投标技巧，使其在投标报价工作中发挥应有的作用，关系到最终能否中标，是整个投标报价工作的关键所在。投标者通常能够熟悉使用的具体投标技巧包括：

（1）不平衡报价法

这一方法是指在工程项目总报价基本确定后，通过调整内部各个项目的报价，以期既不提高总报价、不影响中标，又能在结算时得到更理想的经济效益。一般可以考虑在以下几方面采用不平衡报价：

① 能早日结账收款的项目，如基础工程、土方开挖、桩基等，可适当提高单价；

② 预计今后工程量会增加的项目，单价适当提高，这样在最终结算时可多赚钱；将工程量可能减少的项目单价降低，工程结算时损失不大；

③ 设计图纸不明确，估计修改后工程量要增加的，可以提高单价，而工程内容解释不清楚的，则可适当降低一些单价，待澄清后可再要求提价；

④ 暂定项目，对这类项目要具体分析，对其中肯定要做的单价可高些，不一定做的则应低些；如果该项目要分包给其他承包商施工的，则不宜报高价，以免抬高总报价。

（2）计日工单价的报价

一般可稍高于工程中的工资单价，因为计日工不属于承包总价的范围，发生时实报实销。但如果招标文件中明确计日工单价要计入总报价时，则需要具体分析是否报高价，以免提高总报价。

（3）突然袭击法

由于投标竞争激烈，为迷惑对方，可在整个报价过程中，仍然按照一般情况进行，甚至有意泄露一些虚假情况，如宣扬自己对该工程兴趣不大，不打算参加投标（或准备投高标），表现出无利可图不干等假象，到投标截止前几小时，突然前往投标，并压低投标价，从而使对手措手不及而败北。

（4）联合体法

联合体法比较常用，即两、三家公司，其主营业务类似或相近，单独投标会出现经验、业绩不足或工作负荷过大而造成高报价，失去竞争优势。而以捆绑形式联合投标，可以做到优势互补、规避劣势、利益共享、风险共担，相对提高了竞争力和中标概率。这种方式目前在国内许多大项目中使用。

（5）多方案报价法

对于一些报价文件，当工程说明书或合同条款有些不够明确之处、条款不很清楚或很不公正或技术规范要求过于苛刻时,承包商将会承担较大风险,为了减少风险就必须扩大工程单价,增加"不可预见费",但这样做又会因为报价过高增加了被淘汰的可能性,多方案报价法就是为应付这种两难局面的。其具体做法是在标书上报两个价格,既按照原招标文件报一个价,然后再提出:"如果技术说明书或招标文件某条款做某些改动时,则本报价人的报价可降低多少",从而给出一个较低价,吸引业主。

(6) 增加建议方案报价法

有时招标文件中规定,可以提一个建议方案,就是可以修改原设计方案,提出投标者的方案。投标者这时应抓住机会,组织一批有经验的设计和施工工程师,对原投标文件的设计和施工方案仔细研究,提出更为合理的方案以吸引业主,促成自己的方案中标。这种新建议方案可以降低总造价或是缩短工期,或使工程运用更为合理。但要注意对原招标方案一定也要报价。建议方案不要写的太具体,要保留方案的技术关键,防止业主将此方案交给其他承包商。同时要强调的是,建议方案一定要比较成熟,有很好的可操作性。

8.4 工程项目变更管理

工程变更,是指在工程项目实施过程中,因施工条件改变、业主要求、工程师要求或设计原因,监理人根据工程需要,下达指令对招标文件中的原设计或经监理人批准的施工方案进行的在材料、工艺、功能、功效、尺寸、技术指标、工程数量及施工方法等方面的改变,统称为工程变更。工程变更是在合同仍然有效的前提下,合同权利义务的部分修改。工程变更导致合同文件、合同目标的变更,相应的合同责任也发生了变更,工程变更对工程施工影响较大,造成工期的拖延和费用的增加,易引起争执。因此,应加强对工程变更的管理。

8.4.1 工程项目变更的分类

建设工程项目的实施具有复杂性、长期性和动态性,任何工程承包合同都不可能预见和覆盖项目实施过程中所有可能的变化,工程变更是不可避免的。工程变更对合同价格和合同工期具有很大的影响,良好的工程变更管理有助于建设目标的实现。业主和工程师在项目实施阶段应区别不同种类的变更,采用不同的控制方法,从而实现对工程变更的有效控制。

8.4.1.1 依据变更内容进行分类

工程变更依据变更内容,可划分为工作范围变更、施工条件变更、设计变更、施工变更和技术标准变更等。

(1) 工作范围的变更

工作范围变更是指业主或工程师指令承包商完成超出其在投标时估计的工作或超出原合同工作范围的工作的一种活动。工作范围的变更是最为普遍的工程变更现象,通常表现为工作量的增加或减少。

工作范围变更是变更控制的主要对象,工作范围变更主要表现为两种形式:一是附加工程,是指那些完成合同所必不可少的工程,有可能在合同范围之内,也有可能在合同范围之外。如果缺少了这些工程会导致合同项目不能发挥合同预期的作用,因此无论这些工作是否列入项目的合同范围之内,承包商必须按变更来完成工作。二是额外工程,是指未包括在合同范围内的工作。如果没有这些工作,工程仍可正常运行并发挥效益,所以额外工程是一个"新增的工程项目",而不是原合同范围内的一个"新的工程项目"。

① 对于工程规模小、费用低的额外工程,建议工程师通过发布变更令实施。承包商往

往考虑与业主关系同意实施，但会提出重新商定额外工程单价，因变更工程量较小，工程师通过协商认可新的价格，实施额外工程。

② 对于变更工程量适中、变更费用不高的额外工程，建议工程师尽量避免采用变更令，可以采用"承担小任务的承包商清单"的变更控制手段。采用这种机制可不通过竞争形式发包新增工程，而且避免承包商通过变更令获得额外的间接费与利润。

③ 对于变更工程量大、变更费用高的额外工程，可采用邀请招标确定中标单位，承担额外工程施工任务。

（2）施工条件的变更

施工条件的变更是指由于实际的现场条件不同于招标文件中、施工合同中描述的现场条件，因此为了使工程顺利进行，要求承包商增加一些必要的工作来实现合同规定的条件，增加的工作必须通过变更令的形式实施。施工条件变更要区分情况进行控制。

① 当招标描述的现场条件与实际现场条件不同或存在差异时，工程师应识别条件的变化是否构成变更，识别的依据是此项改变是"一个有经验的承包商预先能否合理预料到"，如此项改变是一个有经验的承包商报价时能预料到的，认为此项改变不构成变更，工程师不须发布变更令，认为因此改变而产生的费用在投标报价中已考虑；如此项改变是有经验承包商投标报价时无法预料到的，则认为此项改变构成工程变更，工程师发布变更令实施工程变更。

② 不明的施工现场施工条件，如地质情况、恶劣的天气等，是一个有经验承包商无法预料到的，此项改变构成变更，工程师应发布变更令实施变更。

（3）设计的变更

在施工前或施工过程中，对设计图纸任何部分的修改或补充都属于设计变更。业主、工程师、设计单位、施工单位均可提出设计变更。如业主对项目功能的局部改变而提出设计变更，设计单位因对原设计图纸修改和完善会提出设计变更，工程师和承包方对项目合理的建议也会产生设计变更。

① 设计变更责任分析。设计变更事件发生后，工程师应分析设计变更产生的原因，设计变更产生原因可归纳为：业主从使用角度出发，改变工程局部功能；勘探、设计图纸深度不够；设计图纸矛盾，方案不合理，设计图纸错误；监理工程师和承包商提出合理化建议；设计规范的修改；监理工程师指令错误或指令不及时；承包商擅自修改设计图纸或不按图施工。对于前6种原因，产生工程变更的责任者是业主，设计变更产生费用及工期延误由业主承担；第7种原因，工程变更责任者是承包商，变更费用由承包商承担，工期不得顺延。

② 设计变更图纸控制。设计变更涉及设计图纸的修改，设计变更的图纸必须由原设计单位提供，或由承包商提供设计图纸，但必须由设计单位审查并签字确认，除设计单位，任何项目参与者提供的图纸均为无效。这必须形成一项制度，为保证这一制度的贯彻，业主可作这样的规定：设计变更一般情况下若没有设计单位提供的变更图纸，不得进行变更价款的结算。另外，为保证变更设计图纸的合理性及可施工性，设计单位提供的设计变更图纸均应由总监理工程师审查，经审查批准后的图纸才作为承包商实施变更的依据。

（4）施工变更

施工变更主要是在施工作业过程中由于业主要求的加速施工，工程师现场指令的施工顺序改变和施工顺序的调整，或承包商进行价值工程分析后提出的有利于工程目标实现的施工建议等。

① 施工变更的内容及产生原因

a. 加速施工。监理工程师应业主要求指令对某些工作加速施工；由于承包商自身原因造成某些工作工期延误，需加速施工。

b. 施工顺序的改变与调整。由于设计变更，造成变更相关的工作施工顺序调整与改变；监理工程师指令某些工作的施工顺序改变与调整；承包商原因造成施工顺序的改变与调整。

c. 施工技术方案的改变。由于设计变更，造成与变更相关工作施工技术方案的改变；监理工程师指令改变某些工作施工技术方案；承包商原因造成施工技术方案的改变。

② 施工变更责任分析　在施工变更发生后，工程师在分析变更原因后，进一步分析施工变更的责任：对于加速施工第 1 种原因，应由业主承担工程变更的责任，即承担加速施工的费用；对于加速施工第 2 种原因，应由承包商承担工程变更的责任，即承担加速施工的费用；对于施工技术方案改变的第 1、2 种原因，应由业主承担工程变更的责任。对于施工技术方案改变第 3 种原因，应由承包商承担工程变更的责任；对于施工顺序改变第 1、2 种原因，应由业主承担变更责任；对于施工顺序改变第 3 种原因，应由承包商承担变更责任。

③ 施工变更控制原则　FIDIC 合同条件规定："承包商对所有现场作业和施工方法的完备、安全、稳定负全部责任"。这一规定表示在通常情况下施工方案变更造成的损失由承包商负责。另外 FIDIC 还规定："承包商有权依照工程师批准施工进度计划自主组织施工"。因此，承包商有权改变施工技术方案以及施工顺序，当然这种改变的责任应由承包商承担，无须按变更程序来处理。而对于设计变更引起的施工技术方案的改变、施工顺序的改变以及业主要求的加速施工，应按正式变更程序来处理。

(5) 技术标准变更

在工程实施的过程中，业主出于造价、进度等考虑会要求承包商提高或降低工程质量的技术标准和改变材料质量或类型选择，或者由于工程质量、技术标准的改变和施工，设计法规的改变所引起的设计和施工修改，这种改变是在合同有效的条件下进行的对合同状态的修改，是为了实现合同预期目的，这种需要可通过变更指令来实施。

8.4.1.2　依据变更性质进行分类控制

工程变更依据其变更性质、变更费用及影响，划分为重大变更、重要变更和一般变更。对三种重要性不同的变更，是通过设置不同的变更审批权限进行控制的。

(1) 重大变更

重大变更是指一定限额以上的涉及设计方案、施工方案、技术标准、建设规模和建设标准等内容的变动，如基础形式及主体结构形式的变更、装修标准的变更等。

(2) 重要变更

重要变更是指一定限额区间内的不属于重大变更的较大变更。如建筑物局部标高的调整、工序作业方案的变动等。

(3) 一般变更

一般变更是指一定限额以下的设计差错、设计遗漏。如材料代换以及现场必须作出决定的局部修改等。

8.4.1.3　依据变更紧急度进行分类

工程变更依据其紧急度不同，划分为紧急情况下的变更和非紧急情况下的变更。紧急情况下变更和非紧急情况下变更是依据不立即进行工程变更所带来的后果严重性进行区分的。

(1) 紧急变更

紧急情况下的变更是指工程变更事件发生后，如不立即进行工程变更，会带来严重的后果，包括给业主带来重大损失或给承包商带来重大经济上的损失或危及到作业人员的安全。如在施工过程中发现图纸错误，若不及时进行工程变更，工程继续施工，将会给业主带来重大损失。

(2) 非紧急变更

非紧急情况下的变更是指工程变更事件发生后，如不及时进行变更，不会带来严重后果。如在图纸会审过程中发现图纸错误，产生工程变更，此时可视为非紧急情况下的变更。

在实际工程中，工程师应识别不同种类的变更，通过采取不同控制方法，设定不同的变更处理程序及不同的审批权限，有效地控制工程变更。

8.4.2 工程项目变更与签证

8.4.2.1 工程项目变更的程序

工程变更可以由承包商提出，也可以由业主方提出或工程师提出，一般业主方提出的工程变更由工程师代为发出。工程师发出工程变更指令的权限，由业主授予，在施工合同中明确约定。工程师就超出其权限的工程变更发出指令时，应附上业主的书面批准文件，否则承包商可拒绝执行。在紧急情况下，工程师可先采取行动再尽快通知业主，对此承包商应立即遵照工程师的变更指示。承包商提出的工程变更须经工程师审批后方可实行。

较为理想的情况是，在变更执行前业主（或工程师）就变更中涉及的费用和工期补偿达成一致，但较为常见的情况是，合同中赋予了工程师直接指令变更工程的权力，承包商接到指令后即执行变更，而变更涉及的价格和工期调整由业主（或工程师）和承包商协商后确定。我国施工合同示范文本所确定的工程变更估价原则主要有以下几项。

① 合同中已有适用于变更工程的价格，按合同已有的价格变更合同价款；

② 合同中只有类似于变更工程的价格，可以参照类似价格变更合同价款；

③ 合同中没有适用或类似于变更工程的价格，由承包人提出适当的变更价格，经工程师确认后执行。

工程变更指令一般应以书面通知下达。对于工程师口头发出的变更指令，事后应补发书面指令，若工程师忘了补发，承包商应在7天内以书面形式证实此项指示，交工程师签字，若工程师在14天内未提出反对意见的，视为认可。

8.4.2.2 工程变更的管理

① 尽量在变更涉及的工程开始前决定变更，以免因变更审批或决策时间过长造成停工等待或继续施工增大返工损失。对于工程师和承包商而言，都有尽早发现工程变更迹象、相互提醒的管理义务。在科学合理、有利于施工和达到合同目标的前提下，各项目管理人员和技术人员，应以尽量减少工程变更为控制目标，特别是随意地修改工程设计或盲目追求施工速度而造成不必要的工程浪费。

② 对工程师发出的工程变更指令，特别是重大的变更和设计修改，应对照合同规定的工程师权限进行核实。超出权限部分应有业主批准的书面文件。

③ 承包商应有效落实工程师按合同规定发出的工程变更指令，无论承包商对此是否有异议，也无论是否已就价格和工期调整与业主达成一致。因为即使在争议处理期间，承包商不能免除其进行正常施工和进行变更工程施工的义务，否则可能造成承包商违约。对于先下达变更指令要求执行，而价格和工期谈判又迟迟达不成协议时，承包商可以采取适当措施保

护和争取自身利益：如控制施工进度，等待变更谈判结果；争取以实际费用支出或点工计算变更工程的费用补偿，避免价格谈判僵持不下；完整记录变更实施情况，并请业主和工程师签字，收集由变更造成的费用增加和其他损失的证据，在谈判中争取合理补偿，保留索赔的权利。

8.4.2.3 工程签证

工程签证，主要是指施工单位就施工图纸、设计变更所确定的工程内容以外，合同及工程量清单中未含有而施工中又实际发生费用的施工内容所办理的签证，如由于施工条件的变化或无法遇见的情况所引起工程量的变化等。签证即签认、证明的意思。

(1) 工程签证的分类

① 工程经济签证：是指在施工过程中由于场地、环境、业主要求、合同缺陷、违约、设计变更或施工图错误等，造成业主或承包商经济损失方面的签证。经济签证涉及面广，项目繁多复杂，应严格控制签证范围和内容，把握好合同文件的规定。

② 工程技术签证：主要是施工组织设计方案、技术措施的临时修改。作为业主来说，如果是承建商提出的、为了便于施工而改变的施工方案、技术措施，应该属于承建商自行承担费用，业主只签署技术签证，不会给予任何的费用补偿。

③ 工程工期签证：主要是在实施过程中，由业主等原因造成的延期开工、暂停开工、停工、工期延误等的签证。

(2) 与工程签证相关的几个概念

设计变更、工程洽商、工作联系单等不是工程签证，发生了设计变更、工程洽商等行为不一定发生工程签证行为。一般来说，工程签证大部分是涉款的，它是仅就合同价款之外的责任事件所作的签认行为。只有在设计变更、工程指令等行为发生了合同约定之外的责任事件时，才进入工程签证程序。当进入工程签证工作程序时，设计变更、工作联系单中涉及合同价款之外的责任事件则成为签证的内容，而设计变更、工作联系单则成为签证的附件。所以，设计变更、工程联系单等是记录相关行为的凭单，是与工程签证相关的行为概念，他们本身并非工程签证。

(3) 工程签证的重要意义

工程签证以书面形式记录了施工现场发生的特殊费用，直接关系到业主与施工单位的切身利益，是工程结算的重要依据。特别是对一些投标报价包干的工程，结算时更是要对设计变更和现场签证进行调整。现场签证是记录现场发生情况的第一手资料。

(4) 工程签证中常常出现的主要问题

① 签证概念理解不正确，将签证与工程洽商、设计变更、索赔等混为一谈。

② 未经核实随意签证。业主的项目管理人员、造价管理人员缺乏造价控制意识，对签证工作不负责任，往往不经核实随意签证，造成不必要的经济损失。

③ 签证不及时。时间是签证的基本要求之一，也是签证准确度的基础。这就要求甲乙双方就当时在工程现场实际发生事情进行准确测量、描述、办理签证手续，但是由于某些原因，会出现当时不办理，口头答应，事后靠追记补办，甚至在结算审核过程中还在补办签证手续。这样只可能导致现场发生的具体情况回忆不清，补写的签证单与实际发生的条件不符，数据不准，特别是对于那些隐蔽工程，发生时没有及时办理签证，到竣工结算时再履行补签手续，容易引起业主单位和施工单位的纠纷。

④ 有的发生了现场签证日期与实际不符现象；有的发生同一工程内容重复签证现象，

目前采取的有效办法是办理签证即收回工程指令原件。

⑤ 不按实际工程量签证。有的施工单位为了虚增工程量，对那些因变更而减少的分项工程故意漏签、不报。而对那些隐蔽工程签证，施工单位利用其隐蔽性，多计工程量。工程师应对合同承包范围明确，对清单做法明确，对现场实际减少的工程出具工程指令以办理核减工程签证。

⑥ 设计变更签发及签证等的流程存在一些问题。比如：设计变更未经过造价人员，直接交给项目部或施工单位进行变更施工，导致结算时合约额大幅度超支，使成本管理形同虚设。大量的设计变更以施工单位出具的洽商形式体现。

(5) 不可办理的工程签证

① 合同或协议中规定包干支付的有关事项。

② 发生施工质量事故造成的工程返修、加固、拆除工作。

③ 组织施工不当造成的停工、窝工和降效损失。

④ 施工单位为施工方便等提出的施工措施的改变。

⑤ 违规操作造成的停水、停电和安全事故损失。

⑥ 工作失职造成的损失。

⑦ 施工单位由于自身原因造成工程无法计量，特别是隐蔽工程，未经过验收就进行下一步施工的。

⑧ 超过签证时效期的签证。施工单位应在事情发生 7 日内上报签证单。

⑨ 以签证形式（虚报的工程内容，及工程量等）支付其他费用。

⑩ 因施工单位的责任增加的其他费用项。

(6) 加强工程签证管理的措施

① 建立完善的管理制度。建立健全的现场签证制度和相关责任追究制度，明确规范工程管理部各专业工程师有关人员的责任、权利和义务。只有责权利明确了，才能规范各级人员在设计变更和工程签证的管理行为，提高其履行职责的积极性。

② 工程签证管理人员要熟悉施工中的技术事宜，对现场情况全面了解，还应该有丰富的管理经验，能够较好地评估工程签证的经济价值，对于间接影响工程结算费用的工程签证也要给予足够的重视。

③ 尽量减少设计变更。设计变更是引起经济签证的最主要原因。在建设工程实施过程中，设计图纸粗糙、材料规格档次不合设计标准、使用功能改变等原因都可导致设计变更。因此首先应严禁通过设计变更扩大建设规模，提高设计标准，增补项目内容，一般情况下不允许设计变更，除非不变更会影响项目的正常运行。其次认真对待必须发生的设计变更，对涉及费用增减的设计变更，要根据设计变更管理制度，必须要经过公司内部审批。

④ 签证必须实事求是，必须仔细审核现场签证单并到现场认真核实，无正当理由不得拒签，对不合理的签证内容必须坚决抵制。在办理每一项签证前，要求项目主管工程师进行工程量及成本增减分析，变工程成本事后控制为事先控制。

(7) 工程签证的优先原则

① 能够附图（如施工图、草图、示意图）说明的尽量避免单纯的文字叙述进行签证；对于一些重大的工程现场变化，还应及时拍照或录像，以保存第一手原始资料。

② 能够签事实的尽量避免直接签结果，包括直接签工程量。

③ 能够签工程量的尽量避免直接签单价。

④ 能够签单价的尽量避免直接签总价。

(8) 在现场签证过程中要坚持的原则

① 准确计算原则：如工程量签证要尽可能做到详细、准确计算工程量，工程量要有计算公式，凡是可明确计算工程量套综合单价（或定额单价）的内容，一般只能签工程量而不能签人工工日和机械台班数量。

② 实事求是原则：如无法套用综合单价（或定额单价）计算工程量的内容，可只签所发生的人工工日或机械台班数量，但应严格把握，实际发生多少签多少，不得将其他因素考虑进去以增大数量进行补偿。

③ 及时处理原则：现场签证不论是承包商，还是业主均应抓紧时间及时处理，以免由于时过境迁而引起不必要的纠纷，且可避免现场签证日期与实际情况不符的现象产生。

8.5 工程项目索赔管理

由于工程的特殊性和环境的复杂性，索赔是不可能完全避免的。业主与承包商、承包商与分包商、业主与供应商、承包商与其供应商之间以及业主（或承包商）与保险公司之间都可能发生索赔。在现代工程中索赔金额往往很大，甚至在国际工程中超过合同价100%的索赔要求也不罕见，因此项目参与各方都应十分重视索赔管理。

8.5.1 工程项目的索赔分类

一般来说，索赔是指在工程合同履行过程中，合同当事人一方不履行或未正确履行其义务，而使另一方受到损失，受损失的一方通过一定的合法程序向违约方提出经济或时间补偿的要求。工程项目的索赔按照不同的内容可分为以下几类：

(1) 按索赔有关当事人分类

① 承包人与发包人之间的索赔；

② 承包人与分包人之间的索赔；

③ 承包人或发包人与供货人之间的索赔；

④ 承包人或发包人与保险人之间的索赔。

(2) 按照索赔目的和要求分类

① 工期索赔，一般指承包人向业主或者分包人向承包人要求延长工期；

② 费用索赔，即要求补偿经济损失，调整合同价格。

(3) 按照索赔事件的性质分类

① 工程延期索赔，因为发包人未按合同要求提供施工条件，或者发包人指令工程暂停或不可抗力事件等原因造成工期拖延的，承包人向发包人提出索赔；如果由于承包人原因导致工期拖延，发包人可以向承包人提出索赔；由于非分包人的原因导致工期拖延，分包人可以向承包人提出索赔。

② 工程加速索赔，通常是由于发包人或工程师指令承包人加快施工进度，缩短工期，引起承包人的人力、物力、财力的额外开支，承包人提出索赔；承包人指令分包人加快进度，分包人也可以向承包人提出索赔。

③ 工程变更索赔，由于发包人或工程师指令增加或减少工程量或增加附加工程、修改设计、变更施工顺序等，造成工期延长和费用增加，承包人对此向发包人提出索赔，分包人也可以对此向承包人提出索赔；

④ 工程终止索赔，由于发包人违约或发生了不可抗力事件等造成工程非正常终止，承包人和分包人因蒙受经济损失而提出索赔；如果由于承包人或者分包人的原因导致工程非正常终止，或者合同无法继续履行，发包人可以对此提出索赔；

⑤ 不可预见的外部障碍或条件索赔，即施工期间在现场遇到一个有经验的承包商通常不能预见的外界障碍或条件，例如地质条件与预计的（业主提供的资料）不同，出现未预见的岩石、淤泥或地下水等，导致承包人损失，这类风险通常应该由发包人承担，即承包人可以据此提出索赔；

⑥ 不可抗力事件引起的索赔，在新版FIDIC施工合同条件中，不可抗力通常是满足以下条件的特殊事件或情况：一方无法控制的、该方在签订合同前不能对之进行合理防备的、发生后该方不能合理避免或克服的、不能主要归因于他方的。不可抗力事件的发生导致承包人损失，通常应该由发包人承担，承包人可以据此提出索赔；

⑦ 其他索赔，如货币贬值、汇率变化、物价变化、政策法令变化等原因引起的索赔。

（4）按索赔所依据的理由分类

① 合同内索赔，即索赔以合同条文作为依据，发生了合同规定给承包人以补偿的干扰事件，承包人根据合同规定提出索赔要求。这是最常见的索赔。

② 合同外索赔，指工程过程中发生的干扰事件的性质已经超过合同范围。在合同中找不出具体的依据，一般必须根据适用于合同关系的法律解决索赔问题。

③ 道义索赔，承包商索赔没有合同理由，例如对于干扰事件业主没有违约，业主不应承担责任。可能由于承包商的失误（如报价失误、环境调查失误等），或发生承包商应负责风险而造成承包商重大的损失，这将极大地影响承包商的财务能力、履约积极性、履约能力甚至危及承包企业的生存。承包商提出要求，希望业主从道义，或从工程整体利益的角度给予一定的补偿。

（5）按索赔的处理方式分类

① 单项索赔，单项索赔是针对某一干扰事件提出的。索赔的处理是在合同实施过程中，干扰事件发生时，或发生后立即进行。它由合同管理人员处理，并在合同规定的索赔有效期内向发包人提交索赔意向书和索赔报告。

② 总索赔，又叫一揽子索赔或综合索赔。这是在国际工程中经常采用的索赔处理和解决方法。一般在工程竣工前，承包人将工程过程中未解决的单项索赔集中起来，提出一份总索赔报告。合同双方在工程交付前或交付后进行最终谈判，以一揽子方案解决索赔问题。

8.5.2 索赔与变更的区别联系

8.5.2.1 索赔与变更的区别

（1）含义不同

工程变更是指业主、其代理人或承包商等在合同实施过程中根据实际工程情况的需要，提出改变合同项目中某项工作的要求。

索赔是指承包商在合同实施过程中根据合同及法律规定，对并非由于自己的过错，并且属于应由业主承担责任的情况所造成的实际损失，向业主或代理人提出请求给予补偿的要求。

（2）经济补偿费用组成不同

工程变更补偿的费用包括净成本、管理费、利润、担保和保险等。

索赔费用一般是承包商实际发生的费用，除了因变更引起的索赔可计算利润外其他类型索赔不能计算利润。

（3）控制能力不同

工程变更有相对较强的主动性，因为一般是经过谈判之后发生变更事件，变更各方对工程变更的相关调整取得一致意见之后，形成变更事实。

索赔的主动性相对较弱，索赔是以问题为指向的，索赔事实发生之后承包商才向业主提出关于各项损失的补偿，事情发生事实之后再谈判。

（4）协调难度不同

变更涉及的各方容易达成一致意见，这是由于工程变更所涉及的项目一般是可以证明以及可以计量的具体项目。

索赔涉及的相关各方矛盾比较尖锐，难以达成一致意见，大多数需要仲裁或者法院介入调节，因为索赔的相关项目难以实际计量。

（5）合同价格影响不同

发生工程变更不一定会使合同价格增加。

若索赔成功会增加发包方的费用，并且会发生与工程成本无关的诉讼、争议、仲裁费用。

8.5.2.2 索赔与变更的联系

变更与索赔对项目目标顺利实现的影响都很大，其依据都是合同文件，都涉及工期和费用的改变，都是承包商获取额外利润的主要手段。变更引起的费用增加，也属于索赔的范畴，工程变更所增加的费用都应索赔。

索赔是经济行为，变更是技术行为，而变更会造成工程量的增减，进而引起工程造价的增减。变更是导致索赔的主要原因，当变更无法协调时就上升为索赔或纠纷，工程变更是前提，索赔是结果。但要注意，工程变更不一定都产生索赔，索赔也不一定因为工程变更而发生。

8.5.3 工程项目索赔的程序和内容

在工程实施过程中，承包商向业主的索赔是最为常见的，处理起来也最困难。涉及这方面的索赔工作包括两个层次：合同双方索赔的提出和解决过程，它一般由合同规定，如果未按合同规定的程序提出，常常会导致索赔无效；承包商内部的索赔（或反索赔）管理工作。

8.5.3.1 索赔的程序

索赔程序是指从索赔事件产生到最终处理全过程所包括的工作内容和工作步骤。索赔工作实质上是承包商和业主在分担工程风险方面的重新分配过程，涉及双方的经济利益，是一项繁琐、细致、耗费精力和时间的过程。因此，合同双方必须严格按照合同规定办事，按合同规定的索赔程序工作，才能获得成功的索赔。

在实际工作中，索赔工作程序一般可分为如下主要步骤。

（1）索赔意向通知

在工程实施过程中，一旦发生索赔事件，承包商应在规定的时间内及时向业主或工程师提出索赔意向通知，目的是要求业主及时采取措施消除或减轻索赔起因，以减少损失，并促使合同双方重视收集索赔事件的情况和证据，以利于索赔的处理。

我国建设工程施工合同条件及 FIDIC 合同条件都规定：承包商应在索赔事件发生后的 28 天内，将其索赔意向通知工程师。如果承包商没有在规定的期限内提出索赔意向或通知，承包商则会丧失在索赔中的主动和有利地位，业主和工程师也有权拒绝承包商的索赔要求，这是索赔成立的有效和必备条件之一。因此，承包商应避免由于未能遵守索赔时限的规定而导致合理的索赔要求无效。

（2）起草并提交索赔报告

承包商必须在合同规定的索赔时限内向业主或工程师提交正式的书面索赔报告，其内容一般应包括索赔事件的发生情况与造成损害的情况、索赔的理由和根据、索赔的内容和范围、索赔额度的计算依据与方法等，并附上必要的记录和证明材料。

我国建设工程施工合同条件和 FIDIC 合同条件都规定，承包商必须在发出索赔意向通知后的 28 天内或经工程师同意的其他合理时间内，向工程师提交一份详细的索赔报告。如果索赔事件对工程的影响持续时间长，则承包商还应向工程师每隔一段时期提交中间索赔申请报告，并在索赔事件影响结束后的 28 天内，向业主或工程师提交最终索赔申请报告。在该阶段承包商有大量的管理工作，如图 8.4 所示。

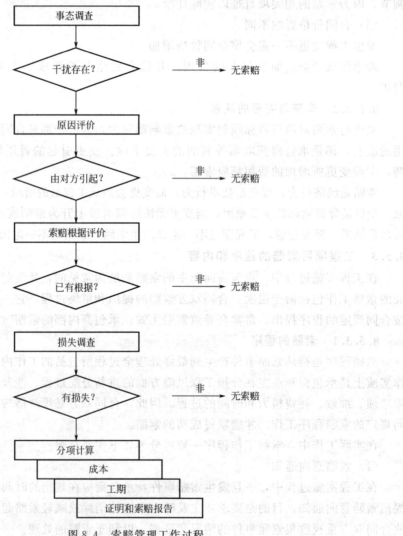

图 8.4 索赔管理工作过程

① 事态调查。即对干扰事件的起因、过程、状况进行调查。这样可以了解干扰事件的前因后果，只有存在干扰事件，才可能提出索赔。

② 干扰事件的原因分析。即干扰事件由谁引起的，谁的责任谁负责。只有是属于对方或其他方的责任才能提出索赔。

③ 索赔根据分析和评价。索赔要求必须符合合同，必须有合同的支持，即按合同条款规定进行赔偿。在此常常要做全面的合同分析。

④ 损失调查。索赔以赔偿实际损失为原则，如果没有损失，则不存在索赔。这主要是通过对干扰事件的影响分析，和对关键线路和工程成本的分析得到的。

⑤ 收集证据。没有证据，索赔要求是不能成立的。这里的证据包括极其广泛的内容，主要为反映干扰事件发生及其影响的各种工程文件，支持其索赔理由的各种合同文件、分析文件等。

⑥ 起草索赔报告。索赔报告是上述工作的总结。

⑦ 提交索赔报告。

(3) 索赔报告的审核

工程师根据业主的委托和授权，对承包商索赔报告的审核工作主要为判定索赔事件是否成立和核查承包商的索赔计算是否正确合理两方面，并在业主授权范围内做出自己独立的判断。承包商索赔要求的成立必须同时具备下列四个条件：

① 与合同相比较已经造成了实际的额外费用增加或工期损失；

② 造成费用增加或工期损失的原因不是由于承包商自身的过失所造成；

③ 这种经济损失或权利损害也不是应由承包商应承担的风险所造成；

④ 承包商在合同规定的期限内提交了书面索赔意向通知和索赔报告。

上述四个条件必须同时具备，承包商的索赔才能成立。其后工程师对索赔报告进行审查，我国建设工程合同条件规定，工程师在收到承包人送交的索赔报告和有关资料后于28天内给予答复，或要求承包人进一步补充索赔理由和证据。工程师在收到承包人送交的索赔报告和有关资料后的28天内未予答复或未对承包人作进一步要求，视为该索赔报告已经认可。

(4) 索赔的处理

在经过认真分析研究，并与承包人、业主广泛讨论后，工程师应向业主和承包人提出自己的《索赔处理决定》。工程师在《索赔处理决定》中应该简明地叙述索赔事件、理由和建议，给予补偿的金额及或延长的工期。

工程师还需提出《索赔评价报告》，作为《索赔处理决定》的附件。该评价报告根据工程师所掌握的实际情况详细叙述索赔事实依据、合同及法律依据，论述承包人索赔的合理方面及不合理方面，详细计算应给予的补偿。《索赔评价报告》是工程师站在公正的立场上独立编制的。

(5) 业主审查索赔处理

当工程师的索赔额超过其权限范围时，必须报请业主批准。业主首先根据事件发生的原因、责任范围、合同条款审核承包商的索赔申请和工程师的处理报告，再依据工程建设的目的、投资控制、竣工投产期要求，以及针对承包人在施工中的缺陷或违反合同规定等的有关情况，决定是否批准工程师的处理意见。索赔报告经业主批准后，工程师即可签发有关证书。

(6) 承包人是否接受最终索赔处理

承包人接受最终的索赔处理决定，索赔事件的处理即告结束。

当索赔要求不能在工地由合同双方及时解决时，要采取会议协商的办法。

① 第一次协商会议一般采取非正式的形式，由业主或工程师出面，同承包商交换意见，

了解可能的赔偿款项。双方代表在会前均应做好准备,提出资料及论证根据,明确需要协商的问题,以及可以接受的协商结果。

② 初次会谈结束时,如问题没有解决,则可商定正式会谈的时间和地点,以便继续讨论确定索赔的结论。对于一个复杂的索赔争论,一次会议很难达成协议,而往往要经过多次谈判,才能最后达成协议,签署执行。

③ 邀请中间人调解。如果争议双方的直接会谈没有结果,在提交法庭裁决或仲裁之前,还可由双方协商邀请一至数名中间人进行调解,促进双方索赔争议矛盾的解决。中间人调解工作是争议双方在自愿的基础上进行的,如果任何一方对中间人的工作不满意,或难以达成调整协议时,即可结束调解工作。

④ 提交仲裁。当工程师对业主和承包商提出的索赔要求做出的决断意见,得不到双方的同意,经过会谈协商和中间人调解也得不到解决时,索赔一方有权要求将此争议提交仲裁机关裁决,仲裁机关做出的决定为最终裁决,索赔双方必须遵照执行。

8.5.3.2 索赔的内容

(1) 承包商向业主的索赔

在建设工程实践中,比较多的是承包商向业主提出索赔。常见的建设工程施工索赔如下。

① 因合同文件引起的索赔:有关合同文件的组成问题引起的索赔;关于合同文件有效性引起的索赔;因图纸或工程量表中的错误而引起的索赔。

② 有关工程施工的索赔:地质条件变化引起的索赔;工程中人为障碍引起的索赔;增减工程量的索赔;各种额外的试验和检查费用的偿付;工程质量要求的变更引起的索赔;指定分包商违约或延误造成的索赔;其他有关施工的索赔。

③ 关于价款方面的索赔:关于价格调整方面的索赔;关于货币贬值和严重经济失调导致的索赔;拖延支付工程款的索赔。

④ 关于工期的索赔:关于延长工期的索赔;由于延误产生损失的索赔;赶工费用的索赔。

⑤ 特殊风险和人力不可抗拒灾害的索赔。

a. 特殊风险的索赔。

特殊风险一般是指战争、敌对行动、入侵行为、核污染及冲击波破坏、叛乱、革命、暴动、军事政变或篡权、内战等。

b. 人力不可抗拒灾害的索赔。

人力不可抗拒灾害主要是指自然灾害,由这类灾害造成的损失应向承保的保险公司索赔。在许多合同中承包人以业主和承包人共同的名义投保工程一切险,这种索赔可同业主一起进行。

⑥ 工程暂停、终止合同的索赔:

a. 施工过程中,工程师有权下令暂停全部或任何部分工程,只要这种暂停命令并非承包人违约或其他意外风险造成的,承包人不仅可以得到要求工期延长的权利,而且可以就其停工损失获得合理的额外费用补偿。

b. 终止合同和暂停工程的意义是不同的。有些是由于意外风险造成的损害十分严重因而终止合同,也有些是由"错误"引起的合同终止,例如业主认为承包人不能履约而终止合同,甚至从工地驱逐该承包人。

⑦ 财务费用补偿的索赔:财务费用的损失要求补偿,是指因各种原因使承包人财务开

支增大而导致的贷款利息等财务费用。

（2）业主向承包商索赔

在承包商未按合同要求实施工程时，除了工程师可向承包商发出批评或警告，要求承包商及时改正外，在许多情况下，工程师可以代表业主根据合同向承包商提出索赔。

① 索赔费用和利润　承包商未按合同要求实施工程，发生下列损害业主权益或违约的情况时，业主可索赔费用和（或）利润：

a. 工程进度太慢，要求承包商赶工时，可索赔工程师的加班费；

b. 合同工期已到而工程仍未完工，可索赔误期损害赔偿费；

c. 质量不满足合同要求，如不按照工程师的指示拆除不合格工程和材料，不进行返工或不按照工程师的指示在缺陷责任期内修复缺陷，则业主可找另一家公司完成此类工作，并向承包商索赔成本及利润；

d. 质量不满足合同要求，工程被拒绝接收，在承包商自费修复后，业主可索赔重新检验费；

e. 未按合同要求办理保险，业主可前去办理并扣除或索赔相应的费用；

f. 由于合同变更或其他原因造成工程施工的性质、范围或进度计划等方面发生变化，承包商未按合同要求去及时办理保险，由此造成的损失或损害可向承包商索赔；

g. 未按合同要求采取合理措施，造成运输道路、桥梁等的破坏；

h. 未按合同条件要求，无故不向分包商付款；

i. 严重违背合同（如工程进度一拖再拖，质量经常不合格等），工程师一再警告而没有明显改进时，业主可没收履约保函。

② 索赔工期　FIDIC 于 1999 年出版的新版合同条件《施工合同条件》（"新红皮书"）规定，当承包商的工程质量不能满足要求，即某项缺陷或损害使工程、区段或某项主要生产设备不能按原定目的使用时，业主有权延长工程或某一区段的缺陷通知期。

复习思考题

1. 请简述合同在工程项目中的作用。
2. 工程项目中的主要合同关系有哪些？
3. 成本加酬金合同有什么应用条件？它对业主的项目管理有什么要求？
4. 如何通过合同管理实现项目的三大控制？
5. 哪些工程项目必须进行招标？
6. 投标的主要工作都有哪些？
7. 说明澄清会议及其作用。
8. 简述工程索赔与工程变更的区别与联系。
9. 工程项目索赔的程序是什么？

案例

上海浦东国际机场的合同管理

上海浦东国际机场是一个超大型的城市基础设施建设项目，一期工程于 1995 年 6 月正式启动，1999 年 9 月 16 日建成通航。浦东国际机场定位于亚太地区的国际枢纽机场，总体规划有四条长 4000 米、宽 60 米的主跑道；四座规模各约为 30 万平方米的单元式航站楼。第一期工程建设一条主跑道、一座航站楼及相应的配套设施，设计的旅客处理能力为 2000 万人次/年；货物处理能力 75 万吨/年。浦东国际机场建设指挥部作为机场建设的项目业主，在工程建设过程中，深化改革，对在当今社会环境中大型工程项目管理的方法，进行了有益的探索、研究与实践。

1. 工程建设社会化管理的组织模式

项目的管理组织在建设这样宏大的工程中起着决定性的作用。按照传统的工程建设的管理组织方式，业主班子将是一个庞大而又复杂的组织机构。在设计浦东国际机场的项目管理组织时，机场项目业主以市场经济的思维方法构思项目管理组织的模式，形成了按投资多元化、管理社会化、经营市场化建立工程项目管理组织的总体构想。这一构想就是要充分利用改革的成果，运用市场经济的运作机制，实行浦东国际机场工程建设的社会化管理。

浦东国际机场的投资是多元化的，投资多元化必然涉及工程项目的管理组织问题。作为机场建设管理的主体，机场项目业主当仁不让地对机场总体规划与设计实施强有力的统一领导与管理。场内任何项目的规划设计均必须符合机场总体规划的要求，决不允许各行其是。对于工程的实施，则在制定统一的规则和要求后，组建由相关单位构成的相应的建设分指挥部，与其签订委托合同，由其进行工程管理。除此之外，充分借用和发挥社会专业力量，将部分专业工程委托社会化的专业部门或机构对其的实施进行管理。这样，形成了机场项目业主与建设分指挥部、社会专业机构是以经济关系建立起来的具有特色的大型项目的工程管理组织结构模式，实现了工程项目的社会化管理。在工程的具体事务管理中，机场项目业主又是按市场化经营的方法进行运作，充分利用市场机制为机场建设管理提供服务，使机场建设得到有力的社会支撑。如机场项目中某些设备的采购、货物的仓储、大宗材料的运输、有关的辅助服务等均按市场原则通过经济合同来实现。

社会化管理使业主的工程事务管理工作量大大减少，业主班子的人员规模可以降低至最低点，项目管理工作的效率和效果提高，降低了建设成本。机场项目业主由此可以集中精力管理重大问题，在整个建设过程中定思路、定标准、定制度，一手抓规划设计，一手抓工程招标和合同管理，这样在总体上就把握住了机场建设的方向。各建设分指挥部、社会专业机构在统一的规范和规则下，各司其职，负责相应专业工程的具体实施工作。实行社会化管理，还可得到社会上最优秀的各方面的专业人才为机场建设服务。

2. 工程无标底招标采购的方法及实践

浦东国际机场单体项目众多且复杂，一期工程建设总投资达 130 多亿人民币，工程的招标采购是面临的一项非常严肃和艰巨的重要工作。通过对大量工程招标经验的总结和思考，机场项目业主认识到只有从管理制度上、管理方法上采取措施，才能铲除腐败的温床，彻底消除工程招标中的负面影响因素，真正地实行公开、公平、公正的工程招标与采购。由此，浦东国际机场形成并确定了工程招标采购的总体构思，其核心思想和总则是：在工程招标采购中要"剥夺每一个人的特权"；工程招标采购中的权力必须受到监督。在这样的指导思想下，机场项目业主根据浦东国际机场的实际，进一步对工程招标采购的方式和方法进行了探索，研究如何从制度上、技术上清除各类消极因素存在的可能性，在上海市有关部门的支持下设计出一系列有关工程招标采购的组织方法、管理办法和规章制度，具体包括：无标底工程招标的方法；科学公正的评标办法；承包商资质信用的预审控制方法；招标采购的组织机制；工程招标文件的编制方法；工程招标中的技术处理方法；以及实施闭口总价合同的措施等。

无标底工程招标是在浦东国际机场建设中采用的一套完整的工程招标方法，它的核心是在工程招标时不编制招标的标底。它不是以"标底"作为工程招标的衡量准绳和评标尺度，而是通过一套严密、科学的招标操作程序和评标办法来决定工程合同的授予者。实施无标底工程招标，按市场规律组织公开、公平、公正的竞争，排除了任何人为因素的干扰，保证了评标结果的客观性和公正性。实施无标底工程招标，实质上对招标工作提出了更高的要求和挑战，在市场发育不完善的条件下，其存在着很大的风险，必须要有真正坚持"剥夺每一个人的特权"的精神和勇气，要敢于战胜自我。其次，实行无标底工程招标，需要很高的条件，它要求招标者必须具有十分丰富的工程经验、扎实的专业知识、相当高的技术水平和对工程所具有的深刻的判断能力。即在无标底招标条件下，招标者应具备的评标方法和指标参数的合理确定、招标文件的严密编制、工程招标的有序组织、以及对投标单位资质管理和选定等的综合能力。

3. 强化工程合同管理的核心地位

随着我国的经济由计划机制向市场机制的转轨，大型建设项目的管理也势必由国家经济体制改革的不断深入而发生变化。市场经济就是法制经济、信用经济，机场项目业主认识到，浦东国际机场建设必须实行严格的合同管理制，必须以合同为主线、以合同为核心实施工程项目管理。

（1）从组织上采取措施，实施规范化、制度化、标准化的合同管理，制定一整套合同管理的有关工作制度和规定，对合同管理的组织、合同管理的程序以及合同的起草、谈判、审查、签订、履行、检查、清理等每一个工作环节均作出明确规定。

（2）树立机场建设管理中的一切行为均以合同作为惟一依据的意识，合同运用于项目管理的各个方面，以合同、经济手段管理和实施机场工程。

（3）选择确定符合机场建设特点的工程承发包模式和合同结构，通过合理的合同结构实现和保证机场项目管理组织的目标结构和运作。

（4）根据机场工程的具体情况和现实的社会经济环境条件，在浦东国际机场的大部分主要工程上均实行闭口总价合同，锁定建设成本。强化合同准备工作，从技术上和经济上采取措施，创造和建立实施闭口总价合同的前提条件：坚持以施工图进行工程招标，最大限度地避免和减少工程实施过程中的不确定因素和随意性；强化工程招标中的合同意识，努力完备和详细一切技术资料和现场环境条件，使承包单位能够以最小的风险在完全公平的环境中进行投标竞争；严密制定合同文件，合理确定工程合同的界面与工程范围，事前分析可能存在的不确定事件和风险，有针对性地采取保护措施；工程合同价以中标价格为基础再增加3%作为工程不可预见费用，充分考虑和保证承包单位的利益，引导承包单位注重技术方案的竞争，集中力量用于工程的实施，从而保证工程的质量和进度。

上海浦东国际机场通过实施项目的社会化管理、无标底招标采购模式、严密严格的合同管理等切实有效的方法，确保了一流的工程质量。

第9章 工程项目信息管理

工程项目信息包括在项目管理建设过程中形成的各种数据、表格、图纸、文字、音像资料等。工程项目信息管理应适应项目管理的需要,为预测未来和做正确决策提供依据,提高管理水平。建筑施工企业及项目经理部应建立项目信息管理系统,优化信息结构,实现项目管理信息化。

9.1 概述

项目管理过程总是伴随着信息处理的过程,对于大型建设项目,随着项目的启动、规划、实施等项目生命周期的展开,项目的文件、报告、合同、照片、图样、录像等各种信息会不断产生,项目信息管理的效率和成本直接影响其他项目管理工作的效率、质量和成本。因此,如何有效、有序、有组织地对项目的全过程的各类信息资源进行管理,是现代项目管理的重要环节。

9.1.1 信息的含义和类别

信息是经过加工、解释之后,对人们的行为产生影响的,或者说对人们有用的数据。而数据是指人们用来反映客观世界而记录下来的,可以鉴别的符号、文字、语言、图形等有意义的组合。按照这些定义,信息和数据似乎很难区分,在使用中也常混淆不清。然而,在信息管理中,信息和数据的概念是不同的,信息是经过加工之后的数据,是有用的数据。例如,在工程试验室中,试验人员经过试验记录下了一组有关工程质量方面的试验结果,仅靠这个试验结果的记录不能评判出工程质量的优劣,因而是数据。而当对这些数据进行加工分析,并与质量标准相比较后,就可以用来判定工程质量状况,这样的数据就成了信息。信息表达的形式也有很多种,例如声音、文字、数字和图像等。建设工程项目的实施需要人力资源和物质资源,信息也是项目实施的重要资源之一。

工程项目建设过程中,涉及大量的信息,这些信息依据不同划分标准可分为以下几种类型。

(1) 按工程项目建设的来源划分

① 项目内部信息 内部信息取自建设本身。如项目的投资目标、项目的质量目标、项目的进度目标、设计文件、工程概况、施工方案、会议制度、合同结构、合同管理制度、信息资料的编码系统、信息目录表等。

② 项目外部信息 来自项目外部环境的信息称为外部信息。如国家有关的政策及法规、国内及国际市场上原材料及设备价格、物价指数、类似工程造价、类似工程进度、招标单位的实力、投标单位的信誉、毗邻单位情况等。

(2) 按项目管理的角度划分

① 质量控制信息。如项目的功能、作用要求,有关标准和规范,质量目标,设计文件、资料、说明,质量检查、测试数据,验收记录,质量问题处理报告,各类备忘录、技术单,

材料、设备质量证明等。

② 费用控制信息。包括费用规划信息，如投资计划、资金使用计划、各阶段费用计划，以及费用定额、指标等；实际费用信息，如已支出的各类费用，各种付款账单、工程计量数据、工程变更情况、现场签证，以及物价指数、人工、材料、设备、机械台班的市场价格信息等；费用计划与实际值比较分析信息；费用的历史经验数据、现行数据、预测数据等。

③ 进度控制信息。包括项目总进度计划，各阶段进度计划，单体工程计划，实施性计划，物资采购计划，工程实际进度统计信息，项目施工日志、计划进度与实际进度比较信息，工期定额、指标等。

④ 合同管理信息。如建设法规，招投标文件，项目参与各方情况信息，各类工程合同，合同执行情况信息，合同变更、签证记录，工程索赔事项情况等。

⑤ 项目其他信息。包括有关政策、制度、规定等文件，政府和上级有关部门批文，市政公共设施资料，工程来往函件，各种工程会议（如设计工作会议、施工协调会、工程例会等的会议纪要）信息，各类项目报告等。

(3) 按信息的稳定程度划分

① 固定信息　固定信息是指在一定时间内相对稳定不变的信息，包括标准信息、计划信息和查询信息。标准信息主要指各种定额和标准，如施工定额、原材料消耗定额。计划信息反映在计划期内已定任务的各项指标。查询信息主要指国家和工业部颁发的技术标准、不变价格等。

② 流动信息　流动信息是指反映在某一时刻或某一阶段项目建设的实际进程及计划完成情况等的不断变化着的信息，如项目实施阶段的质量、投资及进度的统计信息，项目实施阶段的原材料消耗量、机械台班数、人工工日数等。

(4) 按信息的层次划分

① 战略性信息　指有关项目建设过程中的战略决策所需的信息，如项目投资总额、项目规模、建设总工期、施工单位（分包单位）的选定、合同价的确定等信息。

② 策略性信息　提供给建设单位（或施工单位）中层领导及部门负责人作短期决策用的信息，如项目年度计划、财务计划等。

③ 业务性信息　指的是各项目经理部的日常信息，如月付款额、日进度等。这类信息较具体，因而精度较高。

(5) 按照不同的流向划分

① 自上而下的信息。是指从主管单位、主管部门、业主开始，流向项目的工程师、检查员乃至工人班组的信息；或在分组管理中，自每一个中间层次的组织向其下级逐级流动的信息，即信息源在上，接收信息者是其下属。这些信息主要指项目的目标、工作条例、命令、办法及规定、业务指导意见等。

② 自下而上的信息。是指由下级向上级（一般是逐级向上）流动的信息，即信息源在下，接收信息者在上。主要指项目实施工作中有关目标的完成量、进度、成本、质量、安全、消耗、效率、工作人员的工作情况，以及上级部门所关注的意见和建议等。

③ 横向间的信息。是指在项目的施工过程中，同一层次的工作部门或工作人员之间相互提供和接收的信息。这种信息一般是由于分工不同而各自产生的，但为了共同的目标又需要相互协作、互通有无、相互补充，以及在特殊、紧急情况下，为了节省信息流动时间而需

要横向提供的信息。

④ 以顾问室或经理办公室等综合部门为中心的项目信息。顾问室或经理办公室等综合部门为建筑施工项目经理决策提供辅助资料，同时又是有关项目利害关系的信息提供者。

⑤ 项目管理班子与外部之间进行交流的项目信息。项目管理班子与自己的领导、建设单位、设计单位、供应单位、银行、咨询单位、质量监督部门、国家有关管理部门都需要进行信息交流。一方面是为了满足自身管理的需要，另一方面也是为了满足与项目外部环境协作的要求，或按照国家规定相互提供信息。因此，建筑施工项目经理对这种信息应给予充分的重视，因为它们涉及项目单位的信誉、项目竞争、守法和经济效益等多方面的原则问题。

（6）按信息的管理功能划分

建筑工程项目信息按项目管理功能又可划分为：组织类信息、管理类信息、经济类信息和技术类信息四大类，每类信息根据工程项目各阶段项目管理的工作内容还可以进一步细分，如图9.1所示。

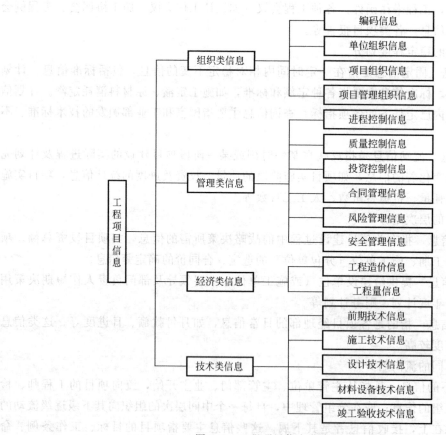

图9.1　工程项目信息分类图

（7）按其他划分

① 按照信息时间的不同，可以把工程项目建设信息分为历史性信息和预测性信息两类。

② 按照信息范围的不同，可以把工程项目建设信息分为精细的信息和摘要的信息两类。

③ 按照对信息的期待性不同，可以把工程项目建设信息分为预知的和突发的信息两类。预知的信息是项目管理者可以估计的，它产生在正常情况下；突发的信息是项目管理者难以估计的，它发生在特殊情况下。

依据不同的范畴,需要不同的信息,而把信息予以分类,有助于根据管理工作的不同要求,提供适当的信息。

9.1.2 信息管理的原则

信息管理是指在项目的各个阶段,对所产生的,面向项目管理业务的信息收集、传递、加工、存储、维护和使用等信息规划和组织工作的总称。信息管理的目的就是要通过有效的信息规划和组织,使项目管理人员能及时、准确地获得进行项目规划、项目控制和管理决策所需的信息。信息管理作为项目管理的一项重要职能,通常在项目组织中要设置信息管理人员。现在一些大型工程项目或项目型的企业中均设有信息中心。但信息管理又是一项十分普遍的、基本的项目管理工作,是每一个参与项目的组织成员或职能管理人员的一项常规工作,即他们都要担负收集、提供、传递信息的任务。

进行信息管理要遵循以下五项原则。

(1) 系统原则

系统原则,是指以系统的观念和方法,立足整体,统筹全局地认识管理客体,以求获得满意结果的管理思想。系统原则的内容包括以下三个理念。

① 整体性理念,指的是信息管理者在管理中应该把管理客体作为一个合乎规律的由若干个部分组成的有机整体来认识。系统的整体功能大于组成系统的各个部分的功能之和。人们在实际工作时往往不自觉地把管理客体分割成若干个部分,在分别考察完之后只是机械地叠加起来,没有能够从整体的角度、从各部分之间的相互作用和相互制约的角度来思考问题,违背了系统的整体性,以致造成决策失误。

② 历时性理念,指的是信息管理者在管理中必须注重管理客体的产生、发展的过程及其未来的发展趋势,要把管理客体当作是一个随时间推移而变化着的系统来考察,根据管理客体在形成的过程中所变现出来的规律来认识客体。

③ 满意化理念,指的是信息管理者在管理中必须对管理客体进行优化处理,根据本系统的需要和可能,选择满意度最高的方案。满意化理念包括两层含义:决策方案的选择标准是"满意"而不是"最优";决策的满意化方案可以通过调整信息系统的结构来实现。

(2) 整序原则

信息管理的整序原则是指对采集到的信息按某种特征进行排序的管理思想。进行分类整序时应注意:类别的划分必须相称;划分的子项不能越级;不要互相交叉重复;每次划分标准必须唯一。

(3) 激活原则

信息管理的激活原则,是指对所获得的信息进行分析和转换,使信息灵活化,为我所用的管理思想。信息激活的方法有综合激活法、推导激活法等。

① 综合激活法,是通过对已经拥有的众多相关信息进行深入分析和理解,根据需要将它们逻辑地组合起来或加以转换,以求获得新信息的方法。综合激活法的基本要求:

a. 用于综合的信息至少在两个以上;

b. 综合就是要深入揭示信息之间的逻辑联系或其他内在联系,尤其要找出全部信息中若干信息的共同点、交叉点、相似点,这些点就是被激活的新信息;

c. 要以系统的观念把握新信息的整体效应,即新信息应该表现出综合前诸源信息所没有的新功能和特征。

② 推导激活是从已知的信息出发,根据已知的定理、定律或事物之间的某些联系,进

行逻辑推理或合理推导，以求获得新信息的方法。推导激活法有因果推导、关联推导和逆向推导。

　　a. 因果推导：根据事物之间的因果关系，从已知的、属于"因"的信息出发，作前因后果的纵向推导，以求获得新信息的方法。

　　b. 关联推导：根据事物之间的已知规律或某种相互关联，从已知信息出发作前后左右的横向推导，获得由已知信息可能引发的新信息的方法。

　　c. 逆向推导：从已知信息出发，通过由果到因的思考，或者是向已知信息的相反方向思考，以求获得新信息的方法。

（4）共享原则

共享原则是指在信息管理活动中，为充分发挥信息的潜在价值，力求最大限度利用信息的管理思想。共享原则的实现是有条件的，它只可能在有限的范围内实行：

　　a. 贡献原则：信息管理者要善于最大限度地让组织的全体员工将其所拥有的信息都贡献出来供组织和全体员工使用的管理思想。

　　b. 防范原则：因为信息是可以共享的，由此产生了严峻的信息安全问题，要严加防范。

（5）搜索原则

搜索原则就是信息管理者在管理中千方百计地寻求有用信息的管理思想。搜索原则的内容包括：强烈的搜索意识、明确的搜索范围、有效的搜索方法。

9.2　信息管理的过程和内容

信息管理不仅能够使上层决策者及时准确地获得决策时所需的信息，实现项目组织成员之间高度协调，从而保证项目有效地控制和实施，而且让外界和上层组织了解项目实施状况，更加有效地获得各方面对项目实施的支持。在项目组织中，有效的信息管理实现信息资源的共享、提高管理效率，消除组织中的信息孤岛现象，防止信息的堵塞。

9.2.1　项目信息的收集

在项目实施过程中，每天都要产生大量的数据，如记工单、领料单、任务单、图纸、报告、指令、信件等，要收集这些信息先要识别信息，确定信息需求。而信息的需求要从项目管理的目标出发，从客观情况调查入手，加上主观思路规定数据的范围。项目信息的收集，应建立信息收集渠道的结构，即明确各类项目信息的收集部门，收集者为何人，从何处收集，采用何种收集方法，收集信息的规格、形式，何时进行收集等。通常由专业班组的班组长、记工员、核算员、材料管理员、分包商、秘书等承担原始资料的收集、整理任务。消息的收集最重要的是必须保证所需信息的准确、完整、可靠和及时。

信息收集主要包含质量、进度、投资、合同、安全文明等方面，可以从施工准备期、施工实施期、竣工保修期三个阶段分别进行。

（1）施工准备期

是指从建设工程合同签订到项目开工这个阶段。该阶段是施工阶段收集信息的关键阶段，监理工程师可从以下方面收集信息：

① 监理大纲、监理规划、监理实施细则、旁站方案；施工图设计及招标文件、掌握工程结构特点、掌握工程难点；了解工程合同；

② 施工项目经理部的组成和人员素质，进场设备的型号和性能、质量保证体系与施工

组织设计、分包单位的资质与人员素质；特殊工程专项技术方案、施工进度网络计划、各项管理制度、安全保证措施、施工图会审和交底记录、施工单位提交的开工报告及实际准备情况；

③ 建设场地的准备和施工手续的办理情况、建筑红线、标高、坐标；水、电管道引入标志、周边建筑物及构筑物、地质勘察报告、标桩等环境信息。

④ 本工程需遵循的相关建筑法律、法规和规范、规程；有关质量检验、控制及验收标准。

（2）施工实施期

施工实施期收集的信息应该分类并有专门的部门或专人分级管理，项目监理部可从以下方面收集信息。

① 收集气象数据、施工单位人员、设备等动态信息；原材料、构配件、建筑设备等工程物资的进场、检验、加工、保管和使用情况；

② 施工项目经理部的管理程序和规范、规程、标准、施工组织设计及专项技术方案、施工合同的执行情况；工地文明施工及安全措施等；

③ 原材料、地基验槽及处理、工序交接、隐蔽工程检验等资料的记录和管理情况；工程验收与设备试运转情况；

④ 工程质量、进度、投资控制措施及其执行情况；

⑤ 设计变更、工程索赔及其处理情况等。

（3）竣工保修期

工程准备阶段文件（如开工审批文件）、监理工作总结及监理过程中各种控制与审批文件；施工资料、竣工图、竣工验收备案表等竣工验收资料；工程保修协议等。

9.2.2 项目信息的整理和传递

（1）信息整理

原始资料面广量大，表达方式多种多样，必须经过信息整理，才能符合管理需要，满足不同层次项目管理者的需求。信息整理的概念很广，包括：

① 一般的信息处理方法，如排序、分类、合并、插入、删除等。

② 数学处理方法，如数学计算、数值分析、数理统计等。

③ 逻辑判断方法，包括评价原始资料的置信度、来源的可靠性、数值的准确性，进行项目诊断和风险分析等。

（2）工程文件的管理

在工程项目管理过程中，应按下列要求进行工程文件的管理：

① 应设专人负责项目信息的收集、整理和归档工作，项目信息应在各阶段工作结束后及时整理归档。

② 项目信息必须及时整理、真实完整、分类有序。在设计阶段，对勘察、测绘、设计单位的工程文件的形成、积累和立卷归档进行监督、检查；在施工阶段，对施工单位的工程文件的形成、积累、立卷归档进行监督、检查。

③ 施工单位应做到：

a. 实行技术负责人负责制，逐级建立、健全施工文件管理岗位责任制，配备专职档案管理员，负责施工资料的管理工作。工程项目的施工文件应设专门的部门（专人）负责收集和整理。

b. 建设工程实行总承包的，总承包单位负责收集、汇总各分包单位形成的工程档案，各分包单位应将本单位形成的工程文件整理、立卷后及时移交总承包单位。建设工程项目由几个单位承包的，各承包单位负责收集、整理、立卷其承包项目的工程文件，并应及时向建设单位移交，各承包单位应保证归档文件的完整、准确、系统，能够全面反映工程建设活动的全过程。

　　c. 可以按照施工合同的约定，接受建设单位的委托进行工程档案的组织、编制工作。

　　d. 按要求在竣工前将施工文件整理汇总完毕，再移交建设单位进行工程竣工验收。

　　e. 负责编制的施工文件的套数不得少于地方城建档案管理部门要求，但应有完整施工文件移交建设单位及自行保存，保存期可根据工程性质以及地方城建档案管理部门有关要求确定。如建设单位对施工文件的编制套数有特殊要求的，可另行约定。

　　在新形势下，我们必须采取科学的方法，保证建设工程项目信息管理做到规范、标准及其完整，提高工作效率及质量，以满足项目发展的需要。根据"施工前预控、施工中监控、施工后可追溯"的思想，使建设工程项目信息能真实的反映项目管理的水平。提高项目管理的深度、力度和速度，为工程项目产生更大的管理效益和社会效益。

9.3 工程项目文档资料管理

　　工程项目文档管理工作质量的优劣在相当大的程度上决定着档案后续管理的水平，项目文档跟踪、总结和沉淀了从项目启动、计划、执行、控制到收尾全过程的管理信息。目前，在工程建设项目管理上，由于受传统管理模式的影响和思维习惯的局限，普遍存在重视现场指挥协调推进进度、忽视准确周密快捷的文件管理作用的现象。不重视项目文档管理，会制约工程建设项目管理水平和效益的提升，甚至会遗留安全、质量、技术、财务方面的风险。

9.3.1 文档资料概念与特征

　　建设工程文档资料由建设工程文件和建设工程档案两部分组成。建设工程文件是指在工程建设过程中形成的各种形式的信息记录，包括工程准备阶段文件、监理文件、施工文件、竣工图和竣工验收文件；建设工程档案是指在工程建设活动中直接形成的具有归档保存价值的文字、图表、声像等各种形式的历史记录。对与工程项目建设有关的重要活动、记载工程项目建设主要过程和现状、具有保存价值的各种载体的文件，均应收集齐全，整理立卷后归档。

　　(1) 建设工程文档资料的载体

　　① 纸质载体：以纸张为基础的载体形式。

　　② 缩微品载体：以胶片为基础，利用缩微技术对工程资料进行保存的载体形式。

　　③ 光盘载体：以光盘为基础，利用计算机技术对工程资料进行存储的形式。

　　④ 磁性载体：以磁性记录材料（磁带、磁盘等）为基础，对工程资料的电子文件、声音、图像进行存储的方式。

　　(2) 建设工程文档资料的特征

　　① 分散性和复杂性　　建设工程周期长，生产工艺复杂，建筑材料种类多，建筑技术发展迅速，影响建设工程因素多种多样，工程建设阶段性强并且相互穿插。由此导致此特征，这个特征决定了建设工程文件档案资料是多层次、多环节、相互关联的复杂系统。

　　② 继承性和时效性　　文件档案被积累和继承，新的工程在施工过程中可以吸取以前的

经验，避免重犯以前的错误。同时，建设工程文件档案资料具有很强的时效性，文件档案资料的价值会随着时间的推移而衰减，有时文件档案资料一经生成，就必须传达到有关部门，否则会造成严重后果。

③ 全面性和真实性　建设工程文件档案资料只有全面反应项目的各类信息，才更具有实用价值，必须形成一个完整的系统，必须真实的反映工程情况，包括发生的事故和存在的隐患。真实性是对所有文件档案资料的共同要求，但在建设领域对这方面的要求更为迫切。

④ 随机性　部分建设工程文件档案资料的产生有规律性（如各类报批文件），但还有相当一部分文件档案资料产生是由具体工程事件引发的，因此建设工程文件档案资料是有随机性的。

⑤ 多专业性和综合性　建设工程文件档案资料依附于不同的专业对象而存在，又依赖不同的载体而流动。

9.3.2 项目文档资料的分类

在实际工程中，许多信息由文档系统给出。文档管理指的是对作为信息载体的资料进行有序地收集、加工、分解、编目、存档，并为项目各参加者提供专用的和常用的信息的过程。文档系统是管理信息系统的基础，是管理信息系统有效率运行的前提条件。在项目实施过程中，文档资料面广量大，形式丰富多彩。为了便于进行文档管理，首先得将它们分类。

9.3.2.1 文档资料的分类方法

① 重要性：必须建立文档；值得建立文档；不必存档。
② 资料的提供者：外部；内部。
③ 登记责任：必须登记、存档；不必登记。
④ 特征：书信；报告；图纸等。
⑤ 产生方式：原件；拷贝。
⑥ 内容范围：单项资料；资料包（综合性资料），例如综合索赔报告；招标文件等。

9.3.2.2 建立规范的文档系统

项目资料的分类应考虑稳定性、兼容性、可扩展性、逻辑性和实用性。工程建设项目中常常要建立一些重要的资料的文档，如合同文本及其附件，合同分析资料，信件，会谈纪要，各种原始工程文件（如工程日记，备忘录），记工单，用料单，各种工程报表（如月报，成本报表，进度报告），索赔文件，工程的检查验收、技术鉴定报表等。

(1) 建立合理的文档分类体系

文档分类是文档管理的一项重要工作，在项目建设开始就要制定合理的、系统的、前后一致的分类方法。

① 文档分类必须合理，既合乎逻辑，又符合人们的思维习惯。一个大型工程项目的文档分类要作为一个专项工作加以研究确定，确保文档分类的合理性和科学性。文档分类越细，文档管理难度和工作量越大，但查阅方便，能有效地服务于项目建设。

② 文档分类要有系统性，要对项目建设全过程可能产生的所有文档类别有通盘考虑。

③ 文档分类的一致性非常重要。文档分类原则和分类体系确定后，在整个项目建设期间应尽量做到前后一致，不能随着工程进展或管理人员变动而随意改变文档分类体系。为此，应把文档分类原则和分类体系及文档管理的有关规定形成一份文档管理书面文件，发给

项目管理的有关人员，这对文档管理是极为有益的。

(2) 建立文档资料编码体系

文档管理的重要功能之一是检索和查阅。实现方便快捷检索查寻功能的手段是建立一个科学的合理的文档资料编码体系，而且必须在项目建设初期建立一套科学的完整的文档资料编码体系，并确保编码体系的一致性。最简单的编码形式是采用序数，但它没有较强的表达能力，不能表示资料的特征。一般对项目编码体系有如下要求。

① 统一的、对所有资料适用的编码系统。
② 能区分资料的种类和特征。
③ 能"随便扩展"。
④ 对人工处理和计算机处理有同样效果。

通常，项目管理中的资料编码有如下几个部分。

① 有效范围。说明资料的有效范围和使用范围，如属某子项目、功能或要素。
② 资料种类。外部形态不同的资料，如图纸、书信、备忘录等；特点不同的资料，如技术的、商务的、行政的资料等。
③ 内容和对象。资料的内容和对象是编码的重点。对一般项目，可用项目工作分解结构作为资料的内容和对象。但有时它并不适用，因为项目工作分解结构是按功能、要素和活动进行的，与资料说明的对象常常不一致，在这时就要专门设计文档结构。
④ 日期或序号。相同有效范围、相同种类、相同对象的资料可通过日期或序号来表达，如对书信可用日期（序号）来标识。

以上这几个部分对于不同规模的工程要求不一样。例如，对一个小工程，或仅一个单位工程的，则有效范围可以省略。

这里必须对每部分的编码进行设计和定义。例如，某工程用 11 个数码作资料代码，如图 9.2 所示。

图 9.2 某工程资料编码结构

(3) 索引系统

为了方便使用资料，必须建立资料的索引系统，它类似于图书馆的书刊索引。项目相关资料的索引一般可采用表格形式。在项目实施前，它就应被专门设计。表中的栏目应能反映资料的各种特征信息。不同类别的资料可以采用不同的索引表，如果需要查询或调用某种资料，即可根据索引寻找。

例如，信件索引可以包括信件编码、来（回）信人、来（回）信日期、主要内容、文档号、备注等栏目。在此要考虑到来信和回信之间的对应关系，收到来信或回信后即可在索引表上登记，并将信件存入相应的文档中。索引和文档的对应关系如图 9.3 所示。

(4) 建立文档资料收发、登记和处理制度

建立文档资料收发、登记和处理制度明确文档资料处理流程，避免造成混乱和延误。当利用计算机系统进行文档登记时，登记内容的规范化、准确性和详实度对文档的查阅显得非常重要。

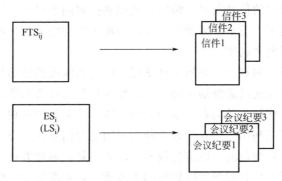

图 9.3 索引和文档的对应关系

(5) 用链接原理解决文档共享问题

在工程项目文档管理实践中,按照文档分类原则,同一份资料应该存放在两个或几个类别中,否则会给检索和查阅带来困难。采用传统的文档管理方法,需复印多份分别存放,既会增加管理成本,又要占用有限的存放空间。如果运用计算机网络链接原则,即可解决文档共享问题。

(6) 要有必要的硬件设施

项目建设期的文档管理设施,要从文档的安全性考虑,文档保管场所必须具有防火、防水和防盗的起码条件,同时还应具备文档管理的基本条件。

(7) 建立完善的文档管理制度和处理流程

① 个人或部门收到外单位送来的文函资料时,应按规定转到文档管理部门登记处理,严禁滞留在个人或部门手中;

② 文档在处理流通周转过程中,应及时转给有关人员,事情处理完毕后,及时退回文档管理部门。这样有利于避免因人事变动而带来的文档散失,保证文件资料共享,确保工作的顺利进行。

9.4 工程项目管理信息化

工程项目管理信息化是指运用信息技术,特别是计算机技术、网络技术、通信技术、控制技术、系统集成技术和信息安全技术等,改造和提升工程项目技术手段和生产组织方式,提高建筑企业经营管理水平和核心竞争能力,提高建筑业主管部门的管理、决策和服务水平。信息化是当今国际社会发展的趋势之一。近年来,许多发达国家和发展中国家纷纷把信息视为重要战略资源,把信息化作为社会持续发展的重要途径之一。我国也提出了信息化发展战略和发展规划,并将国家信息化建设作为 21 世纪初期我国经济和社会发展的重要组成部分。

9.4.1 信息化的内涵

信息化是充分利用信息技术,开发利用信息资源,促进信息交流和知识共享,提高经济增长质量,推动经济社会发展转型的历史进程,它是人类社会发展过程中一种特定现象,它的产生和发展表明人类对信息资源的依赖程度越来越高。信息资源的开发和利用是信息化建设的重要内容,因为信息化建设的初衷和归属都是通过对信息资源的充分开发利用来发挥信息化在各行各业中的作用。信息技术的开发和应用是信息化建设的加速器,因为信息技术为人们提供了新的、更有效的信息获取、传输、处理和控制的手段和工具,极大地提高了人类信息活动的能力,扩展了人类信息活动的范围,加速了社会的信息化进程。

(1) 信息资源的开发和利用

所谓信息资源的开发和利用,是指对已掌握的信息做深度的思维加工、改造和重组,使之能产生新的信息或者说通过思维加工能进一步发现信息的社会功能,开拓其在经济社会发展中更加广阔的用途,使信息的潜在力量能充分发挥,价值得到实现。信息的开发利用分为显性开发利用和隐性开发利用。信息的显性开发利用是对信息的来源即信息源和信息渠道的挖掘,它以获得更多信息为目的,以信息技术手段为工具,通常表述为开发;而隐性开发利用,则着眼于对已掌握的信息做深度的思维加工或重组,不断的发现信息的社会功能,开拓信息在经济、政治、社会发展过程中的广阔用途,从而能更好地掌握和利用信息的潜在力量为社会服务,以定性分析和定量分析的方法为工具,常表述为利用。

近年来,我国信息化建设取得了重要进展,信息资源总量不断增加,质量逐步提高,在现代化建设中日益发挥重要作用。但必须看到,当前信息资源开发利用工作仍存在诸多问题,主要是:信息资源开发不足、利用不够、效益不高,相对滞后于信息基础设施建设;信息资源开发利用市场化、产业化程度低,产业规模较小,缺乏国际竞争力;信息安全保障体系不够健全,对不良信息的综合治理亟待加强;相关法律法规及标准化体系需要完善等。应加强信息资源开发利用,采取有效措施,抓紧解决工作中存在的问题,不断提高信息资源开发利用水平。

(2) 信息技术的开发和应用

信息技术是指在计算机和通信技术支持下用以获取、加工、存储、变换、显示和传输文字、数值、图像以及声音信息,包括提供设备和提供信息服务两大方面的方法与设备的总称。随着信息化在全球的快速进展,世界对信息的需求快速增长,信息产品和信息服务对于各个国家、地区、企业、单位、家庭、个人都不可缺少。信息技术已成为支撑当今经济活动和社会生活的基石。

信息技术代表着当今先进生产力的发展方向,信息技术的广泛应用使信息的重要生产要素和战略资源的作用得以发挥,使人们能更高效地进行资源优化配置,从而推动传统产业不断升级,提高社会劳动生产率和社会运行效率。信息技术的特征应从如下两方面来理解:

① 信息技术具有技术的一般特征——技术性。具体表现为:方法的科学性,工具设备的先进性,技能的熟练性,经验的丰富性,作用过程的快捷性,功能的高效性等。

② 信息技术具有区别于其他技术的特征——信息性。具体表现为:信息技术的服务主体是信息,核心功能是提高信息处理与利用的效率、效益。由信息的秉性决定信息技术还具有普遍性、客观性、相对性、动态性、共享性、可变换性等特性。

9.4.2 工程项目管理信息化的内涵

工程项目管理信息化指的是工程项目管理信息资源的开发和利用,以及信息技术在工程项目管理中的开发和应用。在投资建设一个新的工程项目时,应重视开发和充分利用国内和国外同类或类似建设工程项目的有关信息资源。信息技术在工程项目管理中的开发和应用,包括在项目决策阶段的开发管理、实施阶段的项目管理和使用阶段的设施管理中开发和应用信息技术。目前总的发展趋势是基于网络的项目管理平台的开发和应用。

(1) 建设工程项目管理信息化的意义

① 利用信息网络作为项目信息交流的载体,从而使信息交流速度可以大大加快,减轻

了项目参与人日常管理工作的负担,加快了项目管理系统中的信息反馈速度和系统的反应速度,人们能够及时查询工程进展情况的信息,进而能及时地发现问题,及时作出决策,提高了工作效率。

② 利用公共的信息管理平台,方便了各参建方进行信息共享和协同工作,一方面有助于提高工作效率,另一方面可以提高管理水平。建设工程项目信息化使项目的透明度增加,人们能够了解企业和项目的全貌。总目标容易贯彻,项目经理和上层领导容易发现问题。下层管理员和执行人员也更容易了解和领会上层的意图,使得各方面协调更为容易。

③ 它适应建筑工程项目管理对信息量急剧增长的需要,允许将每天的各种项目管理活动信息数据进行实时采集,并提供对各管理环节进行及时便利的督促与检查,实行规范化管理,从而促进了各项目管理工作质量的提高。

④ 建筑工程项目的全部信息以系统化、结构化的方式存储起来,甚至对已积累的既往项目信息高效地进行分析,便于施工后的分析和数据复用,从而可以为项目管理提供定量的分析数据,进而支持项目的科学决策。因此,对建筑施工项目实行信息化管理,可以有效地利用有限的资源,用尽可能少的费用、尽可能快的速度来保证优良的工程质量,获取项目最大的社会经济效益。

⑤ 建设工程项目信息化使项目风险管理的能力和水平大为提高。由于现代市场经济的特点,工程建设项目的风险越来越大。现代信息技术使人能够对风险进行有效的、迅速的预测、分析、防范和控制。因为风险管理需要大量的信息,而且要迅速获得这些信息,需要十分复杂的信息处理过程。现代信息技术给风险管理提供了很好的方法、手段和工具。

(2) 工程项目管理信息化在建设过程中存在的问题

① 建筑企业对信息化的了解及应用程度较低:信息化在现代建筑企业中已经取得了一些成效,但大多数企业未能重视开发和应用信息化系统。信息化的推广还只停留在管理层次上,其最主要的规范工作流程、有效监控项目、合理配置资源、实测工程成本等功能未得到充分应用和体现。

② 建筑工程管理信息化标准不统一。企业内部未建立起一套完整的信息化标准,无法规范建筑企业的信息,行业内部的信息及资源均无法得到优化与整合。

③ 建筑工程项目管理信息化软件价格昂贵且不成熟。国外的项目管理信息化软件功能强大,并且融入了很强的项目管理思想和技术,能满足用户多方面的需求,但是由于这些软件是以国外的企业组织类型、项目管理模式为基础进行设计的,不同的管理环境、管理理念、组织形式使得国外优秀软件在国内项目中的应用得到限制;另外,这些软件大多价格昂贵,企业投入过大,短期收益值较小甚至为负,很多企业尤其是中小型企业难以承受,因此国内很多大型项目运用这些软件进行项目管理时遇到很多问题。随着国内项目管理信息化的发展,国产的项目管理信息化软件也不断开发,但由于开发人员素质、开发投入、开发周期等因素的限制,国产软件的开发还有很多不完善的地方,要想很好的用于项目管理还需要很长一段路要走。

④ 建筑工程项目管理信息化应用范围存在局限性。在我国,建筑工程项目管理信息化应用范围较窄,不重视建筑工程项目整体管理,很多都集中在项目的某个阶段或某项工作,如设计阶段,项目施工的前期阶段,招投标、造价预算、施工组织设计等工作,而在施工过程中的进度、质量、成本控制方面的应用较少,项目施工管理仍然主要靠管理人员的经验和处理能力。

(3) 提高工程项目管理信息化程度的措施

政府应加大企业信息技术创新力度，确保工程管理信息化发展，支持信息化建设可以从以下几个方面努力。

① 采取有效的政策措施，促进企业信息化技术创新。

第一，政府要注意信息化技术开发及投入力度；第二，针对管理企业创新活动，政府给予一定的税收优惠，促进银企关系和谐发展，避免企业因信息化不完善而出现的融资困难。

② 建立多元化、科学化的管理平台及信息系统。

建筑工程管理包括项目管理模式确定、项目管理组织设置、职能分解、项目的具体工作流程、信息管理流程和管理规章，涉及合同管理、现场管理施工、财务管理、概预算管理、材料设备管理等多个环节。因此，要建立一个涵盖多层次的管理系统和信息平台，实现信息整合、信息交换的标准化，保证施工现场管理、监控项目等多项工作顺利开展。通过信息化手段来监控各业务模块，并协调项目部与项目各方面的关系，促进项目管理工作有序开展。

③ 开发国产软件和信息系统，确保系统适应国内项目管理工作。

国内应该加快研发和运用适合我国建筑行业发展的国产建筑管理软件和相关信息系统。系统可以按照工程进度、已进行的投入及工作量等参数进行自动化核算，掌控实际成本，为企业管理人员制定可行性的成本策略提供管理建议。

9.4.3 工程项目管理信息化的实施

当前，建设项目管理信息化水平不高，从客观背景来看，其和建筑业整体信息化水平不高是直接相关的。因此，要实施工程项目管理信息化，从宏观层面来讲，必须大力推动建筑业行业信息化以及建筑业企业信息化。目前，我国已经制定出建筑业行业信息化发展战略；同时，建筑业企业也开始逐步进行信息化建设。这给建设项目管理信息化提供了良好的发展机遇和发展基础。

(1) 搭建多层次的管理平台

建筑工程项目实施过程中对外涉及业主、监理、设计、地方政府、上级管理机关等多方利害关系人，对内涉及合同管理、现场施工管理、财务管理、概预算管理、材料设备管理等多个部门，不同利害关系人和不同部门在项目实施的过程中有着不同的工作职责和内容。因此，工程项目信息化应充分考虑不同参与方的需求，建立一个涵盖施工现场管理、项目远程监控、项目多方协作、企业知识和情报管理等多层次的软件系统和网络信息平台，能够自动生成面向不同主体的数据，实现各种资源的信息化。

(2) 创建以数据为中心的工作流程

项目管理过程是数据在项目各参与方之间流动和传递的过程。传统的管理模式下，信息的产生、采集、整理、加工、传递、检索、使用等是以电话、书面通知、传真等方式缓慢地、重复地进行，一个环节信息的获得必须通过相关部门的协作方可完成，这在很大程度上降低了信息传递的及时性、有效性和经济性。为了避免出现重复和交叉工作，加快信息传递速度，提高信息传递质量，工程项目信息化系统必须以"数据"为中心，项目参与者的工作职责和内容以"数据管理"为依据，工作流程以数据之间的逻辑关系和制衡条件为中心参与项目的全过程管理，实现"一次输入、多次利用"，即项目的每个人只要完成自己的工作，系统将实现业务的自动流动。

(3) 构建涵盖项目建设周期的一体化系统

建筑工程项目在建设过程中涉及多方面的内容，具体如下。

① 受建筑行业工作流程的影响，项目在立项和招标过程中采用大量的国家、地方、行业定额，这些内容管理体系庞杂、数据计算量大、运用标准灵活，是各建筑企业必须遵守的内容，也是企业测算工程成本的主要依据。

② 业主在项目管理过程中常引入一些单环节的管理软件，如进度报告软件、验工计价软件等，这些软件都是相互独立的。

③ 建筑企业在项目实施过程中涉及合同管理、计划管理、成本管理、资金管理、安全管理、质量管理、进度管理、人员管理、设备管理、物资管理、分包管理、变更设计管理、定额管理、会计核算等内容，这些内容是项目管理不可或缺的要素。作为工程项目信息化系统，在研发和使用过程中必须考虑上述内容的影响，在工作流程再造和数据中心建立的过程中应突破各部门单一应用的局限，科学地将各项内容有机地联系起来，实现各业务模块的联合监控，并能有效地协调项目部与各相关方的工作关系，形成一个全过程、全方位的工作环境。

(4) 强调全员参与

工程项目管理信息化成果能很好地帮助项目参与各方成员进行高效的信息交流和协同工作。由于信息交流是一个双向或多向的过程，若一方发送的信息没有得到及时的反馈，将使信息交流流于形式，无法得到有效实施。因此，建设项目管理信息化的实施需强调全员（包括全部相关参与单位与参与人员）参与，尤其是关键项目参与方和人员的参与，才能使信息交流顺畅，产生信息化应有的效益。要取得基于互联网的系统应用的成功依赖于项目团队关键成员的参与，一旦其中某个关键成员拒绝参与的话，整个基于互联网的系统应用将迅速失去作用。在实施建设项目管理信息化时，应考虑激发关键成员的积极性，才能保证实施的成功。

(5) 以项目管理为核心，增强适应性

建筑工程项目中的铁路工程、公路工程等受地质条件和天气变化等环境影响因素比较大，市政工程、房建工程等受天气变化、城市允许施工时间、噪声和环境保护要求高等限制，这些都影响甚至决定工程进度、资源投入等，同时也增加了成本预测的难度，降低了成本分析的准确性。因此，工程项目信息化系统应具有施工参数设置功能，允许用户根据项目所处环境自定义相关参数，从而使系统的运行能够更加切合实际，增加信息反馈的准确性。其次，工程项目的管理中，在确保项目安全和工程质量的前提下，管理者最为关注的是工程进度和工程成本，因此，系统应建立工程进度与成本控制之间的关系，能够根据完成的工程量及时提供项目的计划成本、实际成本和预算成本的实时对比，最终预测成本发展趋势和提出成本控制建议。第三，由于项目管理直接面对施工现场，系统的界面设计应当尽量简单、便捷，减少输入数据的工作量，增加输入数据的各种操作提示，设置防止误操作等功能。同时，由于大量数据从现场采集和提供，为真实地反应现场施工的成本，系统应以详细的工作任务分解为基础，以项目进度控制为依据，以项目成本的动态控制为核心，以合同管理和结算为纽带，注重对工、料、机成本数据的采集和处理，实现全过程的精细化管理，为项目管理者提供决策依据。

(6) 积累信息资源，构建企业项目管理知识库

国际上建筑企业是依据企业定额参与市场竞争，这能够显示建筑企业综合实力的差异。目前，与国内招投标体系不同，国内建筑市场尚未采用企业定额投标的方法，但通常采用的根据设计院或业主公布的概算编制投标价格的方式，中标价格其实是一个企业能够承受的项

目最高成本。在建项目实际承担着积累项目管理经验、积累同类项目实际成本、考核承包商的优胜劣汰和树立企业信誉等多重职能。因此，工程项目信息化系统应设置企业定额的编制模板、材料总库、承包商和供应商数据库以及各类合同的编制模板，用户可以根据现场需要进行删减和维护，便于其他项目直接调用和借鉴。

9.5 BIM 和网络技术在工程项目管理中的应用

随着信息技术的发展和在工程领域的广泛应用，工程建设的信息化趋势越来越明显。这些趋势表现在多个不同的方面，如工程设计中数字化建筑模型的应用，造价估算中市场价格信息的自动收集，进度控制中工程进度信息的全面收集和自动反馈等。在这些趋势中一个比较突出的发展方向是在网络平台上进行的建设项目管理。

9.5.1 BIM 在工程项目管理中的应用

9.5.1.1 BIM 的概念

所谓 BIM（Building Information Modeling），美国的 BIM 国家标准的定义如下："对一个建筑工程项目的物理和功能特性的数字化表达；一个信息共享的平台；一个实现建筑工程全生命周期管理的信息过程；一个实现建筑项目不同阶段信息插入、提取、更新以及修改的协同化作业平台。"从 BIM 的定义中我们可以发现，BIM 具有的可视化、协同性、模拟性、关联性和一致性的技术特点。

(1) 可视化

所谓的可视化，即是说在 BIM 技术的支持下，实现对建筑实物的立体化展现，这种近乎"逼真"的效果可以有效避免施工过程中的损失。在以往的建筑施工过程中，一般是应用平面施工图纸做导向，图纸最大的缺陷就是立体感明显不足，仅是设计人员的凭空想象，直观性不强，势必会对建筑物重要功能产生遗漏而不得不重新施工，造成了极大的损失。因而 BIM 技术的引入，以其三维、四维的可视化强大功能，可以实现对建筑物物理结构和功能特性的数字化表达，使一个近乎真实的立体建筑物模型、建筑过程模型得以呈现在人们的面前。BIM 不仅在建筑设计阶段实现可视化，在施工、运营的过程中同样可以达到可视化的效果。

(2) 协同性

由于建筑项目工程涉及的部门较多，包括了设计部门、施工部门、监管部门甚至融资部门等，实现各方的信息的有效沟通以实现建筑项目的协同性是项目顺利开展的关键环节。此外，由于各方对于项目相关技术参数的掌握和理解程度有所偏差，假使在施工之前未能实现充分的沟通，就有可能导致"临时抱佛脚"而仓促施工，甚至导致施工事故的产生，不仅对项目的进度产生重大影响，也会导致相关部门的信誉度遭受重创。为此，在问题未暴露之前实现各方"未雨绸缪"的有效沟通无疑是"共赢"的最佳表达，而 BIM 技术所特有的对项目各方的意见、建议进行交流和汇总的强大功能，并通过计算机程序来对施工工序进行模拟，不仅有效避免了建筑事故的发生，还能做到及时发现问题，协调沟通的理想效果。

(3) 模拟性

BIM 的模拟性技术特点，是指 BIM 不仅能在项目设计阶段实现对建筑物的模型模拟，通过三维、四维的效果图来消除以往图纸设计的缺少直观性的缺陷，还能够在项目实施过程中达到模拟的效果，即使说模拟施工建设的整个过程。在建筑物设计阶段，BIM 会针对所设计的建筑物的各个部门的性能进行模拟，包括节能模拟、突发危机事件的人员疏散模拟、对建筑物的光照模拟、热能传导模拟等；而在项目施工阶段，则表现为对项目的施工效果的三维模型进行4D、5D模拟，就是说可以实现模拟施工流程，BIM的此种性能，不仅为建筑工程的施工方案的确定寻求依据，更为重要的是，在施工流程模拟中，项目各方可以及时发现问题，并实现工程造价成本的有效控制，为经济效益的提高"保驾护航"。

(4) 关联性和一致性

所谓的关联性，是指在BIM技术下，项目设计模型中的各项数据是彼此关联的，当某一数据参数发生改变时，与这一数据参数相关联的其他参数信息都会随之发生变化，以实现技术数据参数的吻合性。此外，在项目进度的不同阶段，这些技术数据参数信息无需重复输入，也不会发生改变，实现了项目数据信息的全生命周期的一致性。BIM技术所具有的关联性和一致性的功能，保证了施工过程中各种数据参数信息的精确性，也实现了建筑工程全生命周期管理各个阶段信息资源的无缝链接。

因此，在对BIM技术特点的分析中，我们可以得出，BIM技术是一种以信息技术为基础的，以计算机为载体的，能够对建筑工程全生命周期管理过程中的各种信息数据进行有效分析和整合的信息管理模式。

9.5.1.2 BIM技术的应用

建设工程项目管理的主要内容就是"三控三管一协调"，即成本控制、进度控制、质量控制、职业健康安全与环境管理、合同管理、信息管理和组织协调。在建设工程项目管理中，运用BIM技术，可以在优化方案、布置现场、缩短工期、降低成本、提高质量、沟通协同等多方面发挥作用。

(1) 成本控制

工程开始时，将项目组织机构、施工方案、施工进度计划、合同价款、施工定额和企业管理费用等标准输入到BIM中，建成5D数据库，可以快速准确地计算工程量，提升施工预算的精度与效率，方便地进行成本预测，编制精确的成本计划。

随着工程的开展，通过将现场人、材、机实际消耗资源量以及工程变更与索赔资料等相关数据输入到BIM中，既有利于项目成本管理人员的成本控制，也有利于企业成本部门、财务部门使用相关数据，既实现了总部与项目部的信息对称，又加强了对实际成本的动态维护和管控能力。通过与计划成本的对比，利用各种成本控制方法，可以方便地进行成本控制，快速实行多维度的成本分析。BIM可以使成本数据的收集、整理、分析、核算准确性大为提高。

(2) 进度控制

将建筑工程的三维数据模型与工程进度计划相结合的4D模型，能够精确控制工程，动态地优化分配劳动力、材料、机械和施工场地。进度计划既可以用横道图或网络图表示，也进行以动态的三维展示。

首先根据合同工期、确定的施工方案和从BIM抽取的工程量，以及各项资源消耗定额，可以方便地制定和优化施工进度计划，快速地计算时间参数，确定施工关键线路及确定各项施工资源。

施工过程中，将工程3D模型与施工进度连接，通过各项工序的模拟计算，得出工序工期、劳动力、材料、机械设备等资源的占用情况，实现施工资源及施工过程的可视化模拟，随时随地地直观快速地将计划进度、资源及成本与实际进度、资源及成本进行对比、分析，自动生成工程量表和资源用量表,确定进度计划的调整内容和方法,方便项目管理人员采取相应的措施控制工程进度,进一步优化进度计划。

(3) 质量控制

在工程设计和图纸审查过程,利用BIM对建筑、结构、机电等设计进行碰撞检测,可以快速发现设计中存在的问题,提前进行结构、管线和设备等位置、标高等方面的调整,可以减少施工中的设计变更。

在制定施工方案时,也可以通过类似的碰撞检测,根据施工工艺、机械设备、材料堆放与运输线路,进行施工过程可视化模拟,分析施工操作的冲突,确定最经济合理的方案和资源配置。另外也可以利用BIM进行幕墙、综合布线、设备设施的调整、细化和完善等内容的深化设计。

施工过程中使用5D模型进行工艺流程的优化和工序质量的控制,同时将工程质量检查、检测数据反馈到BIM中,系统将质量信息或报告与信息模型相关联,可以自动生成工程质量统计分析报告,实现实时的人机交互,方便工程技术人员利用PDCA、数理统计等方法进行工程质量控制。

(4) 职业健康安全与环境管理

通过BIM可以方便地了解工程以及场地环境三维模型,根据气象、水文、地质条件,以及周边的交通、社会环境,结合法规、规范对安全文明施工的规定,可以在场地规划、临建布置、材料码放、机械设备选择、安全防护、标识标牌、消防设施、环境保护等方面进行模拟和优化,确定最优的安全与环境管理方案,并对安全文明施工设施进行标识,并输入到BIM系统,可以根据施工进度进行动态管理,实现场地布置、机械操作、分包管理等的实时调整。

利用BIM可以方便地进行危险源的识别,有利于风险的控制;基于BIM的工程管理,可以用于火灾模拟、应急疏散与消防演练。

将深基坑开挖、高大模板、高大脚手架、起重吊装等危险性较大分部分项工程方案与BIM进行关联、模拟,可以优化方案,检验方案的安全性、经济性与合理性。

将安全与环境检查数据输入到BIM中,将施工现场实际情况进行直观地可视化显示,可以方便建设、监理、施工等各方进行查阅、评估,以便有针对性地进行检查控制,消除安全隐患,最大限度地保证施工安全与环境保护。

(5) 合同管理

BIM在招投标阶段就显示出巨大的优越性,可以从中按需要提取出相当精确的工程量,可以有针对性地进行施工组织设计工作,有利于准确的进行投标报价和确定合同价。BIM同样可以用于进行分包方的选择与合同管理。

将各种合同的数据信息输入到BIM中,在工程施工中发生的设计变更及各种索赔信息可以及时地反馈到合同管理模块,及时进行工程价款的调整和索赔工作的开展,快速编制进度款支付申请和工程结算书。

(6) 信息管理

BIM技术本身就是信息技术,建设工程项目管理的BIM可以使项目的各相关方在局域网内进行数据的共享与信息的沟通,与PMIS系统进行整合或对接,可以方便地进行成本控制、进度控制、合同管理等。

将项目管理的BIM与相关方的总部信息系统进行链接,实现项目信息门户(PIP)方式的信息集中存储及共享，可以用于企业的人、财、物、产、供、销的管理，可以用于项目的文档管理，促进项目各参与方的协同工作。

（7）组织协调

协调性是 BIM 的重要特点之一，BIM 为工程各参与方提供了一个数据共享的平台，所有的工程问题都可以在 BIM 中进行直观的查看，可以快速地进行信息提取，所以使得各方可以实时地进行文字、图像、语言、视频等方面的沟通，最大程度地减少分歧，达成共识。

这种沟通与协调不但在发生问题之后才能进行，利用 BIM 提前进行各专业之间的碰撞检测，完全可以进行预测和预控，并且将这种协调性可以向前延伸到项目策划阶段，向后可以延伸到项目的运营使用阶段。

9.5.2 网络平台上的工程项目管理

在网络平台上进行建设项目的管理，其技术基础是网络平台，是在局域网或互联网上构建的信息沟通平台；网络平台上的活动主体是用户，是构成了一个虚拟的项目管理组织的用户群体；而网络平台上项目管理活动的核心是建设项目的信息管理，包括了项目信息的创建、集中管理和共享等几个方面。

项目管理网络平台主要包括硬件系统和软件系统两个方面。硬件系统包括整个网络平台运行所需要的服务器、个人电脑和相应的网络设施，如果是互联网，还会包括与互联网相连的硬件设备。不同的网络、不同的系统、不同的软件对硬件都会有不同的要求，但都需要硬件具有安全、稳定和高速度的性能。软件系统包括网络平台运行过程中所需要的各种软件，如电脑的操作系统软件、办公应用软件、项目管理应用软件、网络通讯软件以及网络系统运行软件等。如图 9.4 所示。

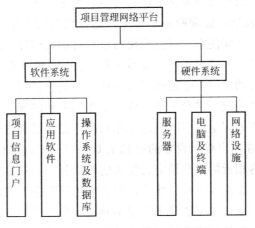

图 9.4　项目管理网络平台的构成

在网络平台上进行建设项目管理工作，需要每个用户根据其权限和岗位责任在网络系统内履行其职责，相互之间按照分工进行协调配合，在网络平台的环境下形成一个虚拟的项目管理组织，功能健全，如一个真正的项目管理组织一样平稳顺利地运转。

9.5.2.1　项目管理组织的特点

和其他的组织机构一样，建设项目管理组织也牵涉到了组织结构、岗位职能、工作流程等方面的因素。然而，和一般的企业或团体组织不同，建设项目管理组织有其本身比较鲜明的特点，可以概括为以下三个方面。

(1) 以建设项目为中心的组织结构

建设项目管理组织结构的设计和安排完全围绕建设项目的需要来进行，而其他相关的问题如企业经营等仅仅作为参考的因素。

(2) 工作流程的调整和变化

随着组织机构的变化和调整，相应的工作程序也会有一定变化，其工作的对象也有所不同，整个工作流程都会随着建设项目实施进行作相应的改变。

(3) 组织机构的演变

随着建设项目实施的进行，参与项目的各个方面会有所变化，工作人员也会有相应的调整，整个建设项目的组织机构和人员构成都在不断的调整变化之中。与其他组织机构的相对稳定和人员的相对固定不同，组织机构的不断变化和调整是项目组织的一个基本特征。

9.5.2.2 网络平台上的虚拟项目管理组织

在项目管理网络平台的环境下，有关项目管理组织的工作包括虚拟组织的设定和调整两个方面。不同的项目管理网络平台系统软件对组织设定有不同的处理方法，但种种不同的解决方法都有着内在的一致性。在根本上，组织的设定包括用户权限设定、职能分组设定和工作流程设定三种主要工作内容。

① 用户权限的设定是对项目管理组织结构的最基本的设置，它根据不同用户在项目管理组织中的职能性质和岗位责任对用户的权限进行设定，如管理、阅读、编辑、限制等由高至低不同层次的权限。这些权限所涉及的对象多种多样，最基本的是建设项目文档，即文档管理权限。除此之外，有些系统软件还涉及了信息发布和信息接收权限、工作安排和任务管理权限、项目成员工作监督权限、会议安排和召集权限等。所设定权限的种类和层次越多，最终的虚拟项目管理组织的状况越复杂，越有可能接近于真实的项目管理组织。

② 工作流程主要是在项目管理网络平台上对建设项目管理中一些比较程式化、固定的信息处理程序进行实现，从而使系统对这些流程进行自动的监控、跟踪、管理等。经常需要进行设定的工作流程包括一些审批流程、复核流程、协同工作流程等。自动进行的工作流程虽然是项目管理网络平台功能中一个比较突出的特点，但它仅仅是对日常项目管理工作的一种辅助和补充，并不能作为网络平台上项目管理工作的主要内容。因为建设项目实施过程的复杂性使这些工作流程不能完全适应所有的工作状况，必须经常进行人工的干预和调整。

③ 职能分组设定是在用户权限设定的基础上对用户工作内容的分类和组合，这往往需要将工作性质或工作内容相近的用户设定为相应的职能分组，对其权限进行集中管理，使这些用户在权限的层次和工作内容上比较接近，更容易进行工作上的协调和配合。同一职能分组中的用户彼此可能是同事，也可能是来自于不同项目参与方的工作人员。例如，在为建设项目的设备采购工作进行职能分组设定时，成员就可能包括业主方的技术人员、合同管理人员、财务人员、设计方的技术人员、总承包方的管理人员和安装工作人员等。

虚拟组织的调整同样也涉及了用户权限、工作流程和职能分组三个方面。有关的调整工作是经常性的，尤其是在建设项目实施的过程有所变化时，如从设计阶段到施工阶段、从合同谈判到合同执行等。网络平台上的虚拟组织是对现实中项目管理组织的模仿，然而又在现实的基础上有所调整，以适应项目管理网络平台工作环境的变化和要求。

9.5.2.3 网络平台上项目管理的主要内容

在网络平台上进行项目管理，工作的主要内容是围绕建设项目信息处理所进行的一些任务，概括起来可以分为三个方面：文档管理、信息沟通和组织协调。

① 文档管理是项目管理网络平台的基本功能，也是项目参与各方在网络平台上所进行的最主要的一项工作任务。文档管理包括文档结构的建立、资料的收集和归档等工作内容。

② 信息沟通是网络平台为项目管理工作提供的一项主要功能。建设项目参与各方通过网络平台所提供的个性化信息入口进行相互之间的交流，利用网络平台所提供的统一的交流渠道，将各自所掌握的数据资料按照需求或网络平台所设定的程序发送到相关的方面，例如设计方将设计资料发送到业主方、施工单位将设备材料的技术资料发送到供应方等，从而在网络环境下进行有序的信息交流，解决传统建设项目实施过程中信息交流混乱无序的问题。

③ 组织协调是网络平台为项目管理工作所提供的一项综合性的功能，项目参与各方通过在网络平台上相互之间的信息交流和协调，达成协同工作的目的。传统的建设项目实施过程中，组织协调往往是通过谈话、会议等方式来实现的，而在网络平台环境下，则由统一的信息交流渠道来解决组织协调的问题。这既规范了组织协调的行为，又将各方面的组织协调工作统一地置于网络平台系统的控制之下，便于整体上的项目控制和管理。

网络平台上的文档管理、信息交流和组织协调是项目管理工作的三个主要方面，其核心内容是对建设项目信息的收集、管理和共享。简单地概括，网络平台上项目管理工作的实质是建设项目的信息管理。

复习思考题

1. 工程项目建设过程中的信息依据不同划分标准可分为哪几种类型？
2. 在进行信息管理时应遵循哪些五项原则？
3. 在工程项目管理过程中，工程文件的管理的要求是什么？
4. 简述建设工程文档资料的特征。
5. 试起草一个索赔文件的索引文件结构。
6. 工程项目管理信息化在建设过程中存在哪些问题，应如何解决？
7. 何为 BIM？如何实现 BIM 技术在工程项目管理中的应用？

案例

BIM 技术在上海中心大厦的应用

上海中心大厦主体建筑结构高度为 580m，总高度为 632m，地下 5 层、地上 121 层，其造型美观，双层幕墙，轻盈通透，外层幕墙的旋转达到建筑造型效果，作为中国在建的第二高楼，是一个特大型、多功能超高层建筑项目，单体建筑面积超过 57.6 万平方米。本项目建成后，将包括办公、酒店、会议中心、商业、观光平台等多种经营业态，而且，将与金茂大厦、环球金融中心等组成和谐的超高层建筑群，形成小陆家嘴中心区新的天际线，展现浦东改革开放成果和陆家嘴金融贸易区的时代风貌。本工程项目建设单位为上海中心大厦建设发展有限公司。项目建设追求的不仅是建筑高度，更是理念高度、科技高度、文化高度、管理高度，尤其是对于"管理高度"，期望引领建筑工程领域的项目管理发展方向，力求在行业中发挥引领和示范作用。

1. 管理难点分析

高规格的要求带来高规格的标准，高规格的标准面临高难度的问题。本工程特点突出，导致业主对工程建设的管理难度十分巨大，主要难题涉及统筹协调、投资控制、进度控制、信息共享、合同管理等方面内容。

(1) 项目统筹协调阻力大

由于工程分支系统复杂、项目参建单位众多，工程建设的各个方面、各个环节、各个系统之间都存在相互关联的联系。同时，巨大的建筑和机电材料采购量决定整个建设过程中必然要对数量众多的供货方进行有序地管理。然而，如此多的项目参建方均有各自的管理体系和优势，建设单位在统一管理时难度相对较大；而且利益最大化的驱使使得企业遇到项目统筹协调的阻力会比较大。因此，这对建设单位进行项目的统筹协调、有效管理提出了非常大的挑战。

(2) 海量信息共享传递难

本工程设计信息、施工信息、安装信息等数据繁多，将分别保存在设计图、施工图、竣工图等资料中，图纸数据巨大。大量的图纸和资料若以文本的形式记录下来，将堆积如山，需要非常大的专用空间进行存储；而且，这些大量信息的分类、保存、分析、更新和管理工作难度巨大。建设单位若将这些海量的信息以文本的形式进行传递并让参建各方有效共享，可想而知是多么难以想象的情景。当工程项目开始实施后，还会产生海量的工程数据，这些数据获取的及时性和准确性直接影响到各单位、班组的协调性水平和项目的精细化管理水平。海量信息有效传递难度大、信息无法有效地共享将成为制约本工程顺利建设和影响建设单位管理效率提高最关键的因素之一。

(3) 成本合同管控难度大

本项目预算总投资约120亿元人民币，巨额的投资控制必须用精确的计算模型和管理手段加以保障。如何将账面投资与实际建设进度有效结合、实时掌握项目过程的实际进程情况，并确保最终控制目标的实现是建设单位亟需解决的关键问题之一。而且，本工程建设周期较长，为72个月；参见单位众多，超过40家；各类合同的数量巨大，建设单位对合同的管理难度将非常高。

(4) 进度质量控制要求高

本项目施工周期紧，整个项目施工周期为72个月。同时，本工程建筑难度大、施工工艺复杂，较多创新性的设计理念首次在如此高的超高层建筑中大范围使用，这对在保证工程进度的同时，保证工程质量创优提出了更高的要求。要保证现场施工的顺利进行，不至于影响施工质量和进度，这对项目建设单位管理的精细化水平提出了极高的要求。

上述这些工程管理的难题给业主管理部门提出了严峻的挑战。需要管理者建立专门的精益化管理模式，采用一揽子的工程管理模型，运用行之有效的信息化技术，将设计、施工、管理、投资控制等各项工作内容纳入同一个信息化的管理平台中进行统筹协调，切实解决前述本工程建设过程中的各种企业管理难题。

2. 项目BIM信息化精益管理模式

项目的建设理念是"至高、至尊、至精"，这就要求我们的管理能力和管理水平达到"至高、至精、至远"的高度。由于建设单位驱使下的BIM应用模式更能发挥BIM技术的管理效益，故可建立一套建设单位牵头、各参建单位共同参与的BIM信息化技术精细化管理模式，最能体现BIM的作用和价值。

因此，对于上海中心大厦工程项目而言，可以采取观念上的转变和机制上的创新，建立一种"建设单位主导、参建单位共同参与的基于BIM信息化技术的精益化管理模式"，实现参建各方尤其是建设单位对本工程建设项目进行有效的管理。这种新型的精益化管理模式的信息传递方式如图9.5所示。项目参建各方的项目相关信息存储在公共的BIM数据平台中，而参建各方间也通过对BIM技术的应用和管理，在虚拟的平台中形成了一种精益化的管理模式。当然，这个平台是在参建各方原有内部组织结构的基础上建立的一个具有共同工作平台的环形架构，可以真正实现信息的充分共享和无缝管理。

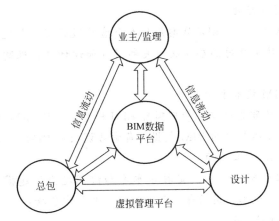

图9.5 基于BIM信息技术的"三位一体"精细化管理模式

通过这种信息传递和管理模式，使建设项目信息在规划、设计、建造和运营维护全过程充分共享、无损传递，可以使建设项目的所有参与方在项目从概念产生到完全拆除的整个生命周期内都能够在模型中操作信息和在信息中操作模型，进行协同工作，从根本上改变过去依靠文字符号形式表达的蓝图进行项目建设和运营管理的工作方式。

3. 企业BIM战略的制定

企业BIM战略需要考虑如何快速拥有一支专业BIM团队、改造企业业务流程、提升企业核心竞争力。上海中心大厦建设发展有限公司BIM战略的实施将分阶段进行，BIM战略的具体实施从项目的BIM应用入手。从技术层面来讲，BIM信息化技术可以用于建设项目的所有阶段，可以完成各种不同的任务和应用；从管理层面而言，可以为项目的所有参与方使用，可进行建设全过程、全方位的管理。因此，上海中心大厦建设发展有限公司BIM战略规划将根据上海中心项目的特点、项目团队的能力、当前的技术发展水平、BIM实施成本等多个方面综合考虑，设定一个对本工程建设项目而言性价比最优的方案，从而使项目和项目团队成员实现如下价值：

（1）所有成员清晰理解和沟通实施BIM的战略目标；
（2）项目参与机构明确在B1M实施中的角色和责任；
（3）保证BIM实施流程符合各个团队成员已有的业务实践和业务流程；
（4）提出成功实施每一个计划的BIM应用所需要的额外资源、培训和其他能力；
（5）对于未来要加入项目的参与方提供一个定义流程的标准；
（6）为衡量项目进展情况提供基准线。

4. BIM管理团队的组建

上海中心大厦工程的精益化管理模式是建立在BIM信息共享的基础上的，由建设单位主导，各参建单位共同参与。上海中心大厦建设发展有限公司通过招标约定的方式来组建BIM管理团队的主要成员，要求所有承包商必须建立自己的专业团队，并且在总包的统一管理下，形成上海中心项目的 BIM 工作平台。

上海中心大厦工程 BIM 管理团队包括项目主要参与方的代表，即业主方、设计方、施工总包和分包、主要供应商、物业管理等单位的代表。其中，业主的 BIM 管理团队必须在项目中起领导核心的作用，这也是项目 BIM 成功实施的关键。上海中心大厦建设发展有限公司的 BIM 管理团队的主要成员及其主要职责包括：

(1) 企业级别的 BIM 经理

BIM 经理的主要职责包括：制定战略规划和负责阶段目标，制定 BIM 培训，制定 BIM 流程标准和数据标准；协调公司高层以及相关部门（如设计部、采购部、工程部等），以获得最大支持。

(2) 项目级别的 BIM 技术主管

BIM 技术主管的主要职责包括：管理项目 BIM 模型，保证 BIM 实施的流程标准和保证数据标准，审查其他项目参与方的 BIM 数据，负责协调项目 BIM 数据的具体应用。

(3) 单工种级别的 BIM 工程师

单工种级别 BIM 工程师指具备一定技术水准和协调能力的建模员，包括建筑、结构、给水排水、暖通、电气、施工、运维等方面的建模。其职责包括：负责本专业的 BIM 实施，协调其他团队的本专业 BIM 实施。

5. BIM 应用环境的创造

上海中心大厦工程 BIM 信息化技术的精益化管理中，需要确定实施 BIM 的硬件和软件要求：

(1) 团队需提供 BIM 系统运行所必需的、相匹配的硬件及软件环境。

(2) 所有团队成员必须接受过 BIM 软件的应用培训，具备相应的 BIM 工作能力。

(3) 为了解决可能的数据交互问题，所有项目参与方必须对使用什么软件、用何种文件进行存储等达成共识。

而且，对于协同工作环境也需要满足如下要求：团队需要考虑一个在项目生命周期内可以使用的物理环境用于协同、沟通和审核工作，以改进 BIM 规划的决策过程，包括支持团队浏览模型、互动讨论以及外地成员参与的协同工作环境。

6. BIM 合同条款的设立

上海中心大厦工程建设 BIM 实施可能会涉及建设项目总体实施流程的变化，BIM 管理团队需要界定 BIM 实施对项目实施架构、项目团队选择以及合同战略等的影响。在选择项目实施方法和准备合同条款的时候需要考虑 BIM 信息化技术的相关规定，在合同条款中根据 BIM 规划分配角色和责任。

BIM 合同应该包含以下几个方面：

(1) BIM 模型开发和所有参与方的职责；

(2) 模型分享和可信度；

(3) 数据互用/文件格式；

(4) 模型管理；

(5) 知识产权。

上海中心大厦建设发展有限公司在进行工程建设管理时，除了业主自身和各项目总包签署的合同以外，还规定项目总包与分包以及供货商的合同中也包含对其 BIM 工作的要求。BIM 团队可能需要分包和供货商创建相应部分的模型做好 3D 设计协调，也可能希望收到分包和供货商的模型或数据并入协调模型或记录模型。要求分包和供货商完成的 BIM 工作，需要在合同中定义范围、模型交付时间、文件及数据格式等。

7. BIM 实施过程的审核和成果提交

上海中心大厦建设发展有限公司需要审核 BIM 实施过程中各个参与方提交的 BIM 成果。通常在 BIM 实施之前，业主团队就要确定提交 BIM 模型的软件、版本、数据标准、图纸标准等。

审核的要求包括：

（1）在审核 BIM 实施过程中，要非常注意把握建筑模型信息的特点；

（2）当设计师把构件放到 BIM 模型中去的时候必须作出与设计、施工、运营有关的完整判断。

BIM 实施过程中，参建各方需提交的成果为 BIM 模型，其中模型中构件、部件、族库的组织方式需考虑以下方面的内容：

（1）工程量统计和相应施工活动的成本；

（2）提取信息创建合同要求的图纸；

（3）BIM 模型的效果图用于和客户沟通设计；

（4）支持施工模型数据提取；

（5）构件查询以便根据设计需要作出修改；

（6）数据提取过程构件的符号表示重新设置；

（7）层级管理；

（8）设计计划。

8. 设计阶段的应用

传统二维 CAD 的设计方式中，由于其平、立、剖面图以及门窗表、详图等之间是相对独立的。这就导致设计信息处于割裂状态，因此会经常出现图纸设计错误，门窗表统计错误，平、立、剖面图无法对应等问题。另外，若采用二维 CAD 建模画图，要想清楚地表示上海中心大厦工程复杂桁架间的空间关系要花费大量时间和精力，一旦发生设计变更，那么就要再重复一次先前复杂的作图工作。

对上海中心大厦工程的设备层设计进行管理时，利用 BIM 技术，通过搭建各专业的 BIM 可视化模型，一方面可对原有二维图纸进行审查，找出相关图纸设计的错误，从而进一步提高设计图纸的质量，并优化设计；另一方面，设计师能够在虚拟的三维环境下方便地发现各专业构件之间的空间关系是否存在碰撞冲突，这样便可针对这些碰撞点进行设计调整与优化，不仅能及时排除项目施工环节中可以遇到的碰撞冲突，显著减少由此产生的变更申请单，更大大地提高了管线综合的设计能力和工作效率。

9. 施工阶段的应用

（1）通过可视化预演提升施工组织效率

采用 BIM 技术可以对项目的一些重要的施工环节或采用新施工工艺的关键部位、施工现场平面布置等施工指导措施进行模拟和分析，以提高计划的可行性；也可以利用 BIM 技术结合施工组织计划进行预演，以提高复杂建筑体系的可建造性（例如：施工模板、玻璃装配、锚固等）。而且，借助 BIM 信息化三维技术，可对施工组织进行模拟，项目管理方能够非常直观地了解整个施工安装环节的时间节点和安装工序，并清晰地把握安装过程中的难点和要点，以提高施工效率和施工方案的安全性。

在上海中心大厦施工过程中，其核心筒四周将布置有 4 台 M1280 大型塔吊。每台塔吊所处的位置都在其他 3 台的工作半径内，所以存在很大的冲突区域。在施工过程中，难免会有塔吊相互干扰的情况发生，所以需要事先制定一个运行规则。传统的管理方法是通过二维平面的临界值调整来确定吊机运行计划，效率比较低，一则二维的几何关系对三维空间问题的考虑不够全面，二则采用二维方式处理的管理效率比较低，需要通过平面运行规则的逐条记录来编排吊机运行计划。若利用 BIM 模型来完全模拟现场实际的施工状况，通过调整模型参数设置把每台塔吊都调整到相互干扰最大的情况，观察实际效果，并记录下所有临界状态值，这样能够在很短的时间内就能够把想得到的所有不利状态一一呈现出来，十分直观地看到塔吊相互影响的情况，提高塔吊的运行组织效率。

(2) 通过 4D 模拟优化可缩短施工进度 建筑施工是一个高度动态的过程，随着建筑工程规模不断扩大，复杂程度不断提高，使得施工项目管理变得极为复杂。目前，建筑工程项目管理中经常用于表示进度计划的甘特图，由于专业性强，可视化程度低，无法清晰描述施工进度以及各种复杂关系，难以准确表达工程施工的动态变化过程。若将 BIM 技术与施工进度计划相链接，将空间信息与时间信息整合在一个可视的 4D（3D+Time）模型中。可以直观、精确地反映整个建筑的施工过程。通过 4D 管理可合理制订施工计划，精确掌握施工进度，优化使用施工资源以及科学地进行场地布置，从而缩短工期、降低成本、提高质量。

上海中心大厦工程利用 BIM 技术，基于与现场实际情况相一致的 BIM 模型，结合预设的施工计划进行 4D 模拟，来依次表现混凝土施工、钢结构吊装、钢平台系统运行和大型塔吊爬升等工况，从中可以直观地看到各工序之间存在的冲突，进而进行工序优化，避免在实际操作中可能存在的工期进度拖延情况。

(3) 采用 BIM 建模进行构件精细化制造和施工

利用传统二维 CAD 设计工具进行机电、钢结构、幕墙等深化设计时，其精度和详细程度很难满足现场施工的要求，尤其是在构件加工图上，出错率更高，而在加工制造环节又不易察觉，直到现场安装的时候才会发现，只能重新返回到工厂加工、然后运输到现场进行再次安装。这样会严重影响施工的进度，造成工期延误和成本损失。而基于 BIM 模型辅助进行深化设计，提供了精准的信息参考及统一的可视化环境，可有效促进团队对细节位置进行沟通，同时在施工深化设计的过程中，发现已有施工图纸上不易发现的设计盲点，找出关键点，为现场的准确施工尽早地制定解决方案，实现工程现场大量构件的精细化工厂预制和现场安装，降低成本，提高效率。

对于上海中心大厦工程而言，在幕墙深化设计时，基于 BIM 模型可方便地生成各部位的平、立、剖面图纸，并校核原设计蓝图，修正设计；在进行钢结构深化设计时，采用 BIM 模型省却了用于创建制造模型的时间，而且改进了制造质量（消除了设计模型与制造模型相互矛盾的现象），可保证工程构件的精细化工厂预制和现场安装质量和效率。

10. 运行和维护阶段的应用

(1) 运用 BIM 数据模型提升物业信息化管理效率

一般而言，在工程项目完成后的移交环节，物业管理部门需要得到的不只是常规的设计图纸、竣工图纸。还需要能正确反映真实的设备状态、材料安装使用情况等与运营维护相关的文档和资料，然而目前常规技术无法实现物业管理部门的要求。

通过 BIM 技术应用，上海中心大厦建设发展有限公司的物业管理部门能将建筑物空间信息和设备参数信息有机地结合起来，结合运营维护管理系统，可以充分发挥空间定位和数据记录的优势，合理制订维护计划，分配专人专项维护工作，以降低建筑物在使用过程中出现突发状况的概率。对一些重要设备还可以跟踪维护工作的历史记录，以便对设备的适用状态提前作出判断。在空间管理方面，也可以帮助管理团队记录空间的使用情况，处理最终用户要求空间变更的请求。分析现有空间的使用情况，合理分配建筑物空间，确保空间资源的最大利用率。

（2）运用 BIM 技术提升灾害预警应急水平

利用 BIM 及相应灾害分析模拟软件对上海中心大厦进行运营阶段的灾情预警应急分析，提升上海中心大厦安全保障能力，确保人民生命财产安全。在灾害发生前，BIM 技术可模拟灾害发生的过程，分析灾害发生的原因，制定避免灾害发生的措施，以及发生灾害后人员疏散、救援支持的应急预案。当灾害发生后，BIM 模型可以提供救援人员紧急状况点的完整信息，这将有效提高突发状况应对措施。此外楼宇自动化系统能及时获取建筑物及设备的状态信息，通过 BIM 和楼宇自动化系统的结合，使得 BIM 模型能清晰地呈现出建筑物内部紧急状况的位置，甚至到达紧急状况点最合适的路线，救援人员可以由此做出正确的现场处理，提高应急行动成效。

参 考 文 献

[1] 哈罗德·科兹纳（美）. 项目管理：计划、进度和控制的系统方法. 杨爱华译. 北京：电子工业出版社，2010.
[2] 蒂莫西·J. 克罗彭伯格（美）. 现代项目管理. 戚安邦译. 北京：机械工业出版社，2010.
[3] 中国建筑业协会工程项目管理专业委员会. 建设工程项目管理规范 GB/T50326—2001. 北京：中国建筑工业出版社，2002.
[4] 中国（首届）项目管理国际研讨会学术委员会. 中国项目管理知识体系纲要. 北京：电子工业出版社，2002.
[5] 中华人民共和国招标投标法. 北京：法律出版社，1999.
[6] 中华人民共和国招标投标法实施条例. 北京：国务院法制办公室，2009.
[7] 吴丽萍，李秀平. 建设工程全过程项目管理：实用合同范本及要点评析. 北京：机械工业出版社，2010.
[8] 陆惠民，苏振民，王延树. 工程项目管理. 南京：东南大学出版社，2010.
[9] 邱国林，官立鸣，汪洪涛. 工程项目管理. 北京：中国电力出版社，2010.
[10] 全国一级建造师执业资格考试用书编写委员会. 建筑工程项目管理. 第3版. 北京：中国建筑工业出版社，2011.
[11] 王雪青. 工程项目成本规划与控制. 北京：中国建筑工业出版社，2011.
[12] 全国一级建造师执业资格考试用书编写委员会. 建筑工程管理与实务. 第3版. 北京：中国建筑工业出版社，2011.
[13] 郭汉丁. 工程施工项目管理. 北京：化学工业出版社，2010.
[14] 葛清，赵斌，何波. BIM技术应用丛书·BIM第一维度：项目不同阶段的BIM应用. 北京：中国建筑工业出版社，2013.
[15] 成虎. 工程项目管理. 北京：高等教育出版社，2004.
[16] 刘伊生. 工程项目进度计划与控制. 北京：中国建筑工业出版社，2008.
[17] 吴正刚. 施工组织设计范例50篇. 北京：中国建筑工业出版社，2008.
[18] 李志生，付冬云. 建筑工程招投标实务与案例分析. 北京：机械工业出版社，2010.
[19] 林密. 工程项目招投标与合同管理. 北京：中国建筑工业出版社，2007.
[20] 王炬香. 采购管理实务. 北京：电子工业出版社，2007.
[21] 邹振华. 工程项目管理. 长沙：湖南人民出版社. 2003.
[22] 丁士昭. 建设工程项目管理. 北京：中国建筑工业出版社，2004.
[23] 丛培经. 工程项目管理. 北京：中国建筑工业出版社，2005.
[24] 王祖和. 项目质量管理. 北京：机械工业出版社，2004.
[25] 韩福荣. 现代质量管理学. 北京：机械工业出版社，2004.
[26] 赵涛，潘欣鹏. 项目质量管理. 北京：中国纺织出版社，2005.
[27] 周建国. 工程项目管理. 北京：中国电力出版社，2006.
[28] 任强，陈乃新. 施工项目资源管理. 北京：中国建筑工业出版社，2003.
[29] 吴涛，丛培经. 中国工程项目管理知识体系. 北京：中国建筑工业出版社，2003.
[30] 梁世连. 工程项目管理. 北京：中国建材工业出版社，2004.
[31] 张茂山，王佳宁. 项目管理案例. 北京：清华大学出版社，2011.